Penser la démocratie sociale

Logiques Juridiques
Fondée par Gérard Marcou

Dirigée par Jean-Claude Némery et Thomas Perroud

Le droit n'est pas seulement un savoir, il est d'abord un ensemble de rapports et pratiques que l'on rencontre dans presque toutes les formes de sociétés. C'est pourquoi il a toujours donné lieu à la fois à une littérature de juristes professionnels, produisant le savoir juridique, et à une littérature sur le droit, produite par des philosophes, des sociologues ou des économistes notamment.

Parce que le domaine du droit s'étend sans cesse et rend de plus en plus souvent nécessaire le recours au savoir juridique spécialisé, même dans des matières où il n'avait jadis qu'une importance secondaire, les ouvrages juridiques à caractère professionnel ou pédagogique dominent l'édition, et ils tendent à réduire la recherche en droit à sa seule dimension positive. À l'inverse de cette tendance, la collection « Logiques juridiques » des éditions L'Harmattan est ouverte à toutes les approches du droit. Tout en publiant aussi des ouvrages à vocation professionnelle ou pédagogique, elle se fixe avant tout pour but de contribuer à la publication et à la diffusion des recherches en droit, ainsi qu'au dialogue scientifique sur le droit. Comme son nom l'indique, elle se veut plurielle.

Dernières parutions

Roger K. KOUDÉ, *La justice pénale internationale : un instrument idoine pour raisonner la raison d'Etat ?,* 2023

Cătălin-Silviu SARARU, *Le droit administratif en Roumanie*, 2022.

Robert VINCENT, *Les fédérations sportives françaises. Analyse par la gouvernance*, 2022.

Wiyao KAO, *Le contrat portant sur une chose future. Essai d'une théorie générale*, 2022.

Clemmy FRIEDRICH, *Les contrats de l'administration mis en discours, Une histoire doctrinale du droit administratif (1800-1960)*, Tome 2.

Clemmy FRIEDRICH, *Les contrats de l'administration mis en discours, Une histoire doctrinale du droit administratif (1800-1960)*, Tome 1.

Eric GILARDEAU, *L'empire du matérialisme juridique sur le contrat. La réforme du contrat dans les codes civils allemand et français,* 2022.

Ivanne-Mara KOUM DISSAKE, *Le financement des actifs de la propriété intellectuelle en Afrique (espace OAPI)*, 2022.

Ludovic Berton

Penser la démocratie sociale

L'Harmattan

5-7, rue de l'École-Polytechnique, 75005 Paris

www.editions-harmattan.fr

ISBN : 978-2-14-031506-0

EAN : 9782140315060

TABLE DES PRINCIPALES ABRÉVIATIONS

al.	alinéa
AN	Assemblée nationale
ANC	Assemblée nationale constituante
art.	article
art. cit.	article cité
Bull. civ.	*Bulletin des arrêts de la Cour de cassation – Chambre civile*
Bull. soc.	*Bulletin des arrêts de la Cour de cassation – Chambre sociale*
Cass.	Cour de cassation
Cass. Soc.	Arrêt de la Cour de cassation, chambre sociale
CC	Décision du Conseil constitutionnel
CE	Décision du Conseil d'État
CSS	Code de la Sécurité sociale
C. trav	Code du travail
D.	*Recueil Dalloz*
dir.	sous la direction de
Dr. Soc	*Revue Droit social*
Ibid.	*ibidem*
J.O.F.R.	*Journal officiel de la République française*
N.	*Note*
N°	numéro
Op. cit.	*opus citatum* (ouvrage cité)
RDP	*Revue du droit public et de la science politique en France et à l'étranger*
RDT	*Revue de droit du travail*
RFAP	*Revue française d'administration publique*
RFAS	*Revue française des affaires sociales*
RFDC	*Revue française de droit constitutionnel*
RFFP	*Revue française des finances publiques*
RFHIP	*Revue française d'histoire des idées politiques*
RFSP	*Revue française de science politique*
RISS	*Revue internationale de sécurité sociale*
RPP	*Revue politique et parlementaire*

À Joanna, pour le temps volé.

« C'est une question de méthode. Nous sommes ainsi faits, nous juristes. Nous en sommes venus à ne rien aimer tant que les systèmes, à nous complaire dans ces vastes explications centrées autour de quelque grande idée fondamentale et qui s'efforcent d'embrasser jusque dans ses détails les plus infimes toute la science du droit. C'est au premier abord un enchantement. Tout y passe et tout se tient. Les institutions les plus réfractaires sont ramenées à l'unité et les controverses les plus envenimées paraissent se résoudre d'elles-mêmes. Modelé par une pensée vigoureuse, un monde nouveau se révèle ; brillante, mais toujours fragile construction que guette l'ouragan de la critique dévastatrice ».

Henri Dupeyroux, « Les grands problèmes du droit », *Archives de philosophie du droit et de sociologie juridique*, 1938, n°1-2, p. 7.

INTRODUCTION

Évoquer la « démocratie sociale », c'est avoir la certitude d'être compris. Elle s'inscrit en effet dans la catégorie des expressions dont le sens est immédiatement disponible, d'autant plus facilement invocable que la confiance spontanée dans les vertus du langage invite à l'élever – sans doute un peu rapidement – au rang de notion unifiée, comme s'il s'agissait d'une catégorie *a priori* de l'entendement à l'aune de laquelle il était possible de rendre compte de divers phénomènes. Bénéficiant de l'aura qui entoure la notion de « démocratie », dont elle est une des innombrables modalités adjectivales, la démocratie sociale est un mot d'ordre globalement valorisé du discours juridique et politique, faisant à la fois figure d'idéal à restaurer et d'objectif à atteindre. Dès lors, l'expression transcende les clivages idéologiques : au cœur du projet dit de « Refondation sociale » lancé à l'initiative du MEDEF en novembre 1999, la démocratie sociale est également chaudement plébiscitée par les organisations syndicales de salariés et la gauche socialiste. En témoigne le projet de loi constitutionnelle n°831 relatif à la démocratie sociale enregistrée à la Présidence de l'Assemblée nationale le 14 mars 2013, faisant suite à une promesse de campagne du président de la République François Hollande[1]. Cet engouement mériterait à lui seul une étude. Pourquoi, en effet, cette faveur, cette adhésion unanime ? À quoi tient la force d'évidence qui lui a permis de s'imposer et de susciter une telle ferveur ? Questions d'autant plus légitimes que s'il « n'est plus question, en France, depuis quelques années, que de ''*démocratie sociale*'' »[2], nulle part son sens n'est précisé. Mais, en vertu d'un phénomène philologique classique, l'absence de définition ne semble pas être un obstacle à l'usage exponentiel de l'expression : soit parce qu'elle n'a pas de réalité extra-discursive et que son sens dépend exclusivement d'interprétations subjectives de valeurs égales ; soit parce qu'elle est réputée être si claire qu'elle est immédiatement accessible au sens commun. Et pourtant, si la démocratie sociale passe spontanément, presque instinctivement, pour une évidence ontologique,

---

[1] V. François Hollande, « Il faut avoir confiance en la démocratie sociale ». *Le Monde*, 14 juin 2011.

[2] Antoine Jeammaud et de Martine Le Friant, « Démocratie sociale, droit et représentation collective : enjeux théoriques », in Marie-Ange Moreau (dir.), *La représentation collective des travailleurs. Ses transformations à la lumière du droit comparé*, Paris, Dalloz, 2012, p. 27.

son sens est loin d'être clair, même si l'on comprend bien qu'elle est censée produire des effets juridiques. Il convient par conséquent d'aborder la démocratie sociale en explicitant d'abord les raisons pour lesquelles son sens est si peu stabilisé. La première raison tient au fait que l'expression fait l'objet de conceptions concurrentielles. La seconde est relative à l'équivocité intrinsèque de l'association théorique et sémantique des mots « démocratie » et « social ».

L'insaisissable objet du discours : la concurrence des conceptions de la démocratie sociale.

Il faut partir du constat qui vient d'être signalé : dans la mesure où les juristes ne parviennent pas à s'accorder sur une définition de la démocratie sociale, il est très difficile de savoir à quoi renvoie l'expression. S'agit-il d'un contenu ou d'un contenant ? D'un constat ou d'une aspiration ? D'une réalité ou d'un usage ? Pour couper court à ces interrogations byzantines, il existe une solution toute préparée : il suffit d'envisager la démocratie sociale à partir d'autres notions réputées en être les prédicats essentiels. Ainsi, les juristes privatistes l'appréhendent à l'aune de leurs catégories : les notions habituelles du droit social sont naturellement mobilisées et largement étudiées. Or, qu'est-ce qui justifie une telle association ? En quoi ces notions relèvent-elles de « la » démocratie sociale ? Ces questions, parce qu'elles ne sont que trop rarement posées, conduisent à oublier la notion elle-même, à la recouvrir de réflexions sur un certain nombre d'autres notions qui lui sont arbitrairement associées. Cette approche « privatiste » repose sur l'axiome selon lequel la démocratie sociale, en tant qu'« universel » évident – au sens de la scolastique médiévale –, ne mériterait pas en elle-même une attention particulière. Le droit public comble-t-il cette lacune ? On distinguera trois conceptions « idéal-typiques » de la démocratie sociale : une conception « restrictive », une autre « intermédiaire » et enfin une conception « extensive ».

*

On repère la conception « restrictive » de la démocratie sociale sous la plume de René Capitant, qui fait partie des rares juristes à s'être intéressé à la *notion*. Pour lui la démocratie sociale « consiste à étendre l'application des principes démocratiques aux divers degrés de l'ordre juridique »[1] et notamment au contrat. En ce sens, écrit Capitant, la démocratie sociale « c'est tout simplement la ''démocratie contractuelle'' »[2]. La question est donc de savoir quels sont les « principes démocratiques » auxquels il est fait référence et qui sont réputés constituer la notion de « démocratie ». À partir d'une lecture de Rousseau et dans le but d'identifier ce qu'est la légitimité démocratique, Capitant affirme que la notion de « démocratie » est composée de deux principes indissociables, qui en forment la « cohérence logique »[3] : l'autonomie et l'égalité. À l'inverse du principe d'hétéronomie impliquant que les individus peuvent être soumis à des obligations auxquelles ils n'ont pas consenti, le principe d'autonomie se « signifie qu'aucune obligation ne peut légitimement obliger un individu sans le *consentement* de celui-ci »[4]. Le principe d'égalité suppose quant à lui la réciprocité : la créance n'est en effet « légitime qu'à la double condition d'être acceptée par le débiteur et, en outre, d'être *réciproque*. Cette seconde condition garantit l'*égalité* des parties »[5]. Le contrat est l'instrument démocratique par excellence dans la mesure où, fondé sur le consentement unanime des parties, il est à la fois la manifestation juridique de l'autonomie individuelle et de l'égalité. En effet, le contrat n'engendre d'effets de droit qu'à l'égard des co-contractants, à la différence de la loi qui obéit au principe majoritaire. Le contrat, selon cette logique, est donc plus « démocratique » que la loi[6].

Mais tous les types de contrats ne satisfont pas aux principes d'autonomie et d'égalité. Ainsi en est-il du contrat d'adhésion et du contrat de travail. Le contrat d'adhésion introduit un déséquilibre significatif entre les parties, dans la mesure où seule l'une d'elles en fixe les clauses, l'autre ne pouvant que les rejeter ou les accepter en bloc[7]. S'agissant du contrat de travail, ce dernier introduirait encore plus d'inégalités entre les parties, puisqu'il relèverait à la fois d'un contrat d'adhésion et d'un contrat instituant un rapport de subordination entre employeur et salarié[8]. Il est donc contraire au principe d'égalité.

---

[1] René Capitant, « La démocratie sociale », in *Écrits constitutionnels*, Paris, Éditions du CNRS, 1982, p. 172.
[2] *Ibid.*, p. 178.
[3] René Capitant, « Les principes juridiques de la démocratie », in *Écrits constitutionnels*, *op. cit.*, p. 199.
[4] *Ibid.*, p. 192.
[5] *Ibid.*, p. 201.
[6] René Capitant, « La démocratie sociale », art. cit., p. 174.
[7] V. art. 1110, al. 2 C. civ.
[8] V. René Capitant, « La démocratie sociale », art. cit., p. 178.

Défini par le Code civil comme un « contrat de louage de service »[1] au moment où Capitant mène ces réflexions, le contrat de travail révèle selon lui la condition de dépendance du salarié envers le patron[2]. Dans la mesure où elle est censée corriger cette dysmétrie, la « démocratie sociale » est conçue « un régime où les contrats, par lesquels les individus règlent leurs relations, sont conclus en conformité aux principes démocratiques, et notamment au principe d'égalité »[3]. La démocratie sociale s'entend en ce sens comme une forme de démocratie, restreinte aux relations de travail, au sein de laquelle les travailleurs ne seraient soumis qu'aux règles auxquelles ils auraient librement consenti.

*

La conception intermédiaire consiste à appréhender la démocratie sociale en insistant sur l'idée de démocratie comme « participation » appliquée à deux domaines principaux : la négociation collective et le paritarisme[4]. Ainsi la démocratie sociale s'épuiserait dans la possibilité, pour les « intéressés » de participer, par l'intermédiaire de leurs représentants, à la gestion des institutions qui les concernent. Pierre-Yves Verkindt définit ainsi la démocratie sociale comme un « mode d'organisation » renvoyant « au respect du droit de chacun à participer, notamment par l'intermédiaire de ses représentants, à la production de la norme et à la gestion des institutions de l'État social »[5]. La démocratie sociale fait alors référence au rôle des « partenaires sociaux » dans le processus d'élaboration des normes en matière « sociale »[6]. Couramment admise, cette conception n'est pas exempte de difficultés. La première est d'ordre épistémologique : en associant spontanément à la démocratie sociale deux notions censées en être le prolongement naturel, cette approche postule, sans le justifier,

---

[1] La loi n°73-4 du 2 janvier 1973 (*J.O.R.F.*, Lois et décrets, 3 janvier 1973, p. 54) met fin à cette appellation et prévoit que seule l'expression « contrat de travail » sera utilisée.

[2] René Capitant, « La démocratie sociale », art. cit., p. 179-180.

[3] *Ibid.*, p. 182.

[4] V. Jean Le Garrec, *La démocratie sociale*, Rapport d'information n°2323, AN, 4 avril 2000, p. 4.

[5] Pierre-Yves Verkindt, « L'association des syndicats à l'élaboration de la loi », *Dr. Soc.*, 2015, n°12, p. 955.

[6] V. Antoine Jeammaud, Martine Le Friant, « Démocratie sociale, droit et représentation collective : enjeux théoriques », art. cit., p. 27-28.

un lien entre l'expression employée et les objets qu'elle est censée désigner. En outre, ainsi comprise, la démocratie sociale se confond avec la notion non moins problématique – car très imprécise – de « dialogue social », ajoutant à la confusion des discours.

*

On fait également une autre lecture consistant à voir dans la démocratie sociale une transposition, dans la sphère « sociale », des concepts censés correspondre à l'idée démocratique. Cette conception extensive renvoie à la fois « à une prise en compte des intérêts de chacun via la reconnaissance de droits de créance contre la société et à une participation de tous à la gestion des affaires le concernant, qu'il s'agisse des institutions de protection sociale ou qu'il s'agisse des institutions du monde du travail, elle emporte alors deux volets bien distincts quoique complémentaires ; un volet ''protection'' au terme duquel chacun a le droit d'être protégé, grâce à un système de mutualisation des risques, contre les aléas de l'existence ; et un volet ''participation'' au terme duquel chacun a vocation à être associé à la conduite des affaires le concernant en tant que ''travailleur'' ou, à tout le moins, en tant que citoyen titulaire de droits sociaux »[1].

Cette approche est censée correspondre à l'idée démocratique, semble-t-il comprise, d'une part, comme un régime de protection des droits et libertés individuelles (ou fondamentales)[2] au sein duquel, d'autre part, chaque citoyen doit disposer de la possibilité de participer aux affaires publiques[3]. Mais, si l'on s'en tient à cette conception, on voit mal ce qui distingue la démocratie sociale de la démocratie en général. La situation débouche alors sur aberrante aporie, où la démocratie sociale est censée désigner autre chose que la démocratie (car elle doit en combler les carences) tout en lui empruntant ses critères (supposés) de définition…

---

[1] Michel Borgetto, « Quelle démocratie sociale ? », *RDP*, 2002, n°1-2, p. 194.

[2] Liaison hasardeuse, mais qui bénéficie d'un certain prestige : v. Marie-Luce Pavia, « Éléments de réflexions sur la notion de droit fondamental », *LPA.*, 6 mai 1994, n° 54, p. 13 ; Céline Coudert, *Réflexions sur le concept de fondamentalité en droit public*, thèse de doctorat en droit, Université d'Auvergne – Clermont-Ferrand I, 2011, p. 41.

[3] V. Anne-Marie Le Pourhiet, « Définir la démocratie », *RFDC*, 2011, n°87, p. 458.

Que résulte-t-il de ces remarques sinon le constat sans éclat que nous n'avons affaire qu'à un ensemble de théories concurrentes, de thèses rivales, c'est-à-dire, *in fine*, à une constellation de *discours* subjectifs sur une notion dont personne ne s'accorde ni sur le sens, ni sur l'objet ? Ces théories, d'ailleurs, se combinent-elles ou s'opposent-elles ? Y a-t-il éventuellement une hiérarchie entre elles ? Si oui, à l'aune de quels critères est-il possible d'établir cette hiérarchie ? Le référent de la référence existe-t-il seulement ? Difficile de savoir, en effet, si la démocratie sociale renvoie à un régime politique, à un projet, à un constat ou à un idéal régulateur, voire à des « valeurs »[1], ou simplement à une procédure[2]. Dans ce dernier cas, d'ailleurs, de quelles « procédures » parle-t-on ? Cela suggère en effet qu'il existerait des procédures démocratiques par essence, car répondant à un certain nombre de standards dont on se dispense généralement de préciser la teneur.

Ces interrogations ne rendent pas l'expression « démocratie sociale » plus intelligible. Elles peuvent même nous amener à douter de la pertinence d'une réflexion sur le sujet, car tout laisse penser que l'on est moins en présence d'une notion constituée, que d'un maître-mot dont l'usage est plus prospère que le sens véritablement assuré. En ce sens, la démocratie sociale met en jeu ce que l'on pourrait appeler, selon une expression de Jean-Pierre Vernant utilisée dans un autre contexte, une « logique de l'ambigu »[3]. Or, cette « logique » doit être interrogée en elle-même et pour elle-même. Cela suppose que l'on prenne l'expression au sérieux et que l'on s'intéresse de plus près à l'association des termes « démocratie » et « social ».

---

[1] V. Pierre-Yves Verkindt, « L'association des syndicats à l'élaboration de la loi », art. cit., p. 955.

[2] V. Michel Borgetto et Robert Lafore, *La République sociale. Contribution à l'étude de la question démocratique en France*, Paris, PUF, 2000, p. 8.

[3] Jean-Pierre Vernant, *Mythe et société en Grèce ancienne*, Paris, La Découverte, 1974, p. 250.

Les équivoques de l'expression « démocratie sociale ».

Rares sont les études juridiques, en droit public comme en droit privé, à porter un regard interrogatif sur l'association sémantique et théorique des syntagmes « démocratie » et « social ». Or, cette articulation, apparemment inoffensive, est loin d'aller de soi, car rien ne permet de penser que ces deux termes relèvent *a priori* d'une même matrice conceptuelle. Dès lors, elle engendre un certain nombre de problèmes qui ne sont pas considérés à la hauteur des difficultés qu'ils recèlent.

*

Si le terme « social » est censé désigner une sphère autonome, distincte du « politique », la question se pose de savoir pourquoi et comment le terme en est venu à être associé à celui de « démocratie ». Ces deux syntagmes connaissent historiquement des relations tumultueuses, au point qu'il n'est pas excessif d'affirmer que l'expression « démocratie sociale » souffre d'une indétermination *constitutive*. Elle ne pénétrera d'ailleurs que tardivement les discours de la doctrine publiciste, très méfiante à son égard.

L'expression « démocratie sociale » apparaît dans le vocabulaire politique à la faveur du contexte révolutionnaire de 1848, mais son sens est loin d'être stabilisé en raison du flou entourant le mot « démocratie » lui-même[1]. D'abord, l'expression est associée au thème de « l'organisation dans la démocratie »[2]. Cette organisation est censée permettre « aux citoyens de se développer librement dans une société administrée par elle-même, en dehors de l'administration de tout gouvernement qui la domine »[3]. Cette rhétorique très saint-simonienne

[1] Dans une étude très exhaustive, Jean Dubois (*Le vocabulaire politique et social en France de 1869 à 1872*, Paris, Larousse, 1962, p. 110) énumère tous les démocrates possibles dans le contexte de l'époque : « ''démocrates socialistes'', ''démocrates révolutionnaires'', ''démocrates bourgeois'', ''démocrates impérialistes'', ''démocrates néo-chrétiens'', etc. [...] Il y a même une ''démocratie ouvrière'', une ''démocratie bourgeoise'', une ''démocratie radicale'', une ''démocratie sociale'', une ''démocratie césarienne'', une ''démocratie libérale'', une ''démocratie socialiste'' ».

[2] Armand Lévy, Henri Valleton, *Démocratie sociale par les citoyens*, Paris, Propagande démocratique et sociale, 1849, p. 17.

[3] *Ibid.*, p. 21.

est concurrencée par une autre, au sein de laquelle l'expression « démocratie sociale » sert à désigner le parti « démocrate-socialiste », composé de républicains et de socialistes, opposé aux conservateurs (orléanistes et légitimistes) entrés massivement à l'Assemblée nationale lors des élections d'avril 1848[1]. Hostile au principe représentatif en ce qu'il entraîne un abandon de la souveraineté, le fouriériste Victor Considérant utilise en ce sens l'expression « démocratie sociale » comme synonyme de « démocratie socialiste », opposant à cette dernière le principe du gouvernement du peuple par lui-même[2]. On retrouve également le syntagme sous la plume de Proudhon, qui en fait l'équivalent du terme « socialisme »[3]. Quel sens, dès lors, revêtent les termes « socialisme » et « démocratie » dans la langue de l'époque ?

Le terme « socialisme » fait l'objet de multiples variations de sens en fonction des écoles et des aspirations[4]. Les mots de Considérant sont éloquents : « L'unité s'est faite autour du *mot* Socialisme, cela est certain. Adopté comme un drapeau commun, il signifie pour tous : nécessité d'un ordre social nouveau. On est encore, je l'avouerai, assez d'accord sur les résultats généraux que doit produire cet ordre nouveau : liberté, égalité, fraternité, solidarité, aisance universelle par le travail, éducation générale […]. Mais quel sera cet ordre capable de tous ces résultats ? Quelle organisation donner à la société et comment la lui donner ? – Ici l'accord cesse. Les ateliers sociaux, les divers communismes, la Triade, l'Anarchie, le Phalanstère, la Gérance des sociétés en commandites appliquée au Gouvernement, et tous les socialismes, peu connus ou inconnus, des socialistes qui n'en ont guère ou qui n'en ont pas et qui ne s'entendent pas mieux entre eux pour autant, certes tout cela, sous les noms de Louis Blanc, de Cabet, de Pierre Leroux, de Proudhon, de Considérant, de Girardin, de Ledru-Rollin, de Blanqui, de Michel de Bourges, enfin de toutes les étoiles de première ou de seconde grandeur qui brillent au centre de quelqu'une

---

[1] V. Samuel Hayat, *1848. Quand la République était révolutionnaire*, Paris, Seuil, 2014 ; Arnaud Coutant, *1848, Quand la République combattait la démocratie*, Paris, Mare & Martin, 2009, coll. « Droit & Science politique ».

[2] V. Victor Considérant, *La Solution ou le gouvernement direct du peuple*, Paris, Librairie Phalanstérienne, 1850, p. 27.

[3] V. Pierre-Joseph Proudhon, *Les confessions d'un révolutionnaire. Pour servir à l'histoire de la révolution de février*, Paris, 1849, p. 4 : « Le socialisme, ou la démocratie sociale, dernier terme du catholicisme, est donc aussi la dernière forme de la royauté et de la propriété ».

[4] V. Jean Dubois, *Le vocabulaire politique et social en France de 1869 à 1872*, *op. cit.*, spéc. p. 124-125.

des nombreuses constellations démocratiques et sociales de notre temps ; tout cela, dis-je, ne paraît pas encore disposé à faire bien bon ménage »[1]. Le terme « socialiste » n'a donc pas de sens bien arrêté, comme en témoignent encore les dernières pages des *Mémoires d'outre-tombe*, écrites en septembre 1841, où Chateaubriand, juste avant la célèbre péroraison « L'idée chrétienne est l'avenir du monde », associe spontanément, sans autre forme de procès, les « socialistes » à d'autres sectes utopistes (« Saint-simoniens, phalanstériens, fouriéristes, owénistes, communistes, unionistes, égalitaires »[2]) pour dénoncer leur passion de l'égalité destructrice de liberté[3].

En plus de son instabilité, il ne faut pas oublier que la première acception du mot « socialisme » est péjorative. Dans un article publié en 1834, Pierre Leroux, revendiquant la paternité du néologisme[4], écrit : « Il est évident que, dans tout cet écrit, il faut entendre par *socialisme* [...] l'exagération de l'idée d'association ou de société »[5]. Cette « exagération », dont les philosophies de Rousseau et Saint-Simon portent la responsabilité, se traduit par une négation de l'individu, réduit au statut de simple rouage d'une société qui l'étouffe[6]. Après avoir critiqué l'impasse dans laquelle conduit l'individualisme révolutionnaire, Leroux mène une critique sans concession de ce qu'il nomme le « socialisme absolu » : il ne faut pas dire, écrit Leroux, « que la société est tout et que l'individu n'est rien, ou que la société est avant les individus, ou que les citoyens ne sont pas autre chose que des sujets

---

[1] Victor Considérant, *La Solution ou le gouvernement direct du peuple*, *op. cit.*, p. 28.

[2] François-René de Chateaubriand, *Mémoires d'outre-tombe*, tome II, Paris, Gallimard, coll. « Bibliothèque de la Pléiade », p. 924.

[3] *Ibid.*, p. 924-930.

[4] Ce qui est discutable. Sur ce point, on lira avec intérêt l'article ancien de Carl Grünberg, « L'origine des mots ''socialisme'' et ''socialiste'' », *Revue d'histoire des doctrines économiques et sociales*, 1909, p. 289-308. V. également Jean Dubois, *Le vocabulaire politique et social en France de 1869 à 1872*, *op. cit.*, p. 125 : « P. Leroux se prétendra longtemps après le véritable ''inventeur'' de ''socialiste'' et ''socialisme'' ; il est plus juste de dire qu'il est un de ceux qui les ont, dès 1833, le plus systématiquement utilisés ».

[5] Pierre Leroux, « De l'individualisme et du socialisme » (1834), in Pierre Leroux, *Œuvres (1825-1850)*, Genève, Slatkine, 1978, p. 376, n. 1.

[6] Le couple antinomique « individualisme/socialisme » est présent, par exemple, sous la plume de Cabet (*Douze lettres d'un communiste à un réformiste sur la communauté*, Paris Prévôt/Rouannet/Chamerot, 1841-1842) : « Ils [les prolétaires] remueront la Société jusqu'à ce que le Socialisme ait remplacé l'odieux individualisme » (cité in Jean Dubois, *Le vocabulaire politique et social en France de 1869 à 1872*, *op. cit.*, p. 125).

dévoués de la société, des fonctionnaires de la société qui doivent trouver, bon gré mal gré, leur satisfaction dans tout ce qui concourt au but social ; n'allez pas faire de la société une espèce de grand animal dont nous serions les molécules, les parties, les membres […] »[1].

Cette conception selon laquelle la société prime sur l'individu mène à un écueil fatal : l'anéantissement pur et simple de la liberté au nom de l'association. Ainsi, « les partisans du socialisme, écrit Leroux, marchant bravement à ce qu'ils nomment une époque organique, s'évertuent à trouver comment ils enterreront toute liberté, toute spontanéité sous ce qu'ils nomment l'organisation »[2]. Louis Reybaud écrit dans le même sens : « Prenez tous ces systèmes ; ils ont un trait commun, c'est d'étouffer, dans leurs cadres artificiels, le goût et l'usage de la liberté. […] Sous ce régime, l'individu disparaît, il s'efface devant un être collectif qui l'absorbe ; ce n'est plus ni une âme ni un corps ; c'est un rouage »[3]. Or, la démocratie est précisément envisagée comme la priorité donnée à l'individu sur la société. Dans son entrée sur la notion de « démocratie » dans le *Dictionnaire général de la politique*, Henri Baudrillart indique que « le principal devoir auquel doit obéir la constitution du pouvoir dans la démocratie […] c'est le respect de la liberté. […]. Ne pas écraser les minorités sous la majorité, l'individu sous la centralisation, la liberté sous l'égalité, voilà le triple problème à la solution duquel est attachée la destinée de la démocratie »[4]. Cette primauté de l'individu suppose, dans la pensée démocratique d'inspiration libérale, une hostilité envers les groupes sociaux ou corps intermédiaires : « C'est la nature de la démocratie, écrit-on, de se montrer en général peu favorable aux corps intermédiaires qui s'interposent entre l'individu et l'État »[5].

Si donc les mots « démocratie » et « social » ne s'excluent pas nécessairement, ils sont loin de pouvoir être associés sans que cela ne suscite de légitimes interrogations, car dans au moins un sens, ceux qui se réclament du « socialisme » se méfient de la démocratie, et ceux qui plébiscitent la démocratie sont hostiles au socialisme. Il existe donc une

---

[1] Pierre Leroux, « De l'individualisme et du socialisme », art. cit., p. 374.
[2] *Ibid.*, p. 376.
[3] V° « Socialisme, socialistes », in Maurice Block (dir.), *Dictionnaire général de la politique*, tome II, Paris, Lorenz, 1873, p. 949.
[4] V° « Démocratie », in Maurice Block (dir.), *Dictionnaire général de la politique*, tome I, Paris, Lorenz, 1873, p. 640.
[5] *Ibid.*, p. 640.

tension au cœur même de l'expression « démocratie sociale », qui la fait apparaître comme un curieux oxymore.

*

Parce que les termes « démocratie » et « social » ne sont pas conceptuellement liés, il n'est pas étonnant que l'expression « démocratie sociale » ne figure dans aucun ouvrage de droit public de la seconde moitié du XIXe et du début du XXe siècles. On remarquera également que, dans la doctrine publiciste classique, la notion de « démocratie » est elle-même très peu présente, sinon pour la déprécier[1]. Dans un article de 1894, Adhémar Esmein, par exemple, ne parle pas de « démocratie », mais de « gouvernement direct », pour l'opposer au génie du « gouvernement représentatif » mis en place par la Constitution révolutionnaire de 1791[2]. La notion de « démocratie » n'aura guère plus de succès dans la pensée de l'un « des guides de la pensée juridique française »[3], Raymond Carré de Malberg. Ce dernier loue l'équilibre de la Constitution de 1875, car si « elle s'est orientée dans un sens franchement démocratique »[4], elle n'est pas allée « jusqu'à consacrer la démocratie proprement dite »[5] en maintenant le principe représentatif.

L'expression « démocratie sociale » pénètre – timidement – le vocabulaire de la doctrine publiciste à la faveur des discussions entourant la Constitution du 27 octobre1946. Ceci peut s'expliquer par les mutations ayant affecté la notion de « démocratie ». En effet, à l'issue de la seconde guerre mondiale, la doctrine publiciste envisage la « démocratie » en un sens résolument positif. Dans la mesure où elle apparaît comme « le contre-pied des doctrines totalitaires négatrices par

---

[1] Sur ce point : v. l'étude de Stéphane Pinon, « La notion de démocratie dans la doctrine constitutionnelle française », *Politeia*, 2006, n°10, p. 407-468.
[2] V. Adhémar Esmein, « Deux formes de gouvernement », *RDP*, janvier 1894, p. 15-41.
[3] Selon l'expression de Georges Burdeau, « Raymond Carré de Malberg, son œuvre, sa doctrine », *RDP*, 1935, n°52, p. 356.
[4] Raymond Carré de Malberg, *Contribution à la théorie générale de l'État : spécialement d'après les données fournies par le droit constitutionnel français*, tome II, Paris, Sirey, 1922, p. 196, n. 29.
[5] *Ibid.*, p. 196, n. 29.

essence des droits de l'homme »[1], on en appelle à la transformer afin qu'elle soit « plus large et plus complète »[2], c'est-à-dire « politique, sociale et économique »[3]. Mais si la Constitution de la IVe République passe pour avoir consacré une « démocratie sociale »[4], la notion est envisagée avec une certaine méfiance par une partie de la doctrine. Ainsi, dans un article de 1946, le doyen Vedel oppose deux conceptions de la démocratie[5]. La première conception « porte des régimes politiques représentatifs, tempérés, libéraux, en éveil, sinon en défiance contre la mainmise de l'État sur la vie économique, tournés vers le respect de la liberté entendue comme une valeur déjà existante, réalisée et vécue », alors que la seconde « porte des régimes de démocratie directe et de gouvernement des masses, socialistes et planificateurs, tournés vers la liberté de demain et vers l'œuvre de libération de l'homme qui en est la condition »[6].

On soulignera l'ancrage libéral de la conception vedelienne de la démocratie. En effet, Vedel affirme la supériorité de la première conception, car selon lui « l'idéal démocratique est profondément *un* dans son *inspiration*, et cette inspiration unique, c'est la *liberté* »[7]. Cette conception repose sur le postulat fondamental de l'antériorité ontologique absolue de l'individu sur la société : la démocratie, écrit-il, suppose « l'affirmation de la supériorité *inconditionnelle*, et dans un certain sens *éternelle*, de l'homme sur les groupes sociaux [...] Pour cette raison, la démocratie classique est *individualiste* et *libérale* »[8]. Les pages que Julien Laferrière consacre à l'idée de « démocratie » reposent sur le même postulat : selon lui, l'idée démocratique est consacrée par

---

[1] Georges Vedel, Jean Rivero, « Les principes économiques et sociaux de la Constitution : le Préambule », in André de Laubadère et *alii*, *Pages de doctrine*, vol. 1, Paris, LGDJ, 1980, p. 94.

[2] V. Isabelle Boucobza, « Démocratie, droits et constitution à l'aube des Républiques française et italienne d'après-guerre », in Véronique Champeil-Desplats, Jean-Marie Denquin (dir.), *Démocratie et constitutionnalisme : retours critiques*, Paris, Mare & Martin, 2018, p. 124.

[3] *Ibid.*, p. 124.

[4] Par exemple : Jeannette Bougrab, *Aux origines de la Constitution de la IVe République*, Paris, Dalloz, 2002, coll. « Nouvelle Bibliothèque des thèses », p. 327-348.

[5] Georges Vedel, « Existe-t-il deux conceptions de la démocratie ? », in André de Laubadère et *alii*, *Pages de doctrine*, *op. cit.*, p. 191-212.

[6] *Ibid.*, p. 208.

[7] Georges Vedel, *Manuel élémentaire de droit constitutionnel*, Paris, Dalloz, 1949, p. 241.

[8] *Ibid.*, p. 187-188.

la Déclaration des droits de 1789[1], car « la nation ainsi déclarée souveraine, était conçue comme composée exclusivement d'individus, à l'exclusion de tous groupes ou collectivités, ceux-ci étant considérés comme n'ayant aucun titre à intervenir dans la formation de la volonté générale »[2]. Il s'ensuit que la valeur essentielle de la démocratie dite « classique » est la liberté, par opposition à la démocratie dite « sociale » rivée à l'égalité. L'égalité, prétend également Kelsen, tient dans l'idéologie démocratique un « rôle tout à fait négatif, formel et secondaire »[3]. Cette conception libérale de la démocratie, centrée sur la liberté individuelle, justifiera la subordination de la démocratie dite « sociale » à la démocratie dite « politique » *via* la neutralisation doctrinale du principe de participation des travailleurs affirmé dans le Préambule de la Constitution de 1946.

Problèmes théoriques

Qu'entend-on par « démocratie » ? Il y a loin de l'usage généralement péjoratif du terme par les hommes de l'antiquité[4] et une certaine doctrine publiciste classique, à son statut moderne d'idéal régulateur de l'ordre politique[5]. Surtout, bien que globalement valorisé par les discours politiques et juridiques contemporains, il n'est pas du tout certain que le terme « démocratie » recouvre le même sens pour tous. D'aucuns considèrent en effet qu'« aucun terme politique, peut-être, ne se prête aussi aisément que celui de démocratie à des interprétations controversées » [6]. Spontanément, le terme est associé au

---

[1] Plus généralement, il écrit que « toutes les constitutions de cette période [1789-1814] présentent un trait commun : toutes sont d'inspiration démocratique, en ce sens que toutes prennent comme base l'idée qui est la formule juridique de la démocratie, c'est-à-dire le principe de la souveraineté nationale » (Julien Laferrière, *Manuel de droit constitutionnel*, 2ème éd., Paris, Domat/Montchrestien, 1947, p. 39).
[2] *Ibid.*, p. 382.
[3] Hans Kelsen, *La démocratie : sa nature, sa valeur*, *op. cit.*, p. 104.
[4] Contrairement à la thèse approximative selon laquelle la démocratie est une invention grecque et valorisée par eux. Sur ce point, par exemple : v. Luciano Canfora, *La démocratie. Histoire d'une idéologie*, Paris, Seuil, 2006, coll. « Faire l'Europe », p. 23-27.
[5] V. Stéphane Pinon, *Les réformistes constitutionnels des années trente. Aux origines de la Ve République*, Paris, LGDJ, 2003, coll. « Bibliothèque constitutionnelle et de science politique ».
[6] Giovanni Sartori, *Théorie de la démocratie*, Paris, Armand Colin, 1973, p. 7. Dans le même sens : v. Bruno Daugeron, « Définir la démocratie grâce au droit ? Regards

gouvernement du peuple[1] par opposition au gouvernement de quelques-uns (aristocratie ou oligarchie) et au gouvernement d'un seul (monocratie). Cette signification dérive essentiellement de l'étymologie grecque, « *dêmokratia* », dont la double racine « *dêmos* » (territoire, peuple) et « *kratrein* » (commander)[2] renvoie au « pouvoir du peuple ». Basée sur l'étymologie, cette signification est devenue la clé d'une grille de lecture communément admise pour appréhender la notion et en déterminer largement le sens. Si donc le recours à l'étymologie ne saurait épuiser toute la portée théorique d'une notion, elle joue néanmoins un rôle essentiel dans la mesure où elle en détermine l'usage[3].

Mais une nouvelle difficulté apparaît très rapidement : quelle signification juridique donner à l'expression « pouvoir du peuple » devenue, en droit positif, un principe de la République française formulé à l'article 2 de la Constitution du 4 octobre 1958 ? À nouveau, l'analyse juridique des termes achoppe sur leur indétermination. L'ambiguïté vient d'abord du terme « pouvoir » : renvoie-t-il à un organe, à une fonction, à une compétence ? Cette compétence se résume-t-elle au fait, pour le peuple, d'exprimer et d'imposer sa volonté ? Si oui, selon quelles modalités ? La volonté du peuple s'épuise-t-elle tout entière dans l'élection d'organes chargés de parler en son nom, ou alors n'a-t-elle « que la consistance des actes qu'on lui impute »[4] ? Le mot « peuple » recèle les mêmes difficultés d'interprétation. Désigne-t-il, comme l'affirme le Conseil constitutionnel dans une célèbre décision, l'ensemble des citoyens français[5] ? Plus largement, le peuple est-ce l'« ensemble des individus

de théorie constitutionnelle », in Véronique Champeil-Desplats, Jean-Marie Denquin (dir.), *Démocratie et constitutionnalisme : retours critiques*, *op. cit.*, p. 142.

[1] Définition de la démocratie utilisée par exemple par Georges Burdeau, *La démocratie*, Paris, Seuil, 1966, p. 15.

[2] V° « Démocratie », Alain Rey (dir.), *Dictionnaire historique de la langue française*, tome I, Paris, Le Robert, 2016, p. 652.

[3] V. Jean-Marie Denquin, « Que veut-on dire par "démocratie" ? L'essence, la démocratie et la justice constitutionnelle », art. cit.

[4] Selon l'expression de Bruno Daugeron, « De la démocratie aux droits fondamentaux : transition ou substitution ? », art. cit., p. 235.

[5] V. CC, déc. n°91-290 DC, 9 mai 1991, *Loi portant statut de la collectivité territoriale de Corse*, consid. 13 (*J.O.F.R.*, Lois et décrets, 14 mai 1991, p. 6350).

soumis à un État »[1], c'est-à-dire l'ensemble de sa population, que celle-ci possède ou non la nationalité française ?

Malgré les difficultés qu'il y a à traduire juridiquement la notion de « peuple », si l'on admet que celle-ci renvoie à une entité nominale au nom de laquelle sont prises les décisions souveraines, une difficulté émerge : existe-t-il un peuple « social » distinct du peuple « politique » ? Dans l'affirmative, quels sont les critères susceptibles d'autoriser une telle distinction ? Et si les organisations syndicales forment l'unité de référence de la « démocratie sociale », en quoi a-t-on affaire, dans ce cas, au peuple ? D'un point de vue juridique, les syndicats ne sont pas le peuple, pensé dans la théorie du droit public non comme un être réel, mais comme une « notion construite par le droit »[2] qui n'existe pas indépendamment de l'organe réputer le représenter[3]. Le peuple est en ce sens une abstraction juridique à laquelle sont imputées les décisions prises en son nom par les organes de l'État, en particulier l'organe législatif, alors que les organisations syndicales ne sont jamais que des personnes morales de droit privé soumises à l'ordre normatif étatique.

La polysémie du mot « social » engendre elle aussi toutes les confusions. En son article premier, la Constitution française de 1958 qualifie la France de République « sociale », mais est avare de précisions sur le sens du terme. L'histoire du mot révèle de multiples variations de sens. Emprunté au latin « *socialis* » (« qui concerne les alliés »), il désigne vers 1740 « ce qui est propre à la vie humaine dans son aspect collectif, en rapport avec l'acception moderne de ''société'' »[4]. Y a-t-il alors une différence avec le « politique » ? Après tout, le contrat dit « social », dans la philosophie politique de Rousseau, est-ce autre chose qu'un contrat « politique » ? La question se pose, car ce n'est que vers 1830 que son sens se spécialise et renvoie à « ce qui

---

[1] V° « Peuple », in Gerard Cornu (dir.), *Vocabulaire juridique*, 10ème éd., Paris, PUF, 2014, coll. « Quadrige », p. 762.

[2] Michel Troper, *Droit constitutionnel*, 29ème éd., Paris, LGDJ, p. 176.

[3] V. Georges Burdeau, *Traité de science politique*, 3ème éd., tome V, Paris, LGDJ, 1985, p. 300. V. également l'ouvrage classique de Pierre Brunet, *Vouloir pour la nation. Le concept de représentation dans la théorie de l'État*, Paris, LGDJ, 2004, coll. « La pensée juridique ».

[4] V° « Sociable, social, socialisme », in Alain Rey (dir.), *Dictionnaire historique de la langue française*, tome II, Paris, Le Robert, 2016, p. 2245.

est relatif aux rapports entre les classes de la société, alors opposé à *politique* et, d'autre part, à *économique* »[1].

Dans le vocabulaire juridique, il semble possible de distinguer deux acceptions. Selon la première, le « social » concerne, « dans un pays donné, la société tout entière et donc l'intérêt général »[2]. La définition est pour le moins extensive, car elle permet d'inclure tout à la fois « l'économique, le financier, le culturel sous leurs acceptions si diverses ou les formes dérivées du politique, le militaire, le policier, les corps intermédiaires, tels les corporations ou les Parlements, les Communes, qui exprimaient déjà la particularité de leur existence historique »[3]. Dès lors, qu'est-ce qui permet de distinguer le « social » ainsi défini de la notion connexe et très accueillante de « société civile » ? Dans une seconde acception plus restreinte, mais pas forcément beaucoup plus éclairante, le « social » pourrait ne concerner que « la vie des travailleurs, plus généralement les relations de travail »[4]. Mais alors, qu'est-ce qui justifie un tel rétrécissement du champ d'application de la notion ? Ces deux acceptions sont-elles compatibles ou s'excluent-elles l'une l'autre ? Plus encore que le terme de « démocratie », celui de « social » semble insaisissable, tant il recouvre, comme l'écrit Pierre Laroque, « des notions multiples, aux contours mal définis, et qui souvent traduisent plus un état d'esprit qu'elles n'englobent des éléments bien déterminés »[5].

À ce stade, une nouvelle difficulté survient. Du point de vue de la théorie du droit public issue de la matrice révolutionnaire française, la notion de « démocratie » est essentiellement entendue comme « principe de souveraineté »[6], non comme une forme de « participation » des citoyens à la décision politique ou à l'élaboration des normes les concernant. L'idée de démocratie serait donc tout entière contenue dans l'article 6 de la Déclaration des droits de l'homme et du

---

[1] *Ibid.*, p. 2245. V. également : Gérard Lyon-Caen, « Divagations sur un adjectif qualificatif », in *Les orientations sociales du droit contemporain. Écrits en l'honneur du Professeur Jean Savatier*, Paris, PUF, 1992, p. 345-351.

[2] V° « Social », in Gérard Cornu (dir.), *Vocabulaire juridique*, *op. cit.*, p. 969.

[3] Comme le souligne le philosophe Raymond Polin, *La République entre démocratie sociale et démocratie aristocratique*, Paris, PUF, 1997, coll. « Questions », p. 194.

[4] V° « Social », in Gérard Cornu (dir.), *Vocabulaire juridique*, *op. cit.*, p. 969.

[5] Pierre Laroque, « Contentieux social et juridiction sociale », *Dr. Soc.*, mai 1954, p. 271.

[6] Comme le rappelle Bruno Daugeron (« La démocratie administrative dans la théorie du droit public : retour sur la naissance d'un concept », *RFAP*, 2011, n°137-138, p. 27).

citoyen, selon lequel la loi est l'expression de la volonté générale. Pourquoi, dès lors, recourir au concept de « démocratie sociale » si la démocratie « se trouve déjà tout entière dans la volonté générale dont la loi est l'expression »[1] ? En ce sens, parler de « démocratie sociale », en parallèle de la « démocratie politique », reviendrait à une sorte de redondance théorique : l'idée démocratique aurait en effet un autre fondement que dans la seule volonté générale édictée en forme de loi par les représentants du peuple, puisqu'à côté de ce dernier se tiendrait un peuple « social », de nature différente, mais bénéficiant de ses représentants, revendiquant une légitimité concurrente. Que reste-t-il, dès lors, du concept de « souveraineté nationale », fondé sur l'« unité du peuple »[2] et qui est « l'affirmation de l'idéal démocratique »[3] ? Ces analyses laissent perplexe. Elles génèrent en effet un certain nombre de lourdes interrogations qui doivent nous conduire à mener une réflexion sur l'attitude que le juriste doit, ou peut seulement adopter face à une expression aussi fuyante.

Pour une approche conceptuelle des discours sur la « démocratie sociale »

Plusieurs types d'approches de la démocratie sociale sont évidemment possibles, mais suscitent un certain nombre de problèmes épistémologiques sur lesquels il faut revenir, avant de plaider pour une approche *conceptuelle* des discours sur la notion.

*

Il pourrait sembler sage de se borner à décrire, dans le cadre d'une démarche scrupuleusement positiviste, les régimes juridiques des notions associées à la démocratie sociale. Une telle approche est évidemment possible. Mais parce qu'essentiellement descriptive, elle ne nous renseignerait en rien sur la notion. Au mieux, cela nous permettrait de la circonscrire arbitrairement à des thèmes sur lesquels il

---

[1] Bruno Daugeron, « La démocratie administrative : retour sur la naissance d'un concept », art. cit., p. 27.
[2] V. CC, déc. n°91-290 DC, 9 mai 1991, précitée.
[3] Selon la formule de Julien Laferrière, *Manuel de droit constitutionnel*, *op. cit.*, p. 377.

est admis de se pencher par convention tacite lorsqu'il s'agirait de démocratie sociale. Cette démarche s'identifie ainsi à une pétition de principe, car elle « suppose ce qu'il faudrait poser »[1]. Dès lors, l'approche positiviste, selon le mot d'Henri Dupeyroux, est « le refuge le plus commode pour assister à tout le spectacle sans rien risquer, et il constitue ensuite un admirable point de départ pour le ralliement de n'importe quel conformisme »[2]. Surtout, pourquoi continuer à utiliser l'expression « démocratie sociale » ? Qu'est-ce qui justifie son invocation à partir du moment où elle censée renvoyer à d'autres notions, comme la négociation collective ou le paritarisme ?

Pour pallier cette difficulté, le juriste pourrait alors se faire l'arbitre des élégances, en se pliant à l'exercice de la définition. Mais à supposer qu'il soit seulement possible d'élaborer une critériologie rigoureuse et définitive permettant d'identifier les particularités phénotypiques de « la » démocratie sociale, cette démarche comporte de sérieuses difficultés épistémologiques. En effet, l'exercice de la définition oscille nécessairement et souvent imperceptiblement entre description et prescription : il arrive toujours un moment où le discours prétendu descriptif se fait normatif. Dès lors, il y a des acceptions « bonnes » et « mauvaise », donc « vraies » et « fausses » de la démocratie sociale. Cet angle d'approche est également possible, mais il est exposé à deux difficultés. Premièrement, la partialité : pourquoi privilégier une définition plutôt qu'une autre sinon en supposant au préalable un modèle politique et social qui lui donne sa raison d'être ? Par exemple, au nom de la démocratie sociale, certains plaident pour l'instauration d'un modèle économique et politique libéral au sein duquel les partenaires sociaux auraient pour fonction de gérer notamment le champ des relations de travail par le biais de contrats que l'État se bornerait à garantir[3] : la démocratie sociale serait ainsi le « tout-contrat » opposé au « tout-État »[4]. L'arbitrage entre ces définitions contradictoires suppose une prise de position axiologique qui, pour

---

[1] Jean-Marie Denquin, « Situation présente du constitutionnalisme. Quelques réflexions sur l'idée de démocratie par le droit », *Jus politicum*, 2008, n°1 [En ligne : http://juspoliticum.com/article/Situation-presente-du-constitutionnalisme-Quelques-reflexions-sur-l-idee-de-democratie-par-le-droit-25.html].

[2] Henri Dupeyroux, « Les grands problèmes du droit », *Archives de philosophie du droit et de sociologie juridique*, 1938, n°1-2, p. 32.

[3] Par exemple : Ernest-Antoine Seillière, *Le Monde*, 6 décembre 2000.

[4] V. Jean-Emmanuel Ray, « Du tout-État au tout contrat ? », *Dr. Soc.*, 2000, n°6, p. 574-579.

légitime qu'elle soit, se justifie difficilement d'un point de vue scientifique. La deuxième erreur, corrélative à la première, consiste à céder au préjugé essentialiste consistant à postuler l'existence d'un objet « démocratie sociale » qui, dans sa pureté ontologique, précède le discours. Celui-ci ne viendrait que dans un second temps pour saisir un objet toujours-déjà là, ontologiquement stable, soustrait à toutes les contingences. On postule, autrement dit, un en deçà du discours où, comme l'écrit Michel Foucault, l'identité de la notion serait « soigneusement repliée sur elle-même, sa forme immobile et antérieure à tout ce qui est externe, accidentel et successif »[1]. Ainsi est-il possible de critiquer telle ou telle conception de la démocratie sociale, puisque l'on décide de l'arrimer à une classe de référence supposée « pure ». Or, il n'y a pas d'objectivité absolue qui nous permettrait de savoir ce qu'est définitivement la démocratie sociale. Il n'existe que des constructions qui sont autant de reconstructions, des interprétations ou des perspectives subjectives s'additionnant les unes aux autres et qui sont autant de réinterprétations[2].

Pour éviter les écueils auxquels conduisent fatalement les différentes approches évoquées, il semble vain de chercher à savoir ce qu'*est* ou *devrait être* la démocratie sociale. Si l'on veut bien admettre que la démocratie sociale est le produit d'une construction discursive, il nous faut quitter le monde platonicien des formes pures qui hypostasie les significations, pour privilégier l'analyse conceptuelle des discours qui tentent de l'appréhender. Or, en mobilisant l'expression « démocratie sociale », ces discours prétendent décrire un certain type de relation entre l'État et la sphère « sociale », soit restrictivement délimitée aux seules organisations syndicales, soit comprise de manière extensive comme englobant l'ensemble de la « société civile ». La question qu'ils soulèvent est d'importance et en même temps très classique : quels sont les rapports que peuvent ou doivent entretenir l'État et la « société » ? Plus exactement, le problème porte sur les rapports entre l'État et les capacités d'auto-organisation de la société[3] dans un contexte de

[1] Michel Foucault, « Nietzsche, la généalogie, l'histoire », in Jean-François Balaudé, Patrick Wotling (dir.), *Lectures de Nietzsche*, Paris, Le Livre de Poche, 2000, p. 105.
[2] Paul Veyne (*Les Grecs ont-ils cru à leurs mythes ?*, Paris, Seuil, 1983, coll. « Points essais », p. 32) écrit en ce sens que la « vérité est un mot homonyme qui ne devrait s'employer qu'au pluriel : il n'existe que des *programmes hétérogènes de vérité* [...] » (nous soulignons).
[3] V. Michel Borgetto et Robert Lafore, *La République sociale*, *op. cit.*, p. 181.

« concurrence des légitimités »[1] : est-il possible d'envisager de situer le pouvoir au sein d'une société auto-organisée, affranchie ou en marge de la figure tutélaire de l'État ?

Dans la mesure où la « démocratie sociale » n'est pas originairement une expression juridique, mais se situe à la confluence du droit, de la philosophie et de la politique, on emploiera une méthode « transdisciplinaire normativo-centrée »[2], c'est-à-dire procédant « au-delà du droit, mais par ou pour le droit »[3]. Cette démarche n'est pas superflue pour quiconque considère que droit, politique et philosophie entretiennent une intime relation dialectique[4]. Envisager cette relation constitue un véritable enjeu épistémologique permettant d'éviter les écueils d'un positivisme forcené consistant à justifier le droit par lui-même en occultant les aspects théorico-politiques qui en constituent pourtant la toile de fond. À l'indifférence souvent revendiquée à ce qui touche aux conditions socio-politiques de la production normative, il faut opposer l'idée selon laquelle « le droit ne peut se penser qu'en *relation* avec autre chose que lui »[5].

Dans cette perspective, on privilégiera les discours relatifs au droit, mais qui ne relèvent pas, au sens strict, du droit[6]. On distinguera alors « discours du droit » et « discours sur le droit »[7]. Le premier type de discours est celui produit par l'activité normative des organes de l'État, habilités à créer le droit, à l'appliquer et à l'interpréter : on s'intéressera donc à l'activité du législateur – qui « formule les textes des actes

---

[1] V. Yves-Charles Zarka, « Pourquoi repenser la démocratie ? », in Yves-Charles Zarka (dir.), *Repenser la démocratie*, Paris, Armand Colin, coll. « Emergences », p. 7.

[2] Xavier Magnon, « Appréhender le droit constitutionnel jurisprudentiel sous un angle politique. D'une posture à la discussion de quelques orientations méthodologiques fondamentales », in Xavier Magnon, Pierre Esplugas, Wanda Mastor, Stéphane Mouton (dir.), *Question sur la question (QsQ3) : de nouveaux équilibres institutionnels ?*, Paris, LGDJ/Lextenso, 2014, coll. « Grands colloques », p. 8.

[3] *Ibid.*, p. 7.

[4] Jacques Caillosse, « Droit et politique : vieilles lunes, nouveaux champs », *Droit et société*, 1994, n°26, p. 130.

[5] Jean-Marie Denquin, « Situation présente du constitutionnalisme. Quelques réflexions sur l'idée de démocratie par le droit », art. cit (nous soulignons). Dans le même sens : v. Olivier Jouanjan, « L'État de droit démocratique », *Jus politicum*, 2019, n°22, p. 12.

[6] V. Jerzy Wroblewski, « Les langages juridiques : une typologie », *Droit et société*, 1988, n°8, p. 13 : « Le discours juridique, c'est le discours dans lequel on formule le droit, ou dans lequel on parle du droit [...] ».

[7] *Ibid.*, p. 13-27.

normatifs » [1] visant la « détermination des faits, situations ou processus ayant une signification juridique (règles constitutives) »[2] – et à la jurisprudence (principalement constitutionnelle, mais aussi administrative et judiciaire) en tant qu'elle est un « méta-langage »[3] fournissant « des descriptions et/ou des évaluations des textes normatifs en général, et des prescriptions appliquées en particulier »[4]. Le second type de discours est un discours d'ordre théorique par lequel les « acteurs »[5] parlent du droit. Il s'agit, d'une part, du « langage juridique scientifique »[6], principalement produit par la doctrine universitaire, mais également du « langage juridique commun »[7], qui est « celui des locuteurs non spécialistes du droit, mais ayant quelque contact informel avec les problèmes juridiques »[8]. On attachera donc une importance particulière à l'étude des discours produits par la doctrine (principalement publiciste, mais aussi, bien que dans une moindre mesure, privatiste) en tant qu'elle prétend décrire, interpréter ou conceptualiser la « démocratie sociale ». Des détours techniques par le droit social seront nécessaires, mais uniquement en tant qu'ils ont une portée sur le plan théorique, car si l'on veut bien admettre que l'intérêt de la « démocratie sociale » se situe ailleurs que dans les champs dans lesquels elle est officiellement cantonnée, une approche purement technicienne, aussi minutieuse soit-elle, serait réductrice. Autrement dit, il s'agit d'envisager la démocratie sociale comme une véritable *notion* sur laquelle sont produits des discours sous-tendus par des représentations de théorie juridique et politique. Dans cette perspective, on portera une égale attention aux discours des théoriciens politiques, sociologues et philosophes qui se prononcent sur la question des rapports entre l'État et les capacités d'auto-organisation de la société.

*

[1] *Ibid.*, p. 15.
[2] *Ibid.*, p. 15.
[3] *Ibid.*, p. 17.
[4] *Ibid.*, p. 17.
[5] Pour un plaidoyer en faveur d'une conception du système juridique comme « système d'acteurs » et non « système de normes » : Olivier Jouanjan, « D'un retour de l'acteur dans la théorie juridique », *Revue européenne des sciences sociales*, 2001, n°21, p. 55-64.
[6] Jerzy Wroblewski, « Les langages juridiques : une typologie », art. cit., p. 18 et suiv.
[7] *Ibid.*, p. 20.
[8] *Ibid.*, p. 20.

Il est nécessaire dans un premier temps d'élaborer une généalogie de la notion de « démocratie sociale » dans le but de comprendre comment l'on a pu en venir à articuler deux mots (« démocratie » et « social ») qui ne sont *a priori* pas solidaires. Ce n'est pas pour exhausser la « vraie » conception de la démocratie sociale afin de la mettre en perspective avec son prétendu dévoiement contemporain que se justifie un retour sur les conditions de sa naissance. Un tel retour vise au contraire à mettre en lumière ce que l'expression a de complexe et de paradoxal sur le plan historique et théorique (Première partie). En effet, si l'on s'intéresse non pas à ce à quoi est réputée renvoyer « la » démocratie sociale, mais à l'articulation sémantico-théorique d'un terme issu du vocabulaire politique – démocratie – avec d'autres relevant d'une matrice socio-économique, l'on est conduit à envisager une constellation de discours dont l'objet excède les domaines dans lesquels la démocratie sociale est habituellement confinée. Mais l'hypothèse selon laquelle l'intérêt de la « démocratie sociale » ne réside pas là où il en est officiellement question doit-elle nous conduire à congédier sans autre forme de procès l'ensemble des discours qui assimilent la notion au principe de participation des travailleurs, à la négociation collective et au paritarisme ? Peut-on, autrement dit, se résoudre à conclure simplement à l'inefficience de la notion au prétexte que tout n'est que langage ? On peut le penser, mais cela revient à nier ses conséquences et effets juridiques et, *in fine*, à céder au nihilisme. Dans un second temps, il faudra donc analyser, à travers les institutions et pratiques qu'elle prétend structurer, comment la notion de « démocratie sociale » est mobilisée au service d'une rhétorique de la délégation de pouvoir (Seconde partie).

PREMIÈRE PARTIE.

GÉNÉALOGIE DE LA « DÉMOCRATIE SOCIALE »

On a toujours tort de vouloir décrire des genèses linéaires, comme si le sens des mots, des idées et des concepts était toujours déjà acquis. C'est le cœur du problème posé par la notion d'« origine », appréhendée le plus souvent à travers le prisme d'une métaphore génétique consistant à rapporter à un instant supposé originel la forme présente d'une notion ou d'un concept. Cette tendance naturelle de l'esprit humain à recouvrir les notions de représentations anachroniques, à envisager le passé à l'aune du présent et des réalités à venir, est décrite par Bergson comme une « logique de rétrospection »[1]. Malgré sa spontanéité et, parfois, son innocence, cette logique est redoutable d'un point de vue épistémologique, car elle procède d'une « obsession embryogénique »[2] faisant l'impasse sur les glissements de significations qui affectent les mots du langage, laissant croire qu'une notion pourrait être saisie dans toute sa pureté ontologique, à la faveur d'un moment historique précis à partir duquel elle se déploierait selon un flux continu et sans altération de sens selon les lois d'une sage causalité.

Tout laisse penser que la notion de « démocratie sociale » est prise dans les rets de cette logique. Recouvert de fausses évidences, elles-mêmes alimentées par un discours juridique prompt à assigner les notions à résidence historique par le biais d'un discours convenu sur l'« origine », l'étrangeté de ce syntagme a été perdue de vue[3]. Le

---

[1] Henri Bergson, *La pensée et le mouvant*, 15ème éd., Paris, PUF, 2006, coll. « Quadrige », p. 19.

[2] Marc Bloch, *Apologie pour l'histoire ou Métier d'historien*, Paris, Armand Collin, 1997, p. 54.

[3] L'approche de Pierre-Yves Verkindt (« L'association des syndicats à l'élaboration de la loi », art. cit., p. 954) est à symptomatique : « Avant que l'expression [démocratie sociale] n'apparaisse, *la chose était déjà là*, au cœur des débats qui, traversant la seconde moitié du XIXe siècle et les premières années du XXe, ont tenté de reconfigurer la vie politique en laissant une place plus importante aux corps intermédiaires » (nous soulignons).

premier problème de l'expression « démocratie sociale » est ainsi l'article défini qui la précède, car il invite imperceptiblement non seulement à postuler la clarté et l'univocité de l'expression, mais aussi à retrouver l'« origine » supposée de la notion dans un passé reconstruit. Le défaut majeur des études sur « la » démocratie sociale est précisément d'envisager la notion à travers le prisme d'un « régime d'historicité »[1], qui présente l'avantage de dispenser celui qui se compromet ainsi de s'interroger sur les *conditions* de la naissance de la notion.

Mais est-il seulement possible de rendre compte d'une notion autrement qu'en termes tautologiques ? Poser la question, c'est laisser entendre qu'une réponse positive est possible. Pour cela, il ne faut pas délaisser absolument le *contenu* de la notion sur lequel le discours juridique se focalise, à savoir la négociation collective et le paritarisme, car ces deux notions font partie de l'acception contemporaine de la démocratie sociale. Il s'agit en revanche de le soumettre à une sorte d'*époché* comme disent les phénoménologues, une mise entre parenthèses de ce que l'on croit savoir, pour décentrer un instant le regard sur ce qui a permis à la notion de se structurer et prendre corps. Autrement dit, à la logique de rétrospection, il faut opposer la démarche généalogique. Celle-ci ne cherchera pas à identifier l'origine de la notion, car une telle recherche supposerait l'identité *à soi* de l'objet, replié sur lui-même dans les limbes de l'histoire intellectuelle[2]. La démarche généalogique, au contraire de la recherche de l'origine, se situe hors du monde platonicien des essences. Elle ne cherche pas à découvrir « le secret essentiel et sans date »[3] de l'objet intellectuel, mais plutôt à mettre au jour les problématiques ayant contribué à sa lente formation.

On partira donc des questions suivantes : qu'est-ce qui a rendu possible l'association sémantique et théorique des notions de « démocratie » et de « social » ? À supposer que l'on réussisse à identifier quelque chose comme une notion constituée de « démocratie sociale », cette dernière entretient-elle un rapport privilégié avec un

---

[1] Selon l'expression de François Hartog et Claude Levi-Strauss rappelée par Emmanuel Cartier : « Propos introductifs. Du rôle ou de la fonction des mythes en droit constitutionnel », in Emmanuel Cartier, Michel Verpeaux (dir.), *Nouveaux regards sur les mythes d'une constitution « mal-aimée »*, Paris, Mare & Martin, 2017, coll. « Droit public », p. 15.

[2] V. Michel Foucault, « Nietzsche, la généalogie, l'histoire », art. cit., p. 105.

[3] *Ibid.*, p. 105.

courant intellectuel ou idéologique particulier, ou bien est-elle commune à plusieurs d'entre eux, voire à tous ? Enfin, comment et sous quelles modalités une telle notion a-t-elle pénétré le discours des juristes ? Afin de répondre à ces questions, il nous faut partir de la conception de la démocratie telle qu'elle est pensée à partir du droit public révolutionnaire et, plus particulièrement, de sa réfutation par des courants intellectuels faisant la promotion d'une conception « sociale » du peuple (Chapitre 1). Nous verrons ensuite que cette conception sera puissamment réinvestie par un ensemble hétérogène de doctrines soucieuses d'organiser la démocratie sur une base « sociale » (Chapitre 2). Tout le problème résidera alors dans la façon dont les discours juridiques se sont saisis de ces questions pour tenter d'instaurer un équilibre – qui se révélera fragile – entre la démocratie politique et la démocratie sociale (Chapitre 3). Effectuer la généalogie de la démocratie sociale ne signifie donc pas évoquer des origines, certes différentes, mais qui convergeraient finalement dans une notion qui, à la manière d'une totalité hégélienne, résorberait les contradictions dans une ultime synthèse. Il s'agit au contraire d'évoquer des thèses qui, si elles se mêlent dans un même sillon historico-théorique, ne pourront jamais totalement se confondre.

Chapitre 1.
La promotion d'une conception « sociale » du peuple

Il faut d'abord relire Georges Burdeau. Selon lui, la « démocratie sociale fonde [...] le Pouvoir sur la volonté du peuple réel. Pour participer à son exercice ou à son contrôle, les individus n'ont pas à dépouiller les particularités qui les distinguent : leur volonté est valable en tant qu'elle traduit leur condition, leurs chances ou leurs intérêts [...]. La démocratie sociale est une démocratie d'homme situés » [1]. Ces lignes ne lassent pas d'interroger : quel est ce « peuple réel » composé « d'hommes situés » ? Juridiquement, le peuple n'est-il pas cette fiction juridique à laquelle sont imputées les décisions prises par ses représentants ? Pour répondre à ces interrogations et essayer d'exhumer les représentations qui sous-tendent cette conception du peuple, il faut partir d'une donnée souvent occultée : du point de vue de la théorie du droit public issue de la matrice révolutionnaire française, la notion de « démocratie » est essentiellement entendue comme principe de souveraineté. Ce principe se fonde lui-même sur la prémisse de l'unité du peuple ou de la nation. Le centre de gravité du pouvoir réside donc au cœur d'un *demos* homogène excluant la prise en compte de la diversité des conditions sociales, de ce que l'Ancien Régime désignait sous le nom d'« ordres » ou d'« états ». Cette conception de la démocratie a des racines profondes, qui font des hommes de la Révolution les héritiers d'une tradition de philosophie politique dont l'opération essentielle, au moins depuis Jean Bodin et les *Six Livres de la République* (1574), consiste à ordonner le multiple à l'autorité souveraine de l'Un[2]. C'est à l'aune de cette préoccupation essentielle que se comprend l'antagonisme formulé par Thomas Hobbes entre, d'une part, l'unité de volonté et d'action du peuple représenté par son souverain, et, d'autre part, la multitude incapable d'être à l'origine d'institutions stables. Toute action de la multitude est assimilée à une

---

[1] Georges Burdeau, *Traité de science politique*, 2ème éd., tome VII, Paris, LGDJ, 1973, p. 475.
[2] V. Gérard Mairet, *Le Dieu mortel*, Paris, PUF, 1987, coll. « Philosophie d'aujourd'hui ».

entreprise séditieuse. À partir du moment où l'unité du peuple se dissout, écrit Hobbes, « on en revient à l'*anarchie* » et il n'y a plus de « *démos*, c'est-à-dire de *peuple*, mais une multitude éparse à laquelle aucune *action* ni aucun *droit* ne peut être attribué »[1]. Il s'ensuit que, pour former une communauté politique, la multitude doit se constituer en peuple. Pour l'auteur du *De Cive*, une telle opération nécessite l'association des volontés individuelles et, surtout, leur subordination à la volonté unique de l'État. La préoccupation est similaire chez Rousseau qui, soucieux de fonder l'unité du corps politique et de la volonté générale, rejette hors du contrat social la multitude des corps intermédiaires[2]. Pour Rousseau, les associations, groupes d'intérêts, « sectes » ou partis, ne concourent en rien à l'expression de la volonté générale dans la mesure où ces groupements expriment, par essence, des intérêts particuliers. Or, la volonté générale est la pensée de l'universel. Le pacte dit « social » – qui en réalité est un pacte politique – consiste donc en la conversion volontaire d'une multitude de monades éparses en l'unité d'un peuple, ce qui exclut, par principe, la présence d'associations et place l'individu au cœur du dispositif. Dans le sillon de cette tradition de philosophie politique, le constitutionnalisme révolutionnaire cherche à fonder l'unité politique du peuple[3]. Selon cette logique, le peuple n'est pas une « réalité sociale », mais un être juridique *sui generis* irréductible à des explications ou déterminismes extérieurs. Le « social » est ainsi congédié, car il représente tout ce que la conception révolutionnaire de la démocratie refuse : l'idée selon laquelle l'ordre des sociétés humaines est « la manifestation immédiate, naturelle, inéluctable et, par conséquent, incontestable, de la nature des hommes, de leurs passions, de leurs vies, de leurs vertus et des mœurs qui s'ensuivent par la force des choses »[4].

Le projet révolutionnaire de reconstruction de l'ordre constitutionnel sur la base d'un *demos* homogène dépositaire du pouvoir, purgé des

---

[1] Thomas Hobbes, *Du citoyen* (1647), trad. Philippe Crignon, Paris, Garnier-Flammarion, 2010, p. 192.

[2] Jean-Jacques Rousseau, *Du contrat social ou principes du droit politique* (II, 3), Paris, Livre de poche, 1996, coll. « Classiques de la philosophie », p. 64.

[3] Selon la formule de l'abbé Sieyès, il s'agit de faire de la France « un seul tout » (*Dire de l'abbé Sieyès sur la question du veto royal, à la séance du 7 septembre 1789*, Paris, Imprimerie François-Jean Baudouin, 1789, p. 10).

[4] Raymond Polin, *La République entre démocratie sociale et démocratie aristocratique*, *op. cit.*, p. 181.

groupes sociaux traditionnels, est puissamment concurrencé par certains courants intellectuels proposant une autre interprétation de la notion de « peuple », faisant précisément droit à la dimension « sociale » de l'homme, « aux conditions vécues de l'existence humaine »[1]. Le « social » est opposé au « politique » par le truchement de la métaphore organique, qui bénéficie d'un certain prestige dans la réflexion constitutionnelle européenne entre la fin du XVIIIe et la fin du XIXe siècle[2]. La société est conçue comme une totalité vivante dotée d'une conscience particulière, animée par l'évolution de ses organes et traversée de « rapports sociaux »[3]. Nous faisons l'hypothèse que le recours à la métaphore organique n'a pas pour simple fonction – comme cela est courant dans la littérature politique du XVIIIe siècle – de mettre l'accent « sur l'analogie, la comparabilité des institutions, instances, situations ou procédures en présence »[4], mais est utilisée par certains auteurs comme un véritable mode de théorisation d'un « peuple social »[5] (Section 1), dont il faudra analyser les différents usages (Section 2). Cet examen nous permettra de comprendre comment le « social », conçu à travers la métaphore organique, est progressivement venu s'annexer à la notion de « démocratie ».

---

[1] *Ibid.*, p. 196.

[2] V. Judith Schlanger, *Les métaphores de l'organisme*, Paris, L'Harmattan, 1971, coll. « Histoire des sciences humaines », p. 87-91 ; Tanguy Pasquiet-Briand, « La métaphore organique dans la réflexion politique du XIXe siècle : aux origines de la coutume constitutionnelle française », in Tristan Pouthier (dir.), *Le droit constitutionnel et les sciences de la nature, de Bacon à Kelsen*, Toulouse, Presses de l'Université Toulouse 1 Capitole, p. 49-87.

[3] Sur l'origine de ce concept : Pierre Macherey, « Aux sources des rapports sociaux : Bonald, Saint-Simon, Guizot », *Genèses*, 1992, n°9, p. 25-43.

[4] Gérard Timsit, « La métaphore dans le discours juridique », *Revue européenne des sciences sociales*, XXXVIII-117, 2000 [En ligne : https://doi.org/10.4000/ress.712].

[5] Selon cette perspective, la métaphore « cesse d'être seulement un procédé de comparaison artificiel pour devenir un outil de compréhension essentiel. Elle perd son aspect un peu superficiel de mise en évidence d'une ressemblance approchée pour acquérir une autre dimension – celle de la mise à jour d'un ordre interne jusqu'alors caché » (Gérard Timsit, *ibid*).

Section 1. La métaphore organique : un mode privilégié de théorisation du « peuple social ».

L'application de la métaphore organique à la notion de « peuple » conduit à envisager ce dernier comme une entité vivante répondant à ses propres lois, composée d'une multitude de groupes sociaux qui entretiennent d'étroits rapports d'interdépendances. Sur le plan de la théorie constitutionnelle, cela emporte une conséquence majeure : si le peuple est un organisme vivant structuré par des lois immanentes et irréductibles à toute détermination extérieure, alors sa constitution, entendue dans son sens de principe d'organisation générale, ne peut lui être imposée de l'extérieur *in abstracto* par une autorité quelconque, mais doit émaner des rapports sociaux spontanés qui le structurent. Cette conception contredit les fondements de la modernité politique fondée sur l'individualisme et son corollaire juridique, l'égalité, car elle suppose de fonder l'ordre politique et constitutionnel sur les hiérarchies naturelles. L'importance acquise par l'interprétation organiciste du peuple et son rayonnement sur la pensée constitutionnelle ne peuvent être envisagés sans que soient évoquées ses sources intellectuelles, qui plongent leurs racines dans les analyses politiques et constitutionnelles d'Althusius, dont le souci premier est de rendre compte de la densité sociale afin de légitimer le pluralisme juridique (§ 1). Cette conception sape les fondements du constitutionnalisme volontariste tel qu'il se manifestera dans la conception révolutionnaire du peuple. C'est alors Edmund Burke qui reprendra le schème organiciste et proposera une apologie des fondements sociaux de la constitution anglaise (§2).

§ 1. Rendre compte de la densité sociale : la construction organique du pluralisme juridique dans la pensée althusienne.

Un détour par la pensée constitutionnelle d'Althusius est fondamental, tant elle insiste sur le pluralisme social à l'origine de la souveraineté, au point que certains auteurs ont cru pouvoir identifier là un modèle de « démocratie corporative »[1]. Bien que rétrospectivement construite, cette lecture présente un certain intérêt, car elle insiste sur une dimension fondamentale de la pensée althusienne : la recherche

---

[1] C'est la thèse défendue par Pierre Mesnard, *L'essor de la philosophie politique au XVIe siècle*, Paris, Boivin & Cie, 1936 (rééd., Paris Vrin, 1952), p. 567-616. Dans le même sens : Gaëlle Demelemestre, *Les deux souverainetés et leur destin, Le tournant Bodin-Althusius*, Paris, Cerf, 2011, coll. « La nuit surveillée »., p. 253-258.

d'un point d'équilibre entre l'hégémonie étatique et les capacités d'auto-organisation de la société, à rebours de la conception bodinienne de la souveraineté. Pour Bodin, la souveraineté se définit par trois attributs essentiels : elle est un pouvoir absolu[1] et perpétuel[2] de commander, ce qui exige également son indivisibilité[3]. L'instauration d'un ordre juste au sein de la République suppose d'identifier une seule source du pouvoir, et donc un Souverain unitaire. Cette centralisation des compétences juridiques et politiques entre les mains d'un seul exclut donc par définition tous les pouvoirs intermédiaires.

Althusius renverse la thèse bodinienne : pour le juriste allemand, à partir du moment où la souveraineté est concentrée dans la personne du monarque, l'édifice politique tout entier est menacé d'effondrement. La souveraineté, pour Althusius, est détenue par le *peuple organisé*. L'unité et la stabilité de la République ne peuvent être assurées que par « la coopération d'organisations politiques combinées qui détiennent toutes, chacune à leur niveau, un droit et un devoir d'autogestion »[4]. Il ne s'agit pas pour Althusius de fondre la multitude (*multitudo*) dans l'unité abstraite d'un peuple, mais, au contraire, de s'appuyer sur cette multitude : l'organisation du peuple en états (*Stände*) est la condition de l'unité. Cette thèse s'explique par le fait qu'Althusius distingue *l'unité du pouvoir* et *l'unité de la collectivité*. Pour Bodin, l'unité du pouvoir est censée réaliser mécaniquement l'unité de la collectivité. Or, pour Althusius, cette déduction cache un dangereux sophisme. L'unité d'un peuple ne peut se penser qu'à partir des associations plurielles autogérées qui le composent et desquelles émane la souveraineté. En ce sens, le concept de souveraineté est pensé par Althusius comme unité d'action organisée. Il plaide donc en faveur de la constitution d'une sphère sociale autonome débouchant sur une organisation corporative de la société[5].

La constitution de cette sphère sociale suppose la conjugaison deux éléments fondamentaux sur lesquels il faut nous arrêter : la *consociatio symbiotica* et la *communicatio*. Conçue à partir d'une interprétation de la *koinonia politikè* (communauté politique) aristotélicienne, la

[1] Jean Bodin, *République*, I, 8, *op. cit.*, p. 179.
[2] *Ibid.*, p. 181.
[3] V. Yves-Charles Zarka, « État et gouvernement chez Bodin et les théoriciens de la raison d'État », in Yves-Charles Zarka (dir.), *Jean Bodin, nature, histoire, droit et politique*, Paris, PUF, 1996, coll. « Fondements de la politique », p. 149-160.
[4] Gaëlle Demelemestre, *Les deux souverainetés et leur destin*, *op. cit.*, p. 132.
[5] V. *ibid.*, p. 129 et s.

consociatio symbiotica, ou communauté symbiotique, désigne une forme d'organisation sociale traduisant le fait anthropologique fondamental selon lequel les hommes sont naturellement enclins à s'associer et à organiser leur vie commune selon des moyens librement décidés[1]. La *consociatio symbiotica* est en ce sens l'objet de « la » politique, définie comme « l'art d'établir, de cultiver et de conserver entre les hommes la vie sociale qui doit les unir »[2]. Althusius élargit ainsi l'objet de la politique, qui ne se réduit pas à l'étude des seuls corps gouvernementaux ou des institutions, mais s'intéresse à la « vie sociale », c'est-à-dire à tout ce qui manifeste des rapports de solidarité organique. Selon cette logique, les rapports sociaux sont naturels et premiers. On mesure toute la différence qui le sépare de Bodin : si la communauté symbiotique est naturelle, alors son existence précède sa mise en ordre par le souverain. Pour le dire autrement, là où Bodin et ses épigones ne voient qu'une multitude anarchique que le souverain est chargé d'organiser et de dissoudre dans l'autorité souveraine de l'Un, Althusius voit un ensemble de groupes sociaux liés par des relations organiques ou symbiotiques[3] précédant toute formalisation par une autorité exogène. Reste alors à savoir par quelles voies parvenir à l'unité politique de la communauté tout en préservant les groupes sociaux.

L'ensemble des groupes sociaux parvient à former une communauté sociopolitique unifiée par le biais de ce qu'Althusius appelle la « *communicatio* ». Il s'agit de la libre « mise en commun des fonctions, des biens et des droits »[4]. Autrement dit, la *communicatio* désigne la constitution d'une sphère sociale commune, au sein de laquelle s'organise la complémentarité des fonctions particulières pour gérer communément un objet partagé en vue d'assurer l'intérêt général[5].

Althusius distingue trois types de *communicatio*. Tout d'abord, la communication des choses (*communicatio rerum*), concernant la

---

[1] V. Caroula Argyriadis-Kervégan, « Droits subjectifs et théories holistes de la société : Althusius, Gierke, Duguit », in Olivier Beaud, Catherine Colliot-Thélène, Jean-François Kervégan (dir.), *Droits subjectifs et citoyenneté*, Paris, Classiques Garnier, 2019, coll. « Bibliothèque de la pensée juridique », p. 25-48.

[2] Johannes Althusius, *Politica*, I, cité in Gaëlle Demelemestre, *Introduction à la* Politica methodice digesta, *op. cit.*, p. 51.

[3] V. Gaëlle Demelemestre, *Les deux souverainetés et leur destin*, *op. cit.*, p. 184.

[4] *Ibid.*, p. 184.

[5] V. Johannes Althusius, *Politica*, I, in Gaëlle Demelemestre, *Introduction à la* Politica methodice digesta, *op. cit.*, p. 52-53.

distribution des biens produits par la *consociatio*[1] ; ensuite, la communication des services (*communicatio operatum*), concernant la répartition des métiers et fonctions permettant à la *consociatio* d'être autonome[2] ; enfin, la communication des droits (*communicatio juris*), qui concerne la répartition des droits au sein de la *consociatio*[3]. La mise en commun des choses, des services et des droits est ce par quoi se constitue la sphère sociale. La théorie politique althusienne est en ce sens une pensée de l'harmonie sociale fondée sur la complémentarité et la collaboration des membres de la société[4] dont les relations sont réglées par le droit symbiotique (*jus symbioticum*)[5]. En ce sens, comme l'écrit Gaëlle Demelemestre, « ce sera par le rassemblement des complémentarités sous la forme associative – communautaire et non contractualiste – que les hommes parviendront à développer une existence plus humaine »[6]. Cette forme associative communautaire peut conduire à la création d'une personne morale possédant une certaine portion de droits souverains, mais aucune n'égalera la compétence de l'association universelle, la *consociatio universalis*, possédant le *jus regni*, droit suprême de gouverner.

À l'inverse de la République bodinienne fondée sur l'indivisibilité de la souveraineté excluant les corps intermédiaires, la *consociatio universalis* althusienne admet en son sein toutes les formes associatives ou groupes sociaux privés que la société peut engendrer, et auxquels sont dévolues une part de souveraineté. Parmi les groupes sociaux privés, on distingue les groupes sociaux naturels des groupes mixtes.
La famille est considérée par Althusius comme la communauté symbiotique de base, « le premier nœud constitutif de toute organisation sociale postérieure »[7], car il s'agit de la première forme associative naturelle dans laquelle chaque individu est d'emblée inséré. Nous verrons que la pensée contre-révolutionnaire française, cherchant à renouer avec une certaine conception traditionnelle du « social », se développera dans un cadre de pensée analogue. Mais Althusius

[1] *Ibid.*, p. 52.
[2] *Ibid.*, p. 52.
[3] *Ibid.*, p. 52.
[4] Comme le souligne Caroula Argyriadis-Kervégan, « Droits subjectifs et théories holistes de la société : Althusius, Gierke, Duguit », art. cit., p. 25-48.
[5] V. Johannes Althusius, *Politica*, I, in Gaëlle Demelemestre, *Introduction à la* Politica methodice digesta, *op. cit.*, p. 52.
[6] Gaëlle Demelemestre, *Les deux souverainetés et leur destin*, *op. cit.*, p. 189.
[7] *Ibid.*, p. 211.

distingue également d'autres formes associatives, dont les fonctions sont commerciales, agricoles et industrielles. Elles sont considérées comme l'extension naturelle et nécessaire du groupe social premier qu'est la famille, car elles permettent à celui-ci de pourvoir à tous ses besoins. Il faut donc laisser toutes les formes associatives se créer et s'autogérer, car elles ont toutes vocation à répondre à des besoins différents.

Le « Collège » est également une forme associative importante plébiscitée par Althusius. Nous qualifions ce groupe social de « mixte » dans la mesure où il se forme par la libre adhésion de ses membres – contrairement à la famille, par exemple –, mais en même temps cette liberté est une modalité de « l'impulsion naturelle poussant les hommes les uns vers les autres »[1]. Les Collèges sont des groupes sociaux professionnels dont le but est de gérer les affaires communes de ses membres. Pour cette raison, à la tête de chaque Collège se trouve un chef dépositaire de l'autorité, élu par les membres[2]. Le chef – désigné alternativement comme *superia*, *praefectus* ou encore *princeps* – est « supérieur à chacun des compagnons et inférieur à la compagnie qu'il préside et dont les avis l'obligent »[3]. En ce sens, le chef du Collège est responsable devant ses membres. En aucun cas il ne peut incarner une réalité transcendant la volonté de l'ensemble des associés. Ce point est important, car cela signifie que le détenteur de l'autorité « ne pourra jamais posséder la liberté d'émanciper la réalité juridique ainsi engendrée de la volonté commune de ses membres ; il sera toujours lié et obligé par la réunion des autres membres associés »[4].

Les Collèges sont des personnes morales de droit privé réputées avoir une volonté unitaire, détenant la capacité d'édicter et de faire respecter des règles propres. Ces personnes morales de droit privé constituent la structure essentielle de la *consociatio universalis*. Elles fondent la sphère sociale, composée d'une multitude d'associations autonomes. D'une part, ces associations sont dites « autonomes », car leur constitution est le résultat de libres initiatives et ne dépend pas en premier lieu de la puissance publique, qui ne peut que les reconnaître ou éventuellement les invalider. D'autre part, ces associations privées ne tiennent pas leurs compétences d'une délégation ou d'une

---

[1] Gaëlle Demelemestre, *Les deux souverainetés et leur destin*, *op. cit.*, p. 212.
[2] V. *Ibid.*, p. 213.
[3] Johannes Althusius, *Politica*, IV, § 7, cité in Philippe Nemo, *Histoire des idées politiques*, Paris, PUF, coll. « Quadrige », p. 493.
[4] Gaëlle Demelemestre, *Les deux souverainetés et leur destin*, *op. cit.*, p. 213-214.

concession de la puissance publique. En effet, sous réserve de licéité préalable reconnue par la puissance publique, les associations privées possèdent le droit d'exercer leurs capacités juridiques de façon autonome.

Les associations qui composent la sphère sociale ne détiennent pas le pouvoir de décision politique (*jus regni*), et n'ont donc pas la capacité de gouverner. Le pouvoir de décision politique est détenu par la *consociatio universalis*, et a pour fonction de veiller à l'union de toutes les associations autogérées au sein d'une communauté sociopolitique[1]. En revanche, si la capacité de gouverner n'est pas reconnue aux associations autogérées composant l'espace social, il en va autrement de la souveraineté (*jus majestatis*), qui ne peut être concentrée entre les mains d'une personne ou d'un organe, mais doit être partagée entre tous les membres du corps sociopolitique. On comprend que la notion de « souveraineté partagée » est radicalement distincte de la notion bodinienne de « souveraineté », dont un des attributs principaux est l'indivisibilité. Chez Althusius, la définition de la souveraineté est indexée sur la dynamique de la vie collective, au sein de laquelle les individus sont naturellement enclins à s'associer et à former des groupes sociaux. De cette tendance naturelle, Althusius fait découler des « droits de souveraineté », c'est-à-dire le droit pour chaque groupe social de déterminer les modalités de sa propre organisation. Autrement dit, la souveraineté doit être partagée, car la *consociatio symbiotica* est « une société humaine mixte, constituée en partie de sociétés privées, naturelles et volontaires »[2]. Dès lors, écrit Althusius : « Je reconnais le prince comme administrateur, organisateur, gouverneur des droits de majesté. Mais en vérité les propriétaires et usufruitiers de cette majesté ne sont autres que le peuple universel associé en un corps symbiotique composé d'une multitude d'associations plus petites »[3].

Dans sa conception althusienne, l'origine de la souveraineté repose dans le peuple conçu comme une multitude d'associations formées de manière naturelle *et* volontaire. Toutes les associations n'ayant pas la même envergure, chaque association dispose d'une portion de souveraineté proportionnelle à son importance au sein de la *consociatio universalis*, strate ultime du gouvernement détenant le *jus regni*. La

---

[1] Comme l'écrit Gaëlle Demelemestre (*ibid.*, p. 228), la finalité du *jus regni* est d'unifier « un divers qui possède ses propres moyens d'autogestion et d'autarcie ».

[2] Johannes Althusius, *Politica*, IX, § 3, cité in Gaëlle Demelemestre, *Les deux souverainetés et leur destin*, *op. cit.*, p. 235.

[3] Johannes Althusius, *ibid.*, IX, § 3, cité in *ibid.*, p. 235.

souveraineté n'est donc pas transcendante et absolue comme chez Bodin, mais un type de pouvoir dérivant de l'immanence du social, et concédé aux *consociationes* en fonction de leur poids dans l'association universelle. Ce mode d'organisation du peuple sur la base de la réalité sociale, duquel découle un type de pouvoir particulier, conduits certains à qualifier la pensée politique althusienne de « fédéralisme sociétal »[1], dans la mesure où elle propose une organisation de la société par le bas, à partir de certaines dimensions sociales de la vie humaine. La *consociatio universalis* n'est donc pas un modèle *a priori* que l'on appliquerait à la réalité sociale, mais une forme d'organisation construite sur la base d'associations privées déjà constituées et qui poursuivent leur vie propre. L'unité ne résulte pas de la négation des corps intermédiaires, mais elle suppose au contraire leur pleine reconnaissance, car ainsi « les membres du royaume sont comme un peuple, associés et liés en un seul corps et sous une seule tête »[2]. La théorie politique d'Althusius est donc tout entière dirigée vers la reconnaissance et l'intégration de la diversité sociale sur le fondement de laquelle se construira le pluralisme juridique. Le schème organiciste à l'aune duquel une conception « sociale » du peuple est pensable sera réinvesti par Burke pour mener le procès du constitutionnalisme révolutionnaire.

§ 2. L'apologie des fondements sociaux de la Constitution anglaise.

Dans ses *Réflexions sur la Révolution en France*[3] publiées en novembre 1790, Burke oppose aux abstractions métaphysiques des constituants une conception historiciste et statutaire de l'ordre constitutionnel aboutissant à une théorie de la représentation axée sur la promotion de ses bases sociales. L'effort burkien consiste en une

---

[1] V. notamment l'ouvrage de Thomas Hüglin, *Sozietaler Föderalismus. Die politische Theorie des Johannes Althusius*, *op. cit.*

[2] Johannes Althusius, *Politica*, IX, § 12, cité in Philippe Nemo, *Histoire des idées politiques*, *op. cit.*, p. 496.

[3] Edmund Burke, *Réflexions sur la révolution en France* (1790), trad. Pierre Andler, Paris, Les Belles Lettres, 2016, coll. « Le goût des idées – hors-série ». Voir la préface de Philippe Raynaud, *loc. cit.*, p. VII-LXXXV. On se référera également à l'ouvrage de Frank O'Gorman, *Edmund Burke, his political philosophy*, London, George Allen & Unwin, 1973.

apologie de la « nature sociale »[1] de la Constitution anglaise contre les institutions issues de la Révolution française.

L'apologie burkienne des fondements sociaux, historiques et statutaires de la Constitution anglaise est dirigée contre la théorie révolutionnaire de la souveraineté. Cette dernière articule deux idées fondamentales : d'une part, l'idée de souveraineté de la Nation consacrée à l'article 3 de la Déclaration des droits de l'homme et du citoyen ; d'autre part, celle d'une prééminence de la loi en tant qu'expression de la volonté générale, formulée à l'article 6. La théorie révolutionnaire de la souveraineté exprime ainsi l'idéal d'une synthèse entre trois termes : le pouvoir, dont le peuple-nation est le dépositaire, l'égalité et la liberté dans la participation à l'élaboration de la loi. « Jusqu'ici l'art de gouverner n'a été que l'art de dépouiller et d'asservir le grand nombre au profit du petit nombre, et la législation le moyen de réduire ces attentats en système : les rois et les aristocrates ont très bien fait leur métier ; c'est à vous maintenant de faire le vôtre, c'est-à-dire de rendre les hommes heureux et libres par les lois », déclarait Robespierre[2] dans son discours sur la Constitution du 10 mai 1793. Dans cette optique, la loi est le vecteur matériel par lequel la raison et la volonté générale sont appelées à régner[3]. L'outil législatif joue en ce sens un rôle décisif dans le projet révolutionnaire de refonte de la société.

On retrouve ici trois thèses rousseauistes[4]. La première fait de l'association politique née du contrat social le véritable corps souverain auquel sont subordonnés tous les gouvernants. La deuxième confère à la volonté politique unitaire le monopole de l'organisation de l'État, contre les corps intermédiaires ou les groupes sociaux appelés à être annihilés. Enfin, la troisième thèse indexe l'égalité et la liberté sur la participation au pouvoir. Pour Burke, la filiation rousseauiste de la théorie révolutionnaire de la souveraineté emporte de lourdes conséquences dans la mesure où elle conduit à une subversion complète

---

[1] Edmund Burke, « On the overtures of peace » (1797), in *The Writings and Speeches of Edmund Burke*, V, New-York, Cosimo, 2008, p. 312 : « All their new institutions, (and with them every thing is new,) strike at the root of our social nature ».

[2] Maximilien Robespierre, *Œuvres*, vol. 3, Paris, Chez l'éditeur, 1840, p. 363.

[3] V. Bruno Daugeron, *La notion d'élection en droit constitutionnel. Contribution à une théorie juridique de l'élection à partir du droit public français*, Paris, Dalloz, 2011, coll. « Nouvelle bibliothèque des thèses », p. 72.

[4] V. Philippe Raynaud, « Préface », in Edmund Burke, *Réflexions…*, *op. cit.*, p. XXXII-XXXIII.

du système de légitimation de l'ordre constitutionnel. À partir du moment où il est admis que la nation jouit de la plénitude du pouvoir constituant, cela signifie que l'ordre constitutionnel – notamment les autorités constituées – dépend entièrement d'une volonté nationale encline à mépriser les structures sociales préexistantes.

Pour Burke, le vice majeur affectant le volontarisme révolutionnaire réside dans sa prétention à vouloir fonder un ordre constitutionnel nouveau, à partir d'un peuple-nation présenté comme un démiurge constitutionnel dont la volonté ne peut pas « errer », car présumée rationnelle. Or, pour Burke, les « intérêts de chacune des parties de l'édifice social sont un dépôt sacré confié à tous ceux qui la composent »[1]. Ce « dépôt sacré » est constitué de coutumes et de pratiques séculaires formant la constitution d'une société. C'est donc un bouleversement de « la substance même des choses » (*substance of the objects*)[2] qu'implique le volontarisme constitutionnel. La Révolution française, écrit Burke dans une lettre au vicomte de Rivarol, est une « révolte en faveur des *innovations* et dans laquelle les particules élémentaires du système social ont été troublées et confondues »[3]. La conséquence inéluctable est la dissolution des corps sociaux organiques constituant la société dans une abstraction égalisatrice menant *in fine* à l'anarchie.

L'esprit d'innovation trouve son antithèse dans la notion d'« héritage », dont l'objet est d'ordonner le passé à l'avenir selon un principe de transmission. Dans la nature comme dans les phénomènes sociaux, la vie du tout repose dans l'unité organique au sein de laquelle toutes les parties sont aussi nécessaires l'une que l'autre. Ainsi, écrit Burke, « par une politique constitutionnelle qui opère sur le modèle de la nature, nous recevons, nous possédons, nous transmettons notre gouvernement et nos privilèges de la même manière que nous recevons, possédons et transmettons nos biens et nos vies. [...] Notre système politique se trouve ainsi dans une juste correspondance et symétrie avec

---

[1] Edmund Burke, *Réflexions...*, *op. cit.*, p. 49.

[2] Edmund Burke, *A letter from the Right Honourable Edmund Burke to a noble lord : on the attacks made upon him and his pension, in the House of Lords, by the Duke of Bedford and the Earl of Lauderdale*, London, printed for J. Owen, and F. and C. Rivington, 1796, p. 20.

[3] Edmund Burke, *Lettre sur les affaires de France et des Pays-Bas adressée à M. le vicomte de Rivarol* (1er juin 1791), traduit de l'anglais, à Paris, chez Denné, Libraire, au Palais-Royal, nos 93-94, p. 10.

l'ordre du monde [...] »[1]. La Constitution anglaise ne repose donc pas sur des principes abstraits revendiqués au nom d'une prétendue raison universelle, mais est une cristallisation de préjugés, d'usages et des coutumes immémoriales répétées au sein du corps social jusqu'à devenir des règles de droit.

Cette conception organiciste de l'ordre constitutionnel ne disqualifie pas l'idée de progrès ou d'évolution sociale. En ce sens, l'unité organique d'une société se maintient par une dialectique permanente entre stabilité et renouvellement, entre stagnation et ouverture au changement. Or, pour Burke, le malheur de la société française issue de la Révolution est d'avoir nié sa constitution séculaire en affectant le changement en lui-même et pour lui-même d'un indice positif. À l'inverse de l'Angleterre qui a su préserver « les formes et principes du vieux droit coutumier européen, en les améliorant et en les adaptant à l'état présent de la société »[2], les révolutionnaires français ont peuplé la sphère politique de chimères théoriques.

La dénonciation de l'abstraction révolutionnaire trouve une déclinaison dans la critique de la conception révolutionnaire de la représentation. La doctrine des droits de l'homme et l'individualisme abstrait qu'elle véhicule conduisent inexorablement à la destruction des structures sociales traditionnelles. Dès lors, le système représentatif révolutionnaire est purement théorique, car il ne tient aucun compte de la structure sociale « réelle » du pays. Il lui préfère une représentation fixée sur une triple base : « géométrique » (cantons, communes, départements), « arithmétique » (population) et « financière » (selon les contributions directes), que Burke compare à la sévère symétrie du jardin à la française[3]. Burke oppose à ce type de représentation une conception tenant compte de la structure sociale du peuple.

Pour le XVIIIe siècle anglais, l'objet de la représentation ne saurait être – en tout cas pas en premier lieu – une collectivité humaine définie de manière abstraite. La notion de « peuple », souligne Denis Baranger, « comme totalité des habitants d'un pays jouissant collectivement d'une personnalité juridique et de droits politiques, n'était pas implantée, et ne commandait pas les mécanismes du gouvernement »[4]. La

[1] *Ibid.*, p. 35-36.
[2] *Ibid.*, p. 39.
[3] *Ibid.*, p. 180.
[4] Denis Baranger, *Parlementarisme des origines. Essai sur les conditions de formation d'un exécutif responsable en Angleterre des années 1740 au début de l'âge victorien*, Paris, PUF, 1999, coll. « Léviathan », p. 199.

représentation est appréhendée sous un angle matériel : ce qui doit être représenté, pourrait-on dire selon une terminologie qui aura une fortune ultérieure, c'est le pays « réel », par opposition au pays « abstrait ». Dans ce cadre conceptuel, Burke établit un diptyque entre représentation « réelle » et représentation « virtuelle » reposant sur la notion d'« intérêt ».

Qu'entend Burke, tout d'abord, par « représentation réelle » ? Selon cette conception, le peuple choisit ses députés sur le fondement de l'identité d'intérêts locaux, notamment fonciers et commerciaux : « Nous, les Communes, représentons à la vérité par les chevaliers des Comtés l'intérêt foncier ; par nos membres des villes l'intérêt commercial »[1]. L'idée d'une représentation foncière à la Chambre des communes peut être entendue de deux façons : d'abord en un sens strict, selon lequel la capacité d'élire et d'être élu est subordonnée à la propriété foncière ; ensuite en un sens plus large, qui rattache la représentation à la propriété en général, que celle-ci soit mobilière, foncière, industrielle ou commerciale[2]. Contrairement à la conception révolutionnaire de la représentation selon laquelle « la nation n'a pas d'existence avant de se voir imputée la volonté de ses représentants »[3], la conception anglaise place le représentant dans le rôle d'avocat des intérêts d'un peuple conçu comme un *donné historique* façonné par une diversité de mœurs, de coutumes, de loi et d'institutions préexistants à l'expression de sa volonté par des représentants[4]. Pour le dire d'une formule, dans le premier cas la représentation *institue* une communauté politique, dans le second elle *traduit* des intérêts[5]. Dans son étude sur les origines de la représentation en Angleterre, Guizot le souligne : « la

[1] Cité in Michel Ganzin, « La théorie de la représentation de la nation anglaise », in *Le concept de représentation dans la pensée politique*, Actes du colloque d'Aix-en-Provence (mai 2002), Aix-en-Provence, PUAM, 2003, coll. « Histoire des idées politiques » [En ligne : https://books.openedition.org/puam/164?lang=fr]. Du même auteur, on se référera utilement à *La politique d'Edmund Burke*, Paris, LGDJ, 1972, coll. « Bibliothèque constitutionnelle et de science politique ».

[2] Comme le souligne Denis Baranger, il n'en demeure pas moins que, « dans toutes ces acceptions, le ''peuple'' des électeurs et des élus, la collectivité des citoyens dotés de droits politiques, était déjà en soi-même le représentant d'une réalité matérielle – le territoire — et humaine – la totalité concrète des habitants de ce territoire » (*Parlementarisme des origines*, *op. cit.*, p. 199).

[3] Bruno Daugeron, *La notion d'élection en droit constitutionnel*, *op. cit.*, p. 76.

[4] V. Lucien Jaume, *L'individu effacé ou les paradoxes du libéralisme français*, Paris, Fayard, 1997, p. 294-295.

[5] Pour reprendre la distinction de Lucien Jaume, « La représentation : une fiction malmenée », *Pouvoirs*, 2006, n°120 p. 5-16.

diversité des classes qui existait dans la société se reproduisait dans la représentation »[1]. De là, il tirera son axiome selon lequel le droit est l'expression d'un pouvoir social : « Le droit dérive de la capacité et lui appartient »[2].

Concernant la représentation qualifiée de « virtuelle », elle repose sur une « communion d'intérêts » (*a communion of interests*)[3]. Burke l'envisage pour des localités ou des groupes exclus du droit de vote[4]. Son objet n'est donc pas de représenter « arithmétiquement » les électeurs, mais de représenter les intérêts d'une localité ou d'une fraction du peuple. Dans cette perspective, souligne Michel Ganzin, « des localités dépourvues de représentant, telles que Birmingham, bénéficient néanmoins d'une représentation virtuelle dans la mesure où les députés de Bristol, intéressés à la prospérité du tout, représentent ''l'intérêt commercial'' qui peut être également l'intérêt d'autres cités telles que Birmingham »[5]. Burke insiste toutefois sur l'idée selon laquelle la représentation « virtuelle » doit avoir un « substratum dans la représentation réelle » (*a substratum in the actual*), c'est-à-dire un ancrage dans la structure sociale de la nation[6].

Pour autant, ce n'est pas la nation qui, à l'instar de la Déclaration de 1789, est considérée comme souveraine. En effet, dans la théorie anglaise de la représentation, la nation n'est pas envisagée comme un sujet de droit. La souveraineté ne saurait résider que dans le Parlement *en tant qu'il exprime la structure sociale fondamentale de la nation* : « la terre, à travers le Roi – propriétaire fictionnel de toute l'Angleterre -, les hommes, à travers les Communes, la propriété via les Lords temporels, et la nation religieuse via les Lords spirituels »[7]. Seule cette « *corporation agrégée est capable de souveraineté*, en ce qu'elle réunit tous les aspects de la nation, mais surtout en ce qu'elle détient une personnalité juridique complète et active »[8]. Dans ce cadre, les deux Chambres sont appelées à remplir un rôle particulier, car elles disposent

[1] Guizot, *Histoire des origines du gouvernement représentatif en Europe*, tome II, Paris, Didier, 1856, p. 227.
[2] *Ibid.*, p. 227.
[3] Edmund Burke, *A Letter to Sir Hercules Langrishe* (1792), in *The Works of the Right Hon. Edmund Burke*, I, London, Holdsworth and Ball, 1834, p. 557.
[4] *Ibid.*
[5] Michel Ganzin, « La théorie de la représentation de la nation anglaise », art. cit.
[6] Edmund Burke, *A Letter to Sir Hercules Langrishe* (1792), in *The Works of the Right Hon. Edmund Burke*, *op. cit.*, p. 557.
[7] Denis Baranger, *Parlementarisme des origines*, *op. cit.*, p. 200.
[8] *Ibid.*, p. 200.

chacune de légitimités distinctes. D'une part, la Chambre des Lords est composée de membres ne tenant pas leur titre de l'élection, mais de l'hérédité, ou de la nomination par le Roi. Leur vocation n'est pas de représenter un ensemble de personnes ou un « *estate* de la constitution »[1], mais le rang et la propriété. D'autre part, la Chambre des Communes est composée de membres élus par un corps d'électeurs représentant le reste de la nation. Ces légitimités distinctes déterminent la fonction constitutionnelle spécifique de chaque Chambre : là où la Chambre des Lords doit veiller à l'équilibre institutionnel pouvant être brisé par le pouvoir monarchique et l'élément démocratique, la Chambre des Communes a pour fonction de contrôler les mesures du gouvernement et de parer aux dangers du « *misgovernment* »[2].

La souveraineté du Parlement au sein duquel des intérêts différents sont représentés, est la condition de l'unité politique d'un pays. Là où la conception révolutionnaire de la représentation croit fonder l'unité en substituant aux structures sociales de la nation une représentation fondée sur une triple base (« géométrique », « arithmétique » et « financière »), elle ne fait en réalité que la morceler en la réduisant à un conglomérat d'unités artificielles. Selon Burke, la France possédait pourtant une constitution : « vous disposiez, écrit-il, de tous les éléments d'une constitution presque aussi bonne qu'on pouvait la souhaiter. Vous possédiez dans vos vieux états la variété d'organes correspondant à la variété des classes dont votre communauté était heureusement composée ; vous aviez tout ce jeu des combinaisons et des oppositions d'intérêts, ce système d'action et de réaction qui, dans le monde politique comme dans le monde naturel, fait naître l'harmonie du choc de toutes les forces discordantes »[3]. De même que le monde naturel est traversé par un flux constant de forces contraires dont l'opposition fonde l'équilibre du tout, de même le monde politique est structuré par des relations organiques fondamentales, c'est-à-dire par les inégalités et les conflits qui le parcourent. Or, la dissolution des ordres dans l'abstraction égalisatrice a pour effet de supprimer les oppositions d'intérêts. Seule compte la « volonté » de l'Assemblée nationale, qui n'a plus de contre-pouvoir[4]. La condition de l'unité politique ne réside donc pas dans la négation des oppositions et conflits internes à l'organisme social. Au contraire, ces oppositions et conflits

---

[1] Selon la formule de Denis Baranger, *ibid.*, p. 201.
[2] Sur tous ces points, nous renvoyons à l'ouvrage de Denis Baranger, *ibid.*, p. 202.
[3] Edmund Burke, *Réflexions…*, *op. cit.*, p. 37.
[4] *Ibid.*, p. 47.

imposent le recours à la délibération dans tout processus décisionnel et sont, par là même, vecteurs d'harmonie. Dans le discours de Bristol du 3 novembre 1774, prononcé devant ses électeurs, Burke dit significativement : « Le Parlement n'est pas un congrès d'ambassadeurs d'intérêts différents et hostiles [...], mais le Parlement est une assemblée délibérative d'une seule Nation, avec un seul intérêt, celui du tout, où ce ne sont pas les préjugés locaux qui doivent guider, mais le bien général, résultant de la raison générale du tout »[1].

Section 2. Les usages de la conception organiciste du peuple.

L'interprétation organiciste de la notion de « peuple » exprime une stratégie visant à fonder la prééminence des groupements sociaux (familiaux, professionnels, traditionnels) sur l'individu. Ainsi, dans le débat politique et constitutionnel situé à la charnière des XVIIIe et XIXe siècles, deux conceptions du peuple s'affrontent. Dans son acception issue du droit public révolutionnaire, le peuple est une entité abstraite n'ayant pas d'existence en elle-même. Plus précisément, le peuple est une entité *constituée* par ses représentants, lorsque ces derniers confectionnent la loi. À l'inverse, dans son interprétation organiciste, le peuple un donné organique avec lequel la constitution fait corps. La constitution n'est alors pas conçue comme un pacte ou un contrat[2], mais comme un *fait* se confondant avec la réalité sociale organique du peuple, composé d'individus, mais surtout de ses groupes constitués, avec ses inégalités et ses relations hiérarchiques. La conception organiciste du peuple va alors servir à légitimer le primat de la société sur l'individu (§ 1), ainsi qu'une théorie de l'origine et des sources du droit (§ 2).

---

[1] Edmund Burke, « To the Electors of Bristol » (1774), in *The Works of the Right Hon. Edmund Burke*, *op. cit.*, p. 179-180.

[2] C'est la conception de Sieyès : la constitution est le fruit de la décision du peuple titulaire du pouvoir constituant, « l'acte définissant la nature et la forme de l'unité politique » (Pasquale Pasquino, « Sur la théorie constitutionnelle de la monarchie de Juillet », in Marina Valensise, *François Guizot et la culture politique de son temps. Colloque de la Fondation Guizot-Val Richer*, Paris, Gallimard, 1991, coll. « Le Seuil », p. 112). V. également : Pasquale Pasquino, (« Die Lehre vom ''pouvoir constituant'', bei Sieyès und Carl Schmitt », in Helmut Quaritsch (dir.), *Complexio oppositorum : über Carl Schmitt*, Berlin, Duncker & Humblot, 1988, p. 317-385).

§ 1. Légitimer le primat de la société sur l'individu.

On peut identifier la stratégie de légitimation du primat de la société sur l'individu dans deux théories sociales en apparence antagonistes, mais qui en réalité s'appuient sur la même conception organiciste du peuple : celle de la pensée contre-révolutionnaire française et celle du « pré-socialisme » saint-simonien.

Nourris par la lecture des *Réflexions* de Burke, les théoriciens de la Contre-révolution sont unis par un quadruple refus, comme le souligne Philippe Pichot : « 1- Refus de la politique de table rase, au nom de la conservation d'un héritage juridique pluriséculaire ; 2- Refus de la souveraineté nationale, au nom de la souveraineté royale que l'on fait alors reposer davantage sur le droit historique que sur le droit divin ; 3- Refus d'une constitution écrite, au nom de la conservation de l'ancienne constitution coutumière ; 4- Refus de l'uniformisation juridique, au nom de la conservation de la diversité statutaire »[1]. Sans que cela implique la reproduction des institutions anglaises, le souci d'organiser la société conduit les penseurs contre-révolutionnaires à magnifier la Glorieuse Révolution, qui a su préserver la constitution anglaise à la différence de la Révolution française qui a mis en péril l'« existence sociale » de la nation[2]. À la suite de Burke, ils font donc l'apologie du principe héréditaire et de la formation traditionnelle du droit de la constitution, qui doit épouser les formes de la société. L'organicisme érige alors « la constitution en compilation de toute l'histoire politique et institutionnelle du pays »[3], articulant déterminisme historique et évolutionnisme[4]. Toutefois, la réception des thèses burkiennes ne va pas sans une certaine radicalisation, dans un sens théologique et mystique. Burke est en effet un théoricien libéral de la Contre-

---

[1] Philippe Pichot, « Les théoriciens de la Restauration en France », *Aportes*, 2015, n°87, p. 36.

[2] V. Sixte-Louis-Constant Ruffo de Bonneval, *Lettres de M. l'abbé de Bonneval, député du clergé de Paris, à ses commettants*, Paris, Guerbart, 1790, p. 215.

[3] Tanguy Pasquiet-Briand, « La métaphore organique dans la réflexion politique du XIXe siècle : aux origines de la coutume constitutionnelle française », art. cit., p. 58.

[4] En ce sens, écrit Tanguy Pasquiet-Briand (« La métaphore organique dans la réflexion politique du XIXe siècle : aux origines de la coutume constitutionnelle française », art. cit., p. 51), « s'il n'est pas question d'exclure radicalement le changement, il reste que l'évolution est sans cesse ramenée à la confirmation des particularités distinctives de l'entité organique qu'est la société ».

Révolution. En ce sens, bien qu'il se livre à une apologie des fondements sociaux de l'immémoriale constitution anglaise par le biais d'une métaphore organique, sa conception de la société ménage une place à l'individu. Or, des penseurs comme Joseph de Maistre et Louis de Bonald affirment l'antériorité *absolue* de la société sur l'individu. Cette approche est elle-même fondée sur la dépendance radicale de la société à l'égard de Dieu. Autrement dit, tout ce qui pourrait assurer l'autonomie du monde humain est rejeté par les théoriciens français. Leur entreprise théorique est tout entière dirigée vers l'affirmation d'un ordre social calqué sur l'ordre naturel, lui-même expression de la divine Providence.

L'effet du rationalisme philosophique hérité des Lumières est d'avoir dissous toute communauté en la coupant de ses racines historiques et traditionnelles, pour lui substituer une totalité factice composée de citoyens qui sont autant d'atomes isolés au sein d'une société sans principe organisateur autre qu'une constitution écrite, donc abstraite. Or, selon de Maistre, « aucune constitution ne résulte d'une délibération ; les droits des peuples ne sont jamais écrits, ou du moins les actes constitutifs ou les lois fondamentales écrites, ne sont jamais que des *titres déclaratoires de droits antérieurs*, dont on ne peut dire autre chose, sinon qu'ils existent parce qu'ils existent »[1]. De Maistre dénie à la raison pure son caractère fondateur : une constitution n'est pas une création *ex nihilo* découlant d'une délibération entre associés. Elle n'est jamais que l'expression normative de « rapports nécessaires » (Montesquieu) entre les choses. Toute constitution, autrement dit, n'est que la cristallisation de particularités socio-historiques permettant de saisir ce qui fait l'originalité et l'unité d'une collectivité humaine donnée. En imposant l'idée selon laquelle la constitution est l'œuvre de la volonté générale, les hommes de la Révolution en nient les sources traditionnelles. On qualifiera donc la conception maistrienne de l'ordre constitutionnel de « sociale », dans la mesure où celui-ci résulte d'une multitude de circonstances, de lois, d'usages et de mœurs qui forment « un ensemble sédimenté d'agrégats et de combinaisons propres à un pays »[2], et non de l'association volontaire d'individus isolés prétendument rationnels. Pour de Maistre l'ordre constitutionnel dérive

---

[1] *Ibid.*, p. 67 (nous soulignons).

[2] Tanguy Pasquiet-Briand, « La métaphore organique dans la réflexion politique du XIXe siècle : aux origines de la coutume constitutionnelle française », art. cit., p. 61.

de l'immanence du donné socio-historique, lui-même produit de la Providence[1].

Dans cette optique, le droit constitutionnel est rétif à toute fixation écrite[2]. Un tel formalisme est en effet contraire à la nature même du « social », dont l'hétérogénéité ne saurait être entièrement saisie par les catégories abstraites d'un droit constitutionnel écrit[3]. De ce point de vue, la constitution anglaise fait figure de modèle. Contrairement à la constitution française, œuvre abstraite prétendant modeler le social à partir de catégories pures (liberté, égalité) appliquées à la réalité concrète, la première fait corps avec la réalité sociale, car elle n'est pas coupée de ses racines traditionnelles. La constitution anglaise, écrit de Maistre, « n'a pas été faite *a priori*. Jamais des hommes d'État ne se sont assemblés et n'ont dit : créons trois pouvoirs ; balançons-les de telle manière, etc. ; personne n'y a pensé. La constitution est l'ouvrage des circonstances, et le nombre de ces circonstances est infini. Les lois romaines, les lois ecclésiastiques, les lois féodales ; les coutumes saxonnes, normandes et danoises ; les privilèges, les préjugés et les prétentions de tous les ordres ; les guerres, les révoltes, les révolutions, la conquête, les croisades ; toutes les vertus, tous les vices, toutes les connaissances, toutes les erreurs, toutes les passions ; tous ces éléments, enfin, agissant ensemble, et formant par leur mélange et leur action réciproque des combinaisons multipliées par myriades de millions, ont produit enfin, après plusieurs siècles, l'unité la plus compliquée et le plus bel équilibre de forces politiques qu'on ait jamais vu dans le monde »[4]. Le modèle non-écrit de la constitution anglaise est glorifié, car il exprime une vision organiciste du développement social dont l'objet est de neutraliser les pensées volontaristes et contractualistes. Le temps joue donc un rôle déterminant dans la légitimation des institutions politiques composant l'ordre constitutionnel : la Constitution non écrite de l'Angleterre est légitime, car elle épouse les

---

[1] Joseph de Maistre, *Étude sur la souveraineté*, in *Œuvres complètes*, *op. cit.*, p. 369.

[2] Joseph de Maistre, *Essai sur le principe générateur des constitutions politiques*, in *Œuvres complètes*, *op. cit.*, p. 235.

[3] En ce sens, comme l'écrit Tanguy Pasquiet-Briand (« La métaphore organique dans la réflexion politique du XIXe siècle : aux origines de la coutume constitutionnelle française », art. cit., p.61) à propos de Maistre, « il est vain d'entreprendre l'écriture du droit de la constitution, car le nombre de circonstances qu'il est supposé régir est infini, rendant le projet constituant immédiatement caduc ».

[4] Joseph de Maistre, *Essai sur le principe générateur des constitutions politiques*, in *Œuvres complètes*, *op. cit.*, p. 246-247.

contours de la société anglaise telle qu'elle a été façonnée par la sagesse des siècles[1]. Et si la constitution américaine trouve relativement grâce aux yeux de Maistre, malgré son caractère écrit, c'est parce que les constituants américains ne prétendent pas instaurer un ordre constitutionnel à partir de rien, ou sur la négation d'un ordre ancien : « les Américains ont bâti, et n'ont point fait *table rase*, comme les Français »[2]. Pour bâtir, ils ont su intégrer dans leur constitution tous les éléments démocratiques de leur passé anglais : premièrement, l'« Amérique anglaise avait un roi, mais ne le voyait pas ; la splendeur de la monarchie lui était étrangère, et le souverain était pour elle comme une espèce de puissance surnaturelle, qui ne tombe pas sous les sens »[3] ; deuxièmement, elle « possédait l'élément démocratique qui existe dans la constitution de la métropole »[4] ; troisièmement, elle possédait « ceux qui furent portés chez elle par une foule de ses premiers colons nés au milieu des troubles religieux et politiques, et presque tous esprits républicains »[5]. On retrouve, en creux, l'idée burkienne selon laquelle les constitutions ne procèdent pas de théories qui leurs préexistent, mais que ce sont plutôt des constitutions établies par le temps long de l'expérience sociale que dérivent les théories. Compte tenu des bases socio-historiques de la production des constitutions, en renversant dans un élan prométhéen la constitution existante, la Révolution a fait de la France une nation exsangue condamnée au despotisme. Une constitution écrite telle que celle qui régit aujourd'hui les Français, « n'est *qu'un automate, qui ne possède que les formes extérieures de la vie*. […] On peut dire que, dans ce moment, l'expérience est faite ; car on manque d'attention, lorsqu'on dit que la constitution française marche : on prend la constitution pour le gouvernement. Celui-ci, qui est un despotisme fort avancé, ne marche que trop ; mais la constitution

---

[1] « La constitution, écrit en ce sens Patrice Gueniffey, n'est pas l'effet d'un acte fondateur ; elle demeure, avant tout, l'expression d'une histoire » (Patrice Gueniffey, « Joseph de Maistre, la Révolution et la France », in Patrice Gueniffey, *Histoires de la révolution et de l'Empire*, Paris, Perrin, 2011, coll. « Tempus », p. 422-423).

[2] Joseph de Maistre, *Considérations sur la France*, in *Œuvres complètes*, *op. cit.*, p. 87.

[3] *Ibid.*, p. 87.

[4] *Ibid.*, p. 87.

[5] *Ibid.*, p. 87. V. également Louis Binaut, « Joseph de Maistre : ce qu'il est et ce qu'il devient », *Revue des deux mondes*,1858, tome 18, p. 633.

n'existe que sur le papier. On l'observe, on la viole, suivant les intérêts des gouvernants : *le peuple est compté pour rien* [...] »[1].

Dans le sillon théorique tracé par Burke et prolongé par de Maistre, ce que de Bonald critique dans la Révolution c'est la destruction de toutes les structures sociales traditionnelles au nom d'un individualisme abstrait ayant produit une société formée de « grains de sable »[2]. Selon de Bonald, il faut rétablir la constitution de la société pré-révolutionnaire ; une constitution fondée sur les groupes sociaux, notamment la famille et les corporations regroupant les métiers. Il existe cependant une différence notable entre de Maistre et de Bonald. Si pour les deux auteurs l'ordre social est déterminé par un ordre transcendant, le premier, à la différence du second, admet un certain relativisme social. En effet, de Maistre, à l'instar de Montesquieu, considère que tout régime politique ou système constitutionnel est propre à chaque société[3]. En ce sens, la démocratie, pour de Maistre, n'est pas condamnable en soi, ni la monarchie nécessairement bonne. Au contraire, Louis de Bonald exclut tout relativisme : la société bonne est celle qui transcrit fidèlement, dans une constitution non écrite, l'ensemble des hiérarchies sociales à l'œuvre dans la nature, ce qui entraîne une nécessaire hostilité envers la démocratie, dont le culte de l'égalité est incompatible avec l'idée d'une hiérarchie sociale naturelle. De Bonald pense la société comme une totalité organique objective et nécessaire, structurée par des rapports sociaux immuables. L'ordre social est alors présenté comme l'expression de l'ordre naturel voulu par Dieu. Ce mode de théorisation du social l'amènera à distinguer les sociétés dites « constituées » des sociétés dites « non constituées » et à théoriser l'importance des corps intermédiaires.

La philosophie sociale de Bonald est une nouvelle manifestation l'idée éloquemment défendue par Burke à la fin du XVIIIe siècle : celle d'une primauté du social sur l'individu, et la nécessité de penser le social en tant que tel, « comme un principe constituant (ou « constitutif »), qui échappe lui-même à l'entreprise d'une

---

[1] Joseph de Maistre, *Considérations sur la France*, in *Œuvres complètes*, *op. cit.*, p. 81-82 (nous soulignons).

[2] Selon l'expression de Jacques Godechot, *La contre-révolution*, Paris, PUF, 1984, coll. « Quadrige », p. 108.

[3] V. Céline Spector, *Montesquieu. Liberté, droit et histoire*, Paris, Michalon, 2010, coll. « Le Bien Commun », p. 77-78.

constitution »[1]. Dans l'introduction de sa *Démonstration philosophique du principe constitutif de la société*, de Bonald oppose ce qu'il nomme « l'homme individuel » à « l'homme social » : « Les écoles de philosophie moderne, matérialiste ou éclectique, ont fait la philosophie de *l'homme individuel*, du *moi*, qui joue un si grand rôle dans leurs écrits ; j'ai voulu faire la *philosophie de l'homme social*, la *philosophie du nous* ; si je peux ainsi parler, et ces deux pronoms, moi et nous, distinguent parfaitement les deux manières différentes de philosopher »[2]. Dans cette optique, l'ennemi, c'est moins la Révolution française en elle-même que le protestantisme, dont la Révolution est un avatar. Pour de Bonald – comme pour de Maistre, d'ailleurs – le protestantisme représente « le privilège indûment reconnu au point de vue de la subjectivité consciente, privilège qui, inévitablement débouche sur la revendication d'un particularisme diluant le social dans l'individuel »[3]. Le désordre provoqué par la Révolution française trouve donc son origine dans la Réforme qui, en rendant possible une dérive individualiste, a ébranlé l'unité de l'édifice social traditionnel pré-révolutionnaire.

La réaffirmation du général sur le particulier, c'est-à-dire des groupes sociaux sur l'individu, exige un retour à la structure ontologique fondamentale de la société. Dans l'optique bonaldienne, celle-ci est décrite à partir des rapports sociaux qui la traversent. Ces rapports sociaux sont eux-mêmes décrits comme étant objectifs, car institués par la puissance divine. Contre la théorie révolutionnaire de la souveraineté, de Bonald affirme la souveraineté de Dieu, seul législateur. Les rapports sociaux structurant la société sont donc des lois immanentes, éternelles, naturelles et nécessaires, expressions de la

---

[1] Pierre Macherey, « Aux sources des rapports sociaux : Bonald, Saint-Simon, Guizot », art. cit., p. 27.

[2] Louis de Bonald, *Démonstration philosophique du principe constitutif de la société*, Paris, A. Le Clère, 1830, p. 64-65 (nous soulignons).

[3] Pierre Macherey, « Aux sources des rapports sociaux : Bonald, Saint-Simon, Guizot », art. cit., p. 28. En 1798, de Maistre écrit : « Le grand ennemi de l'Europe, qu'il importe d'étouffer par tous les moyens qui ne sont pas des crimes, l'ulcère funeste qui s'attache à toutes les souverainetés et qui les ronge sans relâche, le fils de l'orgueil, le père de l'anarchie, le dissolvant universel, c'est le protestantisme » (cité in Michèle Sacquin, *Entre Bossuet et Maurras : l'antiprotestantisme en France de 1814 à 1870*, Paris, École des Chartes, 1998, p. 1).

volonté du Créateur[1]. De Bonald écrit en ce sens : « La nature doit être le seul pouvoir législatif des sociétés »[2].

La plus fondamentale de ces lois, sur la base de laquelle l'ordre constitutionnel devrait être pensé et construit, est celle du caractère originairement social de l'homme. À l'inverse de la théorie rousseauiste du second discours excluant la « sociabilité » des principes du droit naturel, pour de Bonald « l'homme ne saurait exister sans société »[3]. L'homme n'est donc pas cause de lui-même, mais toujours déjà enserré dans un tissu complexe de rapports sociaux objectifs qui le précèdent. Il remplit d'emblée des fonctions sociales : la constitution, en effet, « ne considère jamais l'homme que dans sa profession, et la profession que dans les familles »[4]. La constitution d'un peuple n'a donc jamais pour base l'individu, car l'individu en lui-même n'existe pas. Il n'a qu'une existence que l'on pourrait qualifier de « dérivée » par rapport aux groupes sociaux dont il dépend, et qui eux-mêmes dérivent d'une nature immuable. L'ordre social, pour le dire dans les mots de Pierre Macherey, c'est donc « la possession partagée d'un langage commun qui est organisateur dans son principe même, puisque toutes les fonctions sociales se répartissent selon l'ordre qu'il fixe *a priori* »[5].

Les sociétés constituées, c'est-à-dire les sociétés possédant une constitution, sont celles qui ont su préserver les distinctions et hiérarchies sociales naturelles. À la suite de Burke et de Maistre, Bonald décrit la société monarchique française, avant l'orage révolutionnaire, comme une société constituée, car fondée sur la distinction des ordres. L'abolition de ce système lors de la nuit du 4 août 1789 et la déclaration de l'égalité des citoyens devant la loi ont détruit les bases de l'ancienne Constitution française, pour la remplacer par une constitution démocratique. Or, une société qui fait de l'égalité une valeur cardinale, au mépris des distinctions sociales naturelles, ne peut être qu'une société non constituée vouée ultimement à disparaître. Dans l'esprit de Bonald, l'idée même de « constitution démocratique » est un dangereux

---

[1] V. Gérard Gengembre, de Bonald, « Louis de Bonald et la France révolutionnée », *Romantisme*, 1976, n°12, p. 77-78.
[2] Louis de Bonald, *Théorie du pouvoir politique et religieux dans la société civile* (1796), I, Paris, A. Le Clere, 1843, p. 455.
[3] *Ibid.*, p. 307.
[4] *Ibid.*, p. 235.
[5] Pierre Macherey, « Aux sources des rapports sociaux : Bonald, Saint-Simon, Guizot », art. cit., p. 31.

oxymore, car, précisément, une société démocratique ne peut être qu'une société non constituée.

En ce sens, la notion de société constituée exclut l'idée de constitution écrite, qui ne peut être qu'abstraite – donc absurde – car coupée de ses racines historiques et sociales. Dès la première page de sa *Théorie du pouvoir politique et religieux dans la société civile*, de Bonald expose une théorie anti-contractualiste, fondée sur une prémisse métaphysique. « Dans tous les temps, écrit-il, l'homme a voulu s'ériger en *législateur* de la société religieuse et de la société politique, et donner une *constitution* à l'une et à l'autre : or, je crois possible de démontrer que l'homme ne peut pas plus donner une constitution à la société religieuse ou politique, qu'il ne peut donner la pesanteur aux corps, ou l'étendue à la matière, et que, bien loin de pouvoir *constituer* la société, l'homme par son intervention, ne peut qu'empêcher que la société ne se *constitue*, ou, pour parler plus exactement, ne peut que retarder le succès des efforts qu'elle fait pour parvenir à sa *constitution* naturelle ». Selon de Bonald, donc, la constitution d'une société ne peut être une norme conventionnelle issue d'une délibération entre individus libres, rationnels et égaux bien décidés à sortir de l'état d'anomie dans lequel l'état de nature les enfermaient. La constitution d'une société est l'expression de régularités immuables et invariantes. C'est la raison pour laquelle les sociétés doivent être pensées comme des nécessités objectives trouvant en elles-mêmes le principe de leur organisation. Dans cette optique, de Bonald partage avec de Maistre une admiration pour la constitution anglaise, dans la mesure où son « schème institutionnel »[1] reproduit la hiérarchie sociale naturelle.

À l'inverse des sociétés constituées, les sociétés non constituées trouvent leur principe d'organisation hors d'elles-mêmes. Par le biais de constitutions écrites, elles entendent modeler le social selon leurs caprices prétendument rationnels. C'est le cas, par exemple, de la république des États-Unis : « la forme de gouvernement qu'elle adopte est tout entière l'ouvrage de l'homme ; la nature n'y est pour rien. Aussi elle fait de grands progrès vers la désorganisation » [2]. En effet, dans cette république « tout est individuel, rien n'y est social : il n'y a même

---

[1] Selon l'expression de Tanguy Pasquiet-Briand, « La métaphore organique dans la réflexion politique du XIXe siècle : aux origines de la coutume constitutionnelle française », art. cit., p. 80.

[2] Louis de Bonald, *Théorie du pouvoir politique et religieux dans la société civile*, *op. cit.*, p. 383.

pas de vestige des lois fondamentales »[1]. À la différence de Maistre pour qui la constitution américaine avait su hériter de son passé anglais malgré son caractère écrit, la condamnation bonaldienne est absolue. La constitution d'une société est par essence rétive à toute fixation écrite du droit constitutionnel, car elle « s'impose par sa force naturelle »[2]. La situation a atteint un degré de dégénérescence encore plus grave en France qui « s'érige en démocratie, et s'élève en un instant au plus haut période de désorganisation auquel une société puisse atteindre […] ; la France détruit l'homme de tout âge, de tout sexe, de toute profession de tout parti […]. C'en est fait ; la coupe de la destruction et du malheur est épuisée, la royauté et le roi, le culte et ses ministres, les distinctions et les personnes, la propriété et les propriétaires, l'homme, Dieu même, la France a tout détruit »[3].

Sur le plan politique et constitutionnel, la stylisation organiciste de la société a pour fonction de légitimer le projet théocratique bonaldien, dont l'enjeu est de restaurer de la monarchie catholique française, modèle de société constituée. La société, en tant que totalité organique d'emblée solidaire, soutenue par un réseau de rapports sociaux naturels, est conçue comme une hypostase de la volonté divine. Elle doit être formée de multiples groupes sociaux ou corps intermédiaires formant la substance sociale vivante. Mais c'est au sommet de la société que doit résider le pouvoir. La constitution ne peut pas ne pas être monarchique[4]. La monarchie royale « absolue et héréditaire »[5] plébiscitée par Bonald s'incarne dans un pouvoir dont les caractéristiques sont calquées sur la nature de Dieu : unique, indivisible, général, indépendant et absolu. Ainsi, « le pouvoir doit être indépendant des sujets, mais non des lois, car s'il est indépendant des lois, il devient despotique et s'il est dépendant des sujets il devient démocratique... Les sujets doivent être soumis à l'action du pouvoir, sinon les sujets seraient pouvoir et le pouvoir sujet »[6].

La restauration des corps intermédiaires supprimés par l'Assemblée constituante est considérée comme la garantie fondamentale de la liberté. La noblesse, les provinces, les parlements et le clergé sont

---

[1] *Ibid.*, p. 384.

[2] Selon l'expression de Jacques Godechot, *La contre-révolution*, *op. cit.*, p. 108.

[3] Louis de Bonald, *Théorie du pouvoir politique et religieux dans la société civile*, *op. cit.*, p. 384-385.

[4] Gérard Gengembre, « Louis de Bonald et la France révolutionnée », art. cit., p. 78.

[5] Cité in Jacques Godechot, *La contre-révolution*, *op. cit.* p. 109.

[6] Cité in Jacques Godechot, *ibid.*, p. 109.

considérés comme « des digues puissantes contre le despotisme de toutes les espèces », dit Cazalès[1]. Il faut ici se tourner un instant vers Montesquieu. Pour ce dernier, il est dans la nature de tout pouvoir d'être porté à abuser de sa puissance. Dès lors, les corps intermédiaires sont des remparts sociaux qui s'imposent comme une nécessité destinée à canaliser l'hégémonie du pouvoir central. Le texte est connu : « Les pouvoirs intermédiaires subordonnés et dépendants constituent la nature du gouvernement monarchique, c'est-à-dire de celui où un seul gouverne par des lois fondamentales. J'ai dit les pouvoirs intermédiaires, subordonnés et dépendants : en effet dans la monarchie, le prince est la source de tout pouvoir politique et civil. Ces lois fondamentales supposent nécessairement des canaux moyens par où coule la puissance : car s'il n'y a dans l'état que la volonté momentanée et capricieuse d'un seul, rien ne peut être fixe, et par conséquent aucune loi fondamentale »[2]. Cette conception « aristocratique » de la liberté se heurte à la conception « démocratique » dont les thuriféraires, hostiles aux corps intermédiaires, désirent sacrifier ces derniers sur l'autel de la souveraineté populaire. Or, comme l'écrit de Montlosier : « Si, dédaignant de s'embarrasser de la perfection d'un ordre nouveau, on s'imaginait avoir fait beaucoup pour le bonheur public en détruisant les privilèges des provinces, les prérogatives de la noblesse et l'autorité des grands corps judiciaires, c'est-à-dire toutes les anciennes bornes du despotisme, on se tromperait beaucoup, car on aura [*sic*] donné naissance à un despotisme plus terrible que le premier »[3].

Dans cette perspective, Louis de Bonald affirmera que la fonction des corps intermédiaires est d'assurer l'équilibre dans la société entre le pouvoir et les sujets. Il souligne notamment l'importance de la noblesse, décrite comme « une institution *naturelle* et *nécessaire* de la société publique »[4]. Elle revêt une fonction de conseil dans l'activité législative du pouvoir, qui a besoin « que sa *volonté* soit éclairée »[5] et son « action éclairée »[6]. Ainsi, poursuit de Bonald, « les nobles ou notables sont les serviteurs de l'État, et ne sont pas autre chose : ils

[1] Cité in Jacques de Saint-Victor, *La chute des aristocrates*, Paris, Perrin, 1992, coll. « Passé simple », p. 295.
[2] Montesquieu, *De l'esprit des lois*, livre II, chap. IV, *op. cit.*, p. 108-109.
[3] Cité in Jacques de Saint-Victor, *La chute des aristocrates*, *op. cit.*, p. 295-296.
[4] Louis de Bonald, *Réflexions sur l'intérêt général de l'Europe, suivies de quelques considérations sur la noblesse*, Paris, Le Normand, 1815, p. 53.
[5] *Ibid.*, p. 54.
[6] *Ibid.*, p. 54.

n'exercent pas un droit, ils remplissent un devoir ; ils ne jouissent pas d'une prérogative, ils s'acquittent d'un *service* »[1]. Dans la sphère professionnelle, de Bonald plaide pour une association entre patrons et ouvriers, dont la collaboration est nécessaire à la réalisation du bien commun[2]. Cette conception du rôle assigné aux corps intermédiaires dans la société préfigure la doctrine du catholicisme social. La société, par analogie avec le groupe social premier qu'est la famille, est conçue comme une communauté naturelle et hiérarchisée, dans laquelle les corps intermédiaires ont pour fonction de limiter le pouvoir.

Il peut paraître étonnant, à première vue, de situer la pensée de Saint-Simon dans la filiation de ceux que l'on désigne traditionnellement comme « conservateurs » ou « traditionnalistes », lui que l'histoire des idées politiques présente habituellement comme un des premiers « socialistes »[3] (bien que ce terme n'apparaisse jamais sous sa plume), et dont la philosophie du progrès semble se situer aux antipodes des préoccupations conservatrices. Des éléments objectifs, tirés des textes, appuient ce dernier point, tant Saint-Simon sacralise le futur[4]. Mais d'autres éléments viennent nuancer ce tableau. Tout d'abord, on remarquera que Saint-Simon reconnaît parfaitement l'intérêt théorique de penseurs situés en apparence à l'autre extrémité de la carte idéologique, que ce soit Burke[5], de Maistre[6] ou de Bonald[7]. Ensuite, malgré une glorification du futur au cœur de sa philosophie du progrès, Saint-Simon envisage la société d'une manière analogue à celle des conservateurs, c'est-à-dire comme une totalité organique insérée dans

---

[1] *Ibid.*, p. 55.

[2] Philippe Pichot, « Les théoriciens de la Restauration en France », art. cit., p. 41.

[3] Certains historiens des idées politiques pointent la difficulté qu'il y a à faire de Saint-Simon un des premiers socialistes : v. Christophe Prochasson, « Les premiers socialismes », in Jean-Jacques Becker, Gilles Candar (dir.), *Histoire des gauches en France*, vol. I, Paris, La Découverte, 2005, p. 408.

[4] V. par exemple : Saint-Simon, *De la réorganisation de la société européenne* (1814), in *Œuvres complètes*, II, Paris, PUF, 2019, coll. « Quadrige », p. 1297.

[5] V. Saint-Simon, *Des intérêts politiques de l'industrie* [1817], in *ibid.*, p. 1688.

[6] V. Saint-Simon, *Opinions littéraires, philosophiques et industrielles* [1824], in *Œuvres complètes*, IV, *op. cit.*, p. 3048.

[7] V. Saint-Simon, *Introduction aux travaux scientifiques du XIXe siècle* [1807-1808], t. II, in *Œuvres complètes*, I, *op. cit.*, p. 400.

un devenir historique[1]. Enfin – et surtout –, toutes ces doctrines convergent sur un point : l'utilisation de la métaphore organique pour penser la notion de « peuple » à rebours de sa conception révolutionnaire et proposer une organisation sociale dans laquelle le collectif prime sur l'individu.

Pour Saint-Simon, l'organisation sociale nouvelle doit prendre la forme d'une « Constitution industrielle », rendue nécessaire par la « crise » ouverte par la Révolution française et dont les effets se réfléchissent dans l'Europe entière à l'aube du XIXe siècle. En quoi consiste cette crise ? Précisément, dans « le passage du système féodal et théologique au système industriel et scientifique »[2]. Dès lors, une autre interrogation surgit : en quoi ce « passage » est-il constitutif d'une crise ? Pour répondre à cette question, Saint-Simon s'appuie sur une philosophie de l'histoire. Selon lui, le système féodal et théologique du Moyen Âge chrétien apparaît comme l'expression d'une époque organiquement ordonnancée, car les fonctions principales étaient organisées de manière complémentaire et harmonieuse en vue d'un but déterminé[3]. Mais une époque organique est appelée à disparaître si les conditions matérielles font que les forces qui dirigent la société ne sont plus en mesure de la gouverner efficacement et que le but – qui opère comme un idéal régulateur – fait défaut. La société entre alors dans une phase critique, constituant l'étape intermédiaire avant l'avènement d'une nouvelle époque organique. Si l'époque critique est inévitable, car elle correspond à la phase de transition entre la fin d'une époque et la naissance d'une autre, les forces qui œuvrent au sein de cette période transitoire n'ont nullement vocation à organiser la société. Or, nous dit Saint-Simon, lorsque « la Révolution française s'est déclarée, il ne s'agissait plus de modifier le système féodal et théologique, qui avait déjà perdu presque toutes ses forces réelles. Il était question d'organiser le système industriel et scientifique, appelé par l'état de la civilisation à le remplacer. C'étaient, par conséquent, les industriels et les savants qui devaient occuper la scène politique, chacun dans leurs rôles naturels. Au lieu de cela, les légistes se sont mis à la tête de la

[1] V. Pierre Ansart, *Marx et l'anarchisme : essai sur les sociologies de Saint-Simon, Proudhon et Marx*, Paris, PUF, 1969, coll. « Bibliothèque de sociologie contemporaine », p. 27.
[2] Saint-Simon, *Du système industriel* (1820-1821), in *Œuvres complètes*, III, *op. cit.*, p. 2342.
[3] *Ibid.*, p. 2347.

révolution, ils l'ont dirigée avec les doctrines des métaphysiciens »[1]. Les « légistes » et les « métaphysiciens » que Saint-Simon accable à la faveur d'une prose aux accents burkiens, avaient une certaine utilité, mais uniquement « modificatrice et transitive, et nullement organisatrice »[2]. Or, le problème est précisément qu'ils ont entendu organiser la société à l'aune de leurs théories abstraites, qui ne correspondaient en rien aux exigences nouvelles du « système industriel ».

Le constat du décalage entre les conceptions abstraites des hommes de la Révolution et la réalité sociale conduit Saint-Simon à diagnostiquer une crise à laquelle il se propose de répondre par l'instauration d'un nouvel ordre social qualifié d'« industriel »[3]. L'espace social est défini à partir de la notion d'« industrie », censée traduire une certaine réalité sociologique. En ce sens, on peut dire que la pensée saint-simonienne s'inscrit dans le mouvement d'analyses politiques qui, depuis Althusius, cherche à rendre compte de la densité sociale. Au tournant des XVIIIe et XIXe siècles, la fiction juridique d'un peuple unifié, composé de citoyens libres et égaux en droit, n'opère plus. Elle pèche par son abstraction et, de ce fait, est accusée de ne pas recouper ce qui est désigné comme étant la « réalité sociale ». Or, celle-ci, pour Saint-Simon, repose entièrement sur « l'industrie »[4] définie de manière extensive comme l'ensemble des travaux produisant des richesses. Dès lors, toute personne participant à la production de richesses est considérée comme un « industriel »[5]. Tout l'enjeu de la réflexion saint-simonienne est de faire prendre conscience aux industriels de leur force sociale, afin qu'ils puissent s'organiser en

---

[1] *Ibid.*, p. 2345.
[2] *Ibid.*, p. 2345.
[3] Saint-Simon utilise propose la notion de « Constitution industrielle » pour décrire son projet : v. Saint-Simon, *L'industrie* [1816-1818], in *Œuvres complètes*, II, *op. cit.*, p. 1445.
[4] *Ibid.*, p. 1444.
[5] La définition de l'industriel est extensive : « Un industriel est un homme qui travaille à produire ou à mettre à la portée des différents membres de la société, un ou plusieurs moyens matériels de satisfaire leurs besoins ou leurs goûts physiques ; ainsi, un cultivateur qui sème du blé, qui élève des volailles, des bestiaux, est un industriel ; un charron, un maréchal, un serrurier, un menuisier sont des industriels ; un fabricant de souliers, de chapeaux, de toiles, de draps, de cachemires, est également un industriel ; un négociant, un roulier, un marin employé sur des vaisseaux marchands sont des industriels » (Saint-Simon, *Catéchisme des industriels* [1823-1824], in *Œuvres complètes*, IV, *op. cit.*, p. 2876).

« classe » et être amenés à gouverner la société[1]. Le pouvoir politique, aux mains de ces « légistes » et autres « métaphysiciens » ne représentant pas le peuple « réel », est alors naturellement appelé à jouer un rôle subalterne. Seuls le travail et la productivité sont les critères décisifs à l'aune desquels l'utilité sociale peut être évaluée. L'État et, plus généralement, les affaires publiques font l'objet d'une mainmise de la part des non-producteurs, au détriment de la classe industrieuse. Il faut donc faire prendre conscience à cette dernière de sa « capacité politique »[2], afin de remettre à l'endroit ce monde inversé. Le principe au cœur de la société industrielle sera la libre association des forces productives[3], préférable au gouvernement des hommes fondé sur la contrainte. Le pouvoir change alors de nature : il n'est plus une force extérieure et transcendante, qui organise la société par la contrainte, mais un principe d'organisation immanent, « qui organise le social en explicitant et en actualisant sa spontanéité »[4].

La notion de « Constitution industrielle » est révélatrice d'une montée en puissance d'une certaine conception « sociologique » du peuple ou de la nation, au détriment de sa conception juridique telle qu'exprimée dans la Déclaration des droits de l'homme. Le peuple, pour Saint-Simon, n'est pas une fiction juridique, mais une réalité sociologique composée de forces sociales à l'importance inégale. En aucun cas il ne souscrit à la conception révolutionnaire du peuple telle que l'exprime une formule de Sieyès, selon laquelle le « Peuple ou la Nation ne peut avoir qu'une voix, celle de la législature nationale. [...] Le Peuple [...] ne peut parler, ne peut agir que par ses Représentants »[5]. Pour Saint-Simon, en effet, une telle conception est l'œuvre des « légistes » et des « métaphysiciens ». Dans la réalité sociale, « les industriels sont en grande majorité dans la nation française »[6].

Sur plan institutionnel, cela conduira Saint-Simon repenser la représentation au Parlement. L'éloge du modèle anglais fait alors place à une proposition pour le perfectionner et le dépasser. À rebours de la théorie révolutionnaire de la représentation, dont la fonction est *normative*, la théorie saint-simonienne est manifeste d'une conception

---

[1] V. *Ibid.*, p. 2876.

[2] Saint-Simon, *Du système industriel*, *op. cit.*, p. 2360.

[3] V. Pierre Musso, *Saint-Simon et le saint-simonisme*, Paris, PUF, 1999, coll. « Que sais-je ? », p. 49.

[4] Jean-Paul Frick, « L'utopie de Saint-Simon », *RFSP*, 1988, n°3, p. 396.

[5] *Dire de l'abbé Sieyès sur la question du veto royal*, Paris, Baudoin, 1789, p. 18-19.

[6] Saint-Simon, *Du système industriel*, *op. cit.*, p. 2360.

restitutive, selon laquelle il doit y avoir une correspondance entre la réalité sociale et les forces institutionnellement représentées. Saint-Simon considère en ce sens que le Parlement doit être à l'image de la société industrielle. Après un éloge du modèle anglais de représentation, il se propose de le compléter ou de le dépasser et plaide pour l'instauration d'un Parlement composé de trois chambres, dont la vocation est de se substituer au bicamérisme en vigueur. Dans l'optique saint-simonienne, il devra être institué une « Chambre d'invention » (dont la fonction sera d'élaborer les projets)[1], une « Chambre d'examen » (qui jugera de la pertinence des projets)[2] et une « Chambre d'exécution » (qui mettra les projets en œuvre)[3]. Ainsi, écrira Victor Considérant : « Nous pouvons donc, sous l'autorité de la raison comme sous celle des faits, et en prenant pour témoin le mouvement même qui entraîne les idées de notre siècle, établir que l'activité intellectuelle se transporte du terrain de la vieille politique constitutionnelle sur celui de la constitution économique du Travail et des Relations sociales »[4].

§ 2. Les fondements d'une théorie organiciste de l'origine et des sources du droit.

Depuis Althusius, l'utilisation de la métaphore organique comme mode de théorisation du social est présente dans la pensée juridique, politique et philosophique allemande. Elle connaîtra également une grande fortune chez les romantiques comme Herder (1744-1803) qui, dans sa critique de l'*Aufklärung*, envisage chaque peuple national comme un ensemble organique spécifique rétif aux constructions politiques artificielles[5]. Mais dans la pensée juridique allemande du début du XIXe siècle, la sacralisation du peuple, pensé comme une communauté organique inséré dans un devenir historique, doit aussi beaucoup à Burke et à sa critique constitutionnalisme révolutionnaire, au point que certains présentent le philosophe et homme politique

---

[1] V. Saint-Simon, *L'organisateur*, in *Œuvres complètes*, III, *op. cit.*, p. 2136.
[2] *Ibid.*, p. 2138.
[3] *Ibid.*, p. 2139.
[4] Victor Considérant, *Principes du socialisme. Manifeste de la démocratie au XIXe siècle*, Paris, 1847, p. 33.
[5] V. Max Caisson, « Lumières de Herder », *Terrain*, octobre 1991, n°17 [article en ligne : https://journals.openedition.org/terrain/3007].

irlandais comme « l'étendard du conservatisme allemand »[1]. Ainsi, dans la continuité de l'organicisme d'Althusius et de Burke, certains penseurs de l'École historique du droit, en particulier Savigny, vont concevoir le peuple comme un organisme inséré dans un devenir historique afin de légitimer une critique du formalisme juridique et des sources écrites du droit à partir de la défense d'un droit du peuple exprimé par la coutume. Cette approche sera réinvestie par Édouard de Laboulaye (1811-1883), dont la pensée, favorable à la démocratie, propage l'idée selon laquelle la « constitution sociale » doit primer sur la « constitution politique ».

Dans les écrits de Savigny, la notion de peuple est interprétée au prisme d'une vision organiciste et historiciste. Dans le premier quart du XIXe siècle, à la faveur de la querelle de la codification qu'il mène contre Thibault[2], Savigny distingue deux écoles de pensée : l'école « historique », d'une part, et l'école qu'il qualifie d'« anhistorique », d'autre part[3]. Ce qui distingue fondamentalement et irrémédiablement ces deux écoles, c'est la réponse à la question du statut et du rôle que l'histoire est appelée à jouer sur le droit. Pour l'école dite « anhistorique », l'histoire n'est « que l'une des nombreuses connaissances utiles »[4], dans la mesure où elle regorge « d'exemples moraux et politiques »[5]. Au mieux, donc, l'histoire a une fonction purement pédagogique, mais ne saurait avoir de fonction juridique. Pour l'école dite « historique », en revanche, l'histoire a une fonction heuristique et politique qui détermine une certaine conception du droit. Pour le comprendre, il faut partir d'une donnée occultée par la pensée révolutionnaire : l'homme n'est pas un être abstrait, mais un être « situé » dans un milieu socio-historique. Chaque individu est toujours-déjà inséré dans des groupes sociaux dont l'existence socio-historique le précède. Chaque individualité se déploie toujours dans un monde plus vieux qu'elle-même. En ce sens, l'étude du passé, des lois et des mœurs

[1] Selon l'expression de Domenico Losurdo, « La ''philosophie allemande'' entre les idéologies : 1789-1848 », *Genèses*, 1992, n°9, p. 62.
[2] V. Aurore Gaillet, « La question de la codification en Allemagne. De la querelle Savigny-Thibaut (1814) à l'entrée en vigueur du BGB (1900) », in *La marche vers le Code civil chinois*, colloque du 8 février 2016, Toulouse [communication en ligne : http://publications.ut-capitole.fr/23137/1/Gaillet_23137.pdf].
[3] Friedrich Carl von Savigny, « Sur le but de la présente revue », trad. Olivier Jouanjan in *Annales de la faculté de droit de Strasbourg*, *op. cit.*, p. 25.
[4] *Ibid.*, p. 26.
[5] *Ibid.*, p. 26.

d'un peuple prémunit contre la tentation prométhéenne de la volonté. Celle-ci n'est jamais *causa sui* mais l'effet d'une histoire qui la précède. Le « sens historique » est ainsi l'antidote pour protéger la volonté contre ses propres égarements, car sitôt « que nous ne sommes plus conscients de notre relation individuelle avec la grande totalité du monde et de son histoire, nous ne pouvons nous empêcher de voir nos pensées dans une fallacieuse lumière d'universalité et d'originalité »[1]. Ce n'est donc que par l'histoire « que pourra se conserver la relation vivante avec l'état originaire des peuples, et la perte de cette relation ne peut que priver chaque peuple de la meilleure partie de sa vie spirituelle »[2]. La conception savignienne du peuple se situe aux antipodes de celle du droit public révolutionnaire, qui l'envisage comme une unité juridique indivisible et anhistorique. Savigny, au contraire, envisage le peuple à travers une ontologie holiste, comme une totalité sociale organique dans laquelle l'individu occupe une place secondaire.

Dans cette perspective holiste où la communauté prime sur l'individu, on ne s'étonnera pas que le terme clé du conservatisme allemand – qui sera aussi celui de la pensée sociale-démocrate allemande de l'entre-deux-guerres – est celui de « *Gemeinschaft* » (communauté), qu'il faut d'emblée distinguer de « *Gesellschaft* » (société). Dans les premières décennies du XIXe siècle allemand, ce dernier terme est investi de manière hétérogène. Deux sens principaux se dégagent. En un sens extensif, tout d'abord, le terme renvoie à la totalité des individus d'un territoire. En un sens plus restrictif, ensuite, il est employé de manière péjorative pour désigner la classe dominante, ou la société bourgeoise. Marx parlera en ce sens régulièrement de « *bürgerliche Gesellschaft* »[3]. Le terme « *Gemeinschaft* » est quant à lui utilisé par les conservateurs allemands – avant Ferdinand Tönnies[4] – pour désigner la vie en communauté qui s'oppose à l'individualisme

---

[1] Friedrich Carl von Savigny, *De la vocation de notre temps pour la législation et la science du droit* (1814), trad. Alfred Dufour, Paris, PUF, 2006, coll. « Léviathan », p. 105.

[2] *Ibid.*, p. 106.

[3] V° Manfred Riedel, « Gesellschaft, bürgerliche », in *Geschichtliche Grundbegriffe : historisches Lexikon zur politisch-sozialen Sprache in Deutschland*, Brunner Otto, Conze Werner, Koselleck Reinhart (dir.), t. 2, Stuttgart, Klett-Cotta, 1975, p. 719-795.

[4] On fait en général remonter cette distinction au livre de Ferdinand Tönnies, *Communauté et société* (1887), trad. Niall Bond, Sylvie Mesure, Paris, PUF, 2010, coll. « Le lien social ».

de la société commerciale[1]. Il est significatif de remarquer que l'origine de ce terme provient de la traduction allemande de la « *partnership* » glorifiée par Burke dans ses *Réflexions sur la révolution en France*[2]. Ainsi, au début du XIXe siècle, en Allemagne, les théoriciens de l'État organique (*organischen Staates*) ne cesseront de se référer à la « *Gemeinschaft* ». C'est bien la référence à la vie en communauté qui sous-tend le propos d'Adam Müller (1779-1829)[3] lorsqu'il célèbre la liberté telle qu'elle se déploie outre-Manche : « En Grande-Bretagne, on voit en toute clarté combien chaque loi, chaque état, chaque institution nationale, chaque intérêt, chaque métier a sa liberté particulière et combien chacune de ces personnes morales, de même que l'être humain pris individuellement, aspire à faire valoir ses caractéristiques particulières »[4]. Cette apologie d'une liberté étroitement dépendante des conditions naturelles et historiques dans lesquelles elle est amenée à se réaliser pleinement s'oppose à l'universalisme abstrait et anhistorique des théories révolutionnaires. Müller reproche en effet à la Déclaration des droits de l'homme de 1789 d'avoir fait de la liberté le prédicat d'un être « dépouillé [...] de toute sa particularité, donc à quelque chose d'abstrait, au concept d'"homme" »[5]. Plus tard, Marx observera que « ce sont précisément les réactionnaires, particulièrement l'école historique du droit et les romantiques », qui « placent [...] la véritable liberté dans la particularité, par exemple celle des paysans tyroliens, et en général dans le développement particulier des individus, puis des localités, des provinces et des ordres »[6]. Marx et Engels resteront dépendants du

---

[1] V. Niall Bond, « La "société civile" et ses expressions en Allemagne », in Jay Rowell, Anne-Marie Saint-Gille (dir.), *La société civile organisée aux XIXe et XXe siècles : perspectives allemandes et françaises*, Villeneuve d'Ascq, Presses Universitaires du Septentrion, 2010, p. 55.

[2] Ce point est souligné par Domenico Losurdo, « La "philosophie allemande" entre les idéologies : 1789-1848 », art. cit., p. 64. La traduction des *Réflexions* dont il est question est celle offerte par Friedrich von Gentz (1764-1832) sous le titre : *Betrachtungen über die französische Revolution*, 2 vol., Berlin, F. Vieweg, 1793.

[3] On consultera utilement les développements consacrés à Adam Müller par Wolfgang Durner, dans son ouvrage : *Antiparlementarismus in Deutschland*, Würzburg, Verlag Königshausen & Neumann, 1997, p. 20-22. V. également : Peter Klaus (dir.), *Die politische Romantik in Deutschland. Eine Textsammlung*, Stuttgart, Reclam, 1985.

[4] Cité in Domenico Losurdo, « La "philosophie allemande" entre les idéologies : 1789-1848 », art. cit., p. 62.

[5] Cité in *ibid.*, p. 62.

[6] Karl Marx, Friedrich Engels, *Die deutsche Ideologie* (1845-1846), in *Marx-Engels Werke*, band 3, Dietz Verlag, Berlin, 1978, p. 296 (« *die Reaktionäre, namentlich die*

logiciel critique conservateur de l'abstraction juridique. Pour eux, en effet, la déclaration révolutionnaire fait figure de *camera obscura* dans laquelle se reflète, à l'envers, sous l'apparence de la liberté et de l'égalité, l'oppression des individus et l'inégalité des classes. En ce sens, de même que les conservateurs allemands, ils font dépendre l'effectivité de la liberté et de l'égalité de conditions matérielles. Toute tentative de subsumer la diversité sociale sous des concepts juridiques abstraits est perçue soit comme despotique (pour les conservateurs), soit comme une modalité de l'aliénation capitaliste (pour les marxistes).

Pour éviter cet écueil, il faut organiser la société à partir de ses bases sociales. Ainsi, dans la revue *Concordia*, Friedrich Schlegel (1772-1829) fait l'éloge du « grand anglais » Burke, « l'ennemi des théories vides » (*den leeren theorien feind*)[1], et plaide en faveur d'une conception organique de la société qu'il justifie de la manière suivante : « Les *rapports réciproques entre tous les membres vivants essentiels de l'ensemble de la société humaine et de ses corporations servent de fondation solide et de référence certaine*, si nous procédons à partir du fait supposé que les formes et types divers de la société, ou les divisions et les sphères de l'association humaine, ne s'entravent ni ne se perturbent, mais au contraire se soutiennent et coopèrent comme des membres et des organes du corps humain »[2]. Dans cette conception, l'État n'est pas perçu comme une superstructure extérieure à la société et dont la fonction serait de l'organiser sur le mode hiérarchique, mais comme un médiateur entre un « ensemble de relations organiques entre les associations les plus petites et les plus grandes, la famille et l'Église »[3].

La stylisation organiciste du peuple détermine une certaine conception de l'ordre juridique impliquant de faire dépendre le développement du droit de la nature et de l'histoire, non d'un

---

historische Schule und die Romantiker [...] die wahre Freiheit in die Eigenheit, z.B. der Tiroler Bauern, überhaupt in die eigentümliche Entwicklung der Individuen und weiter der Lokalitäten, Provinzen und Stände setzen »).

[1] Friedrich Schlegel, « Signatur des Zeitalters », in *Concordia*, Wien, Wallishausser, 1823, p. 356.

[2] Cité par Niall Bond, « Carl Menger entre épistémologie et idéologie », in Gilles Campagnolo (dir.), *Existe-t-il une doctrine Menger ? Aux origines de la pensée économique autrichienne*, Aix-en-Provence, PUP, 2011, coll. « Epistémè », p. 118.

[3] Niall Bond, « La ''société civile'' et ses expressions en Allemagne », in Jay Rowell, Anne-Marie Saint-Gille (dir.), *La société civile organisée aux XIXe et XXe siècles : perspectives allemandes et françaises*, Villeneuve d'Ascq, Presses Universitaires du Septentrion, 2010, p. 53.

hypothétique contrat entre égaux. Pour le dire encore autrement, il y a une homologie entre le caractère organique de la société et la structure organique du droit. La conception organique du peuple et du droit rend ainsi dépourvu d'objet le volontarisme constitutionnel et neutralise la conception anhistorique de la constitution[1], dont le vice fondamental est de confondre le droit et de la loi. Dès lors, en effet, que l'on assimile le droit à la loi, on est amené à considérer que la source de tout droit réside dans l'État ou, ce qui revient au même, dans l'organe législatif. Pour le dire autrement, selon cette conception, le droit est « livré à *l'arbitraire* de la puissance légiférante »[2]. De ce point de vue, le droit coutumier est réduit à un « précaire auxiliaire »[3] du droit étatique. Or, en tant qu'il est l'expression de l'unité organique du peuple, le droit ne peut être réduit à la loi. Il s'agit donc d'identifier les modes concrets de production du droit, à rebours d'une conception purement « légiférée »[4].

Pour Savigny, le droit a un fondement organique, car il est intimement lié avec « l'essence et le caractère »[5] d'un peuple. En ce sens, l'origine et les sources du droit résident dans la « conscience même du peuple » (*Volkgeist*)[6] en lieu et place de l'État. Pour le dire dans les termes d'Olivier Jouanjan, la « personnalité du peuple, en son historicité, *tient* le droit »[7]. L'individualité de cet être collectif qu'est le peuple se constitue *par* l'édiction du droit[8]. L'essentiel du droit ne réside donc pas dans sa dimension *technique*, mais dans sa dimension *politique*, selon laquelle « tout droit se forme de la manière que l'usage courant – pas tout à fait approprié – qualifie de coutumière, c'est-à-dire qu'il est produit d'abord par les mœurs et la conviction du peuple, puis par la jurisprudence, et il l'est ainsi par des forces internes, silencieuses,

---

[1] V. Friedrich Carl von Savigny, *De la vocation de notre temps pour la législation et la science du droit* (1814), trad. Alfred Dufour, Paris, PUF, 2006, coll. « Léviathan », p. 51.
[2] Olivier Jouanjan, *Une histoire de la pensée juridique en Allemagne (1800-1918)*, Paris, PUF, 2005, coll. « Léviathan », p. 27.
[3] Friedrich Carl von Savigny, *De la vocation de notre temps…*, *op. cit.*, p. 52.
[4] V. Olivier Jouanjan, *Une histoire de la pensée juridique en Allemagne (1800-1918)*, *op. cit.*, p. 28.
[5] Friedrich Carl von Savigny, *De la vocation de notre temps…*, *op. cit.*, p. 54.
[6] *Ibid.*, p. 54.
[7] Olivier Jouanjan, *Une histoire de la pensée juridique en Allemagne (1800-1918)*, *op. cit.*, p. 28.
[8] V. *Ibid.*, p. 30.

non par l'arbitraire d'un législateur »[1]. Dès lors, si le droit n'est pas autre chose que « l'histoire de la conscience juridique de soi d'un peuple »[2], alors « la constitution ne saurait être ni un produit de l'activité du législateur, ni le résultat d'une déduction rationnelle à partir des principes du droit. Elle est l'effet spontané d'un processus historique impersonnel, se réalisant dans le devenir de la vie d'un peuple »[3]. Dans ce cadre, la fonction juriste est également politique. Son office ne consiste pas à se perdre dans de vaines arguties techniques, mais d'être le révélateur de la conscience juridique du peuple par le biais d'une science du droit, dont l'histoire est la matière première. Tout l'objet de la science du droit est d'historiciser la pensée juridique[4], ou de « révéler » l'esprit du droit à partir de l'histoire afin de produire un véritable système juridique substituant un *pluralisme* effectif des sources à l'unité artificielle du système moniste du primat de la loi. Il faut toutefois préciser que Savigny n'abandonne pas absolument la méthode déductive systématique. Simplement, celle-ci doit intervenir dans un second temps. Elle doit s'articuler avec le procédé inductif au terme duquel le juriste parvient à la compréhension des phénomènes historiques[5] dont dépend l'unité politique et sociale du peuple.

Pour synthétiser ce qui vient d'être dit, nous pouvons dire, à la suite d'Olivier Jouanjan, que la vie du droit se développe dans deux « biotopes »[6] : d'une part, dans la conscience historique du peuple, et, d'autre part, dans le travail de révélation des juristes. Le droit émane bien d'un « *topos* », c'est-à-dire d'un lieu défini comme une communauté organique. Dès lors, l'État, ses organes et sa législation ne peuvent prétendre exprimer le droit dans son entièreté, mais simplement

---

[1] Friedrich Carl von Savigny, *De la vocation de notre temps…*, *op. cit.*, p. 56.

[2] Olivier Jouanjan, « Présentation. L'esprit de l'École historique du droit », art. cit., p. 14.

[3] Pasquale Pasquino, « Sur la théorie constitutionnelle de la monarchie de Juillet », art. cit., p. 112.

[4] V. Olivier Jouanjan, « De la vocation de notre temps pour la science du droit : modèles scientifiques et preuve de la validité des énoncés juridiques », *Revue européenne des sciences sociales*, 2003, n° XLI-128 [en ligne : https://doi.org/10.4000/ress.398].

[5] V. Olivier Jouanjan, « De la vocation de notre temps pour la science du droit : modèles scientifiques et preuve de la validité des énoncés juridiques », art. cit., en ligne : https://doi.org/10.4000/ress.398]).

[6] Olivier Jouanjan, *Une histoire de la pensée juridique en Allemagne (1800-1918)*, *op. cit*, p. 31.

une infime parcelle de celui-ci qu'est la loi. L'État est une figure *extérieure* à la vie organique du peuple qui se constitue par son droit propre. Cette idée d'une extériorité de l'État à la vie intime du peuple est parfaitement compatible avec l'autre thèse savignienne qui en fait la « manifestation organique du peuple »[1]. En effet, cette dernière thèse manifeste bien l'idée selon laquelle l'État n'est que l'expression de la vie populaire intime, dont il est exclu[2]. Pour autant, le rôle législatif de l'État n'est pas entièrement réduit à néant. Simplement, son intervention ne doit se faire qu'à la marge, pour produire des « corrections *cosmétiques*, des arrangements de formes »[3] à la coutume qui constitue l'origine et le fondement des sources du droit[4]. C'est dans un cadre analogue que se développera la pensée d'un auteur situé à première vue à l'autre extrémité de la carte idéologique : le libéral Édouard de Laboulaye.

Dans ses premiers écrits, Laboulaye a pleinement souscrit à l'organicisme antirationaliste[5] tel qu'il se manifeste chez Burke et Savigny[6], tous deux régulièrement cités sous sa plume. Il se livre alors à une apologie de l'expérience qui l'entraîne vers une conception particulariste du droit.

Sa pensée constitutionnelle s'organise autour de la conception organiciste du peuple, décrit comme « un être animé, comme l'a cent fois répété M. de Savigny, une personne vivant d'une vie collective »[7]. Les rapports sociaux naturels qui structurent cet être collectif qu'est le peuple en forment la « constitution sociale », qu'il n'est pas possible de modifier sans mettre en péril l'unité du peuple. En effet, « prétendre modifier la Constitution sociale par un décret est une tentative aussi insensée que vouloir modifier par ordonnance la constitution d'un

---

[1] Friedrich Carl von Savigny, *Traité de droit romain* (1840), tome I, trad. Charles Guénoux, Paris, Firmin Didot, 1855, p. 22.

[2] V. Olivier Jouanjan, *Une histoire de la pensée juridique en Allemagne (1800-1918)*, *op. cit.*, p. 32.

[3] *Ibid.*, p. 32.

[4] *Ibid.*, p. 32.

[5] V. Tanguy-Pasquiet Briand, « La métaphore organique dans la réflexion politique du XIXe siècle : aux origines de la coutume constitutionnelle française », art. cit.

[6] Sur les rapports entre Laboulaye et Savigny : v. Renaud Baumert, « L'école historique d'Édouard Laboulaye », *RFHIP*, 2018, n°47, p. 97-118.

[7] Édouard Laboulaye, *Considérations sur la Constitution*, Paris, Durand, 1848, p. 78.

malade ; qu'au philosophe, au prêtre, à l'écrivain il appartient de développer et de changer insensiblement les idées et les mœurs d'une nation, mais que prétendre les supprimer brusquement par une loi, c'est folie »[1]. Laboulaye vitupère alors les démiurges constitutionnels niant le caractère organique du peuple : « Quand, au lieu de considérer l'État comme une machine dont on peut à volonté changer les rouages, on verra par une observation attentive *qu'un peuple est un grand être, ayant, comme un seul homme, une organisation, un esprit, une vitalité propre*, alors on renverra dans le monde des chimères *toutes ces théories qui n'ont de réalité que dans le cerveau de leurs inventeurs* »[2]. Les ombres de Burke et de Savigny se détachent clairement en arrière-plan : les institutions politiques doivent être fondées sur l'*expérience*, sans quoi elles sont condamnées à disparaître. L'objet de la « politique » ou de la « science » constitutionnelle est donc de sonder l'expérience historique de l'organisme « peuple », afin d'y trouver les vérités pluriséculaires sur lesquelles doivent être fondées les institutions[3]. Dès lors, la condamnation de l'œuvre constitutionnelle de 1789 est sans appel. En effet, sur le plan constitutionnel, les hommes de 1789 « n'ont eu que des idées fausses. N'ayant pas voulu consulter l'expérience, ils n'ont rien compris à la nature du pouvoir exécutif et du pouvoir législatif »[4]. La politique, poursuit Laboulaye, « est une science accessible à tous ; il ne faut pas de larges études pour s'assurer qu'en fait de gouvernement, *il y a des choses d'expérience, des vérités acquises qu'on ne peut dédaigner*. Il est des lois sociales comme des lois naturelles, on ne les viole jamais impunément »[5]. C'est donc de l'expérience que doit émaner « le Code social de la France »[6], non « des caprices divins du peuple subitement inspiré ou de quelque Lycurgue illuminé »[7]. En ce sens, il conjure les révolutionnaires de 1848 de consulter « l'expérience, cette voix des siècles, que la passion n'égare

---

[1] *Ibid.*, p. 78.

[2] Édouard Laboulaye, *Essai sur la vie et la doctrine de Frédéric Charles de Savigny*, Paris, Durand, 1842, p. 48-49 (nous soulignons).

[3] V. Arnaud Le Pillouer, « La théorie constitutionnelle d'Édouard Laboulaye », *RFHIP*, 2018, n°47, p. 123.

[4] Édouard Laboulaye, *Questions constitutionnelles*, Paris, Charpentier, 1872, p. 5.

[5] *Ibid.*, p. 5 (nous soulignons).

[6] Édouard Laboulaye, *Considérations sur la Constitution*, *op. cit.*, p. 10.

[7] *Ibid.*, p. 10.

pas, et qui ne trompe jamais celui qui l'interroge avec le sincère amour du bien, du juste et du vrai »[1].

L'attrait exercé par l'École historique et en particulier par Savigny tient au déplacement de l'origine et des fondements du droit vers un droit vivant, qui n'est pas réduit à la loi et à son exégèse[2]. Dans son *Histoire du droit de propriété foncière en Occident*, Laboulaye reprend à son compte la distinction savignienne entre l'école « historique » et l'école « anhistorique » du droit. Par le biais de cette distinction, dit Laboulaye, le juriste allemand a « voulu démontrer que le droit avait un rapport nécessaire et fatal avec le gouvernement, les mœurs et les idées de la nation ; que le développement du droit, du gouvernement, des mœurs était nécessaire et fatal comme celui de la nation elle-même parce que ce développement était commandé en quelque sorte par le droit, le gouvernement, les mœurs et les idées de la génération précédente ; en un mot, et pour nous borner à notre sujet, que le droit d'aujourd'hui n'est pas différent du droit d'hier, mais le fruit contenu en germe dans le droit qui l'a précédé »[3]. La fonction du législateur n'est alors pas *d'édicter*, mais de *déclarer* le droit qui évolue organiquement avec le peuple ; et si Laboulaye voit dans le code le moment de réalisation du droit, ce n'est pas parce qu'il est l'expression de la volonté du législateur, mais parce qu'il est le produit du développement historique du peuple[4]. Pour Laboulaye donc, le fondement du droit est essentiellement coutumier, et c'est la raison pour laquelle les historiens du droit ont un rôle éminent à jouer : eux seuls savent ce qui faut conserver et supprimer du droit passé[5].

À rebours du constitutionnalisme volontariste tel qu'il se manifeste en 1789 et en 1848, Laboulaye dénie au droit constitutionnel toute dimension créatrice et « l'assigne à un devoir-être spécifique »[6], dont l'objet est la conservation et la perpétuation de l'ordre politique et

---

[1] *Ibid.*, p. 80.

[2] V. Anne-Sophie Chambost, « Édouard Laboulaye. Portrait intellectuel », *RFHIP*, 2018, n°47, p. 17.

[3] Édouard Laboulaye, *Histoire du droit de propriété foncière en Occident*, Paris, Durand, 1839, p. 24-25.

[4] V. Anne-Sophie Chambost, « Édouard Laboulaye. Portrait intellectuel », art. cit., p. 17.

[5] V. Renaud Baumert, « L'école historique d'Édouard Laboulaye », *RFHIP*, 2018, n°47, p. 106.

[6] Tanguy Pasquiet-Briand (« La métaphore organique dans la réflexion politique du XIXe siècle : aux origines de la coutume constitutionnelle française », art. cit., p. 70).

social[1], ou, autrement dit, la stabilisation de la démocratie française. De ce point de vue, de manière classique, la Constitution non écrite de l'Angleterre fait figure de modèle : « De même que la constitution de la Rome républicaine, elle repose sur de vieilles coutumes, sur d'antiques usages [...]. Tandis que nos constructions éphémères s'écroulent au premier souffle du vent, sans que personne ne s'en inquiète, tout Anglais est heureux et fier de réparer et de rajeunir ces remparts gothiques qui ont abrité les pères et qui protègent les enfants. Fidèles aux traditions du Moyen Âge, les politiques anglais ont le respect de la coutume, tout en la modifiant chaque jour par une infusion de l'esprit nouveau ; ils n'ont aucun goût pour la codification qui pétrifie les lois. Ils veulent que dans leurs institutions tout se fasse par développement, par accroissement intérieur, comme dans la nature, et qu'on n'y sente pas la main des hommes »[2]. En ce sens, la constitution politique doit épouser les formes de la constitution sociale entendue comme l'ensemble des rapports sociaux qui structurent organiquement un peuple. L'idée selon laquelle la constitution politique doit s'employer à préserver l'ordre social existant afin d'y introduire le degré de réforme nécessaire est donc bien établie chez les libéraux[3]. C'est encore le sens de la référence, chez Laboulaye, à la conception cicéronienne de la constitution mixte, dont l'objet « n'est point du tout le système moderne de l'équilibre des pouvoirs, système erroné et dont la perfection serait l'immobilité absolue », mais « la reconnaissance des *conditions essentielles de la vie sociale*, conditions qu'un législateur ne peut méconnaître sans donner à l'État une organisation monstrueuse, et dont le développement ne peut se faire que par une suite de crises violentes et désespérées »[4]. On l'aura compris, avec l'idée de constitution sociale, Laboulaye entend combattre le volontarisme et l'universalisme juridique à partir d'une théorie du droit « particulariste »[5] soucieuse de préserver l'intégrité organique de la société française. En ce sens, la fonction de la constitution politique est d'être le cadre institutionnel au sein duquel est assurée la pérennité de l'ordonnancement social. Ce

---

[1] V. Édouard Laboulaye, *Essai sur la vie et la doctrine de Frédéric Charles de Savigny*, *op. cit.*, p. 6.
[2] *Ibid.*, p. 374.
[3] V. Lucien Jaume, *L'individu effacé ou les paradoxes du libéralisme français*, *op. cit.*
[4] Édouard Laboulaye, *Considérations sur la Constitution*, *op. cit.*, p. 86 (nous soulignons). V. également Jean de Sismondi, *Études sur les constitutions des peuples libres*, *op. cit.*, p. 37-38.
[5] V. Renaud Baumert, « L'école historique d'Édouard Laboulaye », art. cit., p. 109.

conservatisme, soucieux de préserver l'intégrité organique de la société, augure, comme le souligne Jacky Hummel, « la future dénonciation de la démocratie formelle »[1] telle qu'elle se manifestera notamment chez Proudhon, le grand théoricien par lequel la conception organique du peuple s'articulera à un projet démocratique qualifié de « démocratie ouvrière ».

---

[1] Jacky Hummel, *Essai sur la destinée de l'art constitutionnel*, Paris, Michel Houdiard, 2010, p. 86.

Chapitre 2.
Organiser la démocratie sur une base « sociale »

Nous savons désormais que deux conceptions de la notion de « peuple » s'opposent : selon la première, issue de la théorie constitutionnelle révolutionnaire, le peuple est réputé être une fiction juridique composée d'individus indistincts désignant des représentants chargés de vouloir en son nom ; selon la seconde, issue de l'organicisme constitutionnel, le peuple est au contraire perçu comme une totalité vivante strictement hiérarchisée et composée essentiellement de groupes sociaux. Malgré certaines oppositions frontales sur le type de société à promouvoir, toutes les doctrines évoquées se recoupent sur un point précis, qui les relie sans pour autant les concilier : du pluralisme juridique althusien à la défense des fondements sociaux de la Constitution anglaise, en passant par le modèle de société théocratique et celui de société industrielle imaginée par les saint-simoniens, jusqu'à la théorie organiciste de l'origine et des sources du droit, *il y a en commun l'idée d'un peuple organique composé d'individus et de groupes sociaux, répondant à ses propres lois immanentes et structuré par d'innombrables rapports sociaux*. À partir de la métaphore organique, on théorise un « peuple social » admettant en son sein une multitude de formes associatives, qui s'oppose à l'idée d'un *demos* homogène comme fondement du pouvoir. Cette dernière conception connaît une fortune considérable dans la littérature politique et constitutionnelle du XIXe siècle. Elle sous-tend en effet un certain nombre de projets soucieux d'aménager l'instauration de la démocratie. Le schème organiciste est donc la voie par laquelle le « social » s'est agrégé à la notion de « démocratie ». Cependant le sens de ce dernier terme est loin d'être stabilisé[1], et des projets de nature différents

[1] Luciano Canfora souligne en effet que le terme « n'aura jamais été aussi vague. Jusqu'en 1848, il rallie de très nombreux courants, du libéralisme progressiste (ou ex-jacobin, ou crypto-jacobin) au socialisme dans ses manifestations anciennes ou nouvelles (de Babeuf à Buonarroti et à Proudhon, pour s'en tenir au seul cas français ; en Angleterre, le mouvement chartiste et owéniste en est une des composantes essentielles). Après 1848, le fossé se creuse toujours plus entre ces différentes

émergent de cette volonté d'organiser la démocratie sur une base dite « sociale », dont il est souvent difficile de déterminer précisément les contours. Pour tenter d'y voir plus clair, nous partirons de la pensée juridique et politique de Proudhon qui, le premier, a proposé un projet d'organisation démocratique d'ampleur *via* la notion de « démocratie ouvrière » affirmant l'autonomie absolue de la sphère « sociale » vis-à-vis de la démocratie politique (Section 1). C'est à partir de cette notion proudhonienne que les débats concernant les rapports entre l'État et l'auto-organisation de la société se détermineront. Elle se trouve donc au cœur d'un important conflit d'interprétations (Section 2) sur lequel il faut revenir.

Section 1. L'affirmation de l'autonomie absolue d'un ordre « social » vis-à-vis de la démocratie politique : la notion de « démocratie ouvrière » dans la pensée de Proudhon.

Évoquer le terme de « démocratie » chez Proudhon ne va pas de soi, tant le philosophe semble ne considérer la démocratie que négativement, la plupart des occurrences étant chez lui péjoratives. En effet, dans le contexte de la révolution de 1848, il dénonce dans la démocratie « un arbitraire constitutionnel succédant à un autre arbitraire constitutionnel »[1]. Il semblerait que la démocratie n'est évoquée positivement chez Proudhon que lorsqu'il la situe hors du champ de la démocratie politique ou parlementaire. Ses réflexions consacrées à « l'idée de la démocratie nouvelle »[2] se situent dans le champ économique et social. C'est dans cette perspective qu'il parlera de « démocratie ouvrière » ou, plus rarement, de « démocratie industrielle ». L'idée de « démocratie ouvrière », construite par touches successives tout au long de son œuvre, trouve son expression la plus aboutie dans un ouvrage inachevé et publié à titre posthume intitulé *De la capacité politique des classes ouvrières* (1865). L'expression

---

tendances et l'on ne parlera plus, à juste titre, d'un seul et même mouvement ''démocratique''. Mais, jusqu'en 1848, l'utilisation d'une dénomination commune renvoie à l'existence d'une forme d'unité entre les différents courants dans leur lutte contre les régimes explicitement censitaires » (Luciano Canfora, *La démocratie. Histoire d'une idéologie*, *op. cit.*, p. 128).

[1] Pierre-Joseph Proudhon, *Solution du problème social*, Paris, Pilhes, 1848, p. 54. V. également : Pierre-Joseph Proudhon, *Idée générale de la révolution au XIXe siècle*, Paris, Garnier, 1851, p. 153.

[2] V. Pierre-Joseph Proudhon, *De la capacité politique des classes ouvrières*, Paris, Dentu, 1865, p. 8.

« capacité politique » rappelle Saint-Simon, dont le projet de Constitution industrielle visait à faire prendre conscience à la « classe industrieuse » de son importance sociale. Il faut toutefois insister sur le fait que la théorie saint-simonienne d'organisation sociale, à la différence de la théorie proudhonienne, n'est pas tant un projet démocratique qu'un projet de reconstruction d'un système de gouvernement et de répartition des richesses qui se veut rationnel. La notion de « démocratie ouvrière » est quant à elle posée comme une manière de placer le pouvoir au cœur de la sphère sociale, appréhendée à l'aune de la métaphore organique comme une collectivité vivante capable de s'auto-ordonnancer en dehors de l'ordre politique et juridique imposé par l'État. L'articulation d'un mot relevant du domaine politique – « démocratie » – à un adjectif relatif au domaine socio-économique – « ouvrière » – est révélatrice de l'intention de Proudhon : identifier une forme d'organisation nouvelle venant mettre en question l'assimilation de la politique – définie comme capacité d'auto-organisation de la société – à l'État[1]. Il faut donc partir de la critique proudhonienne de l'État (§1). Cette critique, sous-tendue par une vision « pluraliste » de la société, débouche sur une théorie de l'implantation sociale du pouvoir (§2).

§ 1. La critique proudhonienne de l'État.

Puissance juridique et politique extérieure au corps social, l'État est pour Proudhon le la figure politique et juridique de l'hétéronomie aux dépens de la société. La condition de réalisation de la démocratie ouvrière devra donc se faire en dehors de l'État, par une « scission légitime » opérée par la « classe ouvrière ». L'opposition entre l'État et la société se comprend à partir d'une ontologie sociale héritée de la pensée conservatrice et sur la base de laquelle la « démocratie ouvrière » doit être organisée.

La notion de « démocratie ouvrière » repose sur une conception organique du peuple prenant le contre-pied de la conception révolutionnaire d'un peuple compris comme une entité abstraite composée d'une addition d'individus. Cette conception doit beaucoup

---

[1] V. Samuel Hayat, « Démocratie industrielle (démocratie ouvrière) », in Chantal Gaillard, Georges Navet (dir.), *Dictionnaire Proudhon*, Bruxelles, Aden, 2011, p. 138-153, p. 138-153.

à l'organicisme constitutionnel et à l'antirationalisme foncier de la pensée conservatrice tel qu'il se manifeste chez Burke et, plus particulièrement, dans les thèses de l'École historique du droit[1]. Proudhon propose en effet une ontologie sociale qui conçoit la société comme un *être collectif sui generis*[2] structuré par des liens spontanés de solidarité socio-économique[3]. La société n'est pas pensée comme un agrégat d'individus décrétés libres et égaux, titulaires de droits civils et politiques imprescriptibles, mais comme une configuration organique. « J'entends par *organique*, écrit Proudhon, la constitution intime, séculaire de la société, supérieurement à tout système politique, à toute constitution de l'État »[4].

Il découle de cet organicisme une critique de l'État centraliste et jacobin, décrit comme une structure juridico-politique artificielle, extérieure – donc étrangère – à la dynamique auto-organisatrice du « social ». Les liens de solidarité socio-économique structurant le « social » sont par nature différents des moyens déployés par l'État. Célestin Bouglé écrit à juste titre que « la grande illusion contre laquelle il [Proudhon] entend mettre la démocratie en garde, c'est la conviction que par les moyens politiques elle pourrait résoudre les problèmes économiques et sociaux. [...] Et c'est justement pour parer aux déceptions de la démocratie, toujours prête à glisser vers l'Étatisme, qu'il lance ce mot d'ordre ''Démocratie industrielle'' »[5]. L'opposition entre l'État et la sphère « sociale » est donc constitutive de la notion de « démocratie ouvrière ».

Cette opposition recoupe une distinction entre deux types de « constitutions » : la constitution sociale et la constitution politique. La première, « intime à l'humanité, libérale, progressive » est l'antithèse de la seconde, « essentiellement arbitraire, oppressive et rétrograde »[6].

---

[1] V. Mikhaïl Xifaras, « Y a-t-il une théorie de la propriété chez Pierre-Joseph Proudhon ? », *Corpus*, n°47, 2004, p. 243. V. également : Anne-Sophie Chambost, *Proudhon et la norme. Pensée juridique d'un anarchiste*, Rennes, PUR, 2004, coll. « L'univers des normes », p. 159-171.

[2] V. Pierre-Joseph Proudhon, *La Pornocratie ou les femmes dans les temps modernes* (posthume), Paris, Lacroix, 1875, p. 117.

[3] V. Pierre-Joseph Proudhon, *Philosophie du progrès*, Bruxelles, Lebègue, 1853, p. 53.

[4] Pierre-Joseph Proudhon *Les confessions d'un révolutionnaire pour servir à l'histoire de la révolution de février*, Paris, 1849, p. 20.

[5] Célestin Bouglé, *Socialismes français : du "Socialisme utopique" à la "Démocratie industrielle"*, 2ème éd., Paris, Armand Colin, 1933, p. 106.

[6] Pierre-Joseph Proudhon, *Les confessions d'un révolutionnaire...*, *op. cit.*, p. 60.

Cette distinction se retrouvera, avec un sens différent, sous la plume de Maurice Hauriou à la fin des années 1920. Les termes de l'opposition mettent en évidence le caractère autonome de la constitution sociale et le caractère hétéronome de la constitution politique, imposée par l'État : « L'État, écrit Proudhon, est la constitution extérieure de la puissance sociale. Par cette constitution extérieure de sa puissance et souveraineté, le peuple ne se gouverne pas lui-même : c'est, tantôt un individu, tantôt plusieurs, qui, à titre électif ou héréditaire, sont chargés de le gouverner, de gérer ses affaires, de traiter et de compromettre en son nom, en un mot de faire tous actes de père de famille, tuteur, gérant ou mandataire, nanti de procuration générale, absolue et irrévocable »[1].

Il faut nous arrêter un instant sur la conception de la notion de « constitution » utilisée par Proudhon. Ce dernier n'entend pas la notion dans son acception contemporaine, comme une norme fondamentale et supérieure conditionnant la validité des normes inférieures et réglant les rapports entre institutions. Pour Proudhon, la constitution est un principe général et immanent d'organisation sociale. C'est, nous dit précisément le philosophe, un « système par lequel le Peuple, l'homme collectif, organise éternellement ses fonctions, équilibre ses pouvoirs »[2]. Mais de quels pouvoirs parle-t-on ? Il ne s'agit pas ici des pouvoirs de l'État, c'est-à-dire des pouvoirs exécutif, législatif et judiciaire. Si, en effet, l'objet de la constitution est la société, les pouvoirs dont il est question sont tous les pouvoirs qui composent cette dernière, notamment les « forces productives », avec toute l'indétermination que recouvre cette expression. D'une certaine façon, la conception proudhonienne de la constitution s'inscrit dans la continuité de l'article 16 de la Déclaration des droits de l'homme et du citoyen, qui fait bien de la société le sujet de la constitution[3].

Une telle conception de l'organisation sociale démocratique s'oppose frontalement à celle développée par son contemporain Louis Blanc qui, à la faveur du mouvement rétrospectif du vrai, passe pour le concepteur de la « démocratie sociale », alors que l'expression n'apparaît jamais sous sa plume[4]. Dans son projet de transformation du

---

[1] Pierre-Joseph Proudhon, « Résistance à la révolution : Louis Blanc et Pierre Leroux », *La voix du Peuple*, 3 décembre 1849.

[2] Pierre-Joseph Proudhon, *Solution du problème social*, *op. cit.*, p. 9.

[3] Ce point est souligné par Dominique Rousseau, *Radicaliser la démocratie Propositions pour une refondation,* Paris, Seuil, 2015, p. 103-104.

[4] Il existe un solide poncif selon lequel l'expression « démocratie sociale » apparaîtrait sous la plume de Louis Blanc en 1840. L'affirmation est commode, surtout lorsque

système économique et social sur la base d'associations et de coopérations ouvrières, Louis Blanc plaide en faveur d'un principe autoritaire d'organisation sociale. C'est en effet l'État qui devra organiser le travail. La refondation économique et sociale proposée par Blanc se veut si profonde qu'elle ne peut procéder d'initiatives infrapolitiques[1], vouées à être restreintes ou localisées. Elle ne peut qu'être l'œuvre de la puissance publique, c'est-à-dire d'un État centralisé et « autoritaire »[2]. Contrairement à Proudhon qui perçoit négativement l'action de l'État sur la société, pour Louis Blanc cette intervention est affectée d'un indice positif, car elle favorise la liberté[3]. L'accent est le même chez Charles Laboulaye[4] pour qui « la liberté ne peut donc exister utilement pour tous que sous la protection de l'*autorité*, que limitée par la surveillance du pouvoir de la société, de l'État »[5]. C'est dans cette perspective que Charles Laboulaye justifie l'existence d'un code du travail, dont l'objet est d'articuler liberté du travail et intervention étatique[6]. L'État est donc ici le moyen indispensable pour transformer en profondeur les rapports sociaux. On voit toute la différence qui sépare cette conception de celle de Proudhon, pour qui l'État est une superstructure étrangère à la nature de la société. En arrière-plan, on retrouve l'apologie de l'expérience contre l'esprit d'abstraction des révolutionnaires prétendant organiser la société à partir de principes extérieurs à elle. L'enjeu, pour Proudhon, est donc de neutraliser une certaine conception de la démocratie

---

ceux qui l'avancent se dispensent systématiquement de citer précisément leurs sources. Par exemple : v. Alexandre Escudier, « Tensions démocratiques : du gouvernement représentatif à la démocratie sociale post-représentative », *Cités*, 2019, n°77, p. 102 ; Jean-Denis Combrexelle, « Démocratie sociale : les enjeux du futur », in Guy Groux, Richard Robert, Martial Foucault (dir.), *Le Social et le Politique*, Paris, CNRS Editions, 2020, p. 186.

[1] V. Louis Blanc, *Organisation du travail*, 5ème éd., Paris, Bureau de la société de l'industrie fraternelle, 1847, p. 14.

[2] *Ibid.*, p. 20.

[3] « L'action de l'État est, selon nous, un mal toutes les fois qu'elle met un obstacle au libre développement de l'individu. Mais toutes les fois qu'elle le favorise elle est un bien », Discours du 3 décembre 1876, cité in Benoît Charruaud, *Louis Blanc, la République au service du socialisme. Droit au travail et perception démocratique de l'État*, thèse de doctorat en droit, Université Strasbourg III, 2008, p. 230.

[4] Charles-Pierre Lefebvre Laboulaye (1813-1886) était un industriel et scientifique français.

[5] Charles Laboulaye, *Organisation du travail. De la démocratie industrielle*, Paris, Librairie scientifique-industrielle, 1848, p. IV.

[6] *Ibid.*, p. V.

entendue comme « l'idée de l'État étendue à l'infini »[1]. Il s'agit de passer d'un ordre politique imposé par l'État à un *ordre social* indépendant de l'État. C'est là tout le sens de l'anarchie « positive », qui ne fait pas l'économie d'un principe d'organisation[2].

Proudhon donne un ancrage social à la démocratie ouvrière en l'identifiant à une classe sociale, les ouvriers et les paysans. Par opposition au sujet de la démocratie politique, le peuple, « devenu une abstraction, une fiction »[3], la démocratie ouvrière s'incarne dans une classe déterminée par sa condition sociale laborieuse. Mais il convient de souligner un certain flottement dans l'identification du sujet de la démocratie ouvrière. En effet, Proudhon adopte parfois une conception plus extensive, en subsumant sous l'idée de démocratie ouvrière ou industrielle plusieurs catégories sociales dont on a du mal à percevoir clairement ce qui en constitue l'unité. Ainsi écrit-il, dans *La guerre et la paix* : « Quand le petit bourgeois, le petit propriétaire, le petit industriel, de même que le paysan, le commis et l'ouvrier, auront trouvé qu'ils ont plus à gagner par le travail que par la rente et l'agio, c'est alors que le peuple, la démocratie industrielle, brisera, au nom du droit de la force, synonyme du droit du travail, synonyme du droit de l'intelligence, la suzeraineté de l'argent, fera la balance de la rente et de l'impôt, ramènera à sa juste limite la propriété, changera le rapport du travail et du capital, et constituera, comme le couronnement de l'édifice, le droit économique »[4].

Il convient de préciser ici la différence fondamentale avec la notion d'« *industrial democracy* » formulée, à la fin du XIXe siècle, par Beatrice et Sydney Webb[5]. Ces derniers envisagent la possibilité d'une « démocratie industrielle », mais essentiellement appuyée sur le syndicat et non sur une classe. Ainsi l'unité de référence de l'« *industrial democracy* » a une base moins étendue que dans la vision proudhonienne de la « démocratie ouvrière ». Selon les époux Webb, en effet, « l'étude la plus superficielle du monde syndical montre combien la vieille idée de fondre tous les travailleurs manuels en unc

[1] *Confessions d'un révolutionnaire*, *op. cit*, p. 48.
[2] V. Anne-Sophie Chambost, *Proudhon et la norme*, *op. cit.*, p. 11.
[3] Pierre-Joseph Proudhon, *La Révolution sociale démontrée par le coup d'État du 2 décembre*, 2ème éd., Paris, Garnier, 1852, p. 268.
[4] Pierre-Joseph Proudhon, *La guerre et la paix. Recherche sur le principe et la constitution du droit des gens*, tome I, Paris, Lacroix, Verboeckhoven, 1869, p. 241.
[5] V. Beatrice Webb, Sidney Webb, *Industrial Democracy*, London, Longmans, Green and Co., 1897.

''classe laborieuse'' est risible à force d'ineptie. Plutôt que de reprendre les catégories économiques classiques du ''capitaliste'' et du ''travailleur'', nous voyons que le Syndicalisme adopte et renforce la division presqu'infinie du monde industriel en diverses classes, chacune avec ses propres traditions corporatives et niveaux de vie, ses compétences spécifiques et ses besoins distincts [...] »[1]. Ici, l'accent est mis sur la fonction économique du syndicat dans les relations de travail[2], contrairemcnt à la conception proudhonienne de la démocratie ouvrière où la « classe » laborieuse est appelée à redéfinir l'organisation politique et sociale. Autrement dit, les époux Webb mènent une réflexion politique sur la nature et la fonction des syndicats articulés à la démocratie politique : l'alternance plutôt que la révolution. Comme le souligne Alexandre Escudier, le but de la réflexion politique des époux Webb est de distinguer le rôle de « l'État central (avec ses prestations territorialement homogènes : assurance maladie, assistance publique, chômage, retraite) et celui des syndicats, « centrés sur la négociation collective et la production de normes devant réguler les conditions de travail par secteur d'activité »[3]. Au contraire, la démocratie ouvrière proudhonienne vise à supplanter la démocratie politique par la « scission légitime » opérée par une classe appelée à se constituer en véritable puissance sociale organisée.

La « scission légitime » est selon Proudhon la seule voie par laquelle la classe ouvrière pourra se constituer en véritable puissance sociale. À nouveau, constatons que cette approche se distingue de celle des époux Webb, très méfiants à l'égard de la « tendance perpétuelle à la scission, où chaque groupe distinct aspire à se gouverner soi-même en créant son propre syndicat national »[4]. Elle se distingue également de l'idée marxiste de révolution puis de dictature du prolétariat, loin d'en appeler

---

[1] Beatrice Webb, Sidney Webb, « Syndicalisme et démocratie » (trad. Élodie Béthoux, Isabel da Costa, Claude Didry, Marie Meixner et Arnaud Mias), *Terrains & Travaux*, n°14, 2008, p. 43

[2] Dans cette optique, la négociation collective (*collective bargaining*) est alors perçue « comme un des moyens essentiels pour que les employeurs et leurs salariés se traitent en égaux, combinent efficience économique et justice sociale » (V° « Démocratie », in Antoine Bevort, Annette Jobert, Michel Lallement, Arnaud Mias (dir.), *Dictionnaire du travail*, *op.cit.*, p. 174).

[3] V. Alexandre Escudier, « Démocratie représentative et démocratie sociale : d'un ''suprême paradoxe'' et de ses évolutions récentes », in Guy Groux, Richard Robert, Martial Foucault (dir.), *Le Social et le Politique*, *op. cit.*, p. 32.

[4] Beatrice Webb, Sidney Webb, « Syndicalisme et démocratie », art. cit., p. 36.

à une révolte violente qui serait ferment de guerre civile[1], Proudhon évoque une scission « digne et raisonnée »[2] au nom de la supériorité de l'idée de « distinction » sur celle d'« unité » : « Se distinguer, se définir, c'est être ; de même que se confondre et s'absorber, c'est se perdre. Faire scission, une scission légitime, est le seul moyen que nous ayons d'affirmer notre droit, et, comme parti politique, de nous faire reconnaître »[3]. L'idée de « scission légitime » renvoie ainsi à l'idée selon laquelle c'est uniquement dans la *séparation volontaire* avec l'État que la « classe ouvrière » se constituera en véritable puissance sociale et trouvera le principe de son autonomie.

Mais à ce stade une nouvelle difficulté se présente : comment la « classe » ouvrière peut-elle effectuer une telle scission dès lors qu'elle est appelée à délaisser à la fois l'action révolutionnaire de type marxiste et les moyens traditionnels de la démocratie politique ? Pour Proudhon, en effet, il ne fait aucun doute que la démocratie ouvrière ne pourra se constituer en véritable puissance sociale qu'en dehors du cadre de la démocratie politique, et notamment en ne cédant pas au principe représentatif. Signalons d'abord que Proudhon a évolué sur ce point, passant de l'idée selon laquelle la représentation est un mal nécessaire à une condamnation sans appel du principe représentatif pour la démocratie ouvrière. Dans une atmosphère généralement suspicieuse envers le principe représentatif[4], Proudhon en admet tout de même la nécessité à la faveur d'un texte rédigé pour ses électeurs en 1848 : « les publicistes sont d'accord que le gouvernement comme la puissance législative ne peut s'exercer que par délégation ; que l'élection étant le seul mode connu de délivrer mandat, comme le vote est le seul moyen d'aboutir à une conclusion, c'est la majorité, non du Peuple, mais de ses représentants, qui fait la loi »[5]. Mais son expérience déçue de la députation marque la reprise des hostilités contre le système représentatif[6]. Dans la polémique qu'il mène avec les auteurs du

[1] *De la capacité politique des classes ouvrières*, *op. cit.*, p. 232.
[2] *Ibid.*, p. 233.
[3] *Ibid.*, p. 233.
[4] V. par exemple : Moritz Rittinghausen, *La solution, ou le gouvernement direct du peuple*, Paris, Librairie Phalanstérienne, 1850, p. 12-13.
[5] Pierre-Joseph Proudhon, *Solution du problème social*, *op. cit.*, p. 23. Pour une étude générale de la question de la représentation politique durant la révolution de 1848, v. Samuel Hayat, *« Au nom du peuple français ». La représentation politique en question autour de la révolution de 1848*, thèse de doctorat en science politique, Paris VII, 2011.
[6] V. Anne-Sophie Chambost, *Proudhon et la norme*, *op. cit.*, p. 79.

« Manifeste des soixante »[1] sur la question de la représentation ouvrière au Parlement, la condamnation est sans appel : « La seule question est de savoir si, pour arriver à son but, la Démocratie ouvrière suivra la voie ordinaire des élections et des débats parlementaires, voie prévue et plus ou moins garantie par les constitutions antérieures, ou si elle ne ferait pas mieux, pour son idée, pour sa dignité et pour ses intérêts, sans s'écarter toutefois de la légalité, de prendre une autre attitude. Ici je soutiens que la formule représentative, tel qu'elle a été conçue et appliquée en France depuis 1789, n'est plus de mise ; que la Démocratie ouvrière a d'autres devoirs à remplir que de se donner des avocats et d'organiser, au moyen de ces langues courantes, une critique du Pouvoir compromettante pour elle seule, et à tous les points de vue inutiles »[2]. Pour Proudhon, se plier au principe représentatif c'est littéralement « faire le jeu » du système. La discussion parlementaire a pour effet de métaboliser les conflits, de les neutraliser en les intégrant dans le dispositif institutionnel[3]. Pour se constituer en puissance sociale autonome, la classe ouvrière doit donc rejeter absolument le principe représentatif et le système parlementaire. La classe ouvrière, écrit Proudhon, « si elle se prend au sérieux, si elle poursuit autre chose qu'une fantaisie, se le tienne pour dit : il faut avant tout qu'elle sorte de tutelle, et que, sans se préoccuper davantage de Ministère ni d'Opposition, elle agisse désormais et exclusivement par elle-même et pour elle-même. Être une puissance ou rien, telle est l'alternative »[4]. Ce point fait l'objet d'une critique sévère de Marx dans un article paru en 1873 : d'un point de vue pratique et politique, il reproche à l'« apolitisme » de celui qu'il considère – avec le peu d'aménité habituelle – comme « l'oracle de ces docteurs en sciences sociales » de

---

[1] L'ouvrier Henri Tolain publie, le 17 février 1864, dans le journal *L'Opinion nationale*, un manifeste cosigné par soixante ouvriers. Dans ce manifeste, Tolain se réclame de la « Démocratie dans son sens le plus radical et le plus net ». Si, dans le champ politique, l'auteur concède que la démocratie existe pour les ouvriers, dans le champ de l'« économie sociale » rien n'est moins sûr : « Le suffrage universel nous a rendus majeurs politiquement, mais il nous reste encore à nous émanciper socialement. La liberté que le Tiers État sut conquérir avec tant de vigueur et de persévérance doit s'étendre en France, pays démocratique, à tous les citoyens. Droit politique égal implique nécessairement un égal droit social ».

[2] *De la capacité politique des classes ouvrières*, *op. cit.*, p. 237-238.

[3] *Ibid.*, p. 238.

[4] *Ibid.*, p. 241.

priver la classe ouvrière d'instruments pour vaincre la bourgeoisie[1]. Il convient néanmoins de tempérer la critique marxiste par la théorie de l'implantation sociale du pouvoir, censée conjurer les incertitudes entourant les modalités pratiques de la « scission légitime » que Proudhon appelle de ses vœux.

§ 2. Une théorie de l'implantation sociale du pouvoir.

L'idée de « démocratie ouvrière » est étroitement articulée au projet mutuelliste et fédéraliste de Proudhon. Le prolongement de cette thèse se situe dans une réflexion sur la capacité normative des groupements socio-professionnels. Le principe de mutualité est une condition nécessaire à la reconstruction de la société. Cette reconstruction ne pourra cependant être effective que dans le cadre d'un projet fédéraliste.

La notion de démocratie ouvrière est fondée sur le mutuellisme ou principe de mutualité, « c'est-à-dire l'auto-organisation des producteurs sur la base de contrats librement négociés »[2]. Le mutuellisme renvoie à des pratiques, des formes d'organisations économiques et politiques déjà existantes dans le mouvement ouvrier[3]. La démocratie ouvrière n'a donc nul besoin d'une action politique extérieure pour parvenir à sa réalisation. La « scission légitime » évoquée *supra* doit s'instaurer par la libre organisation de l'industrie, du travail et des travailleurs par branche de métiers, sur une base contractuelle. La norme contractuelle est appelée à remplacer la norme législative : « Le *régime des contrats*, substitué au *régime des lois*, constituerait le vrai gouvernement de l'homme et du citoyen, la vraie souveraineté du peuple, la RÉPUBLIQUE. Car le contrat, c'est la Liberté, premier terme de la devise républicaine [...] »[4].

L'opposition entre la loi et le contrat recoupe la distinction entre hétéronomie et autonomie. Proudhon insiste sur le caractère immanent

---

[1] V. Karl Marx, « L'indifférence en matière politique », in Marx-Engels-Lénine, *Sur l'anarchisme et l'anarcho-syndicalisme*, Moscou, Éditions du Progrès, 1982, p. 101-107.

[2] Définition proposée par Jacques Julliard, *Les gauches françaises. 1762-2012 : Histoire, politique et imaginaire*, Paris, Flammarion, 2012, p. 665.

[3] V. Pierre Ansart, *Naissance de l'anarchisme : esquisse d'une explication sociologique du proudhonisme*, Paris, PUF, 1970.

[4] Pierre-Joseph Proudhon, *Idée générale de la révolution au XIXe siècle*, *op.cit.*, p. 236.

de cette forme organisationnelle, épousant la réalité même de la société industrielle, c'est-à-dire la société des travailleurs attachés à une certaine organisation de l'économie. La pensée des classes ouvrières, écrit Proudhon, « est concentrée sur un principe unique, également applicable, dans leur pensée, à l'organisation de l'État et à la législation des intérêts, le principe de mutualité »[1]. Ce dernier est donc le moyen par lequel « la Démocratie ouvrière, consacrant dès à présent la solidarité dc ses groupes, prélude à la reconstitution politique et économique de la société »[2]. Mais cette conviction dans l'immanence de l'organisation industrielle mutuelliste, dans le caractère purement volontariste et contractuel du processus ne suffit pas. Si donc l'affirmation du principe de mutualité est une condition nécessaire à reconstruction de la société, il est appelé à se prolonger dans un projet fédéraliste de plus grande ampleur.

Pour Proudhon, le fédéralisme répond le mieux à la nouvelle forme d'organisation politique de la société : « Parmi tant de constitutions que la philosophie propose et que l'histoire montre à l'essai, une seule réunit les conditions de justice, d'ordre, de liberté et de durée hors desquelles la société et l'individu ne peuvent vivre. [...] J'entreprends de faire voir que cette constitution unique [...] n'est autre que le système fédératif »[3].

Tel qu'il est présenté par Proudhon, le fédéralisme revêt deux aspects. D'abord politique, il doit se doubler d'une organisation économique : « le gouvernement fédératif, après avoir réformé l'ordre politique, a pour complément nécessaire une série de réformes à opérer dans l'ordre économique [...]. Le but de ces fédérations particulières est de soustraire les citoyens des États contractants à l'exploitation capitaliste et bancocratique tant de l'intérieur que du dehors ; elles forment par leur ensemble, en opposition à la féodalité financière aujourd'hui dominante, ce que j'appellerai *fédération agricole-industrielle* »[4]. La dimension volontariste et contractuelle de ce fédéralisme est affirmée par Proudhon contre l'État central : « Une pareille révolution ne saurait évidemment être l'œuvre ni d'une monarchie bourgeoise ni d'une démocratie unitaire ; elle est le fait d'une fédération. Elle ne relève pas du contrat *unilatéral* ou

---

[1] Pierre-Joseph Proudhon, *De la capacité politique des classes ouvrières*, *op. cit.*, p. 100.

[2] *Ibid.*, p. 432.

[3] Pierre-Joseph Proudhon, *Du principe fédératif*, Paris, Dentu, 1863, p. 20.

[4] *Ibid.*, p. 110-111.

de *bienfaisance* ni des institutions de la *charité* ; elle est le propre du contrat synallagmatique et commutatif »[1].

Mais à ce stade il faut nous arrêter sur une nouvelle difficulté introduite par le projet fédératif proudhonien. Tout le problème est de savoir quelle est la forme juridique que ce projet peut revêtir. Or, sur ce point, les choses sont loin d'être évidentes. Tout d'abord, il semble peu probable que le principe fédératif débouche, chez Proudhon, sur un État fédéral. En effet, tout l'effort théorique de Proudhon, on l'a vu, vise à « dépasser » l'État. La fédération que le philosophe appelle de ses vœux doit se construire à partir de la société contre l'État. Que ce dernier soit unitaire ou fédéral importe peu[2]. Cependant, Proudhon semble parfois adopter une vision positive de l'État, en lui confiant la fonction d'organiser la multiplicité des groupes économiques et professionnels. Anne-Sophie Chambost a mis en lumière une évolution dans la pensée proudhonienne de l'État. Selon elle, « si l'*anarchie négative* se fonde d'abord sur la disparition complète de l'État, l'*anarchie positive* se contente finalement d'en restreindre la puissance par la coexistence des groupes sociaux »[3]. Proudhon ne plaiderait alors que pour une redéfinition de l'État et de son rôle par rapport à la société : il ne doit pas être une autorité transcendante qui surplombe la société, mais au contraire être un organe de garantie de la multiplicité des pouvoirs émanant de la pluralité des groupes sociaux. Mais le problème reste intact : une fois écartée l'hypothèse d'un État fédéral, quelle figure pourrait revêtir cet « État » nouveau dont la fonction serait de garantir ce qui précisément est appelé à exister indépendamment de lui ? À ce problème – qui prend les allures d'une aporie – Proudhon ne donne pas de réponse véritablement claire, même s'il livre un certain nombre de précisions.

L'unité française, écrit-il dans *La capacité politique des classes ouvrières*, serait « divisée en trente-six souverainetés, d'une étendue moyenne de 6,000 kilomètres carrés, et d'un million d'habitants »[4]. Au sein de ces trente-six États, le pouvoir serait « réduit à ses attributions essentielles, le budget ramené à ses justes limites, le même principe

---

[1] *Ibid.*, p. 112-113.

[2] Même si, selon Célestin Bouglé (« Proudhon fédéraliste », in Célestin Bouglé (dir.) *Proudhon et notre temps*, Paris, Chiron, 1920 p. 240), la figure « qui lui répugne le plus », est celle de l'État unitaire.

[3] Anne-Sophie Chambost, *Proudhon et la norme*, *op. cit.*, p. 244.

[4] Pierre-Joseph Proudhon, *De la capacité politique des classes ouvrières*, *op. cit.*,, p. 349.

gouvernant à la fois l'ordre politique et l'ordre économique »[1] ; et la société serait « organisée selon la loi de mutualité, en harmonie avec le Gouvernement régi lui-même par le principe fédératif »[2]. Surplombant ces États, Proudhon imagine « un Conseil suprême, presque sans attributions administratives et juridiques, disposant d'un budget minime ; dont le mandat serait surtout de protéger à la fois, en chaque État, les citoyens contre les usurpations locales, et les Gouvernements locaux contre l'insolence des factions, pendant que lui-même serait garanti par la convention de tous les États »[3]. Les fondements conceptuels de l'organisation étatique centralisée d'inspiration rousseauiste et du jacobinisme révolutionnaire[4] sont ici clairement visés. Le pouvoir n'est donc pas concentré en un centre unique, mais dans une multiplicité de groupes autonomes associés dans un rapport égalitaire. Le prolongement normatif de cette idée se situe dans le pluralisme juridique, c'est-à-dire l'adoption décentralisée des normes par les groupes socio-professionnels composant la société.

Contre le principe représentatif dépossédant la société de sa capacité normative, il s'agit de passer d'un ordre juridique imposé par l'État, dont la loi est l'instrument, à un ordre juridique négocié, c'est-à-dire assumé par les groupes socio-professionnels composant la société. Dans cette perspective, il défend le pluralisme juridique contre le monisme légal en fixant trois conditions à la capacité normative ou politique des classes ouvrières au terme d'une réflexion dialectique aux accents hégéliens. Il faut : « 1° Que le sujet ait *conscience* de lui-même, de sa dignité, de sa valeur, de la place qu'il occupe dans la société, du rôle qu'il remplit, des fonctions auxquelles il a droit de prétendre, des intérêts qu'il représente ou personnifie ; 2° Comme résultat de cette conscience de lui-même dans toutes ses puissances, que ledit sujet affirme son *idée*, c'est-à-dire qu'il sache se représenter par l'entendement, traduire par la parole, expliquer par la raison, dans son principe et ses conséquences, la loi de son être ; 3° Que de cette idée, enfin, posée comme profession de foi, il puisse, selon le besoin et la diversité des circonstances, déduire toujours des

[1] *Ibid.*, p. 349.
[2] *Ibid.*, p. 349.
[3] *Ibid.*, p. 350.
[4] V. Jean Cruet, *La vie du droit et l'impuissance des lois*, Paris, Flammarion, 1908, p. 148.

conclusions *pratiques* »[1]. S'ensuit une apologie du contrat, c'est-à-dire du principe du consentement posé au fondement de la loi, contre le principe représentatif : « […] Je ne suis pas libre davantage, ni dans ma souveraineté ni dans mon action, quand je suis contraint de me faire rédiger ma loi par un autre, cet autre fut-il le plus habile et le plus juste des arbitres. Je ne suis plus libre du tout, quand je suis forcé de me donner un mandataire qui me gouverne, ce mandataire fut-il le plus dévoué des serviteurs »[2]. Contrairement à la conception traditionnelle de l'anarchie synonyme de désordre ou d'anomie, l'anarchisme de Proudhon ne récuse pas l'idée d'« ordre normatif ». Ce qu'il conteste, c'est uniquement son acception politique et son caractère hétéronome, c'est-à-dire son origine étatique. L'anarchisme proudhonien, selon les mots d'Anne-Sophie Chambost, « se fonde alors sur l'opposition d'une discipline assumée par la société contre celle imposée par l'État. Et lorsqu'il dénonce la loi, ce n'est donc pas tant le principe même de la norme qu'il conteste, que son origine étatique »[3]. Partant de l'idée que l'origine étatique de la loi n'épuise pas le droit, Proudhon envisage la possibilité pour les groupes sociaux de produire un « droit économique »[4] autonome.

Contrairement à Rousseau, hostile à l'ensemble des corps intermédiaires qu'il rejette hors du contrat social au nom de l'unité de la volonté générale, pour Proudhon seuls les partis politiques sont congédiés[5]. En dehors des partis, le philosophe plaide donc pour la reconnaissance de toutes les autres formes d'associations civiles[6], appelées non pas à se désintéresser des questions politiques et juridiques, mais à les traiter elles-mêmes en leur propre nom. L'État perd alors de sa prééminence au profit des groupes socio-économiques.

On a pu constater que l'étendue des groupes sociaux censée incarner la démocratie ouvrière et participer à l'élaboration normative ne fait guère l'objet d'une définition claire. Tantôt Proudhon adopte une conception restrictive de ces groupes sociaux, identifiant la démocratie

[1] Pierre-Joseph Proudhon, *De la capacité politique des classes ouvrières*, *op. cit.*, 1865, p. 56.
[2] Pierre-Joseph Proudhon, *Idée générale de la révolution au XIXe siècle*, *op. cit.*, p. 236-237.
[3] Anne-Sophie Chambost, *Proudhon et la norme*, *op. cit.*, p. 11.
[4] Pierre-Joseph Proudhon, *De la capacité politique des classes ouvrières*, *op. cit.*, p. 212.
[5] Pierre-Joseph Proudhon, *Confessions d'un révolutionnaire*, *op. cit.*, p. 105.
[6] *Ibid.*, p. 87.

ouvrière à une « classe » sociale, celle des ouvriers et des paysans. Parfois il adopte une conception plus extensive, en identifiant la démocratie ouvrière à l'ensemble des travailleurs attachés à une certaine organisation de l'économie. Dans son analyse des sources du droit, Proudhon adopte une conception encore plus large. La seule restriction apportée par le philosophe étant les partis politiques, inaptes à véhiculer les revendications économiques et sociales, au profit de toutes les autres formes d'associations : « Vous me demandez quel est l'organe de la raison collective ? Naturellement ce ne peut pas être l'individu [...] L'organe de la raison collective est le même que celui de la force collective : c'est le groupe travailleur, instructeur ; la compagnie industrielle, savante, artiste ; les académies, écoles, municipalités ; c'est l'assemblée nationale, le club, le jury ; toute réunion d'hommes, en un mot, formée pour la discussion des idées et la recherche du droit [...] »[1]. On retrouve ici l'influence de l'industrialisme saint-simonien, dont l'ambition était de proposer un nouveau principe d'organisation propre aux temps modernes, celui de la société industrielle, dont les entrepreneurs et les savants, les artistes et les artisans, les travailleurs des ateliers de manufactures, constitueraient l'élite. Saint-Simon et Proudhon partagent la volonté de bouleverser les fonctionnalités sociales.

Cette prééminence des groupes socio-économiques dans le schéma théorique proudhonien ne doit pas faire perdre de vue qu'il s'agit d'une philosophie de la liberté. Quand bien même l'individu n'est plus la seule unité politique et juridique de référence, la participation individuelle à l'élaboration des normes est un postulat de la « raison collective »[2]. Ce concept normatif articule la dimension collective à la liberté individuelle, c'est-à-dire au consentement effectif des individus. Sur ce point précis, la pensée proudhonienne se distingue de l'organicisme antirationaliste, qui subordonne l'individu au groupe. René Capitant le souligne lorsqu'il écrit, à propos de Proudhon, que ce dernier « ne se laisse pas prendre à la fiction de la personnification des groupes. Il n'oublie jamais que les seules personnes réelles sont les hommes. Quelle que soit donc l'extension des collectivités, quel que soit leur nombre, c'est toujours la personne humaine qui en est

---

[1] Pierre-Joseph Proudhon, *De la justice dans la révolution et dans l'Église*, tome II, Paris, Garnier, 1858, p. 398.
[2] Célestin Bouglé, *Proudhon*, Paris, Alcan, 1930, p. 10.

membre »[1]. L'attention portée à l'individu et à sa liberté est précisément ce qui distingue la raison collective du concept rousseauiste de « volonté générale » qui absorbe l'intérêt individuel dans l'intérêt collectif[2]. Lieu de dégagement des normes, les groupes socio-économiques sont le point nodal à partir duquel se structure le projet de réorganisation de la démocratie : « Ce que nous mettons à la place du gouvernement, nous l'avons fait voir : c'est l'organisation industrielle. Ce que nous mettons à la place des lois, ce sont les contrats. – Point de lois votées ni à la majorité ni à l'unanimité ; chaque citoyen, chaque commune ou corporation fait la sienne. Ce que nous mettons à la place des pouvoirs politiques, ce sont les forces économiques »[3]. Concurrencé par des intérêts catégoriels et corporatistes multiples coexistant au sein du corps social, l'État ne peut alors plus apparaître comme le dépositaire de l'intérêt général et le détenteur exclusif de la production normative. Le projet proudhonien de « démocratie ouvrière », révolutionnaire en ce qu'il met en relation une classe sociale avec l'idée d'une transformation générale de la société, déterminera durablement les débats et donnera lieu à une pléiade d'interprétations.

Section 2. Le conflit des interprétations : révolution ou réforme ?

La notion proudhonienne de « démocratie ouvrière » est mobilisée par différents courants syndicaux, qui ne s'accorderont pas sur son sens (§ 1). Rompant définitivement avec la tonalité révolutionnaire de la notion, un puissant courant intellectuel en reprendra certains aspects pour alimenter un projet politique réformiste à la recherche d'une conciliation entre socialisme et individualisme (§ 2).

§ 1. L'impossible conciliation des courants syndicaux sur la notion de « démocratie ouvrière ».

Le débat se cristallise autour de la question de l'opposition ou de la complémentarité entre la démocratie politique et ce que l'on qualifie, selon les auteurs, de « démocratie ouvrière », « industrielle » ou encore

[1] René Capitant, « Le fédéralisme démocratique », in *Écrits constitutionnels*, *op. cit.*, p. 161.
[2] V. Anne-Sophie Chambost (*Proudhon et la norme*, *op. cit.*, p. 234.
[3] Pierre-Joseph Proudhon, *Idée générale de la révolution au XIX*e siècle, *op. cit.*, p. 283-284.

« économique ». Il ne faut pas surestimer cette permutabilité des syntagmes. Ils sont en effet convertibles entre eux et renvoient tous à une forme de décentrement du pouvoir au bénéfice de la sphère socio-économique. Toute la question est de savoir si ce pouvoir est soluble dans la démocratie politique et l'État, ou s'il a vocation à se déployer au sein d'une nouvelle forme de démocratie. Pour les théoriciens du syndicalisme révolutionnaire, la chose est entendue : il existe une contradiction insurmontable entre l'idée d'auto-organisation sociale véhiculée par la démocratie ouvrière et la démocratie politique. *A contrario*, le syndicalisme dit « démocratique », plaidera pour une complémentarité entre démocratie politique et démocratie « sociale ».

L'expression « syndicalisme révolutionnaire » apparaît dans les revues socialistes françaises au début du XXe siècle, entre 1903 et 1904[1]. Le syndicalisme révolutionnaire est considéré comme « une théorie qui résume et contient toute l'action ouvrière » [2]. Proudhon est généralement considéré comme l'inspirateur de cette théorie. Selon Maurice Harmel : « L'étrange et bien compréhensible fortune de l'enseignement proudhonien se trouve fixée au regard des syndicalistes. L'heure n'est plus, quoi qu'il puisse advenir maintenant, où l'on pouvait se livrer à des discussions pour connaître s'il s'agissait d'une filiation historique, d'une découverte ou de rencontres fortuites. Le fait, c'est que le syndicalisme français a largement opéré un ''retour à Proudhon'' »[3] ; et Georges Sorel, un des principaux théoriciens du syndicalisme révolutionnaire, fait de Proudhon « le plus grand philosophe du XIXe siècle »[4]. Dans le sillon proudhonien, les théoriciens du syndicalisme révolutionnaire vont mener une critique radicale de la démocratie dite « politique » impliquant la disparition de l'État et celle des partis politiques au profit des syndicats.

---

[1] V. Marco Gervasoni, « L'invention du syndicalisme révolutionnaire en France (1903-1907) », *Mil neuf cent*, 2006, n°24, p. 57-71.

[2] Selon les mots de Victor Griffuelhes, « Les caractères du syndicalisme français », in *Syndicalisme & socialisme*, Paris, Rivière, 1908, p. 56.

[3] Maurice Harmel, « Proudhon et le mouvement ouvrier », in Célestin Bouglé (dir.) *Proudhon et notre temps*, *op. cit.*, p. 34.

[4] « Préface » à Édouard Berth, *Les méfaits des intellectuels*, 2ème éd., Paris, Rivière, 1926, p. IV. La référence aux idées proudhonienne sera, chez Georges Sorel, au cœur de son dispositif de lutte contre le retour des tendances saint-simoniennes et du socialisme d'État qu'il redoute autour de Jaurès. Pour une étude approfondie des rapports entre Proudhon et Sorel, v. Patrice Rolland, « La référence proudhonienne chez Georges Sorel », *Mil neuf cent*, 1989, n°7, p. 127-161.

Le point commun entre l'idée proudhonienne de « démocratie ouvrière » et la doctrine du syndicalisme révolutionnaire se situe dans le rejet commun de la démocratie politique et de l'appareil d'État, incapables de transformer la condition ouvrière[1]. On dénonce la compromission du socialisme réformiste jauressien avec « les éléments démocratiques de la bourgeoisie »[2]. L'expression « démocratie sociale » désigne cette compromission du socialisme avec la démocratie bourgeoise. Pour Hubert Lagardelle, la chose est entendue : il y a une différence de nature entre le « vrai » socialisme et la démocratie politique, qui interdit toute transposition des concepts. Il écrit : « Les théoriciens de la démocratie sociale ne se contentent pas de confondre des notions aussi différentes que celles de démocratie et de socialisme. Le raisonnement par une analogie verbale, par une ressemblance de mots, les a conduits à réduire le socialisme à une simple extension des règles de la démocratie politique à l'organisation économique. [...] Sur la foi d'un terme commun, la démocratie politique et la démocratie ouvrière se trouvent ainsi confondues. [...] ». En fait, poursuit-il, « il n'y a pas la moindre similitude entre la démocratie politique et la démocratie ouvrière »[3]. Du point de vue des théoriciens du syndicalisme révolutionnaire, l'opposition entre démocratie politique et démocratie ouvrière est donc impossible à résorber. Comme l'écrit Pouget, les méthodes d'action du syndicalisme révolutionnaire « ne s'inspirent pas de l'idée démocratique vulgaire ; elles ne sont pas l'expression du consentement d'une majorité dégagée par le procédé du suffrage universel »[4]. Lagardelle oppose également les « pratiques électorales de la démocratie politique » à « la nouvelle organisation corporative du travail », car « il n'y a rien qui ressemble moins à la pratique parlementaire que l'action du prolétariat organisé »[5]. Il récuse inconditionnellement toute possibilité d'extension des mécanismes de la démocratie politique dans le champ économique à partir d'une critique de l'instabilité consubstantielle, selon lui, au

[1] V. Hubert Lagardelle ; « Le Syndicalisme et le Socialisme en France », in *Syndicalisme & Socialisme*, *op. cit.*, p. 36.

[2] Hubert Lagardelle, « Démocratie politique et organisation économique », *Le Mouvement Socialiste*, 31 mai 1902, n°94, p. 1012.

[3] Hubert Lagardelle, « Démocratie politique et organisation économique », art. cit., p. 1009-1010.

[4] Émile Pouget, *La confédération générale du travail*, Paris, Marcel Rivière, 1908, p. 34.

[5] Hubert Lagardelle, « Démocratie politique et organisation économique », *Le Mouvement Socialiste*, 7 juin 1902, n°95, p. 1082.

régime démocratique. La démocratie ouvrière, ou économique, « suit des règles opposées à celles de la démocratie politique. Elle tend à assurer *la permanence de ses chargés d'affaires. Elle les soustrait au ballottement que la démocratie politique impose à ses représentants.* Elle délègue à ses administrateurs, sûrement choisis, et fortement contrôlés, *des pouvoirs durables et sans conteste* »[1]. L'objectif est bien la substitution de la démocratie ouvrière à la démocratie politique, c'est-à-dire la création d'une nouvelle organisation démocratique fondée sur les forces socio-économiques[2]. La question est alors celle de la stratégie qu'il convient d'adopter pour atteindre cet objectif.

Sur ce point, l'analyse proposée par les principales figures du syndicalisme révolutionnaire doit plus à Marx qu'à Proudhon. On se souvient que ce dernier plaidait pour une « scission légitime », c'est-à-dire une rupture radicale avec les moyens de la démocratie politique. Pour Marx, au contraire, le prolétariat doit pouvoir conquérir le pouvoir politique. Mais il faut préciser que cette conquête du pouvoir politique n'est pas une fin en soi. Elle n'est qu'un moyen pour détruire la démocratie politique. La pensée d'Hubert Lagardelle se situe à la confluence du proudhonisme et du marxisme lorsque, d'un côté, il souligne la différence de principes entre démocratie politique et démocratie ouvrière et que, de l'autre, il plaide pour une utilisation des moyens de la démocratie politique afin de les retourner contre cette dernière : « Incontestablement, pour se constituer et se développer, la démocratie ouvrière a besoin de la démocratie politique. Le prolétariat ne s'organise pas dans un monde extracapitaliste, dans une sorte d'espace neutre. Il se groupe à l'intérieur même de la société bourgeoise, avec laquelle de tous côtés il se trouve en contact. Pour lutter contre elle, il lui faut employer les moyens qu'elle met à sa portée. […] De sorte que le prolétariat, afin d'élaborer l'œuvre de transformation sociale qu'il poursuit, se trouve amené à utiliser les formes du passé pour préparer les formes de l'avenir. Il se meut ainsi dans deux sphères d'action contradictoires, mais dont l'une se développe au détriment de l'autre. La démocratie ouvrière n'utilise la démocratie politique que pour mieux la détruire. C'est ce dualisme qui

[1] *Ibid.*, p. 1086, nous soulignons.

[2] V. *Ibid.*, p. 1010-1011. V. également Émile Pouget, *La confédération générale du travail*, *op. cit.*, p. 14-15.

trouble la vue des doctrinaires de la démocratie sociale »[1]. La critique, dès lors, se focalise sur l'État.

L'État est identifié par les théoriciens du syndicalisme révolutionnaire comme la « forme juridique de l'exploitation l'homme »[2]. Selon Émile Pouget, figure centrale de la Confédération générale du Travail (CGT), « le syndicalisme exerce une action sociale qui, sans se manifester par une participation directe à la vie parlementaire, n'en a pas moins pour objet de ruiner l'État moderne [...] ». Poursuivant « l'émancipation intégrale, il ne peut se borner à vouloir libérer le travailleur du capitalisme et le laisser sous le joug de l'État. Seulement, la lutte contre les pouvoirs publics n'est pas menée sur le terrain parlementaire ; et cela, parce que le Syndicalisme ne vise pas à une simple modification du personnel gouvernemental, mais bien à la réduction de l'État à zéro […] ». À « la tactique de la *pénétration*, qui entraînerait la classe ouvrière à faire, fatalement, acte de ''parti'', il oppose et préfère la tactique de la *pression extérieure* qui dresse le prolétariat en bloc de ''classe'' sur le terrain économique »[3]. Ainsi, la substitution de la démocratie ouvrière à la démocratie politique suppose la négation de cette figure juridique hétéronome qu'est l'État[4]. Ce projet ne vise pas à lui substituer un « État ouvrier »[5], comme les marxistes l'envisagent, mais une société autogérée. Lagardelle décrit précisément ce programme : « en niant le pouvoir et la loi, en enrichissant de fonctions les institutions ouvrières, il [le syndicalisme] disloque l'État et le dépouille de ses prérogatives ; par la grève, par la propagande pour la grève générale, il détruit, heure par heure, au fur et à mesure qu'elle se produit, l'œuvre mensongère d'union des classes que poursuit la démocratie ». Enfin, il donne corps « aux idées spécifiques du prolétariat, c'est-à-dire à cet ensemble de sentiments juridiques nés au

---

[1] Hubert Lagardelle, « Démocratie politique et organisation économique », art. cit., p. 1011-1012.

[2] Alain Bockel, *La participation des syndicats ouvriers aux fonctions économiques et sociales de l'État*,Paris, LGDJ,1965, coll. « Bibliothèque constitutionnelle et de science politique », p. 13.

[3] Émile Pouget, *La confédération générale du travail*, *op. cit.*, p. 45-46.

[4] V. Patrice Rolland, « La référence proudhonienne chez Georges Sorel », art. cit., p. 127-161.

[5] Commentant les événements révolutionnaires de 1848, Marx voit dans les clubs politiques français l'amorce de « la coalition de toute la classe ouvrière contre toute la classe bourgeoise, *la formation d'un État ouvrier contre l'État bourgeois* », v. *Les luttes de classes en France (1848-1850)*, Montreuil, Science marxiste, 2010, p. 100 (nous soulignons).

cœur de la lutte et qui constituent la base du droit nouveau, du droit d'une société sans maîtres »[1]. Autogestionnaire, fondée sur des mécanismes de solidarités socio-économiques, la démocratie ouvrière doit reposer sur les organisations syndicales.

Le rejet de la démocratie politique se justifie au nom de la proximité sociologique entretenue par les groupes syndicaux avec la masse du « peuple » des travailleurs, unis par des intérêts communs[2]. Ce qui donc préside à la formation du syndicat, ce qui en constitue le fait générateur préalable à toute formalisation juridique, c'est « un sentiment de profonde solidarité sociale »[3]. C'est précisément l'esprit de la Charte d'Amiens adoptée en octobre 1906 par le IXe Congrès confédéral de la CGT. La Charte énonce l'objectif du syndicalisme : l'émancipation de la classe ouvrière par le biais de la grève générale, de sorte à faire du syndicat l'unité politique de référence substituée aux partis politiques. Dès le Congrès de Montpellier en 1902, la CGT appelait à une scission entre partis et syndicats. Contrairement au parti, structure artificielle étrangère aux pratiques et aux préoccupations de la classe ouvrière[4], le syndicat est perçu comme la « forme consciente du groupe professionnel »[5]. La représentativité syndicale, dès lors, est pensée comme si elle était la traduction d'une identité socio-économique qu'elle se bornerait à révéler instantanément[6]. Hubert Lagardelle exprime clairement cette idée : « Les hommes qui constituent, pour ainsi dire, la matière de la classe ne se détachent pas ici du sol qui les porte, mais ils y adhèrent, au contraire, plus fortement que jamais. Par opposition, voyez comment se forment les partis ce sont des organes extérieurs aux classes, composés d'éléments appartenant aux catégories sociales les plus disparates ouvriers, bourgeois, propriétaires, commerçants, etc. Nul lien économique commun ne maintient leur cohésion, qui ne repose que sur la base fragile d'une idéologie sans

---

[1] Hubert Lagardelle, « Avant-propos », *Syndicalisme & Socialisme*, *op. cit.*, p. 5.
[2] V. par exemple, Émile Pouget, *La confédération générale du travail*, *op. cit.*, p. 4-5.
[3] *Ibid.*, p. 5.
[4] On retrouve la critique proudhonienne des partis politiques, incapables de véhiculer des préoccupations sociales. Lagardelle (« Le Syndicalisme et le Socialisme en France », art. cit., p. 47) écrit par exemple : « [...] Un parti politique peut bien essayer de vulgariser telles ou telles notions qu'il adopte, mais ces notions n'ont de portée que si elles sont un produit de la vie concrète des masses ».
[5] Selon l'expression de Pierre Rosanvallon, *La question syndicale*, Paris, Calmann-Lévy, 1988, p. 207.
[6] Pierre Rosanvallon (*ibid.*, p. 209-213) parle à cet égard d'une « conception essentialiste » de la représentativité syndicale.

support matériel »[1]. Dès lors, le centre de gravité et de légitimité du pouvoir se déplace de l'État et de ses organes politiques vers la société organisée en syndicats ouvriers[2], qui deviennent des organes producteurs de normes : « On ne saurait trop insister sur ce fait que chaque classe se crée ses propres organes d'émancipation, par lesquels elle oppose aux institutions traditionnelles ses créations positives ». Les « syndicats sont à la classe ouvrière ce que les communes furent à la bourgeoisie. Ils servent d'abri aux producteurs, non seulement pour la défense de leurs intérêts, mais surtout pour l'élaboration du droit nouveau qu'ils imposeront au monde. Qu'est-ce à dire un droit nouveau ? C'est le droit du travail à s'organiser librement [...] Et ce n'est que dans la mesure où le travail s'affranchira, que la liberté se répandra dans le corps social »[3].

Les mécanismes de la démocratie politique étant incapable de résoudre la « question sociale », la méthode à privilégier – sans être la seule – est l'« action directe », c'est-à-dire l'intervention sur le lieu de production sans le détour néfaste par l'instance étatique[4]. « *Action directe*, écrit Victor Griffuelhes alors secrétaire général de la CGT, veut dire action des ouvriers eux-mêmes, c'est-à-dire action directement exercée par les intéressés »[5]. On retrouve la critique de la démocratie politique régime purement formel occultant les liens de solidarité socio-économiques. Les mots d'Hubert Lagardelle sont éloquents : « La fiction démocratique efface absolument les différences économiques qui séparent en fait les hommes, pour ne considérer que ce caractère qui leur est commun en droit : la qualité de citoyen »[6]. En lieu et place de la démocratie politique, les théoriciens du syndicalisme révolutionnaire en appellent à instaurer une « sociocratie »[7], basée sur les groupements socio-économiques et non sur l'individu-citoyen.

Cette critique du caractère abstrait de la démocratie politique, de la fiction d'un peuple de citoyens libres et égaux, est partagée par un autre

---

[1] Hubert Lagardelle, « Le Syndicalisme et le Socialisme en France », art. cit., p. 45.
[2] *Ibid.*, p. 48.
[3] *Ibid.*, p. 46-47.
[4] V. Alain Bockel, *La participation des syndicats ouvriers aux fonctions économiques et sociales de l'État*, *op. cit.*, p. 13.
[5] Victor Griffuelhes, « Le syndicalisme révolutionnaire », *Le mouvementent socialiste*, 1er janvier 1905, p. 14.
[6] *Compte rendu officiel du Congrès socialiste de Nancy*, 1907, p. 467.
[7] Le mot est du sociologue et économiste Eugène Fournière, *La sociocratie. Essai de politique positive*, Paris, Giard et Brière, 1910.

courant du syndicalisme que l'on qualifiera de « démocratique ». À la différence du syndicalisme révolutionnaire, ce courant affirme la complémentarité de la démocratie politique et de la démocratie ouvrière. Créée au début du XXe siècle, la « Société des Amis de Proudhon » – dont les membres proviennent d'horizons politiques divers (radicaux, socialistes, syndicalistes) – propose une relecture de l'idée proudhonienne de « démocratie ouvrière » dans une perspective réformiste et non plus révolutionnaire. Étant entendues les critiques formulées par Proudhon à l'encontre de la démocratie politique et l'appareil étatique, une telle interprétation ne peut se faire qu'au prix de travestissements, glissements et décentrements conceptuels. De l'aveu même du proudhonien Célestin Bouglé, l'objectif est moins d'en rester à la lettre de la philosophie proudhonienne que de « se servir de l'esprit proudhonien pour aider la démocratie française à s'organiser »[1]. Il sera alors permis d'espérer qu'une « organisation de type nouveau vivra, véritable ''démocratie industrielle'' à base fédéraliste, qui échappera aux dangers de l'Étatisme comme aux abus de l'individualisme »[2]. Mais comme le souligne Georges Guy-Grand, s'en tenir à une application stricte de la philosophie proudhonienne serait une erreur[3]. Il faut en proposer une interprétation répondant au mouvement de « démocratisation » qui irradie toutes les sphères de la vie politique, économique et sociale[4]. En quoi, dès lors, consiste cette précisément « démocratisation » que certains auteurs croient constater ? Ou plutôt : quelle conception de la notion de « démocratie » sous-tend ce constat ? Contre l'idée de démocratie issue du dogme révolutionnaire selon lequel la loi est l'expression de la volonté générale, on fait la promotion d'une idée alternative : le pouvoir ne doit par résider exclusivement entre les mains des représentants du peuple chargés de vouloir en son nom, mais également dans les groupements professionnels.

La critique du dogme révolutionnaire selon lequel la loi est l'expression de la volonté générale se fonde sur une analyse pluraliste du droit telle qu'on la retrouve notamment chez Maxime Leroy[5]. Son

---

[1] Célestin Bouglé, « Préface », in Célestin Bouglé (dir.) *Proudhon et notre temps*, Paris, Étienne Chiron, 1920, p. VII.

[2] Célestin Bouglé, « Préface », in Célestin Bouglé (dir.) *Proudhon et notre temps.*, *op.cit.*, p. XIII-XIV.

[3] V. Georges Guy-Grand, « L'ère Proudhon », in Célestin Bouglé, *ibid.*, p. 20-21.

[4] V. Georges Guy Grand, *La démocratie et l'après-guerre*, *op. cit.*, p. 162.

[5] V. Anne-Sophie Chambost, « Le sens de l'ordre, dans la passion de la liberté. Maxime Leroy, juriste proudhonien (1873-1957) », conférence à l'Université Jean

analyse relaie les présupposés de l'organicisme en ce qu'elle postule l'existence propre et autonome de groupes sociaux, indépendamment de leur reconnaissance par la puissance publique. Sur le fondement de ce postulat, Leroy récuse l'assimilation du droit à la loi. La production normative ne peut pas être l'apanage exclusif de l'État et de ses organes, c'est-à-dire d'une volonté hétéronome indifférente à la réalité sociale. Selon cette conception, qui conteste non pas tant le principe de la norme que son origine exclusivement étatique ou parlementaire, le droit est l'expression de la diversité des intérêts sociaux. Ceci implique une critique de l'idée classique du droit public depuis Rousseau, selon laquelle la loi est l'expression de la volonté générale. Pour Leroy, il s'agit là d'une « fiction commode pour légitimer le droit de la majorité »[1], c'est-à-dire les intérêts de la bourgeoisie. Or, la majorité est une fiction d'unanimité[2], l'image tronquée de la diversité sociale. Face à ce pluralisme social qui excède son image réductrice, Leroy prédit le déclin du règne de la loi : « l'on ne croit plus à la volonté générale : la volonté générale, c'était, selon Rousseau, la loi. On croit à la diversité des intérêts, aux intérêts particuliers ; au nom de la loi étaient proscrits les intérêts particuliers et les associations : ainsi disparaît le principe conventionnel de l'unanimité qui était à la base de la légalité »[3]. Dans la lignée proudhonienne, la remise en question de la captation parlementaire de production normative se fait au nom d'une conception pluraliste du droit, dont la coutume ouvrière est le paradigme.

Érigé contre le monopole législatif de l'État et la souveraineté de la loi, le pluralisme juridique que Leroy appelle de ses vœux est fondé sur un ensemble de pratiques sociales nouvelles. Les solidarités organiques au fondement de ces pratiques de travail sont par nature irréductibles aux institutions de la démocratie politique. Dès lors, deux types de normes se font face : d'un côté, celles de la puissance publique dont la loi est l'instrument ; de l'autre, celles qui émanent des « copieux usages du commerce et des banques », des « usages industriels » et des « règles

---

Moulin - Lyon 3, publiée in *Mémoires de la Société pour l'Histoire du Droit*, t. 70, 2013, p. 353-371.

[1] Maxime Leroy, *La loi. Essai sur la théorie de l'autorité dans la démocratie*, Paris, Giard & Brière, 1908, p. 157.

[2] Nous reprenons ici la formule de Pierre Legendre, *Vues éparses. Entretiens radiophoniques avec Philippe Petit*, Paris, France Culture, Mille et une Nuits, 2009, p. 73.

[3] Maxime Leroy, *La loi. Essai sur la théorie de l'autorité dans la démocratie, op. cit.*, p. 348.

prolétariennes, signe d'un ordre de règles indépendant beaucoup plus complexe que les textes législatifs »[1]. Le droit n'étant pas l'apanage exclusif de l'État, il convient de prendre en compte la diversité de ces pratiques sociales, source d'un droit « complexe, prévoyant, abondant, avec ses règles constitutionnelles et civiles, ses œuvres de mutualité et d'assistance, sa discipline »[2]. Dans ce dispositif, le groupement professionnel est l'unité naturelle de référence. Il a vocation à être un organe législatif produisant un droit dont la valeur, pour les membres du groupement, serait égale au droit étatique. En effet, pour Leroy, les Congrès ouvriers sont « autant de parlements dont la besogne consiste à formuler des règles obligatoires pour toute une catégorie d'intérêts. L'anarchie au sens : désordre, n'apparaît à aucun moment, puisque si les textes légaux se taisent souvent, en dehors d'eux on trouve ces règles prolétariennes, témoin d'un ordre particulier qui ne dépend pas de l'arbitraire » [3].

L'objectif du pluralisme juridique est de modifier la source pouvoir : celui-ci ne doit plus résider exclusivement au sein des organes de l'État, mais les groupes professionnels doivent y prendre part : « Hier, c'est par le pouvoir que l'on veut régler l'ordre ; aujourd'hui, par la production ; hier, gouvernement de juristes ; aujourd'hui, de techniciens ; hier, coordination sociale par un homme ou des partis ; demain par des groupes professionnels »[4]. En mai 1909, il avance l'idée d'un « pouvoir professionnel » appelé à s'adjoindre au pouvoir politique[5]. Selon lui s'instaure « un ordre nouveau fondé sur la profession. Un nouveau ''pouvoir'' est né dans la cité en place de l'Exécutif, du Législatif et du Judiciaire : le Professionnel. Sans qu'il soit possible de faire aucune prévision, on peut dire que l'ère politique selon Montesquieu et Rousseau est virtuellement close »[6]. Ainsi, « tout le pouvoir n'est plus dans le gouvernement : il est aussi dans les groupements professionnels

---

[1] Maxime Leroy, *La coutume ouvrière*, Paris, Giard & Brière, tome I, 1913, p. 29.
[2] *Ibid.*, p. 39.
[3] *Ibid.*, p. 40.
[4] Maxime Leroy, « Citoyen ou Producteur ? », *Revue de métaphysique et de morale*, septembre-octobre 1919, n°5, p. 684.
[5] Déjà en 1902, Leroy évoquait l'idée d'un « pouvoir professionnel » par le rôle que le groupement professionnel serait appelé à jouer dans le processus législatif (V. Alain Chatriot, « Maxime Leroy, la réforme par le syndicalisme », *Mil neuf cent*, 2006, n°24).
[6] Maxime Leroy, *Syndicats et services publics*, Paris, Armand Colin, 1909, p. XI.

[…]. Le groupe est juge, administrateur, législateur »[1]. Mais dans cette configuration, l'État ne disparaît pas. La lecture « démocrate » de Proudhon cherche à ménager une place à la démocratie ouvrière au sein de l'État, là où le philosophe bisontin appelait la première à se constituer en marge du second. Dès lors, la mise en cause de la démocratie n'est plus tant une critique de principe qu'une critique de son caractère trop abstrait, incapable de saisir la société dans sa diversité. On dénonce les insuffisances d'une démocratie « formelle » au bénéfice de la « démocratie ''réelle'', c'est-à-dire sociale »[2].

L'idée de « démocratie sociale » révèle alors la mutation fondamentale de la notion de « démocratie » : celle-ci ne renvoie plus tant à un principe de souveraineté – comme dans son acception issue du droit public révolutionnaire – qu'à un ensemble de procédures par lesquelles les « intéressés » peuvent « participer » à l'exercice du pouvoir et se donner leurs propres règles. On parle alors de « démocratisation » ou d'« extension de la démocratie », par le biais d'une analogie avec les procédures « collaboratives » de la démocratie politique[3]. Comme le souligne Georges Guy-Grand, « le contrôle des intéressés sur la production apparaît assez analogue au contrôle des citoyens sur la politique. Comme autrefois celui des clubs politiques, il a d'abord affecté des formes révolutionnaires qui ne pouvaient et *ne devaient pas être acceptées* ; mais bien compris, il ne prétend pas, comme le dit l'Union des industries métallurgistes, ''se substituer à l'État pour remplir une fonction qui appartient à l'État'', mais seulement contrôler la façon dont l'État remplit cette fonction. Cette tendance n'est nullement antidémocratique »[4]. Ainsi, la lecture « démocrate » de Proudhon a contribué à poser les bases d'une démocratie que ses thuriféraires qualifient de « complète » ou de « véritable », par l'extension des procédés de la démocratie politique dans le champ socio-économique. La perspective est antirévolutionnaire, au sens de la première doctrine syndicale, et s'inscrit résolument dans une perspective réformiste.

---

[1] V. Maxime Leroy, *Les techniques nouvelles du syndicalisme*, Paris, Garnier, 1921, p. 12-13.
[2] Georges Guy-Grand, *La démocratie et l'après-guerre*, *op. cit.*, p. 163.
[3] *Ibid.*, p. 165.
[4] *Ibid.*, p. 171, nous soulignons.

§ 2. La recherche d'une conciliation entre socialisme et individualisme.

L'idée selon laquelle la démocratie « véritable » ou « complète » consisterait dans l'extension des mécanismes de la démocratie politique dans le champ socio-économique est mobilisée au service d'un projet réformiste travaillé par une tension fondamentale : comment reconnaître un certain degré d'autonomie à la sphère socio-économique au sein de l'État et de la démocratie politique ? Insistant sur l'intérêt des groupements professionnels dans la construction d'une communication entre l'État et la société, la pensée politique d'Émile Durkheim correspond à un dispositif intellectuel qui culminera dans une doctrine politique fondamentale sous la IIIe République : le solidarisme.

La pensée politique de Durkheim s'organise autour de la recherche d'une forme nouvelle de cohésion sociale[1]. Au-delà de son influence sur la théorie du droit de Duguit et le pluralisme juridique de Gurvitch, cette pensée s'inscrit dans le sillon théorique ouvert par Proudhon[2]. D'abord par son attention portée au droit, « symbole visible » de la solidarité[3] ; ensuite, par son intérêt porté aux rapports entre l'individu, le groupement professionnel et l'État. Dans la préface de la deuxième édition *De la division du travail social*, Durkheim expose l'idée selon laquelle l'état de désagrégation politique et sociale dont souffre la société moderne suppose l'institution de groupes intermédiaires entre l'individu et l'État. Ces groupes intermédiaires, dont les groupes professionnels sont le paradigme, ont vocation à garantir la socialisation des individus sans pour autant brimer leur liberté[4]. La finalité d'une telle pensée n'est pas l'établissement d'intérêts catégoriels au détriment de la liberté individuelle, mais la construction d'un équilibre indispensable au maintien de la démocratie. Toute la pensée du sociologue est orientée vers la « démonstration de

---

[1] V. Bernard Lacroix, *Durkheim et le politique*, Paris, Presses de la Fondation Nationale des Sciences politiques, Presses de l'Université de Montréal, 1981, p. 247.
[2] V. Pierre Ansart : « La présence du proudhonisme dans les sociologies contemporaines », *Mil neuf cent*, 1992, n°10, p. 94-110.
[3] Émile Durkheim, *De la division du travail social*, 2ème éd., Paris, PUF, 1991, coll. « Quadrige », p. 28.
[4] V. Raymond Aron, *Les étapes de la pensée sociologique*, Paris, Gallimard, 1976, coll. « Tel », p. 329.

la nécessité et de l'excellence de la démocratie »[1]. Pour le comprendre, la question de laquelle il faut partir est celle de la nécessité théorique et pratique des corporations ou des groupements professionnels au sein de la démocratie, avant d'envisager leur fonction normative. La démocratie, dès lors, ne peut se réduire à sa dimension exclusivement politique, mais doit également se faire « sociale », c'est-à-dire aller dans le sens d'une complémentarité entre l'autonomie individuelle et les exigences collectives.

Durkheim part d'un diagnostic sur la structure sociale des sociétés modernes. Celles-ci, fondées sur l'individualisme, sont gangrenées par la pathologie de l'anomie « juridique et morale » [2], le morcellement social et l'atomisation des individus. Le concept d'« anomie », entendu comme dérégulation du lien social, est posé comme le symptôme d'une société qui ne produit plus de solidarité en raison de l'affaiblissement des institutions socialisantes traditionnelles que sont l'État, l'Église et la famille. Face à cette « monstruosité sociologique »[3], il est nécessaire de proposer une nouvelle forme d'organisation sociale répondant aux exigences des sociétés industrielles modernes. Dans ces dernières, les fonctions économiques jouent un rôle majeur, et par conséquent seule une organisation sociale fondée sur le renforcement du groupe professionnel ou de la corporation est envisageable pour conjurer l'état de désagrégation sociale. La corporation, à la base du projet socialiste et démocratique de Durkheim, est donc appelée à devenir « l'organe essentiel de la vie publique »[4]. Il y a donc une double dimension de la corporation : d'une part, elle est une instance de socialisation des individus rendue nécessaire par le développement industriel et économique ; d'autre part, elle est un organe intermédiaire entre l'État et la société. Les groupements professionnels, en ce sens, relient « l'ordre social à l'ordre politique »[5].

Mais l'idée d'une « démocratie corporative »[6] n'est-elle pas un dangereux oxymore ? Une telle interrogation pourrait soulever de

---

[1] Jean-Claude Filloux, *Durkheim et le socialisme*, Genève, Droz, 1977, coll. « Travaux de Sciences Sociales », p. 216.

[2] Émile Durkheim, *De la division du travail social*, *op. cit.*, p. II.

[3] *Ibid.*, p. XXXII.

[4] *Ibid.*, p. XXXII.

[5] Claude Gautier, « Corporation, société et démocratie chez Durkheim », *RFSP*, 1994, n°5, p. 839.

[6] Sans aller jusqu'à soutenir l'idée selon laquelle les thèses de Durkheim préfigureraient le corporatisme fasciste, certains interrogent l'idée de « démocratie corporative » : « n'est-il pas en dernière analyse du destin de tout plan d'organisation

légitimes inquiétudes, si l'ordre social était exclusivement fondé sur la corporation. Mais si l'on s'en tient au projet de reconstruction politique et social de Durkheim, la corporation n'a pas vocation à constituer l'exclusive unité de référence. En effet, le sociologue ne remet jamais en cause le principe fondamental selon lequel la démocratie est un régime qui ne peut être effectif sans une « pluralité de modes d'associations »[1] au sein de l'État. Dans ce cadre, les partis politiques n'ont pas vocation à disparaître, comme c'était le cas chez Proudhon. Le maintien d'un régime démocratique suppose l'existence de structures sociales susceptibles de limiter la puissance de l'État par l'exercice de forces collectives contraires, l'existence d'une pluralité de groupements aux fonctions multiples basée sur des rapports d'échanges, de circulation et de communication. Si donc on veut réconcilier la société et l'État en évitant que l'un ou l'autre ne devienne oppressif, l'institution de corporations est nécessaire parallèlement à d'autres formes d'associations.

La vision durkheimienne de la démocratie présente ici un autre point de jonction avec la notion proudhonienne de « démocratie ouvrière », dans le refus de faire des organes de l'État la source exclusive de la production normative. Les groupements professionnels, les corporations, sont eux-mêmes à l'origine de la production de normes collectives. Si l'État est une structure nécessaire à l'émancipation des individus, ses moyens d'action sont inadaptés à la complexité économique et sociale des sociétés industrielles modernes[2]. L'activité normative de ces groupements n'a cependant pas vocation à être soustraite à l'autorité étatique. En effet, chez Durkheim, l'État n'est pas pensé comme un organe de transcription pure et simple de la volonté de ces groupes. Durkheim affirme que « si l'État ne fait que recevoir les idées et les volitions particulières, afin de savoir quelles sont celles qui sont les plus répandues, qui ont, comme on dit, la majorité, il [l'État] n'apporte aucune contribution vraiment personnelle à la vie sociale... Le rôle de l'État, en effet, n'est pas d'exprimer la pensée irréfléchie de la

---

corporative de déboucher sur un corporatisme autoritaire ? La restauration des corporations, telle que Durkheim la concevait, n'était-elle pas grosse de la mise en place *volens nolens* d'un régime en contradiction avec les principes devant la justifier ? » (Jean-Claude Filloux, *Durkheim et le socialisme*, *op. cit.*, p. 350).

[1] Claude Gautier, « Corporation, société et démocratie chez Durkheim » art. cit., p. 847.

[2] V. Émile Durkheim, *Le suicide*, 5ème éd., Paris, PUF, 1990, coll. « Quadrige », p. 436-437.

foule, mais de surajouter à cette pensée irréfléchie une pensée plus méditée et qui, par suite, *ne peut pas n'être pas différente* »[1].

Mais les groupements professionnels remplissent une fonction spécifique au cœur de l'État. D'un côté, la fonction de l'État est de « poser les principes généraux de la législation industrielle » ; de l'autre, celle des groupements professionnels au niveau national est de diversifier ces principes, de les adapter « suivant les différentes sortes d'industrie ». Durkheim n'exclut pas la formation « d'organes secondaires » à échelle régionale ou locale, dont le rôle serait de spécialiser davantage « la réglementation professionnelle suivant les nécessités »[2]. Enfin, les corporations doivent être représentées par des assemblées élues à structure paritaire, sur le modèle des conseils de prud'hommes[3]. Ces groupements professionnels sont en ce sens des communautés autonomes paritaires au sein de l'État « générant leur propre droit et disposant de leurs propres juridictions »[4].

Ces groupements professionnels intermédiaires permettant de réduire le poids de l'État sur l'individu représentent et organisent la diversité des intérêts induite par la société industrielle. Ils constituent des formes juridiques contractuelles et statutaires : contractuelles, car l'adhésion est libre, ce qui fait droit à un principe fondamental de la démocratie ; statutaires, dans mesure où ces formes juridiques « sont affectées de la permanence qu'autorise la personnalité morale et les mécanismes collectifs de fonctionnement »[5]. Au tournant des XIXe et XXe siècles, parallèlement à la question de la reconnaissance de l'aptitude juridique et politique des groupements, s'engage au sein de la doctrine juridique un débat sur la notion de « personnalité morale ». Sans entrer dans le détail de l'opposition entre la théorie de la « réalité » et celle de la « fiction », on peut néanmoins relever que l'existence de cette controverse révèle l'intérêt porté par la doctrine juridique à la réalité sociale et politique des groupements[6]. L'émergence de la notion

---

[1] Émile Durkheim, *Leçons de sociologie. Physique des mœurs et du droit*, Paris, PUF, 1950, p. 81.

[2] Émile Durkheim, *De la division du travail social*, *op. cit.*, p. XXVIII-XXIX.

[3] V. *Ibid.*, p. XXVIII-XXIX.

[4] Alain Supiot, « Actualité de Durkheim. Notes sur le néo-corporatisme en France », *Droit et société*, 1987, n°9, p. 183.

[5] Michel Borgetto, « L'État-providence, le droit social et la responsabilité », *Lien social et politique*, 2001, n°46, p. 36.

[6] La théorie de la personnalité morale, écrit Ferdinand Larnaude, « est le champ clos où se sont livré et se livrent encore bataille avec acharnement certains intérêts de l'ordre social et politique », Compte rendu de l'ouvrage de Léon Michoud, *La théorie*

de « personnalité morale » et les réflexions qui l'entourent sont une manière de fonder juridiquement l'existence de groupements intermédiaires distincts, mais intégrés à l'État. Cette reconnaissance s'accompagne en effet du principe de spécialité, traduisant toute la méfiance de l'État vis-à-vis de la capacité politique et juridique des organisations syndicales, dont l'activité est cantonnée par la loi du 21 mars 1884 au domaine exclusivement professionnel[1].

Au fondement de la pensée démocratique de Durkheim, il n'est guère de problème plus essentiel que celui de la conciliation, dans un juste équilibre, de l'autonomie individuelle avec les nouvelles exigences collectives. Il s'agit à la fois de préserver la liberté individuelle sans reproduire les apories du libéralisme, et de proposer une théorie « sociale » qui évite un double écueil : celui d'une vision exclusivement organiciste de la société et celui de l'institution d'un socialisme intégral de type marxiste. L'idée s'exprime chez l'économiste et homme politique Étienne Antonelli, dans un ouvrage paru en 1911 : « Nous préférerions considérer la société de demain sous la forme d'un vaste organisme reposant sur les groupements, mais conservant, comme une force sociale distincte, une autorité publique puissante issue du suffrage universel direct, représentant et sauvegardant les droits de l'individu contre le groupement »[2]. Cette préoccupation est, à la même époque, au cœur de la pensée du philosophe Alfred Fouillée, pour qui l'idéal d'une société digne de ce nom est que « la conscience et la volonté du tout pénètrent dans chaque partie de l'organisme, que la vie du tout soit, pour la plus large part, l'expression de la libre volonté de chaque individu. Or, c'est là l'idéal même de la démocratie. Celle-ci, en conséquence, doit être à la fois très *organisée* et très *libre* »[3]. Pour Fouillée, la liberté contractuelle est au fondement de la société : expression de l'autonomie individuelle, une société démocratique doit développer ce type de relation juridique. Mais la relation contractuelle à elle seule est insuffisante. L'idéal de

---

de la personnalité morale et son application au droit français, Paris, 1909, *RDPSP* 1906, p. 576.

[1] V. Francine Soubiran-Paillet, « Formes juridiques concurrentes et catégorisation : la création du syndicat français de 1884 », *Genèses*, 1997, n°27, p. 30-48 ; Denis Barbet, « Retour sur la loi de 1884. La production des frontières du syndical et du politique », *Genèses*, 1991, n°3, p. 21-28.

[2] Étienne Antonelli, *La démocratie sociale devant les idées présentes*, Paris, Rivière, 1911, p. 124.

[3] Alfred Fouillée, *La démocratie politique et sociale en France*, Paris, Alcan, 1910, p. 4.

justice, but de la « science morale »[1], ne procédera du contrat que si les contractants sont *effectivement* libres et égaux. C'est la raison pour laquelle la démocratie, pour Fouillée, ne peut se contenter d'être « purement politique »[2]. La démocratie sociale est une forme d'organisation de la démocratie qui rend possible, par la transformation des conditions matérielles d'existence, la garantie effective des droits politiques. « J'entends par démocratie sociale, écrit Fouillée, celle qui se propose pour but d'améliorer la situation matérielle, intellectuelle et morale de ses membres, en même temps que leur capacité politique, c'est-à-dire législative, exécutive et judiciaire »[3]. Ce double idéal engage une articulation nouvelle entre l'État et la société au cœur de laquelle la « solidarité » est érigée en principe.

La notion de « solidarité » s'impose dans le discours politique et juridique au courant de la seconde moitié du XIXe siècle[4], et va constituer le substrat intellectuel sur la base duquel s'élabore un renversement de l'imaginaire juridique dans le sens d'une articulation entre la collectivité et les individus qui la composent. Quasiment inconnue dans le contexte intellectuel de la Révolution française, peu utilisée sous la Seconde République, son essor ne peut être dissocié du déclin sensible affectant l'idée de « fraternité »[5], discutée durant les débats constitutionnels de 1848, mais considérée comme faiblement efficiente sur le plan juridique, car empreinte d'un sentimentalisme abstrait[6]. Le contexte est donc favorable à l'émergence d'une nouvelle doctrine qui s'imposera comme une véritable théorie politico-juridique[7].

---

[1] *Ibid.*, p. 6.
[2] *Ibid.*, p. 4.
[3] *Ibid.*, p. 4.
[4] V° « Solidarité », in Denis Alland, Stéphane Rials (dir.), *Dictionnaire de la culture juridique*, Paris, Lamy/PUF, 2003, coll. « Quadrige », p. 1427-1430.
[5] V. Michel Borgetto, « Fraternité et Solidarité : un couple indissociable ? », in Maryvonne Hecquard-Théron (dir.), *Solidarité(s) : perspectives juridiques*, Toulouse, PUT/LGDJ/Lextenso, 2009, p. 11-33.
[6] V. Michel Borgetto, Robert Lafore, *La République sociale*, *op. cit.*, p. 76-77. Comme l'écrit Georges Guy-Grand (*La démocratie et l'après-guerre*, Paris, Garnier, 1922, coll. « Bibliothèque d'Information Sociale », p. 8-9), la fraternité « n'est qu'un état sentimental, le plus nécessaire et en un sens le premier, car en lui s'adoucissent les antagonismes de la vie démocratique ; mais elle n'est susceptible d'aucune codification juridique ».
[7] V. Olivier Amiel, « Le solidarisme, une doctrine juridique et politique française de Léon Bourgeois à la Ve République », *Parlement[s]* 2009, n°11, p. 149-160.

C'est à la faveur d'un petit livre publié en 1896 que Léon Bourgeois, l'un des principaux théoriciens de la doctrine solidariste et débiteur intellectuel d'Alfred Fouillée[1], donne à cette dernière « sa forme la plus achevée »[2]. Sans revenir une nouvelle fois sur toutes les dimensions du solidarisme, il s'agira plutôt d'insister sur certaines des lignes de force qui furent structurantes pour la démocratie. Dans cette perspective, on peut rattacher à la notion de « solidarité » l'apparition d'institutions intermédiaires ayant contribué à structurer la société démocratique : syndicats et mutuelles, associations et organismes de protection sociale[3]. Dans un contexte de crise de République parlementaire, de misère sociale et de montée des luttes révolutionnaires, le but est de répondre à l'atomisation sociale générée par la Révolution française et l'abolition des corporations. Destinée à ordonner concrètement la société, la grande question à résoudre est celle des rapports « de l'individu et de la société humaine »[4] au sein du régime démocratique.

Se situant dans le sillon intellectuel du positivisme comtien, les théoriciens du solidarisme fondent leur doctrine sur des présupposés réputés objectifs, qu'ils croient pouvoir tirer de l'observation sociologique : la solidarité est une donnée naturelle et primitive, reliant individus et groupes sociaux par des rapports d'interdépendance et de complémentarité. La doctrine solidariste opère un renversement du paradigme libéral jusque-là dominant : il ne s'agit pas d'appliquer au « social » des principes abstraits découlant d'une anthropologique idéaliste, mais d'induire la volonté politique et sa légitimité à partir d'une observation se voulant scientifique du « social »[5]. Autrement dit, l'idée de solidarité engage une vision du « social » impliquant de partir

---

[1] Sur l'influence de ce dernier sur la pensée de Léon Bourgeois : v. Michel Borgetto, *La notion de fraternité en droit public français. Le passé, le présent et l'avenir de la solidarité*, Paris, LGDJ, 1993, coll. « Bibliothèque de droit public ». p. 360 et suiv.

[2] *Ibid.*, p. 363. V. également : Michel Borgetto, « La doctrine solidariste de Léon Bourgeois : une nouvelle définition des rapports entre le politique, le social et le droit », in Carlos-Miguel Herrera (dir.), *Les juristes face au politique. Le droit, la gauche, la doctrine sous la IIIe République*, tome I, Paris, Kimé, 2003, coll. « Philosophie politique », p. 35-56.

[3] V. Robert Lafore, « Solidarité et doctrine publiciste. Le ''solidarisme juridique'' hier et aujourd'hui », in Maryvonne Hecquard-Théron (dir.), *Solidarité(s) : perspectives juridiques* Toulouse, PUT/LGDJ/Lextenso, 2009, p. 47-82.

[4] Léon Bourgeois, *Solidarité*, Paris, Armand Colin et Cie, 1896, p. 33.

[5] V. Michel Borgetto, « La doctrine solidariste de Léon Bourgeois : une nouvelle définition des rapports entre le politique, le social et le droit », art. cit., p. 35-56.

de la société, de l'épaisseur du « fait social », pour en induire la place et les droits des individus[1]. L'intentionnalité politique est patente : faire prévaloir l'unité et la cohésion sociales sur le conflit de classes, dont le syndicalisme de type marxiste se fait le héraut. Opposé à cette conception du syndicalisme, source de divisions funestes pour la société, on plaide pour la coopération des classes sociales au sein d'un syndicalisme que l'on souhaite pacifique, à l'instar de Léon Duguit : « Dans la masse amorphe des individus, telle qu'elle est née de la Révolution française, tendent à se former des groupements déterminés, rapprochant et réunissant les hommes accomplissant le même travail dans le grand atelier coopératif qu'est la société. Ces groupements tendent à s'organiser, à coopérer et à se coordonner. Ainsi le syndicalisme est un mouvement de pacification et d'union, et non pas un mouvement de guerre et de révolution »[2].

Le solidarisme faisant une « part essentielle au droit »[3], Léon Bourgeois emprunte au Code civil une notion ancienne et relativement obscure, celle de « quasi-contrat », matrice d'un jeu d'obligations réciproques entre les individus, les groupes sociaux et la collectivité tout entière[4]. Le « quasi-contrat » est un renversement de l'idée politique du « contrat social ». Il s'agit d'une notion destinée à « juridiciser » le fait social fondamental de la solidarité. L'hypothèse d'un contrat social à l'origine de la société est à l'opposé des fondements de la doctrine solidariste, qui postule l'antériorité absolue de la solidarité. Le quasi-contrat s'interprète donc comme un « contrat rétroactivement consenti »[5]. Son objet n'est pas de fixer le contenu de ce à quoi se sont engagés tous les associés en entrant en société, mais il est une « *interprétation et une représentation de l'accord qui eût dû s'établir préalablement entre eux s'ils avaient pu être également et librement consultés* : ce sera donc la présomption du consentement qu'auraient donné leurs volontés égales et libres qui sera le seul fondement du droit »[6]. Toute la vie sociale s'inscrit dans ce jeu

---

[1] V. Robert Lafore, « Solidarité et doctrine publiciste. Le ''solidarisme juridique'' hier et aujourd'hui », art. cit., p. 47-82.

[2] Léon Duguit, *Souveraineté et liberté*, Paris, Alcan, 1922, p. 186.

[3] Jacques Le Goff, « Juristes de gauche et droit social dans les années 1880-1920 », in Carlos-Miguel Herrera (dir.), *Les juristes face au politique*, *op. cit.*, p. 20.

[4] Ainsi, écrit Bourgeois, dans « la société de fait où le place sa qualité d'homme, chacun de nous, avons-nous dit, est nécessairement le débiteur de tous. C'est la charge de la liberté », *Solidarité*, Paris, Armand Colin & Cie, 1896, p. 115.

[5] Léon Bourgeois, *Solidarité*, Paris, Armand Colin & Cie, 1896, p. 133.

[6] *Ibid.*, p. 132-133.

d'obligations juridiques dans lequel l'individu est appelé au respect des règles communes, et où la société doit à chacun la satisfaction de ses aspirations à la justice sociale. Selon cette doctrine, la notion de démocratie synthétise tous ces aspects. Elle est fondée sur l'idée de réciprocité, ou de « justice mutuelle » : « Ce devoir réciproque des hommes entre eux n'a, en effet, qu'un nom : la justice mutuelle. La démocratie est, en somme, une société organisée par le consentement de tous, sous la souveraineté de tous, pour la justice entre tous »[1]. Réciprocité, égalité et autonomie sont les maîtres mots du discours solidariste sur la démocratie. C'est dans cette perspective que Bourgeois va parler des « droits et des devoirs des hommes »[2], nés du fait de la solidarité, comme une sorte de négatif des droits de l'homme de 1789. On va alors se réclamer de l'idée de solidarité pour parler d'un droit de créance, auquel le discours juridique contemporain sur la démocratie sociale se réfère[3].

C'est également dans ce contexte que Léon Duguit envisage des « obligations positives » ayant vocation à s'imposer à l'État. « Non seulement, écrit Duguit, il y a des choses que l'État ne peut pas faire, mais encore il y a des choses que l'État est *obligé* de faire [...]. Si l'on n'est d'accord ni sur l'étendue ni sur le fondement de ces obligations, tout le monde reconnaît qu'elles existent [...] »[4]. Parmi ces obligations positives, on retrouve les éléments de la définition de la démocratie sociale donnée par Alfred Fouillée. Pour Léon Duguit, en effet, « l'État est non seulement obligé de ne rien faire qui porte atteinte au libre développement de l'activité physique, intellectuelle et morale de l'individu, mais encore de faire toutes les lois, d'organiser tous les services qui permettront à tous les individus de développer

[1] Léon Bourgeois, « La démocratie », art. cit., p. 433.

[2] Léon Bourgeois, *Solidarité*, *op. cit.*, p. 80.

[3] V. par exemple Bertrand Mathieu (« La République sociale », in Bertrand Mathieu, Michel Verpeaux (dir.), *La République en droit français*, Paris, Economica, 1996, p. 179) : « la démocratie sociale c'est également l'obligation de solidarité qui pèse sur la collectivité. Cette obligation crée un droit de créance vis-à-vis de cette collectivité représentée tant par ses membres que par l'État ».

[4] Léon Duguit, *Traité de droit constitutionnel*, 2ème éd., tome III, Paris, de Boccard,1923, p. 627.

complètement leur activité physique, intellectuelle et morale »[1]. La notion de solidarité devient alors un élément de l'idée démocratique[2].

Cette vision présente néanmoins une difficulté, car s'il est une chose de dire que la société est fondée sur des liens objectifs de solidarité sociale, il reste à déterminer les domaines qui relèvent de la compétence de l'État et ceux qui échappent à son action. Comment distinguer, sinon arbitrairement, ce qui est « solidaire » de ce qui ne l'est pas ? Chez Duguit par exemple, tout se passe comme si la normativité sociale s'imposant à l'État pouvait être objectivement déduite d'une « réalité » sociale ontologiquement stable. Mais comment ne pas voir là un préjugé métaphysique drapé des oripeaux de la science positive ? Or, s'il est impossible de dégager objectivement, à partir de critères stables, des domaines concourant à l'interdépendance sociale, on s'expose à ce que dans les faits l'État devienne la proie d'intérêts particuliers se prévalant de la « solidarité » [3] ? Comment éviter, dès lors, le danger tant redouté par Rousseau qui, dans ses pages célèbres du *Contrat social*, voyait dans les « sociétés partielles » un danger pour l'unité de l'État ? Mais la crainte rousseauiste se dissipera rapidement, car c'est la vision réformiste de la démocratie qui s'imposera et marquera durablement la manière d'envisager la démocratie sociale. C'est sur ce point qu'il faut désormais s'attarder.

---

[1] Léon Duguit, *Manuel de droit constitutionnel* (1923), Paris, Éditions Panthéon-Assas, 2007, coll. « Les introuvables », p. 299.

[2] Dans ses écrits sur la démocratie sociale, René Capitant (« La démocratie sociale », art. cit., p. 169) insiste sur cet aspect : « Mais la solidarité impose d'autres devoirs encore. Les sociétés modernes admettent de plus en plus largement l'obligation mutuelle pour les citoyens de se garantir contre les risques sociaux et notamment contre la misère. Elles exigent donc de chacun des cotisations destinées à assurer aux plus malheureux les prestations qui les protégeront contre ces risques. La possession d'un minimum de ressources est considérée comme une condition de la dignité humaine. [...] Elle aboutit chez nous à généraliser l'obligation de cotiser à la Sécurité Sociale. De telles obligations de solidarité doivent être considérées comme conformes à la démocratie si elles sont généralement acceptées et imposées ».

[3] V. Robert Lafore, « Solidarité et doctrine publiciste. Le ''solidarisme juridique'' hier et aujourd'hui », art. cit., p. 47-82.

Chapitre 3.
Les ambiguïtés du pluralisme juridique

À l'issue de la Première Guerre mondiale, l'idéal démocratique se diffuse dans les Constitutions européennes et trouve une traduction dans les deux dimensions auxquelles il est assimilé : la souveraineté du peuple ou de la nation, d'une part, et le suffrage universel, égal, direct et secret, d'autre part. Certains constitutionnalistes et théoriciens du droit prennent acte de ce triomphe de l'idéal démocratique, perçu comme le résultat d'une nécessité historique[1] enregistrée par le droit constitutionnel[2]. Mais ces constitutions ne se contentent pas d'affirmer les principes de la démocratie politique représentative, elles prétendent également enrichir la démocratie en tenant compte de l'individu dans ses différents statuts sociaux. Dans la filiation de la vision organiciste du « social », l'individu n'est plus seulement considéré comme un citoyen abstrait titulaire de droits politiques, mais comme « le support d'un édifice social et économique qui s'établit parallèlement à l'organisation politique »[3]. Cette prise en compte de « l'homme situé » (Burdeau) explique le processus d'intégration de normes à contenu économique et social dans certaines constitutions européennes de l'entre-deux-guerres. Mais à quoi répond un tel processus de constitutionnalisation ? Pourquoi a-t-on fait accéder au rang normatif et supralégal ce qui relevait, au mieux, depuis l'Allemagne de Bismarck, des politiques sociales[4] ? En filigrane, on retrouve l'opposition, déjà

---

[1] V. Boris Mirkine-Guetzévitch, « Les nouvelles tendances du droit constitutionnel », *RDPSP*, 1928, p. 7 ; Joseph Barthélémy, *Traité de droit constitutionnel*, 2e éd., Paris, Dalloz, 1933, p. 60.

[2] V. Boris Mirkine-Guetzévitch, *Les constitutions de l'Europe nouvelle*, Paris, Delagrave, 1928 ; Joseph Delpech, Julien Laferrière, *Les constitutions modernes*, Paris, Sirey, 1932 ; Ezekiel Gordon, *Les nouvelles constitutions européennes et le rôle du chef de l'État*, Paris, Sirey, 1931 ; Georges Renard, « Les constitutions de la nouvelle Europe », *RPP*, 1930, n° 423, p. 270-281.

[3] Georges Burdeau, *Le régime parlementaire dans les Constitutions européennes d'après-guerre*, Paris, Les Éditions internationales, 1932, p. 44.

[4] V. Carlos-Miguel Herrera, « Constitutionnalisme social et populisme constitutionnel en Amérique latine », in Carlos-Miguel Herrera (dir.), *Le constitutionnalisme latino-américain aujourd'hui : entre renouveau juridique et essor démocratique ?*, Paris, Kimé, 2015, coll. « Nomos & Normes », p. 83.

esquissée, entre deux pôles : celui de *l'émancipation* des forces socio-économiques de la démocratie politique à travers une « scission légitime », et celui de leur *intégration* au sein de l'État démocratique constitutionnel. Au lendemain de la Première Guerre mondiale, c'est la thèse de l'intégration qui l'emporte, paradoxalement légitimée par un discours en faveur du pluralisme juridique. La pensée pluraliste vise en effet habituellement à contester la primauté de l'État sur les autres formes d'organisations sociales. On assiste donc à l'imposition d'une nouvelle conception de l'ordre constitutionnel : il s'agit d'éviter l'antagonisme qui mettrait en péril la pérennité du système démocratique, entre les prétentions à l'auto-organisation de la sphère socio-économique et la démocratie politique représentative (Section 1). L'ordre constitutionnel démocratique nouveau est celui qui concilie, dans un juste équilibre, ces deux éléments. Il faut instaurer un « dialogue » entre ces deux pôles *a priori* irréductibles, afin de neutraliser les conflits qui pourraient conduire à ce qu'ils s'excluent mutuellement au terme de cette « scission » tant désirée par la pensée anarchiste depuis la théorisation proudhonienne de la « démocratie ouvrière ». L'enjeu est de taille, comme le remarque Guy-Grand, qui se demande s'il est possible de parvenir à un tel équilibre, si nous ne sommes pas au fond « condamnés à choisir entre un individualisme antisocial et une société oppressive de l'individu »[1]. Comme nous le verrons, la recherche de l'équilibre aboutira à justifier le renforcement de l'État au détriment de la société (Section 2).

Section 1. Éviter l'antagonisme entre prétentions à l'auto-organisation de la sphère socio-économique et la démocratie politique.

On se souvient de la méfiance de Proudhon vis-à-vis de la démocratie politique et de l'État, figure juridique de l'hétéronomie aux dépens de la société. Tout l'effort théorique du philosophe bisontin consistait alors à favoriser l'avènement d'une « démocratie ouvrière », comprise comme l'auto-organisation de la société en marge de l'interventionnisme étatique, dans le cadre d'un fédéralisme socio-économique. Mais tout le problème – lancinant depuis Proudhon – est de savoir si et comment le « social », dans sa diversité concrète, peut

---

[1]Georges Guy-Grand, « La démocratie est-elle dépassée ? », *Archives de philosophie du droit et de sociologie juridique*, 1933, n°1-2, p. 52.

parvenir à l'unité et former un *demos* ? Dans les États démocratiques européens de l'après-guerre, l'idée s'impose que la sphère socio-économique a besoin de l'État pour se structurer et équilibrer les différents intérêts. C'est l'objet d'une partie de la Constitution de Weimar du 11 août 1919, qui formule un modèle de transformation sociale par des voies institutionnelles (§ 1). Nous présenterons donc dans un premier le dispositif socio-économique de la Constitution weimarienne, avant de montrer qu'il constitue la traduction juridique de concepts développés notamment par la pensée constitutionnelle social-démocrate allemande (§ 2).

§ 1. Le dispositif socio-économique de la Constitution de Weimar : un modèle juridique de transformation sociale par des voies institutionnelles.

Fruit d'un compromis entre les exigences socialistes et individualistes, la Constitution de Weimar établit une rupture dans la tradition constitutionnelle européenne. D'abord parce qu'elle renouvelle les principes de fonctionnement de la démocratie parlementaire, notamment par l'institution de multiples moyens de consultations populaires au niveau fédéral. Ensuite, parce qu'elle est la première constitution européenne à intégrer des normes au contenu économique et social dans un chapitre entier (Titre II, chapitre V) consacré à « la vie économique »[1] (*Das Wirtschaftsleben*). Mais bien que la Constitution de Weimar soit la première, en Europe, à proposer un modèle de transformation sociale par l'intégration constitutionnelle des organismes socio-économiques, elle est précédée par la constitution mexicaine de 1917. Élaborée à Querétaro à la fin de la révolution agraire, elle intègre des normes à contenu socio-économique *via* l'inscription des droits des travailleurs dans un cadre normatif supralégal[2]. Ce précédent constitutionnel justifie que l'on s'arrête, dans

---

[1] La place importante accordée à la « vie économique » dans le texte weimarien fait dire à certains historiens que la République de Weimar « n'a pas été seulement, pour l'Allemagne, une première expérience de démocratie politique, mais a représenté, parallèlement et simultanément, une tentative de mise en place d'une démocratie sociale », René Lasserre, « Weimar : une expérience de démocratie sociale », in Gilbert Krebs, Gérard Schneilin (dir.), *Weimar ou de la démocratie en Allemagne*, Paris, Presses de la Sorbonne Nouvelle, 1994, coll. « Monde germanophone », p. 173.

[2] À propos de la Constitution mexicaine de 1917, Carlos-Miguel Herrera (« La pensée constitutionnelle du social », *Droits*, 2008/2, n° 48, p. 184) évoque « le dispositif spécifique au premier constitutionnalisme social ».

un premier temps, sur la constitution du 5 février 1917, avant d'étudier, dans un second temps, les traits originaux présentés par la constitution allemande. La doctrine publiciste française accueillera avec une certaine circonspection les idées weimariennes, dénonçant la confusion entre l'ordre politique et l'ordre socio-économique.

La question de la reconnaissance constitutionnelle des droits des travailleurs entraîna, au sein de l'Assemblée constituante mexicaine, un débat juridique portant sur la compatibilité de la forme constitutionnelle avec la matière socio-économique. D'un côté, les constituants conservateurs dénoncèrent une entorse faite à la technique constitutionnelle : selon ces derniers, les normes socio-économiques devaient faire l'objet de mesures réglementaires ou, au mieux, législatives. De l'autre, les représentants de l'aile gauche de l'Assemblée constituante défendirent la constitutionnalisation des normes économiques et sociales en vertu de leur « fondamentalité » ou de leur caractère « sacré »[1]. L'Assemblée constituante finira par accepter l'inclusion de ce type de normes dans le texte constitutionnel au nom d'une conception socialiste – ou « socialisante » – de la démocratie, qui vise à modifier les conditions matérielles d'existence des individus dans un souci d'égalité. En témoigne l'article 3 de la Constitution mexicaine : « [...] la démocratie devra être définie non seulement en termes de structure juridique et de régime politique, mais aussi comme un mode de vie fondé sur l'amélioration permanente des conditions économiques, sociales et culturelles de la population ». De ce point de vue, une démocratie véritable doit être « politique » et « sociale ». La liberté politique doit pouvoir s'articuler à l'égalité. Mais cela ne peut se faire qu'au prix d'une intervention de l'État dans la sphère socio-économique pour qu'il en corrige les inégalités, comme le suggère l'alinéa premier de l'article 25 de la constitution : « L'État fédéral devra pourvoir à la conduite du développement national, dont l'attribut essentiel devra être à la fois durable et intégral. Un tel développement visera au renforcement de la souveraineté nationale, *ainsi que du régime démocratique*. C'est ainsi que *l'impulsion de la croissance économique, la création d'emplois et l'amélioration du système de redistribution des revenus devront contribuer au plein*

[1] V. Carlos-Miguel Herrera, « Constitutionnalisme social et populisme constitutionnel en Amérique latine », in Carlos-Miguel Herrera (dir.), *Le constitutionnalisme latino-américain aujourd'hui...*, *op. cit.*, p. 84.

exercice des principes de liberté et de dignité de la personne humaine. Cette garantie devra concerner aussi les groupes et les classes sociales, qui à côté des individus, bénéficient de la protection de cette Constitution » (nous soulignons). La réalisation « complète » de la démocratie suppose en ce sens la consécration sur le plan constitutionnel d'un véritable devoir d'intervention étatique, interprété comme le moyen d'extraire le travailleur « du milieu où il vit pour le placer comme homme dans la société »[1].

Au sein du « Titre Sixième » de la constitution mexicaine, intitulé « Du travail et de la sécurité sociale », l'article 123 condense les droits relatifs au travail et à sa protection. On trouve notamment des dispositions relatives à la limitation de la durée de travail (I-IV), au salaire minimum (VI), au principe d'égalité de rémunération des hommes et des femmes (VII), à la liberté syndicale (XVI), au droit de grève (XVII), ainsi que des dispositifs d'arbitrage tripartites pour régler les conflits entre le capital et le travail (XX). Mais on trouve également constitutionnalisé, pour la première fois, le droit à la participation aux bénéfices des entreprises dans le cadre d'un dispositif précis. La Commission nationale, organe tripartite composé de représentants des travailleurs, des patrons et du gouvernement, est chargée d'établir le pourcentage des profits soumis à la répartition entre les travailleurs[2]. La détermination du montant des participations, relatif à chaque entreprise, est effectuée sur la base du revenu imposable. Selon le texte constitutionnel, les travailleurs bénéficient également du droit de faire des réclamations devant le ministre des Finances, dans le cadre fixé par la loi[3]. Enfin, il faut souligner que le droit à la participation aux bénéfices des entreprises n'implique pas le droit pour les travailleurs d'intervenir directement sur la direction ou l'administration des entreprises[4]. La question de la participation des ouvriers aux bénéfices des entreprises comme élément constitutif de la démocratie est appelée à une fortune considérable : elle sera discutée par les juristes français – notamment les catholiques sociaux – durant toute la période de l'entre-deux-guerres, et sera reprise par le Préambule de la Constitution française de 1946.

Instrument de transformation sociale, la Constitution « de Querétaro » vise à l'institution et au maintien d'un régime

---

[1] Carlos-Miguel Herrera, « La pensée constitutionnelle du social », art.cit., p. 184.
[2] Art. 123, IX, a).
[3] Art. 123, IX, e).
[4] Art. 123, IX, f).

démocratique répondant aux principes d'égalité et de liberté. Mais contrairement à la notion proudhonienne de « démocratie ouvrière, c'est à l'État qu'il incombe de prendre les mesures destinées à faire respecter ces principes selon un équilibre permettant d'éviter le double écueil de l'individualisme et du collectivisme dont la République socialiste fédérative de Russie constitue le modèle au sortir du premier conflit mondial. La Constitution de Weimar du 11 août 1919 s'inscrit dans la continuité de la constitution mexicaine en instaurant un équilibre entre le « social » et le « politique ».

Le dispositif socio-économique de la constitution allemande est condensé au titre II, chapitre V, intitulé « La vie économique ». Celle-ci doit être organisée de façon à favoriser l'égalité entre le capital et le travail. Si l'article 151, en son alinéa premier, affirme la liberté économique – ou liberté d'entreprendre –, ce n'est que dans la mesure où celle-ci s'exerce conformément « aux principes de justice » visant à « garantir à chacun les conditions d'une existence digne de l'homme »[1]. On peut relever que cet article vise à équilibrer la liberté économique avec des principes « supérieurs ». Le flou qui entoure ces principes explique sans doute la raison pour laquelle le Cour suprême (*Staatgerichtshof* StGH) leur déniera toute portée juridique[2]. La Constitution de Weimar affirme également le caractère relatif de la propriété privée, limitée par sa « fonction sociale ». Si, selon l'article 153, « la propriété est garantie par la Constitution », le deuxième alinéa dispose que l'expropriation est possible « pour le bien de la collectivité et dans les conditions établies par la loi »[3]. Dès lors, l'article 156 autorise le Reich à « transférer à la collectivité les entreprises économiques privées aptes à la socialisation ». La catégorie de « droit social » sera alors mobilisée « pour doter le compromis weimarien d'un sens juridico-politique socialiste »[4].

Le texte weimarien consacre un certain nombre de « droits sociaux » pour l'ensemble de la classe ouvrière. Sur ce dernier point, il présente un trait original par rapport à la Constitution mexicaine, dans la mesure où il élargit non seulement le périmètre des droits sociaux, mais propose également une vision plus large des « groupes sociaux ». Un chapitre

---

[1] Art. 151, al. 1.

[2] V. Claire Mongouachon, « Les débats sur la constitution économique en Allemagne », *RFDC*, 2012, n° 90, p. 309.

[3] Art. 153.

[4] Carlos-Miguel Herrera, « La pensée constitutionnelle du social », art.cit., p. 186.

entier est en effet consacré à « la vie en communauté »[1] (*Das Gemeinschaftsleben*), dans lequel la famille[2], la jeunesse[3], les communes[4] et les fonctionnaires[5] (articles 129 à 131) bénéficient de droits particuliers. Il faut toutefois souligner que si les droits économiques libéraux, comme le droit de propriété, ont été protégés, concernant la protection des « droits sociaux » la jurisprudence de la Cour Suprême s'est montrée beaucoup plus réservée. On évoquera des « normes non applicables directement »[6]. Ainsi, « l'interprétation constitutionnelle des normes à vocation économique se trouvait-elle scindée selon qu'il s'agissait de protéger des droits et libertés fondamentaux ou bien de permettre la réalisation de droits et programmes à caractère social »[7].

Mais l'originalité du dispositif constitutionnel weimarien consiste dans la place importante accordée aux organisations ouvrières[8] dans le cadre d'institutions sociales spécifiques, distinctes de l'État : les « conseils ouvriers ». La fonction de ces conseils ouvriers doit être éclairée à l'aune du concept de « constitution économique »[9] (*Wirtschaftsverfassung*), mobilisé par certains juristes socialistes à l'époque de Weimar, comme Hugo Preuss[10] ou Hugo Sinzheimer[11]. Au fondement du concept de « constitution économique », on trouve une

---

[1] Titre II, Chap. V.

[2] Art. 119, al. 1.

[3] Art. 120.

[4] Art. 127.

[5] Art. 129, al. 1.

[6] Claire Mongouachon, « Les débats sur la constitution économique en Allemagne », art. cit., p. 310.

[7] *Ibid.*, p. 310.

[8] V. Carlos-Miguel Herrera, « Comment le social vient au constitutionnalisme ? Entre État et droits », in Carlos-Miguel Herrera (dir.), *La constitution de Weimar et la pensée juridique française*, Paris, Kimé, 2011, coll. « Philosophie politique », p. 7-28.

[9] V. Lionel Zevounou, « Le concept de ''constitution économique''. Une analyse critique », *Jus politicum*, 2018, n° 20-21, p. 445-482. V. également : Hugues Rabault, « La Constitution économique de la France », *RFDC*, 2000, n° 44, p. 707-745 ; Marie-Laure Dussart, *Constitution et économie*, Paris, Dalloz, 2015, coll. « Nouvelle bibliothèque des thèses » ; Francesco Martucci, Claire Mongouachon (dir.), *La Constitution économique. En hommage au Professeur Guy Carcassonne*, Paris, La mémoire du droit, 2015.

[10] V. Hugo Preuss, « Das Verfassungswerk von Weimar », in Hugo Preuss, *Staat, Recht und Freiheit*, Olms-Weidmann, Hildesheim, 2006, p. 421-428.

[11] V. Jean-Louis Halpérin, *Histoire de l'état des juristes. Allemagne, XIX*^e^*-XX*^e^ *siècles*, Paris, Classiques Garnier, 2015, coll. « Histoire du droit », p. 274.

prise de position antimarxiste[1]. Pour les marxistes, le droit, expression de rapports de force socio-économiques, n'est rien d'autre que l'instrument de domination de la classe bourgeoise sur le prolétariat : il est conservateur par essence. Au contraire, pour les défenseurs du concept de « constitution économique », le droit a pour fonction de limiter l'emprise du pouvoir des propriétaires des moyens de production. Le concept de « constitution économique » permet donc de penser un « régime constitutionnel qui, tout en garantissant la propriété, le contrat et la liberté d'entreprendre, consacre aussi l'effectivité des droits sociaux, en particulier ceux du travailleur »[2].

Parmi ces « droits du travailleur », la Constitution de Weimar se singularise par le pouvoir normatif conféré aux « conseils ouvriers » en matière économique et de réglementation du travail. C'est l'objet du célèbre article 165, qui expose un dispositif institutionnel novateur. Est d'abord consacrée l'idée d'égale collaboration entre les travailleurs et les employeurs, se traduisant par la possibilité de conclure des conventions collectives de travail sur un ensemble d'objets déterminés[3]. L'alinéa premier dispose en effet que « les ouvriers et employés sont appelés à collaborer, en commun avec les employeurs et sur un pied d'égalité, à la fixation des salaires et des conditions de travail ainsi qu'à l'ensemble des conditions du développement économique des forces productives. De part et d'autre, les organisations et leurs accords sont reconnus ». Le deuxième alinéa reconnaît quant à lui des instances légales de représentation, sous la forme de « conseils » s'échelonnant selon plusieurs niveaux allant du local au national. Il dispose que les « ouvriers et employés obtiennent, pour le règlement de leurs intérêts sociaux et économiques, des représentations légales dans les conseils ouvriers d'usine [*Betriebsarbeiterräten*] ainsi que dans les conseils ouvriers d'arrondissement [*Bezirksarbeiterräten*], formés selon les secteurs économiques, et dans un Conseil ouvrier du Reich [*Reichsarbeiterrat*] »[4]. Chargée de préciser le dispositif prévu par

---

[1] V. Knut Wolfgang Nörr, « ''Economic Constitution'' : on the roots of a legal concept », *Journal of Law and Religion*, 1994-1995, n°1, p. 343-354.

[2] Lionel Zevounou, « Le concept de ''constitution économique''… », art.cit., p. 454.

[3] V. René Lasserre, « Weimar : une expérience de démocratie sociale », in Gilbert Krebs, Gérard Schneilin (dir.), *Weimar ou de la démocratie en Allemagne*, *op. cit.*, p. 173-181.

[4] René Lasserre, *ibid.*, p. 173-181. V. également Ralf Dahrendorf, Alfred Willener, « Politique syndicale et structure des entreprises en Allemagne », *Sociologie du travail*, 1962, n° 2, p. 159-173.

l'article 165, la loi du 4 février 1920 rendra obligatoires les conseils ouvriers d'usine pour toute entreprise, publique ou privée, d'au moins 20 employés. Ces conseils élus se sont vus reconnaître un véritable « droit de coopération » (*Mitwirkungsrecht*), c'est-à-dire de gestion de l'entreprise en matière d'organisation des conditions de travail, en matière d'embauche et de licenciement, et un droit d'information et d'avis en matière économique. Par ailleurs, en cas de conflits entre le conseil ouvrier et la direction de l'entreprise, la loi prévoit une procédure de médiation sans toutefois porter atteinte au pouvoir de décision de l'employeur en dernière instance. L'article 165 prévoit en outre la création de conseils économiques régionaux et la mise en place d'un « conseil économique de l'Empire » (*Reichswirtschaftsrat*), réunissant les représentants des travailleurs et des patrons. Il est reconnu à ce « conseil économique de l'Empire » une compétence consultative sur la législation sociale et économique (notamment les lois de socialisation), ainsi qu'un véritable pouvoir d'initiative législative[1].

Parmi les sociaux-démocrates allemands, on qualifiera volontiers la Constitution de Weimar de « constitution la plus démocratique du monde » (« *Die demokratischste Verfassung der Welt* »), selon le mot enthousiaste du ministre de l'Intérieur de l'époque, Eduard David[2]. Le texte weimarien reflète un « compromis dynamique » qui donne « aux partis et aux syndicats une double base institutionnelle, le Parlement et les conseils d'entreprises »[3]. Mais pour une partie de la doctrine juridique française, ce « compromis » ou cet « équilibre » masque une confusion regrettable entre la sphère politique et socio-économique.

La Constitution de Weimar est rapidement traduite en français, et l'originalité de son dispositif socio-économique est remarquée par la doctrine publiciste française[4]. Mais la réception n'est pas très enthousiaste, car beaucoup verront dans les normes constitutionnelles

---

[1] Art. 165, al. 4.

[2] Cité in Christoph Gusy, *100 Jahre Weimarer Verfassung. Eine gute Verfassung in schlechter Zeit*, Tübingen, Mohr Siebeck, 2018, p. 115.

[3] Carlos-Miguel Herrera, « Constitution et social-démocratie à Weimar. Pour une périodisation », in Carlos-Miguel Herrera (dir.), *Les juristes de gauche sous la République de Weimar*, Paris, Kimé, 2002, p. 35.

[4] Marcel Prélot rédige la première thèse ambitieuse du point de vue théorique, consacrée à *La représentation professionnelle dans la Constitution de Weimar et le Conseil économique national*, Paris, Spes, 1924. G. Doublet de Persan avait également rédigé une thèse, mais très descriptive : v. *Le Système des conseils économiques en Allemagne*, thèse, droit, Dijon, 1922.

consacrées à la « vie économique » une confusion regrettable entre l'ordre politique et l'ordre socio-économique. On retrouve, en arrière-plan, l'opposition entre la conception individualiste de la démocratie caractéristique de la matrice théorique révolutionnaire, et sa conception « communautaire » ou « organique » dont les racines remontent à la pensée constitutionnelle d'Althusius.

Dans les pages de conclusion du premier ouvrage en langue française consacré à la Constitution de Weimar, le constitutionnaliste René Brunet affirme que l'« *idée des Conseils* est probablement la seule idée véritablement neuve qui soit apparue dans le droit public des États modernes depuis la guerre »[1]. Par opposition à une « démocratie formelle », on parlera alors de « démocratie réelle », c'est-à-dire d'une démocratie dans « laquelle on tient compte du rôle particulier que jouent en fait certains éléments dans la vie de la nation »[2]. Joseph Barthélémy le déplore, dans la préface de l'ouvrage de René Brunet : « c'est la démocratie politique elle-même, dans son principe premier, qui va être confrontée avec des conceptions nouvelles ; la vieille formule démocratique (à laquelle, soit dit en passant, je reste passionnément fidèle) de la représentation du nombre, la démocratie ''formelle'', comme parlent les Allemands, va être confrontée à une démocratie prétendument ''réelle'', avec la représentation des entités économiques et des intérêts »[3]. En réalité, selon Barthélémy, cette démocratie dite « réelle » masque mal « le caractère socialiste ou socialisant des principes de la Constitution nouvelle »[4].

Derrière la critique d'une vision constitutionnelle dominée par les socialistes, on dénonce la confusion entre la sphère politique et la sphère socio-économique. Ferdinand Larnaude évoque une législation « expropriante et spoliatrice »[5], dangereuse pour le droit et de propriété et la liberté du commerce et de l'industrie. Avec les mêmes accents que Joseph Barthélémy, Larnaude fustige, dans la deuxième partie de la Constitution, le recouvrement de la sphère politique par la sphère socio-économique, rendu possible par la combinaison des articles 155, 156 et

---

[1] René Brunet, *La Constitution allemande du 11 août 1919*, Paris, Payot, 1921, p. 324.

[2] *Ibid.*, p. 113.

[3] Joseph Barthélémy, « Préface » à René Brunet, *ibid.*, p. XVI.

[4] *Ibid.*, p. XI.

[5] Ferdinand Larnaude, « La Constitution allemande du 11 août 1919 », préface à *La Constitution de l'empire allemand du 11 août 1919*, Paris, LGDJ, 1919, p. 8-9.

165[1]. De même, pour l'internationaliste Paul Fauchille, cette partie de la Constitution de Weimar établirait « un plan d'organisation socialiste »[2]. Mais la crainte « socialisante » des débuts se dissipera progressivement face au peu d'effectivité du système des « conseils », dont on soulignera finalement « l'histoire sans gloire »[3].

§ 2. L'apport de la pensée constitutionnelle social-démocrate allemande.

Parmi les théoriciens allemands dont la pensée à puissamment contribué à élaborer le contenu socio-économique de la constitution de Weimar, le nom d'Hugo Sinzheimer est à retenir[4]. Il propose la notion de « communauté du travail », destinée à poser les fondements théoriques d'un ordre constitutionnel qui ne cède ni au capitalisme ni au socialisme. La crise dans laquelle sera plongée la République de Weimar, dix ans après la promulgation de sa constitution, relancera la réflexion constitutionnelle à partir du concept d'« État de droit démocratique et social », proposé par Hermann Heller.

On se souvient qu'au sein de la nébuleuse des auteurs socialistes à tendance marxiste, on ne s'intéresse guère au droit sinon à travers le prisme de la lutte des classes : le droit, réactionnaire et conservateur par nature, ne ferait que traduire la domination de la bourgeoisie sur le prolétariat. Hugo Sinzheimer fait partie de ces « juristes de gauches » qui, sous la République de Weimar, entendent donner naissance à une nouvelle théorie politico-juridique à partir d'une conception « sociale » du droit, et d'une conception de la démocratie comprise comme auto-organisation. Sinzheimer est le principal juriste socialiste dans l'Assemblée constituante de Weimar. Son rôle dans l'élaboration de la Constitution est déterminant : membre de la commission travaillant sur

---

[1] V. Carlos-Miguel Herrera, « Weimar chez les juristes français contemporains », art. cit., p. 9.

[2] Paul Fauchille, « Préface », *Constitution de la Confédération allemande du 11 août 1919*, Paris, Rousseau, 1920, p. VII.

[3] C.-J. Gignoux, « L'organisation du Conseil économique en Allemagne », *Questions pratiques*, 1922, n° 4-5, p. 153.

[4] V. Ulrich Zachert, « Hugo Sinzheimer : juriste praticien et pionnier du droit moderne. Autonomie collective, liberté individuelle et démocratie sociale », in Carlos-Miguel Herrera (dir.), *Les juristes de gauche sous la République de Weimar*, Paris, Kimé, 2002, coll. « Philosophie politique », p. 49-67.

les « droits fondamentaux et devoirs fondamentaux des Allemands » (art. 109 à 165), il présente, en assemblée plénière, les propositions relatives aux articles concernant la « vie économique » (art. 151 à 165), et rédige le célèbre article 165[1]. Si elle s'inspire du projet proudhonien de « démocratie ouvrière », la théorie juridico-politique proposée par Sinzheimer est un projet *réformiste* et démocratique dans lequel l'État conserve une place importante[2]. Dans ce schéma, la notion de « communauté du travail » occupe une place particulière. Elle repose sur l'affirmation de l'existence d'un « droit social » non étatique, qui entraîne nécessairement la question des relations entre ce droit non étatique et le droit étatique.

Durant la seconde moitié du XIXe siècle, certains juristes allemands reprennent l'idée d'une origine sociale du droit et de la production normative. Le livre d'Otto von Gierke sur Althusius[3] signale de ce point de vue une étape importante. Pour Gierke, l'État moderne est l'expression d'une tradition de philosophie politique individualiste qui étouffe la vie communautaire[4]. Or, revenant à la pensée althusienne à laquelle il donne un tournant « démocratique » étranger au juriste calviniste, Gierke propose une conception organiciste du droit qui repose sur un postulat fondamental : il existe, antérieurement à la personnalité juridique de l'État, des communautés organiques premières et autonomes qui constituent le peuple « réel »[5]. Ces communautés ont vocation à produire du droit, déniant à l'État le monopole de la production normative. Le droit, écrit Gierke, « est une manifestation de la vie humaine commune, non de la vie individuelle [...]. Toute communauté organique est capable d'élaborer du droit »[6].

---

[1] V. Ulrich Zachert, *ibid.*, p. 57.

[2] V. Carlos-Miguel Herrera, « Droit et gauche. Sur une recherche », in Carlos-Miguel Herrera (dir.), *Les juristes de gauche sous la République de Weimar*, *op. cit.*, p. 9.

[3] V. Otto von Gierke, *Johannes Althusius und die Entwicklung der naturrechtlichen Staatstheorien* (1880), Aalen, Scienta-Verlag, 1958.

[4] V. Céline Jouin, « ''Donner une forme sociale à l'État'' : Heller et Gierke », *Jus politicum*, n°23, décembre 2019, p. 92.

[5] Comme l'écrit Céline Jouin (« ''Donner une forme sociale à l'État'' : Heller et Gierke », art. cit., p. 91) : « Gierke a démontré que l'idée de l'État comme personne juridique n'existait pas dans l'Antiquité ni au Moyen Âge. Il a vu que la *persona civitatis* n'était chez Hobbes qu'un artifice qui sert à nier la personnalité du peuple ».

[6] Otto von Gierke, *Deutsches Privatrecht*, Leipzig, Duncker & Humbolt, 1895, p. 119 : « Das Recht [...] ist eine Manifestation des Menschlichen Gemeinlebens, nicht des Einzellebens [...]. Zur Rechtserzeugung befähigt ist jede organische Gemeinschaft ».

La conception organiciste de Gierke est traversée par une perpétuelle tension le principe de souveraineté dont l'État est le dépositaire, et la pluralité des groupements sociaux (associations et corporations). Dans un discours prononcé le 4 mai 1919, il propose une lecture historique de la formation de « l'idée germanique de l'État ». Selon lui, cette idée résulte de la combinaison dialectique entre la diversité des groupements et le principe de souveraineté[1]. La formation de la société est confrontée à la nécessité de surmonter l'écart entre le pluralisme socio-économique et le monisme étatique. La finalité de cette réflexion est de proposer une forme d'organisation de la société qui empêche la fragmentation du corps social en une constellation de petits groupes aux intérêts hétérogènes. La perspective dessinée par Gierke peut être qualifiée de « voie médiane » entre le capitalisme et le socialisme. Ces aspects seront repris par Hugo Sinzheimer, qui entend défendre la thèse d'une absence de contradiction entre la défense de l'État et l'idée d'auto-organisation ou d'auto-administration de la sphère socio-économique. La finalité politique de cette thèse est bien de surmonter l'opposition entre socialisme et individualisme libéral. Dans ce cadre, la convention collective de travail est un instrument juridique privilégié.

Sinzheimer partage avec la pensée marxiste l'idée selon laquelle la sphère socio-économique est traversée par un antagonisme fondamental entre le capital et le travail[2]. Mais contrairement aux marxistes, Sinzheimer propose de surmonter cette opposition par le droit qui, selon lui, est un instrument démocratique capable de rééquilibrer le rapport de force entre les propriétaires des moyens de production et les travailleurs. Or, la création normative n'est pas l'apanage de l'État. Il

---

[1] Otto von Gierke, « Der germanische Staatsgedanke », Vortrag gehalten am 4. Mai 1919, in *RFHIP* 2006, n° 23, p. 175, traduction de Caroula Argyriadis-Kervegan : « Il appartenait donc à la nature de l'État germanique d'être une association quant à sa base et un *pouvoir dominant* quant à sa forme d'action : d'être, pour employer des slogans modernes, à la fois *État populaire* [*Volksstaat*] et *État d'autorité* [*Obrigkeitstaat*]. La répartition des fonctions concernant la vie commune entre la collectivité et ses chefs reposait depuis toujours sur un principe qui est demeuré l'étoile du berger de l'histoire du droit et de l'État germaniques. À la collectivité revient d'établir l'ordre juridique, à l'autorité de le réaliser ».

[2] En juillet 1919, par exemple, lors d'un célèbre discours à l'Assemblée Nationale, il avance cette idée selon laquelle « il y a dans la vie économique à la fois opposition et communauté. L'opposition, qu'il est impossible d'ignorer, est celle du capital et du travail », cité in Carlos-Miguel Herrera, « Comment le social vient au constitutionnalisme. Entre État et droits », in Carlos-Miguel Herrera (dir.), *La Constitution de Weimar et la pensée juridique française*, *op. cit.*, p. 40.

existe également un droit « non-étatique », à propos duquel Sinzheimer écrit, en 1916, qu'il est produit par « les forces sociales, librement organisées ». Ces dernières, en effet, « produisent et administrent automatiquement un droit objectif direct et systématique »[1]. Ce droit non étatique est véritablement « social » en ce qu'il est directement produit par le jeu des forces socio-économiques. C'est un « droit objectif » qui trouve sa structuration dans la convention collective de travail, par laquelle « les masses s'autodéterminent juridiquement et s'autorégulent »[2]. La finalité de la convention est donc bien de surmonter les conflits entre le capital et le travail par « l'établissement d'une communauté de droit et de paix dans le domaine du travail »[3]. Source de droit objectif, la convention collective de travail ne produit d'effet normatif que pour les organisations signataires. Dès lors, la question se pose alors de l'articulation entre la convention collective et le contrat de travail. Se référant aux travaux de Sinzheimer, l'ordonnance du 23 décembre 1918 répond à cette interrogation en affirmant le « principe de faveur » (*Günstigkeitsprinzip*)[4] : la convention collective prime par principe sur le contrat de travail, excepté les cas où ce dernier contient des dispositions plus favorables au salarié.

La notion de « communauté du travail » repose sur l'idée de « collaboration » entre les travailleurs et les propriétaires des moyens de production. Sinzheimer et toute une partie de la doctrine allemande interprètent cette collaboration dans le sens d'un véritable « droit fondamental [*Grundrecht*] de la classe ouvrière »[5]. Si cette dernière possède déjà sa représentation légale dans les « conseils ouvriers », les intérêts supérieurs de la production supposent que les employeurs bénéficient également d'une représentation spécifique. C'est

---

[1] Hugo Sinzheimer, *Ein Arbeitstarifgesetz. Die Idee der sozialen Selbstbestimmung im Recht*, Berlin, Duncker & Humblot, 1916, p. 186.

[2] *Ibid.*, p. 32.

[3] *Ibid.*, p. 39.

[4] V. Ulrich Zachert, « Hugo Sinzheimer : juriste praticien et pionnier du droit moderne. Autonomie collective, liberté individuelle et démocratie sociale », in Carlos-Miguel Herrera (dir.), *Les juristes de gauche sous la République de Weimar*, *op. cit.*, p. 60.

[5] Franz Naphtali (dir.), *Wirtschaftsdemokratie. Ihr Wesen, Weg und Ziel*, Berlin, Verlagsgesellschaft des Allgemeinen Deutschen Gewerkschaftsbundes, 1928, p. 138 : « Dieses Mitbestimmungsrecht auf kollektiver Grundlage ist heute rechtlich anerkannt. Es ist nach Artikel 165 der Reichsverfassung ein Grundrecht der Arbeiterklasse geworden ».

précisément l'objet des « Conseils économiques » prévus par le texte weimarien[1], dont la fonction est de permettre cette collaboration entre les forces productives. C'est ce qui ressort des propos tenus par Sinzheimer lors d'une séance à l'Assemblée nationale en date du 21 juillet 1919 : « Dans la vie économique, il y a une opposition et il y a une communauté. L'opposition qui existe dans notre vie économique et qu'il est impossible de ne pas apercevoir, c'est l'opposition entre le capital et le travail. Il est donc nécessaire, puisque déjà les intérêts capitalistes ont une représentation publique dans les Chambres de Commerce [...], de créer, du côté du travail, une représentation publique particulière, qui s'étende à tous les ouvriers et à tous les employés. La mission de cette représentation doit être d'exprimer tous les intérêts de la classe laborieuse en tant que telle, d'une manière ordonnée, par un organe public de représentation. Cet organe public de représentation, c'est le Conseil des Ouvriers. Ce Conseil est une représentation unilatérale d'intérêts ; il a pour but d'augmenter et de réaliser l'influence économique de la classe ouvrière. Mais, dans la vie économique, il n'y a pas seulement une opposition, il y a aussi une communauté. Cette communauté est fondée sur l'intérêt qu'ont les patrons et les ouvriers à la production. Les Conseils économiques ont pour mission, par opposition aux Conseils d'ouvriers, de réaliser ces ''devoirs de production'' communs, qui incombent également aux patrons et aux employés salariés. Ils doivent satisfaire aux intérêts de la production et faire collaborer à la production tous les éléments qui y participent, pour augmenter la productivité, diminuer les coûts de production et régler autant que possible la production d'après des considérations sociales »[2]. L'idée de « communauté » se substitue ainsi à celle de « lutte des classes ».

Ce point de vue est au service d'un projet démocratique. Celui-ci s'inscrit, dans une certaine mesure, dans le sillon proudhonien, car la démocratie est comprise comme l'auto-organisation de la sphère socio-économique appréhendée à l'aune du schème organiciste. Mais il s'en distingue par la place conférée à l'État. En 1934, Sinzheimer analyse l'échec des « communautés de travail » : « Ces communautés se proposaient d'intégrer ouvriers et patrons dans une organisation unique ; elles devaient contribuer au développement d'un ordre industriel fondé sur un système de conventions collectives ; elles avaient pour

[1] Art. 165, al. 3.
[2] Cité in René Brunet, *La Constitution allemande du 11 août 1919*, *op. cit.*, p. 274.

tâche de contrôler et de diriger l'administration économique de chaque entreprise, selon des vues communes. Les ''communautés de travail'' portaient, sans aucun doute, le germe d'une organisation nouvelle du travail et de l'économie, issue des seuls intéressés, sans création et sans contrôle de l'État. La tentative échoua »[1]. L'organisation de la démocratie sur une base sociale ou socio-économique ne peut se passer de l'État, sans lequel il ne peut y avoir d'équilibre entre les différents intérêts sociaux[2].

Se prononçant sur la nature de la relation entre le droit étatique et le droit non étatique, Sinzheimer confirme leur immixtion permanente, et affirme qu'ils sont nécessairement complémentaires.

Pour Sinzheimer, l'État peut adopter plusieurs attitudes face au droit « non étatique ». Il peut d'abord s'y opposer, « voyant en lui un danger pour son existence et pour son ordre propre »[3]. Il peut également assujettir et supplanter ce droit non étatique : le premier cas étant celui du système corporatif fasciste, dans lequel « les groupements patronaux et ouvriers sont promus organes de l'État »[4] ; le second cas étant celui de l'Allemagne nazie, dans laquelle la « volonté toute puissante » du dictateur « a supplanté celle des organisations autonomes »[5]. *A contrario*, l'État peut conférer une force contraignante au droit non étatique par une législation protectrice des travailleurs : l'État « protège ainsi, de plus en plus, en usant de sa contrainte, l'existence même des travailleurs contre les dommages qui résultent du libre jeu des forces extra-étatiques »[6]. Enfin, l'État peut reconnaître le droit non étatique par l'édiction de normes qui réglementent les conventions collectives de

---

[1] Hugo Sinzheimer, « La théorie des sources du droit et le droit ouvrier », *Annuaire de l'Institut International de Philosophie du Droit et de Sociologie Juridique*, 1934, p. 75.

[2] De ce point de vue, Georges Gurvitch (*Le temps présent et l'idée de droit social*, Paris, Vrin, 1931, p. 82-83) se méprend lorsqu'il propose une lecture strictement proudhonienne de Sinzheimer. Ce dernier critiquera d'ailleurs vigoureusement la conception gurvitchienne, à laquelle il reproche précisément de méconnaître le rôle de l'État dans la structuration de la vie sociale : v. Hugo Sinzheimer, « Eine Theorie des sozialen Rechts » (1936), in Otto Kahn-Freund et Thilo Ramm (Hrsg.), *Arbeitsrecht und Rechtssoziologie. Gesammelte Aufsätze und Rede*, tome 2, Francfort, Europäische Verlaganstalt, 1976, p. 164-187.

[3] Hugo Sinzheimer, « La théorie des sources du droit et le droit ouvrier », art. cit., p. 75.

[4] *Ibid.*, p. 76.

[5] *Ibid.*, p. 76.

[6] *Ibid.*, p. 76.

travail : ces lois ont, en effet, pour but de garantir « le fonctionnement juridique du droit collectif, appelé à la vie par les énergies extra-étatiques »[1]. On le voit, droit étatique et droit non étatique ne sont jamais totalement indépendants. Dans toutes les hypothèses évoquées, le droit étatique développe une relation avec le droit non étatique, que cette relation soit positive ou négative.

Mais Sinzheimer va plus loin, en affirmant la nécessaire complémentarité entre ces deux types droits. Bien qu'il qualifie le droit non étatique, en se référant à Gurvitch, de « source *primaire* »[2] du droit, et le droit étatique de « source *secondaire* »[3], Sinzheimer considère que « l'ordre juridique d'un peuple exige le concours de ces deux catégories de sources »[4]. L'expression de « source primaire » renvoie à la thèse des origines sociales du droit. Elle véhicule l'idée selon laquelle le droit est d'abord un produit « social », l'expression normative de ce fait organique premier qu'est l'existence des groupements sociaux : « les formations juridiques ne sont pas l'œuvre de l'État, mais résultent directement des forces de la Société elle-même ; en d'autres termes, *la création véritable du droit se produit immédiatement* par les efforts et par les idées de ceux qui constituent le support des forces sociales »[5]. L'État n'arrive que dans un second temps, pour constater l'existence réputée objective de ces « faits normatifs » auxquels il est lié.

Mais malgré son caractère primaire, le droit non étatique a besoin du droit étatique pour parvenir à « l'élément juridique formel »[6]. Cela s'avère indispensable pour neutraliser les éventuels errements autoritaires du droit spontané, c'est-à-dire d'un droit qui naît du libre jeu des forces sociales : le droit spontané peut en effet « mener facilement à la soumission des faibles par les forts, à la subordination des premiers à un ordre juridique, imposé par la volonté arbitraire des seconds »[7]. On retrouve ici les accents de la critique rousseauiste pointant la contraction inhérente à l'expression « droit du plus fort »[8]. Afin d'éviter de si graves inconvénients, la fonction de l'État est d'imprégner le droit non étatique d'éléments formels. Cela passe par

[1] *Ibid.*, p. 76.
[2] *Ibid.*, p. 77.
[3] *Ibid.*, p. 78.
[4] *Ibid.*, p. 79.
[5] *Ibid.*, p. 77 (nous soulignons).
[6] *Ibid.*, p. 78.
[7] *Ibid.*, p. 78.
[8] V. Jean-Jacques Rousseau, *Du contrat social* (I, 3), *op. cit.*, p. 249.

l'adoption de législations encadrant les conventions collectives de travail et protégeant les travailleurs. L'État peut également favoriser le développement de « nouvelles formations juridiques contenues en germe dans le droit non-étatique »[1].

Le raisonnement de Sinzheimer se fonde sur une analyse du « social » qui se veut objective et réaliste. Il disqualifie la thèse selon laquelle le droit spontané pourrait se dispenser de l'État, au motif qu'elle repose sur une vision irénique des rapports entre les forces socio-économiques. En effet, cette thèse n'est possible, que parce qu'elle repose sur le postulat selon lequel « toutes les oppositions d'intérêts étant dépassées, les forces sociales autonomes seraient directement dirigées vers l'affirmation de l'unité du tout social »[2]. Or, la coexistence de ces forces, livrées à elles-mêmes et mues par des intérêts particuliers, peut avoir pour effet la dissolution du corps social. Raison pour laquelle l'État est nécessaire, car sa finalité ultime est d'unifier ce qui, sans son intervention, resterait à l'état fragmentaire : « l'État s'affirme comme représentant de la conscience collective de l'unité, c'est-à-dire la conscience que les forces autonomes de la Société ont besoin d'équilibre et doivent être mises en accord, sous peine de gêne et de dissolution du social »[3]. La crise dans laquelle sera plongée la République de Weimar, dix ans après la promulgation de sa constitution, relancera alors la réflexion constitutionnelle autour du concept d'« État de droit démocratique et social ».

Hermann Heller est généralement considéré comme l'inventeur du concept d'« État de droit social » (*sozialer Rechtsstaat*), bien que l'expression n'est utilisée qu'avec parcimonie par le constitutionnaliste[4]. Le concept a d'abord une visée polémique à l'encontre du positivisme kelsénien, dont il faut dénoncer les abstractions incapables de résoudre la crise démocratique de la fin des années 1920. Ensuite, ce concept s'emploie à démontrer que, contrairement à ce que soutient Carl Schmitt au même moment, il n'y a

[1] Hugo Sinzheimer, « La théorie des sources du droit et le droit ouvrier », *art.cit.*, p. 78.
[2] *Ibid.*, p. 78.
[3] *Ibid.*, p. 78.
[4] Comme le remarque Olivier Jouanjan, « Hermann Heller : penser l'État de droit démocratique et social en situation de crise », *Civitas Europa*, 2016, n° 37, p. 11-26. V. également : Olivier Jouanjan (dir.), *Figures de l'État de droit. Le Rechtsstaat dans l'histoire politique et constitutionnelle de l'Allemagne*, Strasbourg, PUS, 2001.

guère de contradiction entre État de droit et démocratie[1]. D'une manière générale, on peut dire que l'État de droit social est un concept répondant à une logique historique, traduisant le passage de la démocratie politique à la démocratie économique et sociale.

Pour comprendre le processus, il faut s'arrêter un instant sur la conception héllérienne de la démocratie politique. Pour Heller, l'avènement de la démocratie politique est l'aboutissement d'une lutte contre les privilèges politiques : au gouvernement représentatif des monarchies censitaires du XIXe siècle s'est substituée une démocratie politique, principalement caractérisée par le suffrage universel[2]. La démocratie économique ou sociale s'inscrit dans cette continuité historique. En effet, nous dit Heller, « l'idée sociale est la poursuite logique de la démocratie politique en une démocratie économique » [*Diese soziale Idee ist die folgerichtige Fortführung der politischen zur wirtschafltichen Demokratie*][3]. Ce passage de la démocratie politique à la démocratie économique et sociale était nécessaire, car la démocratie politique souffrait d'une contradiction : d'un côté, elle proclamait les principes de liberté et d'égalité ; de l'autre, l'abstraction des principes masquait mal une pratique sociale de domination d'une classe sur une autre. Contrairement à la démocratie politique concevant les hommes comme des sujets de droit formellement égaux, la démocratie sociale comprend l'homme comme une « totalité physique et psychologique »[4]. L'État de droit social est ainsi le moment de l'évolution politico-juridique où « le prolétariat, conscient et croissant, fait sienne l'exigence de la démocratie bourgeoise sous la forme de démocratie sociale ». Cette revendication d'une démocratie sociale par le prolétariat « ne signifie pas autre chose que l'extension de l'idée d'État de droit matériel à l'ordre du travail et au système marchand » [*Bedeutet doch die Forderung der sozialen Demokratie des Proletariats nichts andres, als die Ausdehnung des materiellen Rechtsstaatsgedankens auf*

[1] V. Jeffrey Andrew Barash, « Hermann Heller critique de Carl Schmitt », *Cités*, 2001, n°6, p. 175-178.

[2] V. Olivier Jouanjan, « Hermann Heller : penser l'État de droit démocratique et social en situation de crise », art.cit., p. 19.

[3] Hermann Heller, « Grundrechte und Grundplfichten » (1924), in *Gesammelte Schriften*, Leiden, A.W. Sijthoff, II, 1971, p. 291.

[4] Herman Heller, « Die politischen Ideenkreise der Gegenwart » (1926), in *Gesammelte Schriften*, I, Leiden, Sitjhoff, 1971, p. 400, cité in Nathalie Le Bouëdec, « De l'État de droit libéral à l'État de droit social : critique et transformation de l'État de droit chez Hermann Heller », *Jus politicum*, n°23, décembre 2019, p. 78.

die Arbeits][1]. Or, la notion de « loi » est au centre des concepts de « démocratie » et d'« État de droit ». La loi, pour Heller, est l'élément matériel de l'idée d'État de droit, alors que la séparation des pouvoirs en est l'élément formel[2]. En ce sens, le concept d'État de droit social signifie l'extension du « règne de la loi » du domaine politique au domaine socio-économique. Telle qu'elle est conçue par Heller, la démocratie sociale n'a donc pas vocation à rompre avec les principes de la démocratie politique et de l'État de droit[3]. Il s'agit, au contraire, « de les *accomplir* historiquement pour amener à la nécessaire conciliation, même seulement relative, entre égalité et liberté politique d'un côté, et égalité et liberté socio-économique de l'autre, ce qui ne peut se faire […] que par le règne de la loi »[4].

Dans cette optique, Heller voyait dans l'institution des conseils économiques l'apport constitutionnel majeur des sociaux-démocrates à la République de Weimar, dans la mesure où ces conseils conféraient à la « communauté du travail » – et non aux seuls organes politiques – des pouvoirs dans la direction de l'économie[5]. En effet, si l'initiative des projets de loi est dévolue au gouvernement ou aux membres du Reichstag[6], deux pouvoirs sont reconnus au « conseil économique de l'Empire » : un pouvoir consultatif sur les « projets de loi essentiels intéressant la politique sociale et économique », et un pouvoir d'initiative législative en ces mêmes matières[7].

---

[1] Hermann Heller, « Rechtsstaat oder Diktatur ? » (1930), in *Gesammelte Schriften*, II, *op. cit.*, p. 451.

[2] Selon Hermann Heller (« Der Begriff des Gesetzes in der Reichsverfassung » (1928), in *ibid.*, p. 210-211), la « notion de loi dans cette conception classique de l'État de droit reposait sur un idéal matériel du droit, sur l'idéal ethnico-politique de liberté et d'égalité » [*Der Gesetzesbegriff dieses klassischen Rechtstaatsgedankens war an einem materiellen Rechtsideal orientiert, am ethnisch-politischen Ideal der Freiheit und Gleichheit*].

[3] Celui-ci, écrit Olivier Jouanjan (« Hermann Heller : penser l'État de droit démocratique et social en situation de crise », art. cit, p. 24) est la forme d'organisation qui doit permettre à la fois la socialisation de l'État (le ''pouvoir de la société sur l'État et le droit'') et l'étatisation de la société (le ''pouvoir de l'État et du droit sur la société''). Il ne s'agit pas d'absorber l'un dans l'autre, mais de penser leur relation dialectique […] ».

[4] Olivier Jouanjan, *ibid..*, p. 21.

[5] V. Carlos-Miguel Herrera, « Hermann Heller, constitutionnaliste socialiste », art. cit., p. 79.

[6] Art. 68, al. 1.

[7] Art. 165, al. 4.

À la fin des années 1920 et au début des années 1930, le concept d'« État de droit social » deviendra pour Heller un véritable instrument de combat face à la double menace bolchévique et fasciste. L'alternative institutionnelle ne sera plus, comme au temps de Sinzheimer, entre capitalisme et socialisme, mais entre État de droit social et dictature[1]. Dans un discours prononcé en août 1930, Heller s'engage dans une apologie de la République démocratique de Weimar, dont la Constitution « a laissé ouvertes toutes les soupapes des forces vives de la société, lesquelles permettent de supprimer pacifiquement les contradictions de la société »[2]. Pour Heller, une constitution a donc pour fonction de donner une forme juridique aux rapports de forces existant dans la société. Autrement dit, son objet est de « civiliser » les rapports de forces antagonistes. C'est dans ce cadre qu'une transformation pacifique de la société devient pensable[3]. Or, « c'est justement cette structure de notre Constitution qui irrite nos romantiques de gauche et de droite, épris d'une révolution esthétique et héroïque. Ils la désignent comme un compromis paresseux et informe entre un État de droit monarchique et libéral et une démocratie politique et sociale »[4]. Pour Heller, cette idée de « compromis » n'est nullement affectée d'un indice négatif. Bien au contraire, défendre le compromis, c'est défendre une forme d'exigence intellectuelle permettant à la démocratie d'exister selon ses deux composantes insécables, politique et sociale.

Section 2. Le renforcement de l'État au détriment de la société.

Dans les théorisations de la pensée constitutionnelle social-démocrate allemande, on insistait sur la notion de « communauté du travail », privilégiant l'élément harmonique sur la composante antithétique de la pensée socialiste d'obédience marxiste, exprimée par l'idée de lutte des classes. L'État avait alors pour fonction d'équilibrer les intérêts sociaux. Mais la notion, véhiculant à l'origine un projet démocratique, allait faire l'objet d'interprétations allant dans le sens

---

[1] V. Hermann Heller, « Rechtsstaat oder Diktatur ? », art. cit., p. 443-462.

[2] Hermann Heller, « Forme et liberté dans la constitution du Reich », discours prononcé à l'occasion de la Fête de la Constitution, organisée par l'Association allemande des étudiants en août 1930, trad. G. Marmasse, in Carlos-Miguel Herrera, *Les juristes de gauche sous la République de Weimar*, *op. cit.*, p. 99.

[3] *Ibid.*, p. 95-96.

[4] *Ibid.*, p. 99.

d'un renforcement de l'État au détriment de la société. C'est le sens de l'idée corporative, mobilisée pour penser le problème de l'organisation sociale (§ 1). Sur le plan institutionnel, les réflexions sur l'organisation corporative de la société déboucheront sur l'idée d'une représentation des intérêts socio-économiques, en parallèle de la représentation parlementaire (§ 2).

§ 1. L'organisation sociale pensée à travers le prisme de l'idée corporative : le renforcement de l'État contre la société.

D'une manière générale, on peut définir le corporatisme comme une doctrine d'organisation socio-économique reposant sur les corporations professionnelles, c'est-à-dire des groupements « réunissant les employeurs et les salariés d'une profession autour d'une communauté d'intérêts supposés »[1]. Mais cette définition masque toute l'équivocité dont le terme est porteur, qui découle des différents usages dont il a pu faire l'objet : de l'Ancien Régime aux constitutions fascistes de l'entre-deux-guerres, en passant par le « néo-corporatisme », le mot semble être bon à tout, mais véritablement propre à rien, bénéficiant d'un large succès aussi bien chez les juristes de gauche[2] que chez les plus conservateurs, chez les défenseurs de la démocratie comme chez ceux qui y sont farouchement hostiles[3]. On peut néanmoins identifier des éléments constitutifs de « l'idée corporative ». Celle-ci plonge ses racines dans une philosophie juridico-politique anti-individualiste et anti-contractualiste postulant que l'homme est un être social, c'est-à-dire qu'il n'est véritablement épanoui que par l'intermédiaire de groupements particuliers[4]. Il s'agit donc d'une idée affirmant la primauté juridique et morale de la société organique sur l'individu. À partir de là, l'idée corporative fait l'objet de plusieurs usages, parfois antagonistes. Elle est d'abord utilisée dans une perspective non démocratique, mais n'est pas réductible à cette dimension. Elle est interprétée par les juristes français de l'entre-deux-guerres dans un sens compatible avec un régime non autoritaire, où subsistent les libertés

---

[1] V° « Corporation », in Gérard Cornu, *Vocabulaire juridique*, *op. cit.*, p. 274.

[2] Comme Georges Scelle par exemple : v. Carlos-Miguel Herrera, « Un juriste aux prises du social. Sur le projet de Georges Scelle », *RFHIP*, 2005, n° 21, p. 113-137.

[3] V. David Deroussin, « L'idée corporative saisie par les juristes : de la corporation au pluralisme juridique ? », *Les Études sociales*, 2013, n° 157-158, p. 147-185.

[4] V. Jean Brèthe de la Gressaye, « La corporation et l'État », *Archives de philosophie du droit et de sociologie juridique*, 1938, n° 1-2, p. 79.

démocratiques. Ceux-ci ont tenté de concilier l'autonomie juridique de la corporation avec le maintien des prérogatives étatiques.

La Charte du travail italienne (*Carta del Lavoro*) donne à l'idée corporative sa première expression juridique d'ensemble. Pour les fascistes, les institutions étatiques et les rapports entre l'État et la société doivent faire l'objet d'une profonde réorganisation dans le cadre d'un État « corporatif »[1]. La Charte du travail, adoptée par le Grand Conseil du Fascisme le 21 avril 1927, fixe les principes que l'État corporatif doit inscrire dans la loi. La Charte a donc une valeur supra-législative[2] ; et, pour les partisans du régime, elle a vocation à remplacer la Déclaration des droits de l'homme de 1789 en tant que fondement de l'organisation politique moderne[3]. La Charte repose sur une conception organique de la Nation, définie comme une unité « morale, politique et économique » supérieure aux individus et aux groupements qui la composent. L'organisation corporative promue par la Charte fait montre de la volonté de substituer l'idée de collaboration entre employeurs et travailleurs à celle de « lutte des classes », promue par le syndicalisme révolutionnaire. Mais cette collaboration se fait au prix d'une négation de l'autonomie individuelle et collective, dans la mesure où le travail est considéré comme un « devoir social » soumis, à ce titre, à l'autorité de l'État. Les corporations, présentées comme les représentantes intégrales des « intérêts », sont alors considérées comme des organes de l'État[4], c'est-à-dire des personnes morales de droit public[5] placées sous la dépendance directe du ministère des

[1] V. Alessio Gagliardi, « De la crise de l'État à l'État corporatif. Le corporatisme dans la réflexion des économistes et des juristes italiens », *Les Études sociales* 2013/1, n° 157-158, p. 201.

[2] V. Sotiris Agapitidès, *Le corporatisme en Italie*, Paris, Lipschutz, 1935 ; Ernest Barda, « Les principales réformes fascistes », *Bulletin mensuel de la Société de législation comparée*, 1928, juillet-septembre, n° 7-8-9.

[3] V. par exemple Ernest Barda, « Les principales réformes fascistes », art. cit., p. 282 : selon l'auteur, la Charte du travail « forme aujourd'hui la base de l'organisation économique en Italie, où elle s'est substituée à la Déclaration des Droits de l'Homme de 1789 qui avait jusqu'à la guerre pleine efficacité dans les pays de civilisation moderne ».

[4] Art. VI, al. 2.

[5] Alessio Gagliardi (« De la crise de l'État à l'État corporatif », art. cit., p. 190) évoque une « institutionnalisation » des groupes sociaux dans la pensée fasciste. Boris Mirkine-Guetzévitch (« Le néo-absolutisme corporatif », *L'Année politique française*

Corporations[1], créé le 2 juillet 1926. Dans ce cadre, la liberté syndicale, bien que proclamée par la Charte, est toute relative : seule l'organisation syndicale légalement reconnue par l'État et soumise à son total contrôle, bénéficie de prérogatives juridiques[2]. Enfin, la grève, expression des conflits de classes, est interdite.

Ce modèle d'organisation totalement déterminé par l'État et soumis à son autorité est fondé sur la création de corporations par branches d'activité. Dans ce dispositif, les conventions collectives de travail et la magistrature du travail sont les moyens par lesquels le régime corporatif réalise son objectif d'harmonisation des forces socio-économiques. Les conventions collectives de travail sont ainsi présentées comme l'expression concrète de la solidarité entre les facteurs de production[3]. Seules les organisations syndicales légalement reconnues ont capacité de conclure des conventions collectives de travail. Ces dernières s'imposent au contrat de travail individuel, qui ne peut y déroger que dans un sens plus favorable au travailleur[4]. L'État reste cependant maître du processus, dans la mesure où il détermine les différents domaines dans lesquels les conventions collectives de travail sont susceptibles d'être conclues : premièrement, la Charte prévoit que le contrat collectif doit contenir obligatoirement, sous peine de nullité, « des règles précises sur les rapports disciplinaires, sur la période d'essai, sur le montant et le paiement des salaires, sur les heures de travail »[5] ; deuxièmement, le législateur exige que ces contrats contiennent des clauses « sur le repos hebdomadaire, sur les vacances annuelles, sur les cas de congédiement par force majeure, sur le traitement du travailleur en cas de maladie ou d'appel sous les armes ou

---

et étrangère, 1934, p. 259-260) dénonçait cette « institutionnalisation », et soulignait l'incompatibilité du régime corporatif avec la démocratie.

[1] V. Ernest Barda, « Les principales réformes fascistes », art. cit., p. 290.

[2] Art. III. Les associations professionnelles non reconnues légalement subsistent comme « associations de fait », mais ne disposent que de très peu de pouvoirs : v. Sotiris Agapitidès, *Le corporatisme en Italie*, *op. cit.*, p. 154 : « Elles n'ont pas le droit de stipuler des contrats collectifs de travail valables. Le préfet compétent a plein droit d'annulation des actes de ces syndicats et droit de dissolution si elles poursuivent des buts contraires à l'intérêt national ».

[3] Art. IV.

[4] Comme le rapporte Sotiris Agapitidès (*Le corporatisme en Italie*, *op. cit.*, p. 169), le contrat collectif « est un contrat-type, auquel les contrats individuels doivent se conformer. Les contrats stipulés par les individus appartenant aux catégories professionnelles contractantes ne pas renfermer de clauses contraires à celle du contrat collectif, sauf si elles contribuent à améliorer la situation du travailleur ».

[5] Art. XI, al. 3.

à la Milice Volontaire d'Assurance Nationale, ou dans le cas du transfert de l'établissement d'un employeur à un autre »[1] ; troisièmement, l'entrée en vigueur du contrat collectif, s'il est national, est subordonnée à son dépôt au ministère des Corporations, et à la préfecture s'il est provincial[2].

La magistrature du travail est l'institution la plus importante par laquelle l'État corporatif fasciste intervient dans la question du travail et de la production, avec pour objet de régler les « controverses qui pourraient s'élever entre le capital et le travail »[3]. L'article V de la Charte dispose que la magistrature du travail « est l'organe par lequel l'État intervient pour régler les conflits du travail soit qu'ils portent sur l'observation des pactes et des autres normes existantes, soit qu'ils portent sur la détermination des nouvelles conditions de travail ». Premièrement, dans le cas où un contrat collectif a été conclu et qu'un désaccord existe entre les parties contractantes quant à son interprétation, la fonction de la magistrature du travail est soit de proposer une interprétation, soit de substituer sa décision au contrat collectif existant. Deuxièmement, en l'absence de contrat collectif ou en présence d'un tel contrat, mais dans le cas d'un changement de circonstances, les associations contractantes ont la possibilité de demander à la magistrature de nouvelles conditions de travail[4].

On a donc un modèle d'organisation socio-économique fondé sur la création, par branches d'activités, de corporations présentées comme les représentantes intégrales des intérêts de la production, mais entièrement soumises à la tutelle étatique puisqu'elles en sont les organes. On est loin du modèle proudhonien de « démocratie ouvrière » dans lequel les attributions de l'État – si tant est qu'il soit possible de parler d'« État » chez Proudhon – sont réduites au minimum. La théorisation proudhonienne de la « démocratie ouvrière » est marquée par la liberté d'association, la création libre de groupements. En revanche, dans la théorie fasciste du corporatisme, les corporations sont les rouages d'un État dont le parti unique détermine la politique générale. Dans ces conditions, l'État crée les institutions économiques et sociales, en définit les structures, contrôle étroitement leurs fonctionnements. Le système corporatif se donne le double objectif de neutraliser les conflits, d'une part, et d'améliorer la production, d'autre

[1] Sotiris Agapitidès, *Le corporatisme en Italie*, *op. cit.*, p. 170.
[2] *Ibid.*, p. 170-171.
[3] Ernerst Barda, « Les principales réformes fascistes », art.cit., p. 297.
[4] Sotiris Agapitidès, *Le corporatisme en Italie*, *op. cit.*, p. 183.

part. Cet objectif n'est atteignable qu'au prix d'une soumission complète des intérêts particuliers à l'intérêt général, dont l'État fasciste est le gardien exclusif.

La conséquence inéluctable du régime corporatif est l'abolition de la démocratie au nom du double impératif d'harmonie sociale et de prospérité économique. L'intérêt général ne saurait faire l'objet de délibérations ou de discussions contradictoires. Le système parlementaire est alors profondément modifié. Pour les élections législatives, l'article 3 de la loi n° 1019 du 17 mai 1928 sur la réforme de la représentation politique dispose que seules les confédérations syndicales légalement reconnues au niveau national ont la faculté de proposer des candidats. Les propositions faites, celles-ci sont transmises au Grand Conseil du Fascisme, qui établit une liste unique qui sera soumise pour approbation au vote des électeurs[1]. S'ajoute à cela le fait que le droit de vote est subordonné au paiement d'une cotisation syndicale[2]. Ainsi, par l'instauration d'un « suffrage corporatif », la législation fasciste a façonné un électorat aisément contrôlable. La conception fasciste du corporatisme engage une conception « totalitaire »[3] de l'État : corporations, syndicats et partis politiques ne subsistent que *dans* et *par* l'État.

Dans les années 1930, les idées corporatives s'expriment dans plusieurs constitutions européennes. La Constitution portugaise de 1933 décrit soigneusement un ordre social fondé sur la famille et les corporations[4]. Comme dans le cas italien, l'État détermine l'ordre social. En témoigne l'article 6, selon lequel il incombe à l'État « de coordonner, encourager et diriger toutes les activités sociales, en faisant prévaloir une juste harmonie d'intérêts dans la légitime subordination des intérêts privés à l'intérêt général ». C'est à l'État, poursuit l'article 14, qu'il appartient « de reconnaître les corporations morales ou économiques et les associations ou organisations syndicales et d'encourager et aider leur formation ». Le texte constitutionnel précise l'objet des corporations au terme de l'article 15 : « Les corporations, associations ou organisations dont il est question à l'article précédent devront viser principalement des objectifs scientifiques, littéraires,

---

[1] Loi n° 1019 du 17 mai 1928, art. 6.

[2] Loi n° 1019 du 17 mai 1928, art. 10.

[3] Nous utilisons l'adjectif « totalitaire » au sens didactique de « qui englobe, prétend englober la totalité des éléments d'un ensemble » (v° « Total », *Dictionnaire historique de la langue française*, tome 2, *op. cit.*, p. 2464).

[4] Art. 5.

artistiques ou d'éducation physique ; d'assistance, de bienfaisance ou de charité ; de perfectionnement technique ou de solidarité d'intérêts ».

Le Préambule de la Constitution autrichienne de 1934 va dans le même sens : « Au nom de Dieu, le Tout-Puissant, qui dit le droit, le peuple autrichien reçoit cette constitution pour son État fédéral chrétien et allemand sur des bases corporatistes ». Le texte s'inspire de la lettre encyclique *Quadragesimo anno* de Pie XI en date du 15 mai 1931[1], qui se prononce en faveur d'un ordre social fondé sur la restauration des corporations, seules capables de réaliser l'objectif d'harmonie sociale contre la doctrine délétère de la lutte des classes[2]. L'encyclique célèbre les bienfaits de l'organisation corporative italienne : « Grève et lock-out sont interdits ; si les parties ne peuvent se mettre d'accord, c'est l'autorité qui intervient. Point n'est besoin de beaucoup de réflexion pour découvrir les avantages de l'institution, si sommairement que nous l'ayons décrite : collaboration pacifique des classes, éviction de l'action et des organisations socialistes, influence modératrice d'une magistrature spéciale »[3].

Au regard de ces expériences, il est légitime de se poser la question de la compatibilité entre corporatisme et démocratie, comme le fera Boris Mirkine-Guetzévitch[4]. Si la réponse apportée par ce dernier est négative, beaucoup de juristes français ont tenté de donner à l'idée corporative un sens qui soit compatible avec un régime non autoritaire. Telle qu'elle est interprétée beaucoup de juristes français de l'entre-deux-guerres et notamment par les catholiques sociaux, l'idée corporative vise à réduire le poids de l'État sur la société. Les corporations sont ainsi appelées « à occuper une position intermédiaire entre les activités individuelles et l'État chargé de coordonner l'action des corporations »[5]. Cela implique une redéfinition de l'intervention étatique sur la société, conçue comme un espace spécifique de traitement des questions socio-économiques pris en charge par des corporations autonomes. L'intervention de l'État sur la société doit

[1] Comme le souligne Carlos-Miguel Herrera, v. « La pensée constitutionnelle du social », art. cit., p. 189.

[2] V. Pie XI, *Quadragesimo anno*, 15 mai 1931, Saint-Céneré, Éditions Saint-Michel, p. 79-80.

[3] *Ibid.*, p. 83.

[4] Boris Mirkine-Guetzévitch, « Le néo-absolutisme corporatif », art. cit., p. 259.

[5] *Ibid.*, p. 160-161.

alors n'être « qu'incitatrice, animatrice, mais en aucune manière rectrice »[1]. Pourtant, le discours en faveur d'une autonomie juridique des corporations est immédiatement contrebalancé par un discours démontrant la nécessité d'un contrôle étatique étroit sur les corporations, si bien que « ce qu'ils donnent d'une main », les juristes français « semblent le reprendre d'une autre, préoccupés qu'ils sont de préserver l'État »[2]. Ce (double) discours irrigue également la pensée du juriste palermitain Santi Romano, dont l'effort théorique consiste intégrer le pluralisme juridique et social dans le giron étatique[3]. En creux, on retrouve l'intuition chère à Louis Blanc, contre Proudhon, selon laquelle l'État est l'instrument de la transformation sociale. Le discours des juristes français mobilisant l'idée corporative comporte ainsi une tension fondamentale entre trois niveaux, complexifiée par une confusion sans cesse entretenue entre propos *descriptif* et *prescriptif*. Si on entend favoriser la reconnaissance d'un ordre juridique corporatif autonome et l'émergence d'un véritable droit corporatif, l'autonomie juridique des corporations doit être relativisée, eu égard au rôle essentiel que l'État est appelé à jouer.

Contrairement à l'interprétation fasciste de l'idée corporative, pour les juristes français issus du catholicisme social, la véritable corporation est celle qui garde son autonomie par rapport à l'État[4]. Il s'agit donc de reconnaître un ordre juridique corporatif autonome, remettant en cause le légicentrisme étatique. Enfin l'appel à la reconnaissance d'un ordre juridique corporatif autonome implique l'attribution d'une fonction juridictionnelle à la corporation, sous la forme d'un pouvoir disciplinaire.

---

[1] Jacques Le Goff, « Les catholiques sociaux et le droit social : le cas français (1880-1930) », *Vie sociale*, 1991, novembre-décembre, p. 45.

[2] David Deroussin, « L'idée corporative saisie par les juristes : de la corporation au pluralisme juridique ? », art. cit., p. 179.

[3] V. Santi Romano, *L'État moderne et sa crise* (1910), trad. David Soldini, in *Jus politicum*, n°14, juin 2014, p. 11 [En ligne : http://juspoliticum.com/article/L-Etat-moderne-et-sa-crise-968.html]. En ce sens, si « Romano est pluraliste, c'est donc avant tout parce qu'il est étatiste » (David Soldini, « Santi Romano, penseur pluraliste et étatiste », *Jus politicum*, juin 2014, n°14, en ligne : http://juspoliticum.com/article/Santi-Romano-penseur-pluraliste-et-etatiste-933.html).

[4] V. Jean Brèthe de la Gressaye, « La corporation et l'État », art. cit., p. 80.

Maurice Hauriou fait de la corporation une véritable « institution », c'est-à-dire une forme sociale autonome établie dans la durée[1]. L'institution, en effet, « cherche nécessairement à fixer les conditions de sa vie : se faisant, elle crée un droit grâce *au pouvoir de gouvernement qu'elle contient* »[2]. Selon le doyen de Toulouse, « l'institution corporative n'est qu'une certaine manière d'être de l'organisation sociale », mais « une organisation sociale poussée à un certain degré de perfection »[3]. Par « organisation sociale », Hauriou entend « tout *arrangement* permanent par lequel, *à l'intérieur d'un groupement social déterminé*, des *organes disposant d'un pouvoir de domination sont mis au service des buts intéressant le groupe*, par une activité coordonnée à celle de l'ensemble du groupe »[4]. L'idée d'une organisation corporative de la société peut ainsi être regardée comme une modalité de l'organisation sociale par laquelle l'État reconnaît des institutions corporatives autonomes, disposant d'un réel pouvoir pour l'accomplissement de leur fonction sociale. La première conséquence juridique de ce principe est la reconnaissance nécessaire de la liberté d'association : liberté pour les individus de s'associer, et droit du groupement ainsi créé de se voir reconnaître une existence légale[5]. Tout le corporatisme d'Hauriou repose sur l'idée selon laquelle la liberté d'association permet d'instituer le pluralisme social[6]. Ainsi comprise, l'idée d'une organisation de la société fondée sur les corporations est compatible avec la démocratie. L'organisation sociale, écrit Hauriou, « va être poussée à son point de perfection : 1° en ce sens que les organes disposant d'un pouvoir de domination en vue de réaliser les buts du groupe vont avoir la souveraineté du pouvoir ; 2° en ce que l'activité coordonnée des organes et de l'ensemble des groupes va être réglée par une organisation constitutionnelle du pouvoir ; 3° en ce sens enfin que l'organisation sociale, devenue une institution corporative,

[1] V. Éric Millard, « Hauriou et la théorie de l'institution », *Droit et société*, 1995, n° 30-31, p. 381-412.

[2] Maurice Hauriou, *Précis élémentaire de droit administratif*, 5ème éd., Paris, Sirey, 1943, p. 25 (nous soulignons).

[3] Maurice Hauriou, *Principes de droit public*, 2ème éd., Paris, Sirey, 1916, p. 111.

[4] *Ibid.*, p. 48 (nous soulignons).

[5] Jean Brèthe de la Gressaye, « La corporation et l'État », art. cit., p. 80. D'une manière générale, on réclame des garanties constitutionnelles aux « libertés corporatives » (David Deroussin, « L'idée corporative saisie par les juristes : de la corporation au pluralisme juridique ? », art. cit., p. 158-159).

[6] Comme le souligne le politiste Guillaume Sacriste, « L'ontologie politique de Maurice Hauriou », *Droit et société*, 2011, n° 78, p. 478.

aura l'autonomie juridique plus ou moins complète »[1]. Dès lors, ce qui importe, ce n'est pas tant la question de la nature juridique de la corporation (personne morale de droit public ou de droit privé), que celle de son degré d'autonomie[2]. Ainsi, lorsque Roger Bonnard commentera la création de l'Office interprofessionnel du blé par la loi du 15 août 1936, il considérera naturellement cet organisme comme une corporation en raison des modalités de désignation de ses membres – par voie d'élection –, des pouvoirs qu'ils possèdent ainsi que l'autonomie financière et budgétaire dévolue à l'établissement[3].

On le voit, l'idée corporative n'est pas utilisée comme un instrument de domination de l'État sur la société, mais, au contraire, comme un moyen de reconnaître, au sein de la société, un ordre juridique corporatif distinct de l'ordre étatique, dans une perspective d'équilibre des pouvoirs. L'État est en effet susceptible d'opprimer la société, de sorte qu'il faut lui imposer des limites trouvant leur origine dans la société elle-même. C'est dans cette perspective que Louis Le Fur décrit (ou prescrit ?), en parallèle de la loi et du contrat, un troisième ordre juridique : « L'apparition de ce troisième ordre est considérée par beaucoup de juristes et de publicistes comme le moyen le plus sûr de maintenir l'équilibre social, à condition bien entendu que le nouveau pouvoir ne soit pas confisqué par l'État comme dans les organisations soviétique ou fasciste. Il faut bien remarquer d'ailleurs que ce troisième ordre juridique, s'il veut vivre, devra comme les précédents exercer une certaine autorité sur tous ceux qui en relèvent, et en fait il l'a dès le début revendiqué avec une énergie significative. Au fond, c'est toujours le mot de Montesquieu, que seul le pouvoir arrête le pouvoir [...] ; le pluralisme des ordres sociaux apparaît ainsi comme la meilleure garantie contre les abus de chacun d'eux »[4].

Le corrélat de la reconnaissance d'un ordre juridique corporatif est la remise en cause du légicentrisme étatique : l'État doit perdre le monopole de l'émission de normes juridiques dans l'ordre socio-

---

[1] *Principes de droit public*, *op. cit.*, p. 111.

[2] V. David Deroussin, « L'idée corporative saisie par les juristes : de la corporation au pluralisme juridique ? », art. cit., p. 151.

[3] V. Roger Bonnard, *Syndicalisme, corporatisme et État corporatif*, Paris, LGDJ, 1937, p. 97.

[4] Louis Le Fur, « Droit individuel et droit social. Coordination, subordination ou intégration », *Archives de philosophie du droit et de sociologie juridique*, 1934, n° 3-4, p. 307.

économique, au profit des corporations[1]. Plus précisément, l'idée commune à plusieurs juristes de l'époque[2] consiste à voir dans les institutions corporatives des « sources primaires » du droit à côté des « sources secondaires » que sont la loi et le contrat[3]. On plaide pour la reconnaissance d'un droit corporatif, c'est-à-dire d'un droit qui n'émane ni du pouvoir législatif ni du pouvoir réglementaire, et qui se distingue du droit conventionnel représenté par les conventions collectives de travail. Le droit corporatif est considéré comme un « phénomène social » qui dérive mécaniquement des rapports d'interdépendance et de solidarité qui traversent tout groupement social. Il s'agit donc, selon la terminologie duguiste, d'un « droit objectif » ayant vocation à endosser une fonction législative. Dans le cadre des *Semaines sociales de France*, Jean Brèthe de la Gressaye le dira sans détour : le droit corporatif correspond au pouvoir de « faire des lois obligatoires pour tous les membres du corps professionnel, en matière sociale et économique »[4]. Le terme de « loi » doit être ici entendu dans un sens étendu, comme une règle de droit générale, abstraite et permanente, émise par une autorité qualifiée. En ce sens, la fonction législative du droit corporatif se traduit par les statuts et les règlements adoptés par la corporation : il s'agit véritablement d'« actes-règles » créant une situation juridique durable, stable et organisée[5]. Sur le plan de la hiérarchie des normes, la « loi » corporative a alors vocation à occuper un rang supérieur à celui occupé par les conventions collectives de travail conclues entre syndicats, cantonnées à un rôle d'aménagement et prolongées, éventuellement, par des règlements d'ateliers particuliers[6].

Cette fonction juridictionnelle doit s'exercer sous la forme d'un pouvoir disciplinaire sur les membres du groupement, pouvant aller de la simple sanction à l'exclusion. Selon Jean Brèthe de la Gressaye, les

---

[1] *Ibid*, p. 307.

[2] V. David Deroussin, « L'idée corporative saisie par les juristes : de la corporation au pluralisme juridique ? », art. cit., p. 174.

[3] V. Louis Le Fur, « Droit individuel et droit social », art. cit., p. 281.

[4] Jean Brèthe de la Gressaye, « Les modes d'exercice de l'autorité dans la corporation », *Semaines Sociales de France*, 1935, p. 275, cité in David Deroussin, « L'idée corporative saisie par les juristes : de la corporation au pluralisme juridique ? », art. cit., p. 176. V. également Roger Bonnard, *Syndicalisme, corporatisme et État corporatif*, *op. cit.*, p. 10.

[5] Roger Bonnard, *ibid.*, p. 176.

[6] V. David Deroussin, « L'idée corporative saisie par les juristes : de la corporation au pluralisme juridique ? », art. cit., p. 177.

corporations « forment vraiment des corps sociaux, à l'instar de l'État lui-même, et l'on y trouve des organes qui exercent sur les membres un pouvoir législatif (statuts et règlements), un pouvoir d'administration (gestion des biens, activité sociale suivant le but de l'association), et un pouvoir juridictionnel (principalement sous la forme d'un pouvoir disciplinaire, pouvoir d'infliger des sanctions, dont la plus grave est l'exclusion du groupe, aux membres coupables d'infraction aux statuts) »[1]. Si donc l'autonomie des organes corporatifs se manifeste, sur le plan externe, par leur existence de fait et la reconnaissance de leur personnalité juridique, sur le plan interne celle-ci se manifeste par l'attribution d'un pouvoir juridictionnel disciplinaire dévolu à des organes démocratiques[2]. Ces réflexions précèdent les propositions formulées après-guerre, de réorganisation de l'ordre judiciaire par l'instauration d'un nouvel ordre de juridictions. Pour Paul Durand, par exemple, l'instauration d'une juridiction spécialisée est le corrélat de l'apparition d'un type particulier de légalité instituée par le droit du travail[3]. Dans le même sens, Pierre Laroque, s'inspirant de la brève expérience de la Cour supérieure d'arbitrage instituée en 1938, préconisera la création d'une magistrature sociale distincte de l'ordre administratif et de l'ordre judiciaire[4].

La notion de collaboration des forces productives, véhiculée par l'idée corporative, engage une nouvelle conception de l'entreprise, qui devient le lieu de réalisation d'un intérêt collectif. L'entreprise « est, elle aussi, un corps social, une institution corporative. Elle groupe un certain nombre de personnes, entrepreneur, capitalistes, ouvriers et employés, en vue d'atteindre un but d'intérêt collectif »[5]. De là vont découler plusieurs conséquences : elles concernent les fondements et les limites du pouvoir patronal, ainsi que le fonctionnement de l'entreprise, à la direction de laquelle on cherche à associer les salariés.

Il découle de l'idée selon laquelle l'entreprise est une institution corporative un discours fondant la légitimité du pouvoir patronal non plus sur la propriété, mais sur la fonction sociale qu'il remplit au service de l'ensemble. L'entreprise est une communauté solidaire, comme

---

[1] Jean Brèthe de la Gressaye, « La corporation et l'État », art. cit., p. 81.
[2] *Ibid.*, p. 81.
[3] V. Paul Durand, *Traité de droit du travail*, Paris, Dalloz, 1947, t. 1, p. 257.
[4] V. Pierre Laroque, « Contentieux social et juridiction sociale », art. cit., p. 277.
[5] Jean Brèthe de la Gressaye, « La corporation et l'État », art. cit., p. 81.

l'enseigne la doctrine sociale de l'Église[1]. Un juriste issu du catholicisme social comme Eugène Duthoit peut ainsi déclarer, aux *Semaines sociales de France*, dont il est le président pendant tout l'entre-deux-guerres : « Légitime est la coexistence du commandement et de la propriété dans les mêmes mains quand, ce qui est arrivé le plus souvent, le propriétaire des instruments de production est le mieux qualifié pour exercer l'autorité. Mais dans ce cas, le chef d'entreprise ne possède point le commandement sur ses subordonnés à raison de son droit de propriété sur le matériel ; il l'exerce parce qu'il est, le cas échéant, le plus apte à commander pour le bien commun de l'entreprise »[2]. À la conception du pouvoir patronal comme attribut personnel, la vision corporative de l'entreprise oppose une conception « finaliste » du pouvoir[3]. Le pouvoir patronal trouve sa légitimité et sa limite dans la finalité ou la fonction sociale qu'il remplit : réaliser le bien commun de cette collectivité socio-économique qu'est l'entreprise. Le bien commun de l'entreprise est donc le critère à l'aune duquel la légitimité du pouvoir patronal sera sans cesse appréciée.

Cette réflexion allait se révéler féconde puisque c'est à partir d'elle que Paul Durand transposera la notion d'« institution » à l'entreprise, opérant la synthèse entre la doctrine sociale de l'Église[4] et la pensée juridique allemande structurée autour de la notion de « communauté du travail ». L'existence de rapports collectifs – et non purement individuels entre patrons et salariés – au sein de l'entreprise traduit l'existence de « sociétés organisées, de caractère hiérarchique »[5]. Contre la thèse individualiste selon laquelle « l'entreprise est la mise en œuvre combinée de la propriété de moyens

---

[1] V. Laurent Gamet, « L'Église catholique, le travail et les travailleurs », *Dr. Soc.*, 2018, n° 3, p. 293-298.

[2] Cité in Jacques Le Goff, « Les catholiques sociaux et le droit social : le cas français (1880-1930) », art. cit., p. 50.

[3] V. *Ibid.*

[4] V. Alain Supiot, « À propos d'un centenaire : la dimension juridique de la doctrine sociale de l'Église », *Dr. Soc.*, 1991, n° 12, p. 916-925.

[5] V. Paul Durand, « La notion juridique d'entreprise », in *Travaux de l'association Henri Capitant pour la culture juridique française*, 1948, p. 45-60. V. également : Georges Ripert, *Aspects juridiques du capitalisme moderne*, 2ème éd., Paris, LGDJ, 1951. On trouvait déjà l'idée d'entreprise comme « collectivité hiérarchisée » chez Alfred Legal et Jean Brèthe de la Gressaye : v. Gilles Lhuilier, « Le ''paradigme'' de l'entreprise dans le discours des juristes », *Annales. Économies, Sociétés, Civilisations*, 1993, n° 2, p. 329-358.

de production et de la liberté contractuelle »[1], l'entreprise est analysée comme une institution communautaire unissant les détenteurs du capital, les salariés et les moyens de production autour d'un intérêt commun. L'entreprise n'est pas une ère d'autorité où les détenteurs du capital « ont la maîtrise des formes juridique de sa mise en valeur »[2], mais une « société d'hommes », c'est-à-dire une organisation sociale « rassemblant des travailleurs, sous l'autorité d'un chef, pour la réalisation d'une activité commune »[3].

Si l'entreprise est une « société d'hommes », une communauté au sein de laquelle les forces productives s'associent en vue de la réalisation d'un intérêt commun, cela implique de repenser le statut de la collectivité salariée dans la gestion de l'entreprise. Le hiatus entre l'expansion des principes de la démocratie politique et les pratiques absolutistes de l'autorité dans l'entreprise devient trop important pour ne pas envisager une nouvelle distribution du pouvoir[4]. C'est en ce sens que, reprenant le vocabulaire proudhonien, Georges Scelle plaidera en 1924 pour la constitution d'une « démocratie industrielle » ou, parfois, pour une « démocratie économique ». Selon lui, l'objet de la démocratie industrielle consiste à extraire l'ouvrier ou le salarié de son statut d'« auxiliaire inférieur de la production », pour lui assigner un rôle « de collaborateur et d'égal, vis-à-vis des autres facteurs de la production »[5]. Cette thèse reprend une double critique désormais classique : celle de l'égalité juridique, jugée incomplète dès lors qu'elle ne bénéficie pas de modalités concrètes d'application, et celle de la lutte des classes. La « véritable doctrine démocratique, écrit Scelle, ne se contentera pas de l'égalité juridique. Elle sait trop que l'*égalité n'est qu'un vain mot si elle ne va pas jusqu'à l'égalité de puissance*, et que si l'on veut véritablement ôter son virus à la lutte des classes, il faut donner à l'élément travail dans la production une influence et des droits égaux à l'élément capital. Et ici se pose le problème social évidemment le plus angoissant de l'heure actuelle : la *participation des ouvriers à la direction de l'entreprise* [...]. C'est au fond toute la question de la

[1] Comme le rappelle Alain Supiot, *Critique du droit du travail*, *op. cit.*, p. 177.
[2] *Ibid.*, p. 177.
[3] Nicole Catala, *L'entreprise*, Paris, Dalloz, 1980, p. 138.
[4] Par exemple, v. Paul Cuche, « La législation du travail et les transformations du droit », *Cahiers de la nouvelle journée*, 1925, n° 4, p. 194.
[5] Georges Scelle, « Le problème ouvrier », in Augé-Laribé, Aimé Berthold, Émile Borel et *alii.*, *La politique républicaine*, Paris, Alcan, 1924, p. 345.

démocratie industrielle »[1]. L'enjeu de la démocratie industrielle est donc une nouvelle répartition du pouvoir au sein de l'entreprise, dans le but de favoriser une collaboration entre le travail et le capital[2]. Dans le même sens, Marcel Prélot définit de la manière suivante sa conception de la démocratie : « Nous voulons réaliser la démocratie dans l'ordre social, non par la lutte des classes et la violence stérile, mais par une évolution hardiment réformatrice et par une collaboration sincère des divers éléments de la production. Il importe que les travailleurs de toutes catégories puissent prendre une part croissante à la gestion de leurs intérêts professionnels. Nos efforts tendront à rendre possible leur accession rapide à la direction des affaires économiques »[3].

Cependant, les modalités concrètes de la participation ne font pas l'objet d'un consensus. Tout d'abord, pour Georges Scelle, la participation à la direction de l'entreprise signifie un contrôle ouvrier en matière de gestion commerciale et financière[4]. Ensuite, au sein du catholicisme social, les avis divergent. Pour la première génération de catholiques sociaux, plutôt hostiles à la démocratie, le partage du pouvoir dans la perspective d'une citoyenneté élargie à l'entreprise est formellement exclu, sur le fondement d'une conception stricte de la hiérarchie naturelle des classes. Le pouvoir n'est certes pas illimité, affirme par exemple La Tour du Pin, mais il ne se partage pas[5]. En revanche, ils sont favorables à la participation des travailleurs aux résultats de l'entreprise[6]. Les démocrates-chrétiens expliquent au contraire que l'idée d'une hiérarchie naturelle des classes est « en contradiction manifeste avec l'idée essentielle de la démocratie, l'égalité des citoyens »[7]. L'égalité est donc à nouveau mobilisée pour asseoir l'idée d'une association des travailleurs et de leurs représentants

[1] *Ibid.*, p. 380 (nous soulignons).

[2] « Dans une véritable démocratie, écrit Georges Scelle, il ne devrait pas y avoir de classe dominante, mais bien un équilibre et une collaboration des classes [...] Pour cela une chose est essentielle l'organisation du prolétariat, qui seule pourra conduire au régime de la démocratie économique » (*ibid.*, p. 371).

[3] Marcel Prélot, Raymond Laurent, *Manuel politique*, Paris, Spes, 1928, p. 232.

[4] V. Georges Scelle, *Le droit ouvrier*, Paris, Armand Colin, 1929, p. 207-208.

[5] V. Bernard Quiriny, « René La Tour du Pin et l'idée de constitution nationale », *Jus politicum*, 2012, n°8 [En ligne : http://juspoliticum.com/article/Rene-de-La-Tour-du-Pin-et-l-idee-de-constitution-nationale-544.html].

[6] V. Jacques Le Goff, « Les catholiques sociaux et le droit social : le cas français (1880-1930) », art. cit., p. 50.

[7] Abbé Gayraud, *Les démocrates-chrétiens*, Paris, Lecoffre, 1899, p. 48.

au pouvoir décisionnel dans l'entreprise, au nom d'une extension du concept de citoyenneté à la sphère de l'entreprise[1]. L'écho est le même chez les socialistes à tendance réformiste. Il y a « contrôle ouvrier », écrit Roger Picard, « quand les délégués du personnel salarié participent à la gestion quotidienne de l'entreprise, partagent avec les patrons le pouvoir de décision, possèdent voix consultative ou délibérative dans les conseils directeurs de l'entreprise, et font, en somme, que le gouvernement de cette entreprise tienne compte du consentement des gouvernés »[2]. Enfin, dans les rangs du syndicalisme révolutionnaire et marxiste, on interprète l'idée de « contrôle ouvrier » dans le sens d'une prise complète du pouvoir au sein de l'entreprise, au détriment de la propriété individuelle[3]. Si donc l'idée de « démocratie industrielle » renvoie à la participation des ouvriers à la direction de l'entreprise, force est de constater que l'idée est loin d'être univoque.

Il est cependant possible d'identifier un élément commun aux différents courants de pensée, malgré leurs divergences : hormis l'optique autogestionnaire du syndicalisme révolutionnaire, on plaide, du catholicisme social au socialisme réformiste, en passant par le radical-socialisme, en faveur d'une extension des concepts de la démocratie politique à l'organisation et au fonctionnement des entreprises[4] afin de limiter le pouvoir patronal. Ce processus était déjà décrit par Millerand comme « la transformation, à l'usine, de la monarchie absolue en monarchie constitutionnelle »[5]. Il s'agit d'un

[1] V. Jacques Le Goff, « Les catholiques sociaux et le droit social : le cas français (1880-1930) », art. cit., p. 51.

[2] Roger Picard, *Le contrôle ouvrier*, Paris, Rivière, 1922, p. 34.

[3] Dans *L'Humanité* du 25 décembre 1921, le Parti communiste exhorte les ouvriers « à considérer l'usine, le chantier, la mine comme leur propriété », afin d'aboutir « à la gestion des entreprises par les travailleurs, celle primaire de l'organisation de la production », cité in Jacques Le Goff, *Du silence à la parole...*, *op. cit.*, p. 217.

[4] V. Hyacinthe Dubreuil, *Employeurs et salariés en France*, Paris, Alcan, 1934, p. 110. Durant cette période, la question de la participation ouvrière fait l'objet de plusieurs thèses : v. Jean Drouet de Montgermont, *De la participation des ouvriers à la gestion de l'entreprise*, thèse de doctorat en droit, Université de Paris, 1921 ; Maurice Freléchoux, *Le contrôle ouvrier dans l'industrie*, thèse de doctorat, en droit, Université de Dijon, 1923.

[5] Alexandre Millerand, « Préface » à Jules Huret, *Les grèves*, Paris, La revue blanche, 1902, p. 6.

projet réformiste visant à reconnaître « la part du travail dans la gestion des entreprises »[1].

Malgré une certaine défiance envers l'étatisme, la volonté de beaucoup de juristes de reconnaître un ordre juridique corporatif autonome n'implique jamais la disparition pure et simple de l'État. Ce dernier est même appelé à exercer un contrôle très étroit sur le gouvernement de la corporation et son pouvoir réglementaire[2].

Cette position est justifiée par l'idée de « bien commun de la nation ». L'État doit contrôler les corporations afin « de contenir leur puissance, réprimer leurs abus, les contraindre à coopérer au bien commun de la nation », mais il « excède son pouvoir légitime s'il les asservit »[3]. Si la distinction entre « contrôle » et « asservissement » ne soulève pas de difficultés particulières d'un point de vue purement théorique, elle n'est pas évidente en pratique. Comment distinguer précisément entre le simple contrôle et l'asservissement des corporations ? L'État intervient en effet à plusieurs niveaux.

Dans un premier temps, l'État constitue les corporations : s'il est admis que ces dernières, comme tous les groupes sociaux, ont une existence naturelle, il n'en demeure pas moins que pour accéder à l'existence juridique, l'État doit les reconnaître. Pour Jean Brèthe de la Gressaye, « dès lors qu'un groupement prétend devenir un corps public, unique et obligatoire, appelé à exercer une autorité sur toute une catégorie de personne, par exemple sur toute une profession, il faut bien que l'État le reconnaisse comme tel, afin que son autorité soit consacrée, qu'elle s'impose à tous les intéressés même contre leur gré, et qu'elle soit sanctionnée le cas échéant par la force publique dont l'État a le monopole »[4]. L'écho est le même chez Roger Bonnard, qui fait dériver le pouvoir normatif des corporations de la volonté étatique. Selon lui, les groupements « fortement intégrés et constitués » sont à même « de prétendre à ce *que l'État leur reconnaisse le pouvoir de*

[1] Selon le titre du rapport de l'Association nationale française pour la protection légale des travailleurs : v. *La part du travail dans la gestion des entreprises*, Paris, Alcan, 1921.

[2] David Deroussin, « L'idée corporative saisie par les juristes : de la corporation au pluralisme juridique ? », art. cit., p. 178.

[3] Jean Brèthe de la Gressaye, « La corporation et l'État », art. cit., p. 86.

[4] *Ibid.*, p. 86.

constater et de formuler leur droit propre »[1]. La volonté de l'État est ainsi au fondement de l'existence juridique des corporations et de leur pouvoir normatif.

Dans un deuxième temps, « *l'exercice de l'autorité corporative doit être contrôlé par l'État*, gardien du bien commun de la nation »[2]. L'utilisation de l'expression « autorité corporative » à la place de celle de « pouvoir corporatif », souligne la volonté de subordonner les corporations au pouvoir étatique. L'institution d'un « pouvoir corporatif » consacrerait en effet le règne des intérêts particuliers et entérinerait une conception utilitariste de l'intérêt général. Or, pour les juristes favorables au corporatisme, l'intérêt général exige de transcender les intérêts particuliers afin de renforcer le sentiment d'unité des membres de la société, ce qui fait de l'État le dépositaire de l'intérêt général. Il faut donc que la puissance étatique exerce un contrôle étroit sur les corporations[3].

Bien que les corporations soient réputées disposer d'un pouvoir normatif pour régler les rapports professionnels et interprofessionnels, l'État doit conserver le monopole de la fonction législative en matière socio-économique. En ce sens, écrit Jean Brèthe de la Gressaye, « dans l'ordre social, le Code du travail ne doit pas disparaître : des règles générales, valables pour toutes les professions sont nécessaires [...] »[4]. Cette réglementation générale sera ensuite complétée par des règlements corporatifs, destinés à s'adapter aux particularités de chaque profession[5]. L'État est également appelé à contrôler l'usage que les corporations font de leurs pouvoirs, c'est pourquoi les décisions individuelles des autorités corporatives et leurs délibérations réglementaires doivent pouvoir faire l'objet d'un recours pour excès de pouvoir devant le juge administratif[6]. La force exécutoire des règlements corporatifs pourrait être subordonnée à une homologation délivrée par des autorités administratives, ou à la possibilité d'exercer un recours en annulation[7]. L'État pourrait également révoquer les autorités corporatives, dans les cas où « elles manqueraient gravement

---

[1] Roger Bonnard, *Syndicalisme, corporatisme et État corporatif*, *op. cit.*, p. 11 (nous soulignons).
[2] Jean Brèthe de la Gressaye, « La corporation et l'État », art. cit., p. 87.
[3] *Ibid.*, p. 87.
[4] *Ibid.*, p. 88.
[5] *Ibid.*, p. 88.
[6] *Ibid.*, p. 88.
[7] *Ibid.*, p. 88.

à leurs devoirs »[1]. Enfin, un contrôle financier devrait être effectué par les agents de l'État[2].

« Quelle devrait donc être la place du corporatisme dans l'organisation de l'État moderne ? Les corporations doivent-elles être entièrement soumises à un État puissant, dans lequel le pouvoir exécutif serait renforcé au point d'absorber le pouvoir législatif, et de supprimer toutes les libertés démocratiques, comme en Italie fasciste ? Ou bien l'État doit-il être dominé par les corporations, qui seraient maîtresses de la puissance politique ? », s'interroge Jean Brèthe de la Gressaye[3]. Pour les juristes français, aucune de ces deux conceptions n'est satisfaisante. Ils s'emploient alors à développer un discours porteur d'une tension entre, d'un côté, l'appel à l'autonomie des corporations, et, de l'autre, la volonté de maintenir une tutelle de l'État. Pour Georges Renard, disciple d'Hauriou, le « droit public est dominé par une personnalité – une institution – de toute première grandeur : l'État est incontestablement la manifestation la plus éclatante – d'aucuns diraient volontiers encombrante – du phénomène institutionnel [...]. Il n'est pas le dispensateur de l'être aux collectivités juridiques ; mais le pouvoir de police suffit à lui assurer une position éminente entre les autres institutions »[4]. Si les juristes corporatistes reconnaissent la naturalité des corporations et remettent en cause le légicentrisme étatique, « on finit par expliquer que tout repose sur la permission du droit étatique »[5]. Paraphrasant Norberto Bobbio, on peut donc dire que si beaucoup de juristes sont théoriquement pluralistes, ils sont idéologiquement monistes[6]. Car si l'on évoque toujours l'idée proudhonienne d'une autonomie de la sphère socio-économique, on ne parle plus de la même chose. Désormais, il s'agit de faire droit à l'« équilibre » ou au

[1] *Ibid.*, p. 88.
[2] *Ibid.*, p. 88.
[3] *Ibid.*, p. 116.
[4] Georges Renard, *La Théorie de l'Institution. Essai d'ontologie juridique*, Paris, Sirey, 1930, p. 151.
[5] David Deroussin, « L'idée corporative saisie par les juristes : de la corporation au pluralisme juridique ? », art. cit., p. 182.
[6] À propos de Santi Romano, Bobbio écrit : « il est théoriquement un pluraliste, mais idéologiquement un moniste », *Teoria e ideologia nella dottrina di Santi Romano*, in Paolo Biscaretti di Ruffia (dir.), *Le dottrine giuridiche di oggi e l'insegnamento di Santi Romano*, Milan, Giuffrè, 1977, p. 41, n. 41, cité in David Soldini, « Santi Romano : penseur pluraliste et étatiste », art. cit., p. 11.

« compromis », termes abondamment mobilisés pour justifier le maintien d'une forme d'hétéronomie ou de subordination de la sphère socio-économique envers la sphère politique.

C'est donc bien l'État qui garde le dernier mot, et c'est en son sein que se posera la question de la représentation des intérêts socio-économiques.

§ 2. La représentation des intérêts socio-économiques : la société dans l'État.

Dès le début du XIXe, il existe un discours selon lequel « représenter » consiste à « traduire la ''conscience même du peuple'' »[1] ; et les luttes post-1848 véhiculent l'idée d'une identité sociale similaire entre représentants et représentés. Mais c'est surtout sous la IIIe République que toute une partie de la doctrine constitutionnelle, refusant la conception traditionnelle de la représentation, en appelle à une nouvelle conception : on imagine de véritable représentation qu'enracinée directement dans la société, c'est-à-dire dans les corporations, les professions, les syndicats. Or, la conception classique de la représentation issue du droit public révolutionnaire, fondée sur des bases individualistes, exclut toute représentation des groupes sociaux. Tout le problème tourne alors autour de la question de savoir s'il est possible d'articuler représentation socio-économique et représentation politique au sein d'un État démocratique. La tradition représentative et démocratique individualiste issue du droit public révolutionnaire peut-elle tolérer une représentation exprimant la diversité de la société, ou ces deux types de représentations sont-elles exclusives l'une de l'autre ? Sans en refaire toute l'histoire, on doit, pour mieux cerner les enjeux de l'idée d'une représentation des intérêts socio-économiques, revenir sur les mutations affectant le concept de « démocratie » qui conduiront à une réflexion sur les modalités institutionnelles de représentation des intérêts. L'enjeu est d'importance, car il s'agit d'infirmer la dimension exclusivement politique de la démocratie, fondée sur l'identification d'un *demos* homogène comme fondement du pouvoir.

[1] Bruno Daugeron, *La notion d'élection en droit constitutionnel*, *op. cit.*, p. 647.

L'appel à un nouveau type de représentation, fondé sur des bases collectives, intervient sur le fond d'une double mutation conceptuelle affectant les notions de « peuple » et de « représentation ». Cette double mutation conduit la doctrine à faire la promotion des bases collectives de la représentation.

L'idée de représentation des intérêts est sous-tendue par une nouvelle conception du peuple, qui n'est plus tant considéré comme une fiction transcendante et indivisible auquel on impute les décisions des organes chargés de le représenter, que comme une configuration sociologique composée d'individus et de groupes insérés dans un tissu complexe de relations sociales, dans lesquelles s'expriment les appartenances différenciées à la société. Pourquoi, dès lors, le droit public et en particulier le droit constitutionnel continuerait-il à s'élaborer en marge de ce qui apparaît comme une « réalité sociale » ? On sait que pour Duguit la véritable « science constitutionnelle » est celle qui tient compte de la réalité sociale et des acquis récents de la sociologie[1]. Dans le même sens, pour le constitutionnaliste Maurice Deslandres, les individus sont « membres de groupements naturels comme la famille, la commune, ou quasi naturels comme les innombrables associations qu'ils fondent [...]. D'où il résulte que la nation, le peuple n'est pas un simple composé d'individus, que les groupements qui foisonnent et développent en elle leur activité sont pour elle des éléments vitaux essentiels et que c'est méconnaître la nature des choses, la réalité, que de donner à la société politique comme base que l'individu »[2]. Corrélativement à l'affirmation d'une conception sociologique du peuple, c'est le mythe révolutionnaire de l'unité qui s'épuise. Le mythe du peuple, entité homogène et unifiée de laquelle se dégage l'intérêt général, s'efface devant l'idée d'un peuple pluriel, expression d'une diversité sociale appelée à être représentée. Le peuple n'est plus tant une communauté unifiée qu'une multitude divisée en catégories sociales. Il n'est alors plus acceptable que la diversité socio-économique du peuple « réel » soit recouverte par l'arithmétique du nombre. Il faut que le peuple composite et vivant trouve son expression au niveau institutionnel : l'Assemblée doit devenir

[1] V. Léon Duguit, « Le droit constitutionnel et la sociologie », *Revue internationale de l'enseignement*, 15 novembre 1889, p. 3-24.

[2] Maurice Deslandres, « L'agent de la politique : l'État. Le problème constitutionnel », *Semaines sociales de France*, XXVe session, Reims, 1933, p. 7-8.

« l'image en réduction »[1] d'un peuple dont l'existence ontologique précède l'expression de sa volonté.

La théorie classique de la représentation issue du droit public révolutionnaire envisage la représentation comme le processus de constitution de la volonté générale par l'exercice de la fonction législative des représentants[2]. Le rôle de ces derniers n'est donc pas, selon les mots de Carré de Malberg, d'« exprimer unc volonté plus ou moins adéquate à celle des individus ou des groupes composant la nation, mais bien de vouloir directement et d'une façon initiale »[3] pour le peuple ou la nation : représenter c'est légiférer, c'est-à-dire constituer une unité politique à travers l'expression de la volonté générale. Mais l'affirmation, au même moment, d'une vision sociologique du peuple, a un effet sur la nature de la représentation, envisagée à travers le prisme d'un principe d'identité. On pense la représentation en termes de *représentativité*, c'est-à-dire de ressemblance entre représentant et représenté. Or, si l'on s'en tient à la théorie représentative classique, « le représentant n'a pas à être représentatif, il est représentant uniquement du fait d'un titre juridique. S'il est représentatif, c'est une question de fait, et on peut souhaiter en fait – mais on retombe dans la politique – que les représentants soient représentatifs ; c'est l'horizon de légitimation démocratique, mais c'est de la politique, ce n'est pas du droit. [...] La représentativité n'a qu'une fonction de légitimation politique, elle n'a aucune signification proprement juridique »[4]. Ainsi, le passage du principe de représentation à l'exigence de représentativité correspond au passage de la dimension « *constructive* – de l'unité de la collectivité » de la représentation, au profit d'une acception « *descriptive* – de la société à partir de ses différences »[5]. L'exigence

---

[1] Selon l'expression de Michel Troper, « La fonction de juger est-elle un pouvoir ? », *Revue politique et parlementaire*, 1991, p. 34.

[2] V. Pierre Brunet, *Vouloir pour la Nation. Le concept de représentation dans la théorie de l'État*, Paris, LGDJ, 2004, coll. « La pensée juridique ».

[3] Raymond Carré de Malberg, *Contribution à la théorie générale de l'État*, tome II, Paris, Sirey, 1922, p. 369.

[4] Stéphane Rials, « Constitutionnalisme, souveraineté et représentation. (La représentation : continuité ou nécessité ?) », in Association française des constitutionnalistes, *La continuité constitutionnelle en France de 1789 à 1989*, Paris, PUAM-Economica, 1990, coll. « Droit public positif », p. 74.

[5] Stéphane Pinon, « La représentation parlementaire des groupes sociaux et des intérêts professionnels : une perspective à oublier ? », in Carlos-Miguel Herrera, Stéphane Pinon (dir.), *La démocratie, entre multiplication des droits et contre-pouvoirs sociaux*, Éditions Kimé, 2012, coll. « Nomos & Normes », p. 127.

de représentativité consiste à « assurer l'expression exacte »[1] du peuple ou de la nation sur le plan institutionnel, selon un principe d'identité. Bruno Daugeron a parfaitement décrit ce glissement théorique : « Le peuple est censé avoir une consistance en dehors de sa volonté, et même en dehors de sa dimension juridique comme si le discours juridique lui-même décrivait une réalité préexistante à laquelle il serait tenu. En somme, la représentation perd sa signification comme sa fonction juridique et n'est plus envisagée que comme une ''émanation'' de la volonté du peuple et l'élection comme le vecteur qui la transmet »[2]. Représenter, ce n'est plus constituer *a posteriori* l'unité politique ou la volonté générale par l'exercice de la fonction normative, c'est au contraire restituer la volonté du peuple considéré comme une entité préexistante à l'exercice de cette fonction. Cette dissociation de la représentation et de l'expression normative de la volonté générale au profit d'une « conception restitutive »[3] de la représentation, constitue la toile théorique de fond de la promotion des bases collectives de la représentation.

La critique des bases individualistes de la représentation amène à la promotion des « corps sociaux »[4] organiques comme entités dignes d'être représentées pour servir de fondement à l'élaboration de la volonté générale et en corriger l'abstraction. Tirant les conséquences de la conception restitutive de la représentation, on souligne la discordance entre les principes et les faits, c'est-à-dire entre les institutions représentatives parlementaires et les « réalités » socio-économiques. Comme l'écrit Félix Moreau, « on sent et dénonce un désaccord entre la nation et ses représentants ; on pressent que la représentation nationale n'est pas fondée sur des principes exacts »[5]. Dans cette perspective, en parallèle de la représentation politique des individus, une représentation des intérêts socio-économiques est nécessaire : « Cette représentation de la majorité purement numérique des individus a donc sa raison d'être et son utilité dans l'État moderne.

---

[1] Léon Duguit, *Traité de droit constitutionnel*, tome II, 3ème éd., Paris, de Boccard, 1928, p. 754.

[2] Bruno Daugeron, *La notion d'élection en droit constitutionnel*, *op. cit.*, p. 634.

[3] *Ibid.*, p. 700.

[4] Bernard Lavergne, « Suffrage universel et suffrage collectif ou la représentation au Parlement des corps sociaux », *L'année politique française et étrangère*, 1925-1926, p. 353-426.

[5] V. Compte-rendu de la thèse de Charles François, *La représentation des intérêts dans les corps élus*, Paris, Rousseau, 1899, *RDP*, 1900, p. 554.

Dès lors, elle a le droit de s'affirmer dans une des branches du Parlement ; mais comme, par ailleurs, elle ne suffit pas à reproduire d'une manière exacte et adéquate tous les traits de la vie nationale, elle a besoin d'être elle-même complétée, dans l'autre branche de la législature, par la représentation des groupements, des unions collectives des citoyens qui achèvent de donner à la volonté nationale sa physionomie réelle et vivante »[1]. Au nom d'une conception restitutive de la représentation, il s'agit de promouvoir une réforme de la démocratie par l'affirmation de ses bases collectives, enracinées dans les professions[2].

Parmi les grands noms qui se dégagent en faveur d'une représentation parlementaire des intérêts, celui de Léon Duguit est un des plus importants, tant ce thème occupe avec une singulière constance le professeur de Bordeaux dans sa volonté de débarrasser le droit public de son « fatras métaphysique »[3]. Contre les abstractions traditionnelles du droit constitutionnel considérées comme d'habiles sophismes, Duguit a pour ambition de repenser les concepts du droit constitutionnel à partir des données « objectives » fournies par la sociologie. Dans cette perspective, il « n'y a pas que les individus et les partis qui constituent une nation ; il y a d'autres éléments qui forment l'infrastructure résistante de l'édifice social : ce sont les groupements fondés sur la communauté des intérêts et des travaux, les groupements professionnels, en employant cette expression dans son sens le plus large »[4]. À rebours de l'idée de « nation légale »[5] proposée par Esmein, Duguit envisage la nation – ou le peuple – comme une réalité concrète, historiquement située, composée d'individus et de groupes sociaux. Dès lors, représenter ne consiste plus tant à légiférer au nom de la nation, qu'à traduire cette réalité sociale diversifiée sur le plan institutionnel. Le parlement « ne sera le représentant du pays qu'à la condition de comprendre les deux éléments qui le constituent : l'élément individuel et l'élément collectif »[6]. Or, le fait syndical ou corporatif est perçu

---

[1] Théodore Ferneuil, « La crise de la souveraineté nationale et du suffrage universel », *RPP*, 1896, p. 506. De même : v. Marcel Prélot, *La représentation professionnelle dans la Constitution de Weimar*, Paris, Spes, 1924, p. 9.

[2] V. Charles Benoist, *L'Organisation de la démocratie*, Paris, Perrin, 1900, p. 24-26.

[3] Léon Duguit, *Leçons de droit public général*, Paris, de Boccard, 1926, p. 108.

[4] Léon Duguit, *Manuel de droit constitutionnel*, *op. cit.*, p. 183.

[5] Adhémar Esmein, *Éléments de droit constitutionnel français et comparé*, 6ème éd., Paris, Sirey, 1914, p. 299.

[6] Léon Duguit, *Manuel de droit constitutionnel*, *op. cit.*, p. 184.

comme l'expression par excellence de l'élément collectif. Sous la pression des faits, dès lors, comment ne pas penser à nouveaux frais le dogme classique de la représentation ? Il est urgent de crever « l'écran dogmatique de l'unité »[1] qui recouvrait jusqu'alors la réalité sociale : « ce qui caractérise essentiellement notre époque, écrit Duguit, c'est le mouvement corporatif, le mouvement syndicaliste », et l'on « n'aura rien fait pour l'organisation de la représentation politique, tant qu'on n'aura pas assuré au Parlement la représentation de ces groupes corporatifs ou syndicaux »[2]. Dans un article remarqué publié en 1895, Duguit pastichait le célèbre article 16 de la Déclaration des droits de l'homme et du citoyen en affirmant qu'« un pays, où la double représentation des individus et des groupes n'est pas assurée, n'a point de constitution »[3]. Contre la doctrine du syndicalisme telle qu'elle s'exprime par exemple chez Émile Pouget, très hostile à la transposition des mécanismes de la démocratie politique au plan économique et social[4], Duguit considère que le mouvement syndicaliste a une place au cœur même du parlementarisme de la IIIe République : c'est donc une « erreur sociologique incontestable que de dire que le mouvement syndicaliste est exclusivement un mouvement anti-étatiste et anti-parlementariste, qu'il est d'ordre économique et non d'ordre politique et qu'il ne peut point aboutir à une représentation parlementaire. C'est, en effet, une erreur sociologique absolue que de prétendre qu'il existe une opposition entre les forces économiques et sociales d'une part, et les forces politiques d'autre part »[5]. Selon la doctrine duguiste, la présence de groupes sociaux a pour effet de modifier la texture du corps national. Le droit constitutionnel doit donc être refondé sur de nouvelles bases, afin qu'il réponde à ce qui est identifié comme la « réalité » politique et sociale, incarnée les groupements socioprofessionnels. Une telle perspective implique de porter un regard nouveau sur le concept de « souveraineté nationale ».

À partir du moment où la fiction de l'unité du peuple décline sous les assauts d'une rhétorique faisant la promotion d'un peuple composite, en quoi la conception classique de la souveraineté est-elle

[1] Selon l'expression de Stéphane Pinon, « Le ''nouveau droit constitutionnel'' à travers les âges », VIIe Congrès français de droit constitutionnel (50 ans de la Constitution de 1958), 27 septembre 2008.

[2] Léon Duguit, « La représentation syndicale au Parlement », *RPP*, 1911, p. 29.

[3] Léon Duguit, « L'élection des sénateurs », *RPP*, 1895, n° 12, p. 463.

[4] V. Émile Pouget, *La confédération générale du travail*, *op. cit.*, p. 45-46.

[5] Léon Duguit, « La représentation syndicale au Parlement », art. cit., p. 48.

encore pertinente ? C'est tout le sens de l'interrogation de Maurice Hauriou : « Je n'ai pas l'intention de discuter l'utilité pratique de la représentation des intérêts ou de la représentation syndicale [...] ; j'observerai seulement, sur le terrain pratique, qu'elle pourrait se combiner avec la représentation électorale ordinaire, que l'une des Chambres pourrait être élue au suffrage universel, l'autre au suffrage corporatif et qu'il y aurait peut-être là un équilibre intéressant. Ce qu'il faut étudier c'est la question théorique : la représentation des intérêts ou la représentation corporative sont-elles incompatibles avec la notion de la souveraineté nationale ? »[1]. Hauriou cherche à préserver l'unité de l'État tout en y intégrant les groupements professionnels. Dans cette perspective, le concept des « équilibres » joue un rôle fondamental. Il va s'en servir précisément pour donner une nouvelle définition de la souveraineté qui, selon lui, « consiste dans l'équilibre du pouvoir de la nation et du pouvoir du gouvernement »[2]. Autrement dit, la souveraineté réside dans l'articulation entre, d'un côté, le pouvoir de la nation de donner « son investiture à tous les organes du gouvernement » et, de l'autre, le pouvoir propre du gouvernement, « dont l'essence est un droit de domination »[3]. De ce point de vue, la représentation des intérêts n'est pas incompatible avec la souveraineté nationale, car elle préserve la forme unitaire de l'État en évitant de placer la souveraineté dans l'association syndicale[4]. Juridiquement, conclut Hauriou, « avec notre conception de la souveraineté analysée en un équilibre entre les forces du gouvernement et la force de la nation, il n'y aurait rien de changé »[5]. Dans le même sens, pour éviter de faire des groupements professionnels des entités souveraines, Duguit insiste particulièrement sur la notion d'« intégration » : « Je résume d'un mot toute ma pensée en disant que dans un avenir prochain les syndicats devront être intégrés dans l'État »[6]. Reste alors à préciser quel serait l'organe destiné à accueillir ce type de représentation et quels pouvoirs il conviendrait de lui reconnaître.

---

[1] Maurice Hauriou, *Principes de droit public*, Paris, Dalloz, 2010, coll. « Bibliothèque Dalloz », p. 466.
[2] *Ibid.*, p. 467.
[3] Comme le rappelle Jean-Marie Denquin, « Quelques observations sur les *Principes de droit public* de Maurice Hauriou », *Jus politicum*, 2011, n° 6, p. 5 [En ligne : http://juspoliticum.com/article/Quelques-observations-sur-les-Principes-de-droit-public-de-Maurice-Hauriou-369.html].
[4] V. Maurice Hauriou, *Principes de droit public*, *op. cit.*, p. 467.
[5] *Ibid.*, p. 467.
[6] Léon Duguit, *Traité de droit constitutionnel*, tome II, *op. cit.*, p. 762.

Dans le but de traduire le plus exactement possible la volonté nationale, afin que « le Parlement fût l'image parfaitement fidèle de la nation »[1], c'est-à-dire « traductrice de volonté et d'intérêt de corps préexistants à l'expression de la volonté de l'État »[2], la fonction du Sénat sera interprétée à l'aune de l'exigence de représentativité. Dans cette perspective, on distinguera un « suffrage universel politique » d'un « suffrage universel professionnel »[3], canal par lequel les intérêts socio-économiques ont vocation à être représentés au Sénat : « On voudrait que, des deux Chambres, l'une nommée par le suffrage universel direct, représentât les individus ; l'autre, le Sénat, représentât ''les groupes organiques sociaux que crée la communauté des intérêts'' »[4]. Chacune des Chambres est ainsi appelée à remplir une fonction particulière : « le contrepoids à l'omnipotence du nombre doit être placé non pas dans l'assemblée qui est la représentation spéciale du nombre, dans la Chambre basse, mais bien dans l'assemblée composée d'autres éléments que les représentants de la majorité numérique, c'est-à-dire dans la Chambre haute »[5]. Duguit se prononce très tôt en faveur de l'idée selon laquelle le Sénat doit représenter le plus fidèlement possible les éléments socio-économiques de la nation, sans pour autant rompre avec les bases individualistes de la représentation révolutionnaire. En effet, le Parlement, pour Duguit, « doit se composer de deux chambres, l'une qui représente les individus, nommée par le suffrage universel direct, l'autre, le Sénat, qui représente les groupes organiques sociaux, que crée la communauté des intérêts »[6]. Le Sénat se voit ainsi assigner la fonction de représentation, au sens de restitution

[1] Edmond Villey, *Législation électorale comparée des principaux pays d'Europe*, Paris, Larose et Pedone, 1900, p. 123. V. également Marcel Prélot, *Institutions politiques et droit constitutionnel*, 5ème éd., Paris, Dalloz, 1972, coll. « Précis Dalloz », p. 742.

[2] Bruno Daugeron, *La notion d'élection en droit constitutionnel*, *op. cit.*, p. 699.

[3] Bernard Lavergne, *Suffrage universel et autorité de l'État. Leur conciliation effective par le pluralisme électoral*, Paris, PUF, 1949, p. 112 et ss. Dès 1933, Bernard Lavergne (*Le gouvernement des démocraties modernes*, Paris, Alcan, 1933, t. I, p. 194-333) propose une théorie du « suffrage universel social » destiné à corriger les « insuffisances de la théorie classique du suffrage universel ».

[4] Edmond Villey, *Législation électorale comparée des principaux pays d'Europe*, *op. cit.*, p. 148. V. également le projet de constitution républicaine formulé par Édouard Laboulaye, *Lettres politiques. Esquisse d'une Constitution républicaine suivie d'un projet de Constitution*, Paris Charpentier, 1872 p. 64-65.

[5] Théodore Ferneuil, « La crise de la souveraineté nationale et du suffrage universel », art. cit., p. 508.

[6] Léon Duguit, « L'élection des sénateurs », art. cit., p.463.

d'intérêts économiques et sociaux préexistants : « Le moment ne nous paraît pas éloigné, écrit Duguit, où les différents groupes sociaux, nés de la communauté et du rapprochement des intérêts, seront assez cohérents pour recevoir une représentation politique et où le Sénat pourrait être véritablement le représentant des forces sociales de la nation française »[1]. Dans le même sens, Maurice Deslandres propose de constituer un Sénat professionnel[2]. Georges Scelle accueille favorablement les propositions de loi sur ce thème de la représentation des forces sociales au Sénat[3], car elles ont « ce trait commun d'élargir le corps électoral, et par suite de hâter indirectement l'avènement d'un *système représentatif plus adéquat de toutes les forces sociales*. En travaillant pour l'égalité brutale et inorganique, elles accélèrent inconsciemment *l'éclosion d'un système plus rationnel de représentation organisée* […] »[4]. Mais ce système présumé rationnel, car reposant sur une conception restitutive de la représentation, engendre un certain nombre de difficultés.

Une des principales difficultés posée par la notion d'« intérêts » réside dans son caractère subjectif. En effet, comme l'écrivait Georges Scelle, cette notion « peut recevoir autant d'interprétations contradictoires qu'il y a de syndicats » ou même « d'individus dans la profession »[5]. La société n'est-elle pas le lieu de rencontre d'une constellation d'intérêts multiples reflétant la diversité du réel ? Dès lors, comment distinguer entre les intérêts dignes d'être représentés et ceux qui ne le sont pas ? Plusieurs réponses ont été apportées, mais toutes suscitent de légitimes interrogations. Pour Scelle, par exemple, l'éclatement de la notion d'« intérêts » justifie la création d'une entité juridique dépositaire d'un intérêt professionnel unique. Il n'y aurait donc plus d'« intérêts professionnels », mais un seul intérêt professionnel – comme une forme d'intérêt général professionnel – garanti par un syndicat de droit public, doté d'attributions de puissance publique, et dont les dirigeants seraient démocratiquement élus[6]. Mais

---

[1] *Ibid.*, p. 472.

[2] V. Maurice Deslandres, « L'autorité dans l'État. Le pouvoir central et ses organes », *Semaines Sociales de France*, Lyon, XVIIe session, 1925.

[3] Dans son importante thèse, Michel Dendias évoque ces propositions : v. *Le problème de la Chambre haute et la représentation des intérêts. À propos de l'organisation du Sénat grec*, Paris, E. de Boccard, 1929, p. 176.

[4] Georges Scelle, « Chronique constitutionnelle de France. À propos de la crise actuelle de la représentation politique », *RDP*, 1911, p. 551-552 (nous soulignons).

[5] Georges Scelle, « Le problème ouvrier », art. cit., p. 184.

[6] *Ibid.*, p. 185.

cette proposition ne résout pas la difficulté initiale. Le problème, en réalité, reste intact, car comment définir cet « intérêt professionnel » autrement que par un nouvel arbitraire ? Qui, d'ailleurs, serait habilité à le définir et sur quels critères ? Duguit quant à lui esquive la difficulté en se contentant de dénoncer l'idée « trop étroite » d'une représentation exclusive des communes au Sénat, au nom d'une conception extensive – et par conséquent peu précise – de ce qui constitue les « intérêts » autour desquels se constituent les groupes sociaux[1].

Edmond Villey ne manquera pas de critiquer cette position, en pointant l'aporie à laquelle condamne la conjugaison de la vision sociologique du peuple et de la conception restitutive de la représentation. Pourquoi, tout d'abord, réduire la notion d'« intérêts » aux seuls intérêts socio-professionnels ou socio-économiques ? En effet, « l'intérêt économique, si haut qu'il soit côté, n'est pas le seul qui agite les individus, et bien d'autres intérêts vitaux sont en jeu, auxquels il faudrait aussi une représentation spéciale pour que le Parlement fût l'image parfaitement fidèle de la nation. Il y a, par exemple, des catholiques, des protestants, des juifs et des libres-penseurs, et cet intérêt est si peu négligeable que c'est lui qui a servi de base à la division des partis en Belgique […] »[2]. Surtout, la notion d'« intérêts », bien qu'elle ait vocation à traduire la diversité de la société, repose malgré tout sur une simplification outrancière qui masque l'infinie complexité du « social ». Villey, toujours : « Et puis, tous ces intérêts divers s'entremêlent à l'infini : tel catholique est républicain et libre-échangiste, tandis que tel autre est conservateur et protectionniste, et l'on peut supposer une foule de combinaisons diverses de différentes opinions ; ce qui nous porte tout à fait à croire que la représentation photographique du pays, que l'on rêve, est pratiquement impossible à raison de la complexité extrême des intérêts à représenter »[3]. La difficulté est la même lorsque l'on évoque les seuls « intérêts professionnels » : on suppose une communauté d'intérêts identique aux individus d'une même profession ou d'une branche d'activité : « Il faudrait que, dans le Parlement, ces professions fussent représentées dans la même proportion pour que ce Parlement fût l'image parfaitement fidèle de la nation. Ce n'est pas tout : il s'en faut que toutes les personnes occupées dans la même profession aient le même intérêt

---

[1] V. Léon Duguit, « L'élection des sénateurs », art. cit., p. 466.
[2] Edmond Villey, *Législation électorale comparée des principaux pays d'Europe*, *op. cit.*, p. 123.
[3] *Ibid.*, p. 123.

[…]. Ce n'est pas tout encore. Il s'en faut que les différentes professions comprises sous la rubrique ''*Industrie*'' aient le même intérêt : on le voit assez clairement dans les discussions sur les tarifs des douanes ; il faudrait que toutes les industries diverses eussent leur représentation particulière »[1]. Les mécanismes de représentation des intérêts reposent donc sur une conception de la représentation selon laquelle des intérêts parfaitement identifiables et préexistants à la volonté de l'État ont vocation à trouver leur traduction « exacte » sur le plan institutionnel. Mais face à une myriade d'intérêts aussi légitimes à être représentés, comment éviter le morcellement de la volonté générale ? Comment éviter que la démocratie, fondée sur l'unité du peuple, soit la proie d'intérêts particuliers revendiquant le droit d'être représentés ? La crainte est exprimée par Joseph Barthélémy : « Le rôle d'une assemblée parlementaire, c'est de dégager l'intérêt général du pays ; or les représentants des intérêts particuliers sont par nature intransigeants. Les intérêts particuliers sont contradictoires, et c'est une erreur de croire que l'intérêt général du pays est la somme des intérêts particuliers […] La satisfaction des intérêts particuliers comporte le sacrifice de l'intérêt général »[2]. L'infirmation, par la représentation des intérêts, des bases exclusivement politiques de la démocratie, conduit également à une réinterprétation de la signification théorique du bicamérisme.

Malgré le triomphe du monocamérisme dans la première constitution française, il existe au même moment un courant politique – certes minoritaire – favorable au bicamérisme, dont la justification se trouve dans la défiance envers la possible dégénérescence tyrannique d'une Chambre unique dans la confection de la loi : il faut donc poser des bornes à la souveraineté du corps législatif, afin d'établir un équilibre institutionnel indispensable au travail raisonné du législateur[3]. C'est la raison pour laquelle, dans son objectif d'assurer un équilibre des trois pouvoirs, la constitution « thermidorienne » du 5 fructidor an III divise le Corps législatif en deux Chambres : le Conseil des Anciens, d'une part, et celui des Cinq Cents, d'autre part. Ce bicamérisme doit en effet « éviter l'omnipotence de l'assemblée unique, susceptible de

---

[1] *Ibid.*, p. 122.

[2] Joseph Barthélémy, *Précis de droit constitutionnel*, Paris, Dalloz, 1932, p. 172. Dans le même sens, v. Boris Mirkine-Guetzévitch, « Le néo-absolutisme corporatif », art. cit., p. 267.

[3] V. Karen Fiorentino, *La seconde Chambre en France dans l'histoire des institutions et des idées politiques (1789-1940)*, Paris, Dalloz, 2008, coll. « Bibliothèque parlementaire et constitutionnelle », spéc. p. 49-58.

dégénérer en dictature : les abus de pouvoir des Montagnards n'avaient-ils pas été facilités par l'existence d'une seule assemblée, dont il leur avait suffi d'emporter l'adhésion, par la persuasion ou la menace ? »[1].

Mais les mutations conceptuelles sous-tendues par l'idée d'une représentation des intérêts conduisent à réinterpréter le rôle de la seconde Chambre à l'aune de sa fonction de restitution d'intérêts, au détriment de la signification originaire de travail raisonné du législateur[2]. L'idée originaire de prudence, de travail long et attentif du législateur, devient secondaire. Les propos de Félix Moreau sont éloquents, car selon lui « le régime représentatif exige la représentation exacte des principaux éléments sociaux. La création d'une deuxième Chambre permet de donner une représentation à des éléments qui n'auraient aucune place dans l'Assemblée unique, à moins de la fractionner et de rompre son unité »[3]. Pour distinguer les deux Chambres, on insiste plus volontiers sur la capacité de chacune à rendre compte du peuple entendu selon sa nouvelle acception comme une configuration sociologique. Ainsi, représenter le peuple, c'est proposer des modes de recrutement au sein des Chambres permettant d'en exprimer toutes les composantes. L'approche de Théodore Ferneuil est révélatrice : « Grâce à l'adoption du vote obligatoire et plural, *la Chambre des députés réaliserait la représentation de la majorité réelle du corps électoral* et du nombre individuel proportionnellement à la valeur sociale des individus ; mais cette assemblée, expression de la majorité numérique, trouverait en face d'elle le contrepoids nécessaire d'une *Chambre haute issue d'une origine différente et reposant sur la seule force capable [...] de contrebalancer l'omnipotence du nombre : la représentation des groupements collectifs et des corps sociaux* »[4]. Mais malgré l'important courant doctrinal en faveur d'une représentation des intérêts socio-économiques au Sénat, ce n'est pas la Chambre haute qui accueillera ce type de représentation.

---

[1] Louis Favoreu, Patrick Gaïa et *alii.*, *Droit constitutionnel*, *op. cit.*, p. 550.

[2] Le bicamérisme, écrit Bruno Daugeron (*La notion d'élection en droit constitutionnel*, *op. cit.*, p. 701), « trouve désormais sa justification dans la seule restitution d'intérêts de forces sociales dont l'existence est préalablement reconnue à celle de l'État duquel elle doit influencer la volonté et non la subir ».

[3] Félix Moreau, *Précis élémentaire de droit constitutionnel*, 9ème éd., Paris, Sirey, 1921, p. 134.

[4] Théodore Ferneuil, « La crise de la souveraineté nationale et du suffrage universel », art.cit., p. 510 (nous soulignons). V. également : Eugène Duthoit, *Vers l'organisation professionnelle*, Reims, Action populaire, 1910, p. 290-291.

Le débat sur la représentation des intérêts trouve un débouché concret avec la création d'un organe chargé de représenter les « intérêts » ou « forces sociales », le Conseil National Économique (CNE), créé par le décret du 16 janvier 1925[1]. Selon l'article 1er du décret, la fonction du CNE est « d'étudier les problèmes intéressant la vie économique du pays, d'en rechercher les solutions et de proposer l'adoption de ces solutions aux pouvoirs publics ». Autrement dit, le CNE constitue une institution « charnière » entre les forces sociales, c'est-à-dire les « groupements fondés sur la communauté des intérêts économiques et du travail »[2], et le pouvoir politique. Dans le droit fil des mutations affectant la notion de « peuple », le problème d'envergure est celui de la composition du Conseil. Ce problème évite difficilement l'écueil de l'arbitraire. Maxime Leroy ne manquera pas de relever la difficulté, tout en manifestant un certain contentement : « Évidemment, le Conseil, composé d'intéressés désignés ainsi, ne sera qu'une image tronquée de la réalité économique, technique et professionnelle. Elle n'en sera pas moins vraie, quoique tronquée ; vraie pratiquement ; vraie dans la mesure du possible »[3]. Ainsi, à la faveur de l'adoption de la loi du 19 mars 1936[4] qui conférera un statut législatif au CNE, Leroy saluera « l'entrée de la profession dans notre droit public écrit, l'évènement capital de l'histoire de l'État au XXe siècle »[5].

Au problème de la composition d'une telle institution s'adjoint une autre question d'importance : celle de la place qu'il convient de lui attribuer au sein de l'État. Faut-il lui reconnaître une véritable compétence dans l'élaboration normative et le vote des lois, ou lui accorder une simple compétence consultative auprès des pouvoirs publics ? Un temps entretenu, l'incertitude sera vite dissipée au profit de la seconde solution. Celle-ci reflète la position de la doctrine constitutionnelle classique. De ce point de vue, le « peuple » ou la

---

[1] *J.O.F.R*, Lois et décrets, 17 janvier 1925, p. 698. Pour une étude historique approfondie de l'institution : v. Alain Chatriot, *La démocratie sociale à la française : l'expérience du Conseil national économique 1924-1940*, Paris, La Découverte, 2005, coll. « L'Espace de l'histoire ».

[2] Jean-Pierre Beurier, « Le rôle du Conseil économique et social », *RDP*, 1982, p. 1628.

[3] Maxime Leroy, « Le Conseil national économique de France », *Les Annales de l'économie collective*, 1925, n° 187-189, p. 8.

[4] La loi met en place un Conseil agrandi, divisé en 20 sections professionnelles aux attributions élargies et précisées.

[5] Maxime Leroy, *Les transformations du pouvoir et de la liberté*, Paris, Sirey, 1937, p. 4.

« nation » renvoient juridiquement au corps électoral unitaire, composé de citoyens égaux ou, si l'on préfère, d'individus arrachés à leurs conditions sociales et entrés dans un processus d'abstraction égalisatrice. Dès lors, le concept de souveraineté nationale exclut par principe la représentation des intérêts. Le corps électoral, écrit Esmein, est composé « d'électeurs de même qualité, choisis tous au même titre, en d'autres termes, simplement de citoyens »[1]. Or, si les groupes sociaux, agrégés autour d'intérêts communs supposés, bénéficient d'une représentation propre, « c'est que chacun d'eux doit être reconnu comme possédant une fraction de la souveraineté, sans qu'on ait à respecter aucune proportion entre le nombre de leurs membres et la population nationale dans son entier »[2]. Dans cette perspective, ériger un tel organe en instance délibérante, habilitée à agir dans le champ politique, c'est livrer ce dernier à la prédation des intérêts privés et donc à « oublier l'intérêt général »[3]. Toutefois, Esmein considère que l'on peut être conduit à créer « des assemblées élues d'après le principe de la représentation des intérêts, *mais simplement consultatives*. Elles serviront à *éclairer les pouvoirs publics, mais ne participeront point à l'exercice de la souveraineté* »[4]. La création d'une telle institution n'a donc aucunement vocation à remettre en cause le fondement exclusivement politique de la démocratie. Elle accorde une forme de visibilité à la sphère socio-économique au sein de la démocratie politique, sur le mode d'une « aide pratique à la décision politique et non comme un changement dans la logique de la représentation politique »[5]. *Exit*, dès lors, les idées trop anarchisantes de « scission légitime » et de « fédéralisme socio-économique », ou celle, trop marxisante, de « lutte des classes ». L'idéal de « participation » s'imposera comme l'horizon indépassable de la démocratie en général, et de la démocratie sociale en particulier.

---

[1] Adhémar Esmein, *Éléments de droit constitutionnel français et comparé*, *op. cit.*, p. 303.
[2] *Ibid.*, p. 303.
[3] *Ibid.*, p. 305.
[4] *Ibid.*, p. 306 (nous soulignons).
[5] Alain Chatriot, *La démocratie sociale à la française*, *op. cit.*, p. 19.

SECONDE PARTIE.

LA « DÉMOCRATIE SOCIALE » AU SERVICE DE LA SUPRÉMATIE ÉTATIQUE : UNE RHÉTORIQUE DE LA DÉLÉGATION DE POUVOIR

Désormais instruit de la multiplicité des discours auxquels l'association des syntagmes « démocratie » et « social » peut donner lieu, la question centrale qui se pose n'est pas tant celle de la définition de la démocratie sociale que celle de la désignation par cette expression d'une variété de phénomènes différents, quoique circonscrits – sans que l'on sache bien pourquoi – à des domaines bien identifiés. Pourquoi l'expression « démocratie sociale » est-elle parvenue à s'imposer sur ses concurrents sémantiques (« démocratie industrielle », « démocratie ouvrière », « démocratie économique », etc.) et en est venue à désigner, dans le discours juridique contemporain, « l'introduction de la procédure démocratique dans la sphère de l'économique et du social »[1] ? La raison tient selon nous aux mutations théoriques ayant affecté la notion de « démocratie » elle-même. Entendue dans la théorie « classique » du droit public comme un principe de souveraineté, « expression juridique de l'autonomie collective »[2], elle en est venue à désigner, au terme d'évolutions aussi profondes que difficilement perceptibles, une forme de gouvernement impliquant la participation directe des citoyens à l'élaboration de la décision publique. Transposée dans le champ « socio-économique », la démocratie est dès lors réduite à « l'idée d'une gestion directe ou à tout le moins participative par les intéressés eux-mêmes des institutions qui les concernent »[3]. Mais de quelles institutions parle-t-on ? Quelles sont celles réputées concerner suffisamment les « intéressés » pour justifier leur « participation » ? Et

---

[1] Michel Borgetto, « Quelle démocratie sociale ? », art. cit., p. 195.

[2] Otto Pfersmann, « Normes juridiques et relativisme politique en démocratie », *Cités*, 2011, n°47-48, p. 275.

[3] Michel Borgetto, « Quelle démocratie sociale ? », art. cit., p. 195.

d'ailleurs, qu'entendre par cette idée de « participation » ? Celle-ci se résume-t-elle à la participation au suffrage (élections professionnelles ou référendum d'entreprise, par exemple) ou à la consultation (on songe par exemple au principe de participation du public aux décisions ayant une influence sur l'environnement prévu par le Code de l'environnement[1], dont rien ne s'oppose à ce qu'il entre dans le champ du « social »). Malgré ces incertitudes, la conception « participative » de la démocratie est suffisamment puissante pour structurer le discours contemporain sur la démocratie sociale. Autrement dit, l'usage de l'expression « démocratie sociale » est soumis à une norme. La démocratie sociale est réputée « réelle » et non simplement « formelle » dès lors que des procédures « participatives » sont mises en place au profit des « intéressés ». C'est en ce sens que Georges Burdeau plaidait pour « l'extension des procédés démocratiques du domaine politique au plan économique et social »[2]. En ce sens, la notion de « démocratie sociale » est réputée décrire une véritable délégation de pouvoir[3] au bénéfice des « intéressés ». Au sens organique du terme, le pouvoir renvoie à une volonté initiale et inconditionnée à l'origine de la création du droit positif. Il est en ce sens un attribut de la notion de « souveraineté » entendue comme « une puissance de droit engendrant l'unité du corps politique »[4]. De ce point de vue, le pouvoir réside-t-il ailleurs qu'entre les mains des représentants du peuple chargés de vouloir en son nom par le travail d'élaboration de la loi ? Pour répondre à cette question, il faut revenir dans un premier temps sur les faux-semblants du principe de participation, réputé exprimer la démocratie sociale (Chapitre 1). Nous verrons dans un deuxième temps que la démocratie sociale est largement dépendante de la démocratie politique (Chapitre 2). Ce constat est encore plus flagrant dans le cadre de la gestion dite « paritaire » des institutions de sécurité sociale, qui relève du mythe (Chapitre 3).

---

[1] V. Art. L. 123-1-A à L. 123-19-11.

[2] Georges Burdeau, *Traité de science politique*, tome VII, *op. cit.*, p. 456.

[3] Nous utilisons la notion de « délégation » au sens où Maurice Hauriou l'utilisait dans ses *Principes de droit public* (*op cit.*, p. 637 *sq*), c'est-à-dire comme un transfert de la plénitude du pouvoir, par opposition à la notion d'« investiture ». V. Jean-Marie Denquin, « Quelques observations sur les *Principes de droit public* de Maurice Hauriou », art. cit., nous soulignons).

[4] Selon la définition donnée par Denis Baranger, *Le droit constitutionnel*, Paris, PUF, 2017, coll. « Que sais-je ? », p. 35.

Chapitre 1. Les faux-semblants du principe de participation des travailleurs

À l'issue de la Seconde Guerre mondiale, la signification du mot « démocratie » se cristallise autour de deux pôles complémentaires. Premièrement, autour de l'idée de « droits fondamentaux » censés trouver leur traduction juridique dans de nouvelles « déclarations des droits ». Ce sens s'impose, car il prend « le contre-pied des doctrines totalitaires négatrices par essence des droits de l'homme »[1] ; et c'est pourquoi, à l'Assemblée nationale constituante française élue le 21 octobre 1945, la Déclaration des droits que les constituants se proposent d'inscrire dans la future Constitution est présentée comme « un acte d'accusation dressé par la France contre l'hitlérisme et le fascisme »[2]. Un deuxième sens s'impose exprimant l'idée d'une « transformation nécessaire de la démocratie »[3], que le principe constitutionnel de participation des travailleurs est censé rendre « réelle ». L'idée « participationniste » n'est certes pas entièrement nouvelle, mais prend une ampleur certaine au sein des débats constitutionnels de la IVe République et s'insère même dans des domaines où elle était jusque-là exclue : ainsi en est-il du droit à la participation des fonctionnaires, admise à la faveur de l'adoption du statut général des fonctionnaires civils de l'État du 19 octobre 1946 et de la Constitution du 27 octobre 1946, dont le Préambule s'ouvre sur la proclamation des droits sociaux des travailleurs[4]. Georges Vedel peut alors écrire : « En égalisant les conditions sociales, en élargissant la participation des travailleurs au

---

[1] Georges Vedel, Jean Rivero, « Les principes économiques et sociaux de la Constitution : le Préambule », art. cit., p. 94.

[2] Selon les mots du député Pascal Copeau, *J.O.F.R*, Débats, ANC, 7 mars 1946, p. 611.

[3] Isabelle Boucobza, « Démocratie, droits et constitution à l'aube des Républiques française et italienne d'après-guerre », in Véronique Champeil-Desplats, Jean-Marie Denquin (dir.), *Démocratie et constitutionnalisme : retours critiques*, Paris, Mare & Martin, 2018, p. 124.

[4] Sur ce point : v. Nicolas Font, « Le droit à la participation des fonctionnaires », *Dr. Soc.*, 2015, n°12, p. 967 et s.

gouvernement de l'économie, la Constitution entend rendre réelle et efficace la jouissance des droits politiques par les masses »[1]. Il est dès lors devenu commun de voir dans la Constitution de la IVe République et, plus particulièrement, dans le huitième alinéa de son Préambule, la « source » constitutionnelle de la démocratie sociale[2]. Mais cette opinion ne résiste pas à l'analyse. En effet, lorsque l'on s'intéresse à la portée juridique de ce principe, force est de constater sa faible effectivité (Section 1). Celle-ci est d'autant plus flagrante que l'énoncé formulé au huitième alinéa de la Constitution de 1946 est largement neutralisé par la doctrine et le juge (Section 2).

Section 1. La faible effectivité juridique du principe de participation des travailleurs.

La faible effectivité de ce principe tient en grande partie à ce que, dans les débats constitutionnels, son statut est très équivoque (§ 1). Cette équivocité explique l'échec d'une véritable ambition sociale (§ 2).

§ 1. Le statut équivoque du principe de participation des travailleurs au sein des débats constitutionnels.

La croyance en une « mystique, confuse, mais exaltante, d'une démocratie économique et sociale »[3] née dans les projets juridiques de la Résistance et concrétisée par la constitution de la IVe République masque la diversité des débats autour du principe de participation des travailleurs et la pluralité des significations qu'on lui accorde. Georges Gurvitch essaiera de lui conférer une portée constitutionnelle en ressuscitant la notion très proudhonienne de « démocratie industrielle ». Mais les débats au sein de l'Assemblée nationale constituante videront le principe de sa substance.

Gurvitch, qui réside à New York depuis 1940, entend inspirer la nouvelle constitution française en actualisant, sous la forme d'une

---

[1] Georges Vedel, *Manuel élémentaire de droit constitutionnel*, *op. cit.*, p. 317.

[2] V. par exemple : Jeannette Bougrab, *Aux origines de la Constitution de la IVe République*, Paris, Dalloz, 2002, coll. « Nouvelle bibliothèque des thèses », p. 327.

[3] Jean-Jacques Chevallier, compte-rendu de l'ouvrage d'Henri Michel et de Boris Mirkine-Guetzévitch, *Les idées politiques et sociales de la Résistance (Documents clandestins, 1940-1944)*, Paris, PUF, 1954, in *Revue internationale de droit comparé*, octobre-décembre 1954, n°4, p. 865.

Déclaration des droits sociaux, ses thèses d'inspiration proudhoniennes sur la démocratie industrielle qui remontaient à ses travaux des années 1930. Cette démocratie industrielle implique une organisation de la démocratie sur une base autogestionnaire inséparable d'une « socialisation » du régime de la propriété privée.

Issu de l'immanence du groupe social duquel il procède, le droit social est défini par Gurvitch comme un « droit d'intégration [...] engendré par chaque fusion partielle, par chaque interpénétration dans le ''Nous'' qui est à la base normale de la vie de tout groupe [...]. Le Droit social fait participer directement les sujets auxquels il s'adresse, à un tout, qui à son tour participe directement aux relations juridiques de ses membres. [...] Étant fondé sur la confiance et la participation, le Droit Social ne peut jamais être imposé, ni du dehors, ni d'en haut ; il ne peut réglementer que du dedans et d'en bas, d'une façon immanente. Il est donc toujours un droit autonome inhérent à chaque ''Nous'' particulier, favorable à l'autonomie juridique des intéressés et les poussant à se gouverner eux-mêmes »[1]. Le droit social, en ce sens, est l'essence de la démocratie, car il « symbolise juridiquement et incarne en lui l'idée du *self-government* collectif à base d'égalité et de liberté »[2].

À partir de cette conception du droit social, Gurvitch propose une interprétation des droits sociaux, associés intimement à la démocratie : ils « doivent être les droits de participation des groupes et des individus découlant de leur intégration dans des ensembles et garantissant le caractère démocratique de ces derniers »[3]. Une telle interprétation des droits sociaux implique une participation effective des individus et des groupes. Ces derniers ne sont pas seulement des acteurs passifs, comme c'est le cas lorsque le droit social est envisagé simplement comme « l'ensemble des règles juridiques, et particulièrement des lois de l'État, protégeant les éléments faibles et non-possédants de la Société et aménageant l'intervention de l'État dans la sphère économique »[4]. C'est en effet l'interprétation purement étatiste du droit social qui, selon Gurvitch, empêche de donner un fondement démocratique aux droits sociaux. Ces droits et leurs garanties effectives découlent de la participation des individus et des groupes dans des ensembles

---

[1] Georges Gurvitch, *La Déclaration des droits sociaux* (1946), *Paris, Dalloz, 2009.* p. 75-76.

[2] Georges Gurvitch, « Le principe démocratique et la démocratie future », *Revue de métaphysique et de morale*, 1929, n°3, p. 429.

[3] Georges Gurvitch, *La Déclaration des droits sociaux*, *op. cit.*, p. 79.

[4] *Ibid.*, p. 72.

indépendants. Ils sont de véritables droits subjectifs susceptibles d'être sanctionnés par un juge, qui confèrent aux individus et aux groupes des compétences normatives spécifiques dans l'ordre socio-économique.

Cela implique de distinguer trois nouvelles dimensions qui répondent aux diverses fonctions sociales que l'homme en société est amené à remplir : celle de producteur, de consommateur et de citoyen. Dès lors, les droits sociaux se divisent en trois groupes : droit des producteurs, droits des consommateurs-usagers, droits sociaux de l'homme. Le but de la Déclaration, selon son Préambule, est « d'appeler tous les intéressés à contrôler d'en bas le fonctionnement de tous les ensembles dans lesquels ils sont intégrés et de les faire participer à la gestion de ces ensembles, sur pied d'égalité »[1]. Ainsi, le droit du travail est au centre des droits sociaux des producteurs. Il consiste, selon l'article IV de la Section générale, dans « la participation sur un pied d'égalité au contrôle, à la gestion et aux bénéfices de l'entreprise, de la profession de l'industrie et de l'économie entière, sous l'aspect fonctionnel, régional, national et international »[2]. Il s'agit ici d'assurer, sur le plan juridique – *a fortiori* constitutionnel –, l'aspiration ouvrière à la gestion de la sphère socio-économique entendue au sens large (entreprise, profession, industrie). Gurvitch propose en ce sens un véritable modèle d'État fédéraliste, dont le « conseil » est la forme institutionnelle privilégiée.

Les Conseils d'usines et d'entreprises, que Gurvitch appelle à rendre obligatoires, sont désignés comme les « organes de bases de la démocratie industrielle »[3], expression du « droit constitutionnel des entreprises »[4]. C'est par le biais de ces institutions se déclinant en conseils de gestion et conseils de contrôle qu'une participation des « producteurs » a vocation à être rendue effective. La modalité de participation démocratique privilégiée par Gurvitch est l'élection : l'article XVIII de la Déclaration dispose en effet que « le droit du producteur au contrôle et à la gestion des usines, des entreprises et des industries, se traduit par le droit d'élire des représentants aux *Conseils de Contrôle* et au *Conseils de Gestion* »[5]. Exclusivement composé de représentants des producteurs travaillant dans l'entreprise et des représentants de leurs syndicats professionnels, le but des conseils de

---

[1] *Ibid.*, p. 84.
[2] *Ibid.*, p. 86.
[3] *Ibid.*, p. 132-133.
[4] *Ibid.*, p. 133.
[5] *Ibid.*, p. 91.

contrôle est d'élaborer le règlement intérieur de l'usine, de surveiller l'exécution des conventions collectives et la présentation et la réclamation des critiques aux conseils de gestion. Ces derniers sont des organes paritaires dont la composition varie selon les secteurs. Dans le « secteur nationalisé de l'économie »[1], ils sont composés d'un nombre égal de représentants des producteurs et de représentants des usagers, et des consommateurs. Dans le « secteur de l'économie privée »[2], ils sont composés de représentants des producteurs et des patrons. Enfin, dans les services publics, les conseils de gestion sont fondés sur une représentation tripartite : celle des producteurs, des usagers et de l'État. Le but des conseils de gestion est, selon l'article XVIII, « la direction de la marche générale de l'entreprise et de l'industrie au point de vue économique et technique, la nomination du personnel technique et l'embauchage »[3]. Si les conseils d'usines et d'entreprises sont les organes de bases de la démocratie industrielle, le Conseil National Économique en est le sommet. Pour Gurvitch, il ne peut s'agir d'une chambre politique fondée sur la représentation des intérêts, car une telle institution est nécessairement subordonnée à l'État. Or, « ce conseil est proclamé organisme directeur de la vie économique du pays, dont l'organisation est affirmée comme indépendante de l'État »[4]. Il s'agit d'une institution paritaire composée exclusivement de représentants des producteurs et des usagers-consommateurs élus[5]. Le « conseil » apparaît ainsi comme l'expression par excellence de l'organisation autonome des producteurs, indépendamment de l'État.

Ce projet de démocratie industrielle ne peut se réaliser sans une révision radicale du statut de la propriété privée, qui organise et légitime la domination des propriétaires des moyens de production sur les groupes et les individus. Il faut donc en transformer profondément la nature, ce qui est le « but essentiel de toute véritable Déclaration des Droits Sociaux »[6]. Le problème est déjà abordé par Gurvitch dans les années 1930, où il souligne les insuffisances de la position duguiste selon laquelle la propriété n'est pas un droit subjectif, mais une fonction sociale limitée par une série d'obligations positives imposées aux propriétaires par la législation étatique. Pour Gurvitch, cette position

[1] *Ibid.*, p. 134.
[2] *Ibid.*, p. 134.
[3] *Ibid.*, p. 93.
[4] *Ibid.*, p. 146.
[5] Art. XIX.
[6] Georges Gurvitch, *La Déclaration des droits sociaux*, *op. cit.*, 160.

élude le cœur du problème, qui est celui du *sujet* de la propriété, c'est-à-dire la concentration des moyens de production dans les mains d'un petit nombre de personnes privées. Si la propriété doit effectivement être limitée par sa fonction sociale, cela ne saurait être suffisant : il faut également transférer la propriété à un *sujet collectif extra-étatique*. Tout l'objet de la démocratie industrielle est en effet de « socialiser » sans « étatiser » ; de modifier le sujet de la propriété tout en se préservant de l'étatisme. C'est dans cette optique que Gurvitch s'emploie à démontrer que les « systèmes de socialisation »[1], au rang desquels on trouve le « socialisme décentralisateur » et le syndicalisme révolutionnaire, aboutissent nécessairement à l'étatisme. Dans le premier cas, le transfert du monopole de la propriété des moyens de production à l'État conduit à placer la sphère socio-économique sous la dépendance d'une superstructure qui lui est extérieure[2]. Dans le second cas, Gurvitch montre que la négation inconditionnelle de la souveraineté étatique ouvre la voie à un péril : rien ne garantit en effet que « l'organisation syndicale n'usurpera pas le pouvoir de contrainte inconditionnée sur ses membres »[3]. Autrement dit, la négation de l'État et de la démocratie politique risque de déboucher sur une forme de concentration du pouvoir et de la propriété dans l'organisation syndicale, que rien n'empêche de devenir un nouveau Léviathan[4].

Pour résoudre le problème du statut de la propriété privée et faire en sorte que le pouvoir qui en découle ne se transforme pas en pouvoir de domination, il faut à la fois changer le sujet de la propriété et en modifier la nature[5]. Il faut donc transférer la propriété des moyens de production à un « sujet collectif complexe et multiple de caractère extra-étatique »[6], c'est-à-dire aux salariés eux-mêmes, mais dans un cadre fédéraliste inspiré notamment des idées de Proudhon et Gierke. Dès lors, « le ''tout'' et chaque membre pris à part sont simultanément propriétaires »[7]. C'est seulement sous cette modalité que la propriété devient véritablement restreinte et limitée, car elle dépend des normes du droit social édictées par les sujets copropriétaires. Les modèles

---

[1] Georges Gurvitch, « Socialisme et propriété », *Revue de Métaphysique et de Morale*, 1930, n°1, p. 113-147.
[2] *Ibid.*, p. 130.
[3] *Ibid.*, p. 134.
[4] *Ibid.*, p. 136.
[5] V. Georges Gurvitch, *La Déclaration des droits sociaux*, *op. cit.*, p. 164.
[6] *Ibid.*, p. 164.
[7] Georges Gurvitch, « Socialisme et propriété », art. cit., p. 122.

retenus sont ceux des propriétés coopératives, des sociétés de crédit mutuel et des sociétés anonymes par actions[1]. Le type de la propriété fédérative a vocation à s'appliquer à plusieurs niveaux, de l'entreprise à la branche d'industrie, jusqu'à l'économie entière[2]. La propriété fédérative a donc vocation à être universalisée et organisée marge de l'État. Elle devient, dès lors, propriété « sociale »[3].

Il faut dissiper ici une ambiguïté : malgré sa critique de l'État, le projet gurvitchien de démocratie industrielle tel qu'exposé dans la *Déclaration des droits sociaux* n'implique pas la négation de l'État et de la démocratie politique. Ceci est affirmé de manière très claire : « Il ne faut pas croire non plus que la technique pluraliste la plus rigoureuse, que nous mettons à la base de la nouvelle Déclaration des droits, aurait pour but ou pour effet, l'affaiblissement de l'État et de la démocratie politique »[4]. Autrement dit, si Gurvitch est contre l'étatisme, contre l'omnipotence de l'État, il n'est pas contre l'État lui-même, dont il veut réduire les compétences et les attributions. Il s'agit de « limiter l'État par une Organisation économique indépendante se gouvernant elle-même », d'instaurer « des contrepoids effectifs entre la Constitution politique et la Constitution Sociale, entre la Démocratie Politique et la Démocratie économique, entre la Propriété Publique et la Propriété Sociale [...] »[5]. L'organe de la propriété sociale fédéralisée – le Conseil National Économique – chargé de la marche générale de l'économie n'est ni un organe politique ni un rouage administratif de l'État ; il est présenté comme l'expression directe de la sphère socio-économique. Dans ce modèle, l'État, cantonné à un rôle de contrôleur ou d'« animateur » comme il l'écrit parfois sans en dire plus, est donc une sorte de mal nécessaire indispensable à l'équilibre social. Toutefois, le projet gurvitchien n'aura pas grande influence – pour ne pas dire aucune – sur les débats autour du principe de participation au sein de l'Assemblée nationale constituante, qui se révèlent particulièrement étique.

Certains projets constitutionnels élaborés au sein de la Résistance font du principe de participation la traduction juridique de la vision solidariste de la démocratie. On se souvient que, selon cette dernière, la

---

[1] *Ibid.*, p. 123.
[2] *Ibid.*, p. 125.
[3] Georges Gurvitch, *La Déclaration des droits sociaux*, *op. cit.*, p. 165-166.
[4] *Ibid.*, p. 63.
[5] *Ibid.*, p. 62.

vie sociale s'inscrit dans un jeu d'obligations réciproques au terme duquel l'individu est appelé au respect des règles communes, et où la société doit à chacun la satisfaction de ses aspirations – notamment à la justice sociale. C'est cette conception de la démocratie qui sous-tend le projet du Comité général d'études rédigé en 1943, dont l'article 7 dispose : « Le travail, instrument de la prospérité et du progrès général, est également une *fonction sociale* ; *le travailleur en est responsable devant la nation. Celle-ci, en retour, l'associe aux responsabilités de la production*, lui assure une équitable participation aux richesses qu'il produit, et d'une manière sans cesse plus étroite, l'appelle à profiter des bienfaits matériels et intellectuels de la civilisation »[1]. Le projet de Défense de la France rédigé en 1944 reprendra exactement les mêmes termes à l'article 5 de la Déclaration des devoirs insérée à son projet de constitution[2]. Deux solutions sont envisagées pour rendre opératoire l'idée de participation des travailleurs : celle de la participation des travailleurs à la détermination collective des conditions de travail et celle de leur participation à la gestion des entreprises. Alors que la première interprétation ne suscite pas de difficulté particulière, la seconde générera d'importantes réserves.

L'interprétation restrictive cantonne le principe de participation à la détermination collective des conditions de travail, *via* la conclusion de conventions collectives. On trouve un exemple à l'article 193 du Projet de Défense de la France, qui dispose : « Des conventions collectives peuvent être conclues en vue de déterminer les conditions de travail et notamment les conditions auxquelles devront satisfaire les contrats individuels de travail »[3]. L'idée est reprise à l'article 31 du projet de Constitution du 19 avril 1946, qui dispose : « Tout travailleur a le droit de participer par l'intermédiaire de ses délégués à la détermination collective des conditions de travail ainsi qu'à la gestion des entreprises ». Si le principe de participation à la gestion des entreprises fait l'objet d'âpres débats au sein de l'Assemblée nationale constituante, il n'en va pas de même pour le principe de participation à la détermination collective des conditions de travail, qui ne fait pas

[1] Projet du Comité général d'études, cité in Jean-Éric Callon, *Les projets constitutionnels de la Résistance*, Paris, La Documentation française, 1998, p. 55 (nous soulignons).

[2] Projet de Défense de la France, cité in *ibid.*, p. 64.

[3] Projet de Défense de la France (cité in *ibid.*, p. 79).

l'objet de discussions particulières[1]. Le principe à la détermination collective des conditions de travail ne fait d'ailleurs pas l'objet d'amendement au moment de l'adoption, en seconde lecture, du projet de constitution[2]. Ce consensus apparent s'explique par le fait qu'une telle interprétation du principe de participation s'inscrit dans la filiation des lois du 25 mars 1919 et du 24 juin 1936, consacrant la possibilité pour les syndicats de conclure des conventions collectives de travail. Plus spécifiquement, le recours au mécanisme de l'extension a permis à la convention collective de branche d'apparaître comme « un puissant vecteur de progrès social »[3]. Il s'agissait donc simplement de reconnaître, sur le plan constitutionnel, une législation bien établie.

Le principe de participation des travailleurs à la gestion des entreprises donne lieu à plus de discussions, et fait l'objet d'importantes réserves en raison de son caractère plus « révolutionnaire »[4]. Il est présenté par certains comme la traduction juridique de la démocratie économique et sociale, capable de rétablir l'égalité réelle dans la sphère socio-économique, entre le capital et le travail. Les déclarations d'André Philip sont éloquentes : « Désormais, pour nous, la démocratie n'est plus seulement politique, elle est économique et sociale. La classe ouvrière n'a pas seulement à exercer la démocratie en faisant acte de citoyen tous les quatre ans, dans un vote politique. La démocratie doit être réalisée, et dans les secteurs nationalisés et dans les secteurs libres, par la faculté donnée aux travailleurs, suivant leur compétence et leur degré d'éducation, de prendre partout leurs responsabilités dans la gestion même des entreprises »[5]. L'idée est beaucoup moins consensuelle que celle de la participation des travailleurs à la détermination collective des conditions de travail, car elle implique une réorganisation complète des entreprises – notamment de limiter considérablement, voire d'abolir, l'autorité patronale – et du système économique. Certains orateurs s'opposent ainsi fermement à l'inscription, dans le Préambule de la Constitution, d'une telle disposition. C'est le cas, par exemple, de Joseph Denais et de d'Henry

[1] Comme le souligne à juste titre Valérie Bernaud, « La participation saisie par le droit constitutionnel : entre faux espoirs et vraies déceptions », *Dr. Soc.*, 2015, n°12, p.960-966.

[2] V. *J.O. déb. A.N.C*, deuxième séance du 19 avril 1946, p. 2045.

[3] Isabel Odoul-Asorey, *Négociation collective et droit constitutionnel*, *op. cit.*, p. 26.

[4] V. Valérie Ogier-Bernaud, *Les droits constitutionnels des travailleurs*, Paris, Economica/PUAM, 2003, p. 59.

[5] *J.O. déb. A.N.C*, séance du 28 août 1946, p. 3372.

Bergasse, qui déposèrent un amendement tendant à supprimer, dans le huitième alinéa, les mots : « … ainsi qu'à la gestion des entreprises ». Selon eux, la formulation de ce droit est beaucoup trop générale et souffre d'une absence de définition qui leur fait craindre une interprétation trop marxisante[1].

En dehors de ces affrontements, force est de constater que les débats se révèlent pauvres en précisions concernant le contenu de cette partie du huitième alinéa. Il semble en réalité qu'il s'agit moins d'un mécanisme juridique opératoire que d'un énoncé déclaratif indiquant la volonté du constituant de consacrer un « progrès social » au bénéfice des travailleurs sans pour autant lier le législateur. Ni le droit de propriété, ni l'autorité patronale dans l'entreprise ne sont remis en cause. Or, ces deux aspects sont traditionnellement au cœur des projets théoriques de réorganisation de la démocratie sur une base « sociale ».

§ 2. L'échec d'une ambition sociale

L'institution des comités d'entreprises est perçue comme la première tentative d'associer les salariés à la gestion des entreprises. Pourtant, cette tentative sera avortée. La vision gaullienne de la participation des travailleurs aux bénéfices ne connaîtra pas une plus grande fortune.

Dès le second semestre 1944, le patronat en fuite, on assiste à l'institution spontanée de « comités de gestion » au sein de certaines entreprises. Toute la question consiste alors à savoir s'il faut donner un statut juridique à ces structures de fait aux allures autogestionnaires, ou si une solution plus « équilibrée » s'impose. C'est la seconde solution qui est choisie. Promulguée le 22 février 1945 par Alexandre Parodi, ministre du Travail, sous une forte pression patronale et contre les propositions de l'Assemblée consultative, l'ordonnance du 22 février 1945[2] n'accorde qu'une fonction consultative aux comités d'entreprises privant ainsi les travailleurs, à travers leurs représentants, de tout pouvoir de décision. Certains projets ultérieurs chercheront à transformer l'entreprise en conférant une véritable fonction de contrôle au comité d'entreprise, mais ils échoueront.

---

[1] V. par exemple les déclarations de Joseph Denais (*J.O.F.R.*, Débats, ANC, 28 août 1946, p. 3371-3372).

[2] Ordonnance n°45-280 du 22 février 1945 instituant des comités d'entreprises (*J.O.F.R.*, Lois et décrets, 23 février 1945, p. 954).

L'objectif affirmé du projet d'ordonnance instituant des comités d'entreprises, débattu au sein de l'Assemblée consultative provisoire, est de « légaliser et de généraliser »[1] l'existence de ce que l'on désigne alors, aux mois d'août et septembre 1944, sous le nom de « comités de gestion »[2]. Cet objectif est visé au nom de l'idée présente dans beaucoup de projets de la Résistance, à savoir « la nécessité d'associer les travailleurs à la direction de l'économie et à la gestion des entreprises »[3]. On retrouve là toute la conception de l'entreprise développée par les démocrates-chrétiens, les socialistes réformistes et les radicaux-socialistes durant l'entre-deux-guerres. Le maître-mot est celui de « coopération » entre les forces productives et la direction, au sein d'une entreprise conçue comme une « œuvre commune ». Le comité d'entreprise est l'institution par laquelle cette collaboration doit se réaliser. Mais les prérogatives exclusivement *consultatives* conférées aux comités d'entreprises sont révélatrices de la grande méfiance des pouvoirs publics envers l'autogestion. L'exposé des motifs du projet d'ordonnance ne laisse guère de doute : « Ces comités [...] *ne sont pas, dans le domaine économique, des organismes de décision* : il a semblé indispensable de laisser au chef d'entreprise, qui a, devant la nation, la responsabilité de l'affaire qu'il dirige, une autorité correspondant à cette responsabilité. *Les comités d'entreprises seront donc consultatifs, sauf en ce qui concerne la gestion des institutions sociales de l'entreprise* » (nous soulignons).

Les comités d'entreprise ont une double vocation : sociale et économique. S'agissant de leur vocation sociale, l'ordonnance du 22 février 1945 intègre dans les comités d'entreprise les œuvres sociales développées au sein des comités sociaux d'entreprises créés par le régime de Vichy[4]. L'article 2 de l'ordonnance du 22 février 1945 dispose en ce sens que « le comité d'entreprise assure ou contrôle la gestion de toutes les œuvres sociales établies dans l'entreprise ». Les modalités d'application de ce principe sont renvoyées à un décret pris

[1] Exposé des motifs de l'ordonnance du 22 février 1945 instituant des comités d'entreprises.
[2] V. Jacques le Goff, *Du silence à la parole*, *op. cit.*, p. 364.
[3] Exposé des motifs de l'ordonnance du 22 février 1945 instituant des comités d'entreprises.
[4] V. Jean-Pierre Le Crom, « La naissance des comités d'entreprise : une révolution par la loi ? », *Travail et Emploi*, 1995, n°2, p. 58-76.

en Conseil d'État. Il s'agit du décret du 2 novembre 1945[1], qui distingue en son troisième article trois modalités de participation à la gestion des œuvres sociales par le comité d'entreprise. Premièrement, il *assure la gestion* des œuvres sociales qui n'ont pas la personnalité civile, à l'exception des centres d'apprentissage et de formation professionnelle. Deuxièmement, il ne fait que *participer* à la gestion de celles qui possèdent la personnalité civile. Troisièmement, il *contrôle la gestion* des sociétés de secours mutuels et des caisses d'assurances sociales établies dans l'entreprise, des œuvres sociales ayant pour objet d'assurer au personnel de l'entreprise des logements ou des jardins ouvriers, les centres d'apprentissage et de formation professionnelle. Mais « le principe hautement affirmé de la gestion ouvrière des œuvres sociales est loin d'être complètement réalisé, l'employeur gardant le pouvoir sur les principales d'entre elles »[2].

Concernant le pouvoir économique du comité d'entreprise, il est le résultat d'un compromis entre les aspirations ouvrières et syndicales à un changement des règles du jeu social et le maintien de l'autorité du chef d'entreprise. En effet, les velléités autogestionnaires des comités de gestion sont rapidement neutralisées. En témoigne la déclaration effectuée par le Gouvernement provisoire à l'issue du Conseil des ministres du 29 septembre 1944. Visant les comités de gestion, il annonce, d'une part, la création « de comités mixtes à la production qui, dans les grandes entreprises, seraient obligatoirement appelés à associer, par leur avis, la classe ouvrière à la gestion » ; mais, d'autre part, il n'oublie pas de préciser « qu'aucune autorité ni aucun organisme n'a qualité pour modifier, en dehors des prescriptions de la loi, les fondements du régime des entreprises »[3]. Autrement dit, le pouvoir du chef d'entreprise – sauf indication contraire de la loi – n'est pas remis en cause par les comités d'entreprise. Dans le même sens, Alexandre Parodi, ministre du Travail et de la Sécurité sociale, déclare à propos du projet d'ordonnance qu'« il n'a jamais été non plus dans les intentions du Gouvernement – et je sais bien qu'il n'est pas davantage dans les intentions de l'Assemblée – de porter atteinte à l'autorité du chef

[1] Décret n°45-2751 du 2 novembre 1945 portant règlement d'administration publique pour l'application de l'ordonnance du 22 février 1945 instituant les comités d'entreprises (*J.O.F.R.*, Lois et décrets, 6 novembre 1945, p. 7327).
[2] Jean-Pierre Le Crom, « La naissance des comités d'entreprise : une révolution par la loi ? », art. cit., p. 63.
[3] Intervention de Raymond Aubrac au colloque sur *Les nationalisations de la Libération*, Paris, Presses de la FNSP, 1987, p. 109.

d'entreprise, autorité nécessaire parce qu'elle correspond à des responsabilités techniques et financières qui appellent en contrepartie certains moyens d'action » ; et que même si certains pouvoirs sont reconnus aux comités d'entreprise (pouvoir d'être informés sur la marche de l'entreprise, droit à la communication de documents essentiels, droit d'entendre les commissaires aux comptes…), il ne faut pas « pousser cette réforme jusqu'au point où, en risquant de provoquer des conflits, elle pourrait constituer une expérience dangereuse pour l'économie française »[1]. Ainsi, l'exposé des motifs de l'ordonnance du 22 février 1945 est clair : « l'autorité de la direction sera maintenue intacte et, en même temps, par l'intermédiaire de ses représentants, le personnel pourra être étroitement associé à la marche générale de l'entreprise dans laquelle il travaille »[2]. On peine pourtant à identifier précisément les modalités concrètes de cette « association étroite » du travailleur.

Sans remettre en cause l'autorité patronale au sein de l'entreprise, René Capitant tentera de faire des comités d'entreprise de véritables organes de contrôle. Dans ses cours sur le thème de la démocratie sociale, Capitant développe l'idée d'une nécessaire séparation des pouvoirs dans l'entreprise, afin de rompre avec un certain « féodalisme ». Selon lui, le fait que le patron concentre tous les pouvoirs en possédant « un pouvoir législatif, disciplinaire et de direction » donne à l'entreprise un caractère « féodal, en contradiction évidente avec l'esprit de la démocratie »[3]. Ainsi, à la faveur de la discussion parlementaire autour d'un projet de loi du gouvernement visant à réviser le droit des sociétés[4], René Capitant et François Le Douarec déposent une série d'amendements dont l'objet est de consacrer une nouvelle forme de société[5]. Dans ce cadre, le comité d'entreprise est appelé à jouer un véritable rôle de contre-pouvoir. Le comité d'entreprise, déclare Capitant au cours des débats parlementaires, « n'est pas fait pour diriger l'entreprise, ni même pour partager cette direction. Mais on peut concevoir qu'il contrôle la

---

[1] *J.O.F.R.*, Débats, AN, 12 décembre 1994, p. 486-487.

[2] Exposé des motifs de l'ordonnance du 22 février 1945 instituant des comités d'entreprises.

[3] René Capitant, « Les principes de la démocratie », art. cit., p. 180.

[4] Il s'agira de la loi n°66-537 du 24 juillet 1966 sur les sociétés commerciales (*J.O.F.R.*, Lois et décrets, 8 juin 1966, p. 257).

[5] 28 amendements seront déposés. V. Clément Gaubard, « René Capitant et la participation : l'échec d'une ambition sociale », *Jus politicum*, 2021, n°26, p. 216.

direction au nom du travail, comme le conseil de surveillance le fera au nom du capital. Progressivement, il sera possible de donner au personnel des droits juridiquement égaux à ceux des actionnaires »[1]. Pour rendre effective cette séparation des pouvoirs tout en préservant l'autorité du chef d'entreprise, le comité d'entreprise est donc appelé à remplir une fonction de contrôle de la direction au nom de l'ensemble des travailleurs. Le but est de rapprocher le droit français des sociétés du droit allemand[2], au sein duquel l'idée de « cogestion » acquiert une place grandissante durant les années soixante[3]. Toutefois, le fossé sera grand entre la grandiloquence des principes et le texte finalement adopté. Se heurtant à l'hostilité parlementaire à l'égard de la participation des salariés[4], et peut-être également en raison d'une forme d'« autocensure »[5], Capitant et Le Douarec soumettront au vote un projet finalement très modeste. Il n'est plus question d'attribuer au comité d'entreprise une fonction de contrôle de la direction, désormais attribuée au seul conseil de surveillance[6]. Le texte prévoit simplement l'éventualité que le comité d'entreprise puisse former périodiquement, avec le conseil de surveillance, « des commissions mixtes paritaires pour examiner les questions relatives à la marche de l'entreprise et tenir des réunions communes »[7].

Le thème de la « participation » par le biais de l'actionnariat salarié n'est pas nouveau[8], mais il n'a pas réussi à s'implanter durablement. Le général de Gaulle le replacera sur le devant de la scène. Mais l'ambition initiale, qui se voulait être une « troisième voie » entre capitalisme et communisme, ne trouvera qu'une portée juridique limitée.

La vision gaullienne de l'entreprise doit beaucoup au catholicisme social, au solidarisme et, dans une moindre mesure, au proudhonisme

---

[1] *J.O.F.R.*, Débats, AN, 8 juin 1965, p. 1866.
[2] *Ibid.*, p. 1866.
[3] V. Franz Gamillscheg, « La cogestion des travailleurs en droit allemand. Bilan à la lumière du jugement du Tribunal constitutionnel fédéral du 1er mars 1979 », *Revue internationale de droit comparé*, janvier-mars 1980, n°1, p. 57-74.
[4] V. Clément Gaubard, « René Capitant et la participation : l'échec d'une ambition sociale », art. cit., p. 218-220.
[5] Paul Le Cannu, *La société anonyme à directoire*, Paris, LGDJ, 2013, coll. « Anthologie du droit », p. 151.
[6] *J.O.F.R.*, Débats, AN, 8 juin 1965, p. 1869.
[7] *Ibid.*, p. 1869.
[8] V. Loi du 26 avril 1917 créant les sociétés anonymes à participation ouvrière (*J.O.F.R*, Lois et décrets, 28 avril 1917, p. 3386).

auquel on sait qu'il s'intéressait[1]. Le mot d'ordre de ces courants est celui d'« association ». De Gaulle reprend à son compte ce vocable : selon lui, il faut « associer » le capital et le travail au sein de l'entreprise pour concrétiser la dignité de l'homme. Autrement dit, il s'agit pour lui de construire une « troisième voie » entre le capitalisme et le communisme. Il l'exprime clairement dans le discours de Strasbourg du 7 avril 1947 : « Sommes-nous condamnés à osciller toujours douloureusement entre un système en vertu duquel les travailleurs seraient de simples instruments dans l'entreprise dont ils font partie et un autre qui écraserait tous et chacun, corps et âme, dans une odieuse machinerie totalitaire et bureaucratique ? Non ! La solution humaine, française, pratique de cette question qui domine tout n'est ni dans cet abaissement des uns, ni dans cette servitude de tous. Elle est dans l'association digne et féconde de ceux qui mettraient en commun, à l'intérieur d'une même entreprise, soit leur travail, soit leur technique, soit leurs biens, et qui devraient s'en partager, à visage découvert et en honnêtes actionnaires, les bénéfices et les risques. Certes, ce n'est pas cette voie que préconisent, ni ceux qui ne veulent pas reconnaître que rehausser la dignité de l'homme c'est non seulement un devoir moral, mais encore une condition du rendement [...] »[2]. L'idée occupe la pensée gaullienne avec une singulière constance, comme cela ressort de ses déclarations du 23 juin 1950 devant les Assises nationales du RPF : « C'est *l'association contractuelle et réelle que nous voulons établir et non pas ces succédanés*, primes de productivité, actionnariat ouvrier, intéressement aux bénéfices, par quoi certains qui se croient habiles essaient de la détourner »[3].

Ainsi exposée, la vision gaullienne de la participation ouvrière est audacieuse, mais certains aspects viennent modérer la portée qu'il semble conférer à l'idée de participation, qui ne va pas jusqu'à l'autogestion plébiscitée par le courant proudhonien. En effet, de Gaulle, en cela fidèle à la vision de l'entreprise développée par le catholicisme social, ne remet pas en cause l'autorité du chef d'entreprise. Si le capital et le travail sont appelés à déterminer, sur un

---

[1] V. Bernard Tricot, « De Gaulle et l'esprit de participation », *Espoir*, 1987, n°58 [En ligne : http://www.charles-de-gaulle.org/wp-content/uploads/2017/10/De-Gaulle-et-lesprit-de-participation.pdf].

[2] Disponible en ligne, sur le site de l'université de Perpignan : https://mjp.univ-perp.fr/textes/degaulle07041947.htm.

[3] Cité in Institut Charles de Gaulle, *De Gaulle en son siècle*, tome III, Paris, Plon/La Documentation française, 1992, coll. « Espoir », p. 302 (nous soulignons).

pied d'égalité, les conditions de travail, il n'est pas question de sacrifier « l'échelle hiérarchique » au culte de l'égalité. Autrement dit, l'idée d'association ne s'étend pas à la gestion des entreprises, mais seulement à la fixation des conditions de travail, comme de Gaulle le laisse entendre lors de son discours prononcé à Saint-Étienne le 4 janvier 1948 : « L'association, qu'est-ce à dire ? D'abord ceci que, dans un même groupe d'entreprises, tous ceux qui en font partie, les chefs, les cadres, les ouvriers, fixeraient ensemble entre égaux, avec arbitrage organisé, les conditions de leur travail, notamment les rémunérations. Et ils les fixeraient de telle sorte que tous, depuis le patron ou le directeur inclus, jusqu'au manœuvre inclus, recevraient, de par la loi et suivant l'échelle hiérarchique, une rémunération proportionnée au rendement global de l'entreprise [...] »[1].

Mais l'idée généreuse de participation des travailleurs se réduit dans les faits à dispositif facultatif d'intéressement aux bénéfices, au capital et à la productivité des entreprises prévue par l'ordonnance du 7 janvier 1959. Les ordonnances du 17 août 1967 instaureront quant à elle un dispositif obligatoire, mais ne modifieront pas fondamentalement la structure des entreprises.

L'ordonnance du 7 janvier 1959[2] prévoyait la possibilité, pour les entreprises de plus de 50 salariés, par voie de convention collective d'entreprise, d'associer les salariés aux résultats de l'entreprise. L'élaboration de contrats entre l'employeur et les représentants du personnel devait permettre soit « une participation collective aux résultats de l'entreprise ou de l'établissement » ; soit « une participation au capital ou à une opération d'auto-financement » ; soit « une participation à l'accroissement de la productivité »[3]. Il est en outre précisé que les versements au titre de la participation « n'ont pas le caractère d'élément du salaire »[4]. Après examen par une commission administrative, sous le contrôle du ministre du Travail, les entreprises qui auront souscrit de tels contrats pourront bénéficier d'exonérations

---

[1] Cité in Jacques Godfrain, « La participation : idée centrale de la pensée gaullienne », *Espoir*, 2000, n°125 [En ligne : https://www.charles-de-gaulle.org/wp-content/uploads/2017/10/La-participation-idee-centrale-de-la-pensee-gaullienne.pdf].

[2] V. Ordonnance n°59-126 du 7 janvier 1959 tendant à favoriser l'association ou l'intéressement des travailleurs à l'entreprise (*J.O.F.R*, Lois et décrets, 9 janvier 1959, p. 641).

[3] Art. 2 de l'ordonnance n°59-126 du 7 janvier 1959.

[4] Art. 4 de l'ordonnance n°59-126 du 7 janvier 1959.

fiscales. D'une part, ces entreprises sont autorisées « à déduire des bases retenues pour l'assiette de l'impôt sur les sociétés ou de l'impôt sur le revenu des personnes physiques le montant des participations versées en espèces aux travailleurs en application du contrat d'intéressement ou d'association »[1]. D'autre part, l'ordonnance prévoyait d'exonérer de charges sociales les entreprises ayant conclu ces contrats[2]. Enfin, lorsque « la participation ou l'intéressement est réalisé sous forme de création ou de distribution d'actions en faveur des travailleurs, les opérations afférentes sont exonérées des taxes et droits qui sont normalement applicables à de telles opérations »[3]. Le dispositif prévu par l'ordonnance n'a pas eu le succès escompté. Les réticences, pour des raisons différentes, entre syndicats de salariés et syndicats patronaux[4], ainsi que le caractère facultatif du dispositif expliquent en grande partie son échec. Très peu de sociétés ont conclu des accords d'intéressements[5]. Fondamentalement, la structure des relations entre le capital et le travail n'est pas modifiée, comme le relève Paul Durand, au terme d'un jugement peu amène : « Aucune transformation profonde n'apparaît ainsi dans la structure capitaliste de l'entreprise. Cette situation ne sera pas modifiée par l'ordonnance du 7 janvier 1959 sur l'intéressement du personnel à l'entreprise, qui se borne à prévoir, soit une participation collective aux résultats de l'entreprise (participation au bénéfice ou au chiffre d'affaires, salaire proportionnel), soit une participation à l'accroissement de la productivité, soit une participation au capital ou à une opération d'autofinancement »[6].

---

[1] Art. 10 de l'ordonnance n°59-126 du 7 janvier 1959.

[2] Art. 10 de l'ordonnance n°59-126 du 7 janvier 1959.

[3] Art. 10 de l'ordonnance n°59-126 du 7 janvier 1959.

[4] V. Michel Despax, « La participation des salariés aux fruits de l'expansion des entreprises en France », *Les cahiers de droit*, septembre 1968, n°3, p. 373-374.

[5] Les chiffres avancés soulignent la modestie des résultats : « 250 sociétés seulement, rassemblant 125 000 salariés, ont passé des accords d'intéressement, soit moins de 1 % des travailleurs. Cela ne peut être interprété comme une réussite » (Lucette Le Van-Lemesle, « La participation dans l'entreprise : de la théorie à la pratique », in Robert Vandenbussche, Jean-François Sirinelli, Marc Sadoun (dir.), *La politique sociale du général de Gaulle*, *op. cit.*, en ligne : https://books.openedition.org/irhis/1092#bodyftn15).

[6] V. Paul Durand, *La participation des travailleurs à la vie économique et sociale en France*, Luxembourg, Services des publications des communautés européennes, 1962, p. 60.

À l'été 1965, le député Louis Vallon présente un amendement[1] à l'article 33 de la loi de finances du 12 juillet 1965, dont l'objet vise à modifier l'imposition des sociétés et des revenus de capitaux mobiliers pour favoriser l'investissement et l'épargne[2]. Accepté par le gouvernement et voté par le Parlement, il reconnaît aux salariés le droit au partage des accroissements d'actif dégagés dans les bilans des entreprises. L'amendement est ainsi rédigé : « Le gouvernement déposera avant le 1er mai 1966 un projet de loi définissant les modalités selon lesquelles seront reconnus et garantis les droits des salariés sur l'accroissement des valeurs d'actif des entreprises dû à l'autofinancement »[3]. Le général de Gaulle se prononce en faveur de l'amendement. Dans sa conférence de presse du 28 octobre 1966, il déclare : « Le grand changement qu'il faut apporter à la condition ouvrière, c'est l'association active du travail à l'œuvre économique qu'il contribue à accomplir »[4]. Mais toujours fidèle à sa volonté de construire une « troisième voie », il précise : « Une réforme pareille doit s'accomplir sans ébranler les autres piliers qui sont d'une part, l'investissement des capitaux [...], d'autre part l'initiative et l'autorité de ceux qui ont à la diriger [...] »[5].

La « Commission Mathey » est créée par le gouvernement afin qu'elle étudie les modalités techniques permettant de traduire concrètement les principes de l'amendement « Vallon ». Dans son rapport remis au mois de juillet 1966, la « Commission Mathey », globalement hostile au principe d'une participation des travailleurs aux bénéfices des entreprises[6], souligne un certain nombre de difficultés, notamment un problème d'égalité entre les différentes catégories de travailleurs, « selon que l'entreprise ou la branche d'activité dans laquelle ils sont employés est en expansion ou en perte de vitesse sur le plan économique »[7]. Enfin, le rapport insiste sur les problèmes de

---

[1] Il s'agit en réalité d'une initiative conjointe de Louis Vallon et de René Capitant, comme le rappelle Clément Gaubard : « René Capitant et la participation : l'échec d'une ambition sociale », art. cit., p. 208.

[2] V. Jean-Claude Casanova, « L'amendement Vallon », *RFSP*, 1967, n°1, p 97.

[3] Cité in Jean-Claude Casanova, *ibid.*, p. 97.

[4] Cité in Lucette Le Van-Lemesle, « La participation dans l'entreprise : de la théorie à la pratique », art. cit. [En ligne].

[5] *Ibid.*

[6] V. Clément Gaubard : « René Capitant et la participation : l'échec d'une ambition sociale », art. cit., p. 210-212.

[7] Michel Despax, « La participation des salariés aux fruits de l'expansion des entreprises en France », art. cit., p. 376.

définition juridique des droits reconnus aux salariés, « l'hésitation étant permise entre un système accordant aux salariés un droit de propriété sur l'entreprise ou une portion de celle-ci et un autre système dans lequel les travailleurs se verraient reconnaître un droit de créance »[1]. Ajoutons l'hostilité du patronat pour tout système d'intéressement[2], accusé d'ouvrir la voie à la possible participation des travailleurs à la gestion des entreprises[3]. Au regard de toutes ces difficultés, la « Commission Mathey » exclut toute formule d'intéressement obligatoire. Le dispositif doit rester facultatif, comme en 1959. Mais malgré l'avis peu enthousiaste – c'est une litote – de la « Commission Mathey », le président de la République promulgue l'ordonnance du 17 août 1967[4].

Il faut toutefois en relativiser la portée juridique. Celle-ci rend obligatoire, pour les entreprises de plus de 100 salariés, un « système de participation des salariés aux fruits de l'expansion des entreprises »[5]. Pour les autres, l'ordonnance prévoit seulement la possibilité de mettre en place, de manière facultative[6], un plan d'épargne d'entreprise défini comme un « système d'épargne collectif ouvrant aux salariés d'une entreprise la faculté de participer, avec l'aide de celle-ci, à la constitution d'un portefeuille de valeurs mobilières »[7]. Or, en 1967, les entreprises de cette catégorie sont majoritaires[8]. Par conséquent, la majorité des travailleurs ne peut pas bénéficier du dispositif de

[1] *Ibid.*, p. 377.
[2] V. Michel Despax, « La participation des salariés aux fruits de l'expansion des entreprises en France », art. cit., p. 375.
[3] V. M. Chauvière, J.-P. Dumont, « L'intéressement : une porte ouverte aux syndicats sur la gestion des entreprises », *Les informations industrielles et commerciales*, 18-25 août 1967, n°1165-1166, p. 7.
[4] V. Ordonnance n°67-693 du 17 août 1967 relative à la participation des salariés aux fruits de l'expansion des entreprises (*J.O.F.R*, Lois et décrets, 18 août 1967, p. 8288).
[5] Art. 1er de l'ordonnance n°67-693 du 17 août 1967.
[6] Art. 1er de l'ordonnance n°67-694 du 17 août 1967 relative aux plans d'épargne d'entreprise (*J.O.F.R.*, Lois et décrets, 18 août 1967, p. 8291).
[7] *Ibid.*
[8] Seulement ¼ des entreprises compte à cette époque plus de 100 salariés. V. Michel Despax, « La participation des salariés aux fruits de l'expansion des entreprises en France », art. cit., p. 386.

participation aux bénéfices, comme le souligne d'ailleurs René Capitant[1], qui souhaite réviser l'ordonnance[2].

Ce dispositif a sans doute permis la réalisation d'une « meilleure justice distributive dans l'appropriation des richesses »[3], en apportant un complément de rémunération aux travailleurs. Mais ses résultats sont somme toute assez modestes si l'on attendait d'elle une réforme sociale d'ampleur. D'abord, parce que les sommes affectées à la « réserve de participation » sont assez modestes, puisqu'elles correspondent à environ 5% des bénéfices nets (après paiement de l'impôt) opérés durant une année[4]. Ensuite, la répartition de l'intéressement entre les salariés est à calculer proportionnellement au salaire perçu, dans la limite de plafonds fixés par décret[5]. Or, déterminer la participation des salariés en fonction de leurs salaires revient à évacuer la question de l'apport effectif du facteur travail sur la production et donc sur le bénéfice réalisé, comme le préconisait René Capitant[6]. Un tel choix traduit une orientation en faveur de l'ordre capitaliste, si bien que le constat établi par Paul Durand à propos de l'ordonnance de 1959 sur l'intéressement peut être appliqué à l'ordonnance de 1967 : aucune transformation profonde n'apparaît dans la structure capitaliste de l'entreprise et de l'économie – ce qui n'est pas pour déplaire aux opposants de la participation[7].

---

[1] Selon lui, le droit de participation aux bénéfices « laisse de côté la majorité des travailleurs » (René Capitant, « Triple participation (12 janvier 1968) », in *Écrits politiques*, Paris, Flammarion, 1971, p. 335.

[2] V. Clément Gaubard, « René Capitant et la participation : l'échec d'une ambition sociale », art. cit., p. 213.

[3] Michel Despax, « La participation des salariés aux fruits de l'expansion des entreprises en France », art. cit., p. 388.

[4] V. Art. 2 de l'ordonnance n°67-693 du 17 août 1967.

[5] Art. 3 de l'ordonnance n°67-693 du 17 août 1967.

[6] René Capitant, « Le changement de régime, rapport présenté aux Assises Nationales du RPF » (1952), in *Écrits constitutionnels*, *op. cit.*, p. 342.

[7] Par exemple, dans *Le Figaro* du 14 septembre 1967, Raymond Aron écrit, soulagé : « L'ordonnance, telle qu'elle a été finalement rédigée, ne comporte pas de danger pour l'économie dans l'immédiat. [...] Les chefs d'entreprise n'ont plus aucun motif d'inquiétude ; la distribution des dividendes ne sera que faiblement affectée ».

Section 2. La neutralisation du principe de participation des travailleurs.

S'il est réputé exprimer la notion de « démocratie sociale », force est de constater que le principe de participation des travailleurs est loin de recueillir l'unanimité au sein du débat constitutionnel et politique, et que ses traductions juridiques concrètes restent largement timorées en raison des dangers qu'il est supposé faire courir à l'économie. Dans cette perspective et malgré la « consécration » constitutionnelle du principe, une partie de la doctrine s'emploiera ingénieusement à le neutraliser (§ 1). Sans doute sensible à certains arguments déployés, le juge constitutionnel en propose une interprétation très restrictive (§ 2).

§ 1. La neutralisation doctrinale du principe de participation des travailleurs.

Le caractère hétérogène et désordonné des dispositions contenues dans le Préambule de la Constitution du 27 octobre 1946 est l'occasion pour la doctrine de se prononcer sur leur juridicité[1]. S'agit-il de véritables règles prescriptives, ou une compilation de principes philosophiques et moraux ? Pour répondre à cette question, les commentateurs se livrent à l'exercice de l'exégèse de l'intention des constituants, par l'étude des travaux préparatoires[2]. L'exercice peut paraître périlleux, tant il est difficile de discerner entre ce qui relève de la « véritable » intention des constituants – à supposer qu'une telle intention existe – et les projections subjectives de l'interprète. Mais il devient plus commode à partir du moment où, comme Vedel et Rivero, on considère que « le verbe a sa force propre » et que, quelle que soit « l'intention ou l'absence d'intention de ceux qui choisissent les mots, *ceux-ci leur échappent* »[3]. Dès lors, pour autant qu'on se dissimule la manipulation intellectuelle qu'elle recèle, une telle méthode présente

---

[1] V. Yves Poirmeur, « La réception du Préambule de la Constitution de 1946 par la doctrine juridique », in Geneviève Koubi (dir.), *Le Préambule de la Constitution de 1946. Antinomies juridiques et contradictions politiques*, Paris, PUF, 1996, p. 100. Pour une analyse exhaustive, on renverra à l'ouvrage de Michel Clapié, *De la consécration des principes politiques, économiques et sociaux particulièrement nécessaires à notre temps : étude de droit public*, thèse droit, Montpellier I, 1992.

[2] V. Yves Poirmeur, « La réception du Préambule de la Constitution de 1946 par la doctrine juridique », art. cit., p. 101.

[3] Jean Rivero, Georges Vedel, « Les principes économiques et sociaux de la Constitution : le préambule », art. cit., p. 94 (nous soulignons).

l'avantage de faire passer un propos *prescriptif* pour un propos *descriptif* ou *normatif*. Ainsi, sous couvert d'un discours prétendant à la neutralité axiologique et à l'objectivité scientifique, les interprétations proposées du huitième alinéa du Préambule de la Constitution de 1946 sont sous-tendues par des convictions politiques et philosophiques délimitant « l'univers du juridiquement pensable »[1]. Et celui-ci, fortement marqué par l'individualisme libéral, contribuera à neutraliser les potentialités juridiques du principe de participation des travailleurs. Pour le comprendre, il faut revenir sur le débat concernant la nature juridique du principe. Nous verrons ensuite que la démocratie politique est présentée comme le référentiel normatif à l'aune duquel la démocratie sociale est pensable. Une telle manœuvre n'est cependant possible qu'au prix de la construction *a posteriori* d'une continuité entre démocratie politique et démocratie sociale.

Dans son entreprise de neutralisation des potentialités juridiques recelées par le huitième alinéa de la Constitution de 1946, une partie de la doctrine va défendre la thèse du caractère insuffisamment précis du principe de participation des travailleurs. On peut opposer à cette thèse, particulièrement partiale, une conception affirmant le caractère impératif de la règle posée au huitième alinéa.

L'expression « démocratie économique et sociale » étant « un peu vague et équivoque »[2], certains en tirent argument pour se risquer à en définir les contours. Robert Pelloux, par exemple, identifie trois sens possibles. Premièrement, l'expression renvoie selon lui au perfectionnement de la législation sociale protectrice des droits individuels et collectifs des travailleurs dans le but « d'éviter l'exploitation des faibles par les forts et de redonner aux faibles toute leur indépendance politique »[3]. Deuxièmement, elle engage une transformation des structures économiques rendant possible l'intervention des travailleurs : « nationalisation des entreprises »[4] et « participation des travailleurs à la gestion »[5] avec possibilité d'accès à la direction. Troisièmement, la démocratie économique et sociale

[1] Selon l'expression d'Yves Poirmeur, « La réception du Préambule de la Constitution de 1946 par la doctrine juridique », art. cit., p. 102.
[2] Robert Pelloux, « Le préambule de la Constitution du 27 octobre 1946 », *RDP*, janvier-mars 1947, p. 371.
[3] *Ibid.*, p. 371.
[4] *Ibid.*, p. 372.
[5] *Ibid.*, p. 372.

reconnaît aux individus ayant besoin de l'aide de la collectivité (particulièrement les « victimes des inégalités naturelles et des calamités inévitables »[1]) des droits-créances, « c'est-à-dire le droit d'exiger de l'État certaines prestations »[2]. Dans le même sens, pour Vedel, la notion de démocratie économique et sociale entend donner un « sens concret » à la démocratie politique par la « participation des travailleurs au gouvernement de l'économie »[3]. On le voit, dans les deux cas, l'idée de participation des travailleurs occupe une place centrale dans la définition de la démocratie économique et sociale. Surtout, elle est présentée comme un critère important à l'aune duquel il est possible de considérer la nature « réelle » - et non simplement « formelle » - de la démocratie.

Mais, dans le même temps, le principe de participation des travailleurs cristallise les craintes, en raison de ses conséquences juridiques, à savoir la modification de la structure de l'entreprise et du statut du travailleur. S'il n'y a pas d'inquiétude à avoir concernant le principe de participation des travailleurs à la détermination collective des conditions de travail, qui ne fait qu'accéder au rang constitutionnel un dispositif législatif déjà existant de longue date, il en va différemment du principe de participation des travailleurs à la gestion des entreprises, qui suscite beaucoup moins d'enthousiasme. Pour Rivero et Vedel, « le pas décisif est franchi »[4], car ce principe implique une transformation de la structure économique du pays. Surtout, Robert Pelloux attire l'attention sur le fait que la participation à la gestion prête à des interprétations trop diverses pour ne pas avoir des conséquences néfastes. Cette modalité de la participation a « été réclamée depuis longtemps, nous dit Pelloux, à la fois par des éléments marxistes, qui y voient l'amorce de transformations radicales de structure, l'amorce du contrôle ouvrier qui conduirait peu à peu à la suppression des entreprises privées, et par des éléments plus modérés, notamment par des catholiques sociaux, qui y voient la possibilité d'établir un climat nouveau et de réaliser une véritable communauté d'entreprise »[5]. La participation à la gestion est donc un énoncé de portée trop générale,

---

[1] *Ibid.*, p. 372.
[2] *Ibid.*, p. 372.
[3] Georges Vedel, *Manuel élémentaire de droit constitutionnel*, *op. cit.*, p. 317.
[4] Jean Rivero, Georges Vedel, « Les principes économiques et sociaux de la Constitution : le préambule », art. cit., p. 123.
[5] Robert Pelloux, « Le préambule de la Constitution du 27 octobre 1946 », art. cit., p. 376.

difficilement appréhendable sauf à en faire une interprétation volontariste qui pourrait contraindre le législateur.

C'est à l'aune de cette crainte qu'il faut comprendre le débat sur la juridicité des dispositions du Préambule et, en particulier, du huitième alinéa. L'enjeu est d'importance, car s'il s'agit d'un principe philosophique, politique ou même moral, alors il sera vidé de sa charge juridique et n'aura que très peu d'implications pratiques. Les propos de Robert Pelloux, par exemple, sont révélateurs de la très grande méfiance suscitée notamment par la participation à la gestion qui « apparaît comme une des étapes les plus importantes dans l'instauration d'une démocratie économique et sociale […] » ; or, « n'est-ce pas une nouvelle contradiction ou tout au moins une nouvelle hésitation qui apparaît entre la participation des travailleurs à la gestion et le maintien d'un large secteur privé, où le chef d'entreprise conserve en principe initiative et responsabilité ? »[1].

Dans cette perspective, Vedel et Rivero s'appuient sur une certaine conception de la notion de « règle de droit ». Selon eux, le caractère juridique d'une norme dérive de son caractère prescriptif et précis. En effet, il existe « une condition minimum du point de vue matériel pour qu'un texte ayant la forme d'une règle de droit en soit une : il faut qu'il renferme l'édiction d'une règle de conduite », et il faut que la règle de conduite édictée « ait un minimum de précision, puisse se résoudre en la prescription d'actions ou d'abstentions déterminées »[2]. De ce point de vue, le principe de participation des travailleurs ne peut pas être considéré comme une règle de droit, car il n'impose pas de règle précise au législateur, contrairement par exemple au pluralisme syndical. Sans autres formes d'explications, nos auteurs considèrent péremptoirement qu'en « certains cas on est en face de règles de droit certaines dont l'effet est incontestablement d'imposer au législateur certaines attitudes : la loi ne pourrait pas sans violer la Constitution supprimer le pluralisme syndical ; le législateur ne peut laisser subsister des services publics nationaux ou des monopoles de fait sous la forme d'entreprises privées, etc. Mais dans d'autres cas, ce que les principes posés au Préambule imposent au législateur, c'est plus qu'un état d'âme si l'on peut dire qu'une action ou une abstention déterminée » [3]. En 2005, le

[1] Robert Pelloux, « Le préambule de la Constitution du 27 octobre 1946 », art. cit., p. 377.

[2] Jean Rivero, Georges Vedel, « Les principes économiques et sociaux de la Constitution : le préambule », art. cit. p. 109.

[3] *Ibid.*, p. 110.

Conseil constitutionnel utilisera une rhétorique similaire lorsqu'il censurera des dispositions législatives au motif qu'elles sont « manifestement dépourvues de toute portée normative »[1], c'est-à-dire purement déclaratoire et imprécise, ce qui aurait pour effet de les rendre ineffectives. Autrement dit, selon cette conception, le critère de la juridicité d'une norme réside dans son « effectivité » ou sa « sanctionnabilité » par un juge[2].

Plusieurs critiques peuvent être formulées à l'encontre de cette conception de la règle de droit, car rien n'autorise de préférer *a priori* l'effectivité comme critère de la juridicité. On peut en effet considérer, à la suite de Denys de Béchillon, que la « sanctionnabilité » d'une règle vise seulement à assurer son respect, c'est-à-dire une application correcte : c'est le « rôle prophylactique la sanction »[3]. Mais une norme ne perd pas son caractère juridique lorsqu'elle n'est pas respectée. « Le crime, en effet, n'abroge pas le Code pénal »[4]. L'« effectivité » ou la « sanctionnabilité » de la norme ne peut donc être le critère de sa juridicité, car si tel était le cas « nous n'aurions pas de Droit du tout » ou un « Droit absolument étranger à celui que nous connaissons, imprévisible, mouvant, impossible à connaître par avance »[5]. Ainsi, à la suite de René Capitant[6], Denys de Béchillon substitue au critère de la « sanctionnabilité » celui de l'« impérativité ». La notion d'« impératif » évoque l'obligation, le rapport du permis et de l'interdit : « *la vue de l'impératif réside précisément dans sa capacité discriminatoire. La présence, en un point quelconque de l'énoncé, d'un principe de contrainte et/ou d'interdiction permet, à lui seul, d'isoler le monde des normes de tous les autres modèles mentaux que nous nous fabriquons* »[7]. Or, de ce point de vue, il n'y a pas d'obstacle à considérer le huitième alinéa du Préambule de la Constitution de 1946 comme une règle juridique. La règle selon laquelle « tout travailleur participe, par

[1] CC, déc. n°2005-512 DC, 21 avril 2005, *Loi d'orientation et de programme pour l'avenir de l'école*, consid. 16 et 17.

[2] V. Jean Rivero, « Sanction juridictionnelle et règle de droit », in *Études juridiques offertes à Léon Julliot de la Morandière par ses élèves et amis*, Paris, Dalloz, 1964, p. 457-469.

[3] Denys de Béchillon, *Qu'est-ce qu'une règle de Droit ?*, Paris, Odile Jacob, 1997, p. 60.

[4] *Ibid.*, p. 61.

[5] *Ibid.*, p. 62. Dans le même sens : v. Paul Amselek, « Kelsen et les contradictions du positivisme juridique », *Revue internationale de Philosophie*, 1981, n° 138, p. 464.

[6] René Capitant, *L'impératif juridique*, Paris, Dalloz, 1928.

[7] Denys de Béchillon, *Qu'est-ce qu'une règle de Droit ?*, *op. cit.*, p. 177.

l'intermédiaire de ses délégués, à la détermination collective des conditions de travail ainsi qu'à la gestion des entreprises », peut ainsi être lue comme une règle impérative, car source d'une obligation constitutionnelle à destination du législateur, auquel il incombe d'aménager les conditions d'une participation effective des travailleurs.

À cela s'ajoute l'idée que ce que confère la force juridique d'un énoncé ne tient pas tant au sens de ses termes, qu'« *au fait qu'il émane d'un locuteur habilité à l'exercice d'un pouvoir juridique*. C'est le fait que cette personne (ou cette institution) ait été investie, par des textes, d'une compétence normative exprimée sous la forme d'un acte juridique, qui confère toute sa force à son énoncé »[1]. Dans le même sens, Burdeau affirme que les règles contenues dans le Préambule, *a fortiori* au huitième alinéa, sont des règles proprement juridiques : elles « portent cette nature en elles quelle que soit la forme dont les revêtent ceux qui les formulent et quand bien même leur intention ne serait que de rappeler un principe philosophique »[2]. De ce point de vue, on peut considérer que les travailleurs bénéficient d'une habilitation constitutionnelle leur permettant d'exercer une compétence normative dans le cadre de la détermination collective des conditions de travail et la gestion des entreprises. Le huitième alinéa constitue donc un droit subjectif, de portée constitutionnelle, opposable au législateur. Il incombe alors à ce dernier de faire « un effort créateur que traduira l'adoption d'une réglementation »[3].

Le principe de participation des travailleurs apparaît également à nos auteurs comme un péril pour la démocratie politique. Les contradictions semblent être insurmontables entre les principes de la démocratie politique réputés trouver leur origine dans la déclaration de 1789, et ceux d'une démocratie économique et sociale censés être inscrits dans le Préambule de 1946, tant ils véhiculent, pour nos auteurs, des conceptions antagonistes de la société[4]. Selon Rivero et Vedel, « l'individualisme de la Déclaration ne trouve plus d'écho dans un texte qui affirme avec force l'existence de la communauté de travail, celle de la famille et qui exalte la liberté syndicale ; et la définition individualiste de la propriété consacrée par la Déclaration, rapprochée

---

[1] *Ibid.*, p. 170.

[2] Georges Burdeau, *Traité de science politique*, tome III, Paris, LGDJ, 1950, p. 128.

[3] *Ibid.*, p. 128.

[4] V. Jean Rivero, Georges Vedel, « Les principes économiques et sociaux de la Constitution : le préambule », art. cit., p. 144-145.

des textes du Préambule, sonne faux »[1]. Mais les mêmes auteurs, bien conscients de la « prise en compte mondiale des préoccupations sociales »[2] et favorables, dans l'ensemble, à une législation sociale plus protectrice des travailleurs, vont s'attacher surmonter ces contradictions en contribuant à présenter les dispositions du Préambule comme le résultat d'une synthèse historiciste entre principes réputés antinomiques[3].

Une telle synthèse n'est toutefois possible qu'au prix d'une réécriture de l'histoire politique et constitutionnelle au sein de laquelle est réévaluée la notion de « démocratie ». On se souvient que pour Vedel la démocratie est *essentiellement* – au sens platonicien du terme – individualiste et libérale. De ce point de vue, pour Vedel, il y a un antagonisme entre la notion de « démocratie » et celle de « démocratie sociale ». Mais cet antagonisme ne doit pas avoir pour conséquence de nier la dimension « sociale » que doit comporter la démocratie. Vedel plaide alors pour un « dépassement » de l'antagonisme entre ces deux conceptions. Mais la notion de « dépassement » recèle une illusion. En effet, à partir du moment où on considère que la démocratie exprime le primat ontologique de l'individu sur les groupes sociaux, l'idée d'un « dépassement », c'est-à-dire d'une synthèse réconciliatrice abstraite entre des contraires, devient toute relative. Dans les faits, elle ne peut se traduire que par la prééminence de la définition libérale et individualiste de la démocratie sur sa forme « sociale ». Le « dépassement » masque en réalité une préférence axiologique pour la première définition.

Mouvement rétrospectif du vrai aidant, on fait remonter l'origine de l'idée démocratique à 1789, moment à partir duquel celle-ci se serait inéluctablement déployée selon les lois d'une sage téléologie : tout d'abord réalisée dans l'ordre politique, l'idée démocratique aurait ensuite vocation à se décliner dans d'autres domaines, notamment social et économique. Les propos de René Capitant sont également révélateurs de cette manière de penser, car selon lui la démocratie sociale est « une extension de la démocratie politique, une extension d'ailleurs nécessaire à l'application *intégrale* de la démocratie »[4]. À

[1] *Ibid.*, p. 154.

[2] L'expression est de Jean Rivero, « Constitutions et structures sociales », in *Collection Droit social*, 1947, XXXI, p. 4.

[3] V. Yves Poirmeur, « La réception du préambule de la Constitution de 1946 par la doctrine juridique », art. cit., p. 104-106.

[4] René Capitant, « Les principes de la démocratie », p. 172 (nous soulignons).

propos des « principes politiques, économiques et sociaux particulièrement nécessaires à notre temps » du Préambule de la Constitution de 1946, Rivero et Vedel peuvent également écrire : « [...] ces principes entendent régir non seulement l'ordre politique, mais aussi, et surtout, l'ordre économique et l'ordre social [...]. C'est en cela qu'ils se différencient de ceux de la Déclaration de 1789, qui n'abordait ces deux domaines que par une voie indirecte ; c'est en cela qu'ils prétendent à la fois la prolonger, la compléter, et l'adapter. Prolonger la démocratie politique, qui a sa charte dans la Déclaration de 1789, par une démocratie économique et une démocratie sociale ; compléter les droits de l'homme et du citoyen par l'énoncé des droits du travailleur ; adapter les droits inhérents à la personne humaine au cadre concret dans lequel ils s'exercent aujourd'hui, c'est-à-dire un ordre économique et social renouvelé, tel est l'objet poursuivi par les constituants »[1]. La démarche de nos auteurs vise à établir une continuité d'inspiration entre l'idée qu'ils se font de la démocratie politique et celle qu'ils se font de la démocratie sociale, le tout appréhendé à travers le prisme de la supériorité de l'individu sur la société. Le Préambule de la Constitution de 1946, assurent Vedel et Rivero, « réaffirme la subordination de la société à l'homme ; il ne concède rien aux philosophes de la termitière »[2]. La démocratie sociale est ainsi prise dans les rets d'un discours causal, d'une chaîne argumentative permettant, pour utiliser les mots de Pierre Legendre, de « créer aux constructions normatives un lointain »[3], c'est-à-dire de légitimer les idées véhiculées par la démocratie sociale en les inscrivant dans un temps long et rétrospectivement reconstruit. Tout se passe comme si démocratie politique et démocratie sociale s'inscrivaient *in fine* dans une même temporalité ; qu'elles étaient deux révélations historiques successives, distinctes, mais complémentaires, du développement de la même idée matricielle. Cette présentation dynamique permet de banaliser l'idée de démocratie sociale, d'en minimiser la charge théorique et les implications pratiques, en la situant dans la longue évolution d'un progrès historique dont la démocratie politique constituerait le premier moteur. En ce sens, l'entreprise doctrinale s'inscrit dans cette « logique de la conservation » de l'ordre juridique dont parlait Bourdieu : au

---

[1] Jean Rivero, Georges Vedel, « Les principes économiques et sociaux de la Constitution : le préambule », art. cit., p. 114.

[2] *Ibid.*, p. 144.

[3] Pierre Legendre, *Le désir politique de Dieu. Étude sur les montages de l'État et du droit*, Paris, Fayard, 2005, p. 154.

terme d'un travail méthodique, la doctrine « rattache continûment le présent au passé et donne la garantie que, sauf révolution capable de mettre en question les fondements mêmes de l'ordre juridique, l'avenir sera à l'image du passé, que les transformations et les adaptations inévitables seront pensées et parlées dans le langage de la conformité avec le passé »[1].

§ 2. L'interprétation restrictive par le juge constitutionnel du principe de participation des travailleurs.

Le juge a toujours considéré le huitième alinéa du Préambule de la Constitution du 27 octobre 1946 avec une certaine circonspection : sans doute sensible aux arguments d'une certaine doctrine, il n'est, pour lui, qu'un énoncé général sans réelle portée normative. Ce principe comporte deux aspects donnant lieu à des lectures différentes de la part du juge constitutionnel, en raison de leurs implications respectives. Le premier, celui de participation des travailleurs à la détermination collective des conditions de travail, fait l'objet d'une interprétation volontairement et vague timorée du Conseil constitutionnel. Le second, en revanche, fait l'objet d'une interprétation très restrictive qui en neutralise les potentialités.

Le principe de participation est envisagé par le Conseil d'État et la Cour de cassation comme un objectif purement politique, ce qui explique la prudence avec laquelle il est envisagé. Cette prudence du juge administratif et judiciaire sera suivie d'une consécration purement formelle par le juge constitutionnel, qui l'interprète comme un principe non contraignant pour le législateur.

Peu nombreuses en cette matière, les jurisprudences du Conseil d'État et de la Cour de cassation s'inscrivent dans le sillon du travail doctrinal ayant dénié toute qualité normative au huitième alinéa du Préambule de la Constitution du 27 octobre 1946. Le Conseil d'État est en effet resté extrêmement prudent dans l'interprétation de cette disposition, à laquelle il dénie toute juridicité[2]. Une telle attitude peut paraître surprenante, dans la mesure où je juge administratif s'était déjà référé au Préambule de la Constitution de 1946 avec moins de

---

[1] Pierre Bourdieu, « La force du droit », *Actes de la recherche en sciences sociales*, septembre 1986, n°64, p. 15-16.

[2] CE, Sect., 15 février 1961, *Sieur Leseur et autres*, *Rec.*, p. 115.

circonspection et de scrupules quant à la juridicité de ses dispositions[1]. Au mieux, le Conseil d'État verra dans le huitième alinéa un objectif de nature purement politique dépourvu de force obligatoire. Dans ses conclusions sous l'arrêt *Manufacture française des pneumatiques Michelin*[2], le commissaire du gouvernement Latournerie considère en ce sens qu'il s'agit d'« un objectif à atteindre auquel les constituants ont réaffirmé leur attachement »[3]. Dépourvu de force obligatoire, le principe de participation ne peut donc « s'exercer que dans le cadre des dispositions législatives et réglementaires qui le régissent »[4]. Quant à la jurisprudence judiciaire, si la chambre sociale de la Cour de cassation fait référence, dans le cadre du contentieux relatif au droit de grève, à « l'exercice du droit de grève, proclamé par la Constitution du 27 octobre 1946 »[5], elle reste muette sur l'interprétation du huitième alinéa du Préambule[6]. Le juge fait donc preuve d'une certaine pusillanimité en ne se risquant pas à proposer du huitième alinéa une interprétation créatrice. Aux yeux du juge administratif et judiciaire, le principe de participation est tout au plus une déclaration d'intention politique dépourvue d'effet normatif. La position du juge constitutionnel ne sera, quant à elle, pas dépourvue d'équivocités.

Après l'inclusion du Préambule de la Constitution de 1946 dans le bloc de constitutionnalité[7], le principe de participation des travailleurs est l'un des premiers principes politiques, économiques et sociaux « particulièrement nécessaires à notre temps » à accéder au rang constitutionnel[8]. En effet, à la suite d'une saisine de 60 députés

---

[1] On songe par exemple à l'utilisation du septième alinéa reconnaissant le droit de grève, à l'aune duquel le juge administratif a contrôlé la légalité d'arrêtés de sanction disciplinaire pris par l'autorité préfectorale (CE, Ass., 7 juillet 1950, *Dehaene*, *RDP*, 1950, p. 691, concl. Gazier, note Marcel Waline).

[2] CE, Sect., 15 décembre 1978, *Manufacture française des pneumatiques Michelin*, *Rec Lebon.*, p. 508.

[3] Cité in Valérie Ogier-Bernaud, *Les droits constitutionnels des travailleurs*, *op. cit.*, p. 95. V. également : Michel Clapié, « Le Conseil d'État et le Préambule de la Constitution de 1946 », *La revue administrative*, juin 1997, n°297, p. 280.

[4] CE, 5/3 SSR[e], 9 juillet 1986, *Syndicat des commissaires de police*, *Rec.*, p. 586.

[5] Cass. Soc., 1er juin 1951, *Bull. soc.*, n°432, p. 309.

[6] V. Isabel Odoul-Asorey, *Négociation collective et droit constitutionnel*, *op. cit.*, p. 28.

[7] CC, déc. n°71-44 DC, 16 juillet 1971, *Loi complétant les dispositions des articles 5 et 7 de la loi du 1er juillet 1901 relative au contrat d'association* (*J.O.F.R.*, Lois et décrets, 18 juillet 1971, p. 7114).

[8] V. Isabel Odoul-Asorey, *Négociation collective et droit constitutionnel*, *op. cit.*, 29. V. également : Loïc Philip, « La valeur juridique du Préambule de la Constitution du

socialistes, le Conseil constitutionnel, dans une décision rendue le 5 juillet 1977[1], accepte de contrôler la constitutionnalité d'une disposition législative à l'aune du huitième alinéa du Préambule la Constitution de 1946. Cette disposition prévoyait l'exclusion temporaire de certains salariés du décompte de l'effectif des entreprises, pour l'application des dispositions législatives ou réglementaires du Code du travail se référant à une condition d'effectif de personnel. Dans son troisième considérant, le juge constitutionnel fait pour la première fois de l'alinéa 8 une norme de référence de son contrôle. Il précise en outre qu'en application de l'article 34 de la Constitution, c'est au législateur qu'il incombe de déterminer les conditions de mise en œuvre du principe de participation : « Considérant, d'autre part, que, si le Préambule de la Constitution du 27 octobre 1946, confirmé par celui de la Constitution du 4 octobre 1958, dispose en son huitième alinéa que "tout travailleur participe, par l'intermédiaire de ses délégués à la détermination collective des conditions de travail ainsi qu'à la gestion des entreprises", l'article 34 de la Constitution range dans le domaine de la loi la détermination des principes fondamentaux du droit du travail et du droit syndical ; qu'ainsi c'est au législateur qu'il revient de déterminer, dans le respect des principes qui sont énoncés au huitième alinéa du Préambule, les conditions de leur mise en œuvre, ce qu'il a fait dans le cas de l'espèce »[2].

Alors que les juges administratifs et judiciaires s'étaient refusés à voir dans l'alinéa 8 une disposition a valeur normative, évacuant *de facto* toute réflexion sur sa place dans la hiérarchie des normes, le juge constitutionnel lui accorde une valeur constitutionnelle sans pour autant en faire un principe contraignant pour le législateur, auquel il incombe de déterminer les modalités concrètes de son application. Cependant, la décision du Conseil constitutionnel a de quoi laisser perplexe, car en dépit d'une information certes importante sur la place du principe de participation dans la hiérarchie des normes, cette décision ne nous renseigne absolument pas sur son contenu. Le Conseil constitutionnel se contentant d'affirmer qu'il incombe au législateur de respecter et de « mettre en œuvre » un principe non défini matériellement. C'est dans

---

27 octobre 1946 selon la jurisprudence du Conseil constitutionnel », in *Mélanges dédiés à Robert Pelloux*, Paris, L'Hermès, 1980, p. 265-280.

[1] CC, déc. n°77-79 DC, 5 juillet 1977, *Loi portant diverses dispositions en faveur de l'emploi des jeunes et complétant la loi n° 75-574 du 4 juillet 1975 tendant à la généralisation de la sécurité sociale* (*J.O.F.R.*, Lois et décrets, 6 juillet 1977, p. 3560).

[2] *Ibid.*, consid. 3.

ce contexte que le Conseil constitutionnel est intervenu pour rattacher le principe de participation des travailleurs à la négociation collective, mais en proposant une acception équivoque de cette dernière.

La mise en relation du principe de participation des travailleurs avec la négociation collective est faite pour la première fois dans une décision du 18 janvier 1978[1]. Dans leur saisine, les députés communistes et socialistes requérants soulevaient un moyen tiré de la non-conformité au principe de participation des travailleurs d'une disposition législative conférant au ministre du Travail la faculté d'étendre le champ d'application des accords collectifs de travail, en passant outre les éventuelles oppositions formulées par certaines organisations syndicales représentatives. Le juge constitutionnel rejette le moyen, en considérant que le législateur n'a pas méconnu le principe de participation des travailleurs, mais a au contraire assuré sa mise en œuvre dans le cadre des compétences que lui réserve l'article 34 de la Constitution. Le juge relève en effet que la faculté du ministre est subordonnée à un vote favorable émis à la majorité des deux tiers par les membres présents de la section spécialisée de la commission supérieure des conventions collectives[2]. Ainsi, en affirmant que la disposition législative contestée met en œuvre le principe de participation tel qu'énoncé au huitième alinéa du Préambule de la Constitution du 27 octobre 1946, le juge effectue un lien entre l'objet de la loi (la négociation collective) et le principe de participation[3].

Mais c'est surtout dans sa décision du 6 novembre 1996[4] que le Conseil constitutionnel place explicitement la négociation collective dans le giron du huitième alinéa du Préambule de la Constitution de 1946. Le Conseil constitutionnel était amené à se prononcer sur la constitutionnalité d'une disposition législative instaurant de nouvelles modalités de conclusion d'accords collectifs de travail dans les

[1] CC, déc. n°77-92 DC, 18 janvier 1978, *Loi relative à la mensualisation et à la procédure conventionnelle* (*J.O.F.R.*, Lois et décrets, 19 janvier 1978, p. 422).
[2] *Ibid.*, consid. 6.
[3] Comme le souligne Isabel Odoul-Asorey, *Négociation collective et droit constitutionnel*, *op. cit.*, p. 31.
[4] CC, déc. n°96-383 DC, 6 novembre 1996, *Loi relative à l'information et à la consultation des salariés dans les entreprises et les groupes d'entreprises de dimension communautaire, ainsi qu'au développement de la négociation collective* (*J.O.F.R.*, Lois et décrets, 13 novembre 1996, p. 16531).

entreprises dépourvues de délégués syndicaux. Avant l'entrée en vigueur de la loi déférée, le principe était que seules les organisations syndicales représentatives étaient habilitées à conclure des conventions ou accords collectifs de travail aux différents niveaux de négociation. Le problème était alors de savoir si les organisations syndicales représentatives bénéficiaient d'un monopole de représentation des salariés dans le processus de négociation collective. Le juge constitutionnel répond par la négative, en affirmant que si les alinéas 6 et 8 du Préambule de la Constitution de 1946 « confèrent aux organisations syndicales vocation naturelle à assurer, *notamment par la voie de la négociation collective*, la défense des droits et intérêts des travailleurs, *elles n'attribuent pas pour autant à celles-ci un monopole de la représentation des salariés en matière de négociation collective* ; que des salariés désignés par la voie de l'élection ou titulaires d'un mandat assurant leur représentativité peuvent également participer à la détermination collective des conditions de travail dès lors que leur intervention n'a ni pour objet ni pour effet de faire obstacle à celle des organisations syndicales représentatives »[1]. Par ce considérant de principe, le juge constitutionnel rattache explicitement la négociation collective au principe de participation des travailleurs à la détermination collective des conditions de travail tel qu'énoncé au huitième alinéa du Préambule de 1946.

La question de savoir ce que recouvre précisément la négociation collective ne va pas de soi, car la position du juge n'est pas dénuée d'ambiguïtés. Dans une décision du 25 juillet 1989[2], le juge constitutionnel met en relation la négociation collective avec la notion dc « concertation appropriée ». Les dispositions déférées au Conseil constitutionnel renvoyaient à des accords collectifs d'entreprise ou de branche la mise en place de mesures destinées à favoriser l'adaptation des salariés aux évolutions de l'emploi dans l'entreprise, notamment de ceux qui présentaient des caractéristiques sociales les exposant plus particulièrement aux conséquences de l'évolution économique ou technologique. Le juge valide le dispositif. Selon lui, il résulte de la combinaison du huitième alinéa du Préambule de la Constitution de 1946 et de l'article 34 de la Constitution de 1958 qu'il « est loisible au législateur, après avoir défini les droits et obligations touchant aux

[1] *Ibid.*, consid. 8 (nous soulignons).

[2] CC, déc. n°89-257 DC, 25 juillet 1989, *Loi modifiant le Code du travail et relative à la prévention du licenciement économique et au droit à la conversion* (*J.O.F.R.*, Lois et décrets, 28 juillet 1989, p. 9503).

conditions de travail ou aux relations du travail, de laisser aux employeurs et aux salariés, ou à leurs organisations représentatives, le soin de préciser après une *concertation appropriée*, les modalités concrètes de mise en œuvre des normes qu'il édicte »[1].

À la faveur de ce considérant, s'il semble donc clair que le principe de participation se rattache à la négociation collective, l'utilisation de la notion de « concertation appropriée » génère des incertitudes. Cette notion se confond-elle avec la négociation collective ? La négociation collective peut se définir comme un « processus tendant à la conclusion d'un accord collectif de travail, acte conventionnel doté d'effets normatifs »[2]. Dès lors, faire de la négociation collective une simple « concertation appropriée » semble un tantinet réducteur, comme certains ont pu le souligner[3]. Mais si négociation collective et « concertation appropriée » ne se confondent pas, cette dernière renvoie-t-elle au processus préalable à la conclusion d'un accord collectif ou à la conclusion de l'accord ?

Une réponse à cette question est apportée par la décision du 16 décembre 1993[4]. Les dispositions législatives soumises au contrôle du juge constitutionnel instituaient, dans les entreprises de moins de deux cents salariés, une délégation unique du personnel, dont la mise en place dépendait d'une décision unilatérale de l'employeur. Pour les sénateurs requérants, cette faculté laissée à l'employeur contrevenait au huitième alinéa du Préambule de la Constitution de 1946 qui « fonde la démocratie économique, en particulier dans l'entreprise »[5]. En s'appuyant sur la décision du 25 juillet 1989 précitée, ils affirmaient que le « principe de participation impose nécessairement que cela [l'organisation de la représentation collective du personnel] résulte d'une négociation, voire d'une concertation, avec les représentants des travailleurs »[6]. Mais le Conseil constitutionnel rejette le moyen.

---

[1] *Ibid.*, consid. 11 (nous soulignons).

[2] Isabel Odoul-Asorey, *Négociation collective et droit constitutionnel*, *op. cit.*, p. 32.

[3] V. par exemple, Xavier Prétot, « Les sources du droit du travail au regard du droit public », in Bernard Teyssié (dir.), *Les sources du droit du travail*, Paris, PUF, 1988, coll. « Droit, éthique, société », p. 150-193. Du même auteur : v. « Le Conseil constitutionnel et la participation des travailleurs », *Dr. Soc.*, 1994, n°2, p. 139.

[4] CC, déc. n°93-328 DC, 16 décembre 1993, *Loi quinquennale relative au travail, à l'emploi et à la formation professionnelle* (*J.O.F.R.*, Lois et décrets, 21 décembre 1993, p. 17814).

[5] Saisine disponible en ligne : https://www.conseil-constitutionnel.fr/les-decisions/decision-n-93-328-dc-du-16-decembre-1993-saisine-par-60-senateurs.

[6] *Ibid.*

Évoquant le huitième alinéa, il affirme : « Considérant que si cette disposition implique que la détermination des modalités concrètes de cette mise en œuvre fasse l'objet d'une concertation appropriée entre les employeurs et les salariés ou leurs organisations représentatives, *elle n'a ni pour objet ni pour effet d'imposer que dans tous les cas cette détermination soit subordonnée à la conclusion d'accords collectifs* »[1]. Si donc le Conseil constitutionnel rattache la négociation collective au huitième alinéa du Préambule de la Constitution de 1946, il opère une nette dissociation entre le processus préalable à la conclusion d'un accord collectif et son résultat, la conclusion d'une convention collective de travail. Bien qu'il soit possible de concevoir une négociation sans que celle-ci débouche sur un accord, l'expression « négociation collective » subsume traditionnellement ces deux aspects. Il y a donc un paradoxe dans le geste consistant à rattacher la négociation collective au principe de participation, tout en faisant d'un des aspects de la négociation collective – la conclusion d'un accord – une contingence soustraite, dans certains cas qui ne sont d'ailleurs pas précisés, à l'empire de ce principe. Le paradoxe est renforcé par le fait qu'à aucun moment le Conseil constitutionnel ne précise les raisons de cette dissociation entre le processus et son résultat. Il y a donc une incertitude concernant le contenu du principe de participation des travailleurs à la détermination collective des conditions de travail, en raison de l'équivocité entourant la notion de « négociation collective » censée en être l'expression juridique. Dès lors, nous ne sommes guère plus avancé sur le contenu de la notion de « démocratie sociale », systématiquement rattaché au huitième alinéa du Préambule de 1946.

La plupart du temps, le Conseil constitutionnel cite le huitième alinéa du Préambule de 1946 dans son intégralité et ne se réfère pas spécifiquement au principe de participation des travailleurs à la gestion des entreprises[2]. Toutefois, lorsqu'il est question de ce principe, le juge se réfère aux institutions représentatives du personnel et aux organes de direction de l'entreprise. Plus précisément, l'analyse de la jurisprudence du Conseil constitutionnel révèle que le juge exclut l'application de ce principe aux organes de direction de l'entreprise, et ne lui confère

[1] Déc. 93-328 DC, 16 décembre 1993, précitée, consid. 4 (nous soulignons).

[2] V. Valérie Bernaud, « La participation saisie par le droit constitutionnel : entre faux espoirs et vraies déceptions », art. cit. p. 965.

qu'une portée limitée s'agissant des institutions représentatives du personnel.

Le Conseil constitutionnel reste très prudent dans l'interprétation du principe de participation à la gestion et dans son application aux organes de direction de l'entreprise. Cela apparaît clairement dans une décision QPC du 26 juillet 2013[1]. En l'espèce, les requérants contestaient la constitutionnalité des articles L. 225-27 et L. 225-28 du Code de commerce, qui excluaient du corps électoral, pour l'élection des représentants des salariés au conseil d'administration, les salariés mis à disposition. Le Conseil constitutionnel rejette le moyen en affirmant que « le huitième alinéa du Préambule de 1946 n'impose pas la présence de représentants des salariés au sein des organes de direction de l'entreprise »[2]. Ainsi, le principe de participation à la gestion des entreprises n'a qu'un champ d'application réduit : la représentation des salariés au sein des organes dirigeants de l'entreprise reste à l'entière discrétion du législateur. Cette interprétation a pour résultat qu'il n'existe aucun principe constitutionnel qui contraindrait le législateur à fixer de manière obligatoire une représentation des salariés au sein des organes dirigeants de l'entreprise. En ce sens, le principe de participation à la gestion ne saurait renvoyer à la codécision ou à la cogestion[3].

La question est alors de savoir ce que recouvre matériellement ce principe. Or, force est de constater que, depuis les travaux préparatoires à la Constitution de 1946, nous ne sommes pas plus avancés. On se souvient en effet que les débats font état de fortes divisions sur le principe de gestion des entreprises : les uns y voyant un moyen d'établir une égalité réelle entre le travail et le capital, les autres une idée trop marxisante. Le Conseil constitutionnel semble préférer ne pas solliciter exagérément le texte constitutionnel afin de ne pas réduire la marge de manœuvre du législateur. C'est un comportement classique : lorsqu'il peine à interpréter une disposition constitutionnelle, le Conseil s'en remet à l'appréciation du législateur[4]. On remarquera toutefois que le juge constitutionnel fait preuve de moins de précautions lorsqu'il s'agit

---

[1] CC, déc. n°2013-333 QPC, 26 juillet 2013, *M. Philippe M. et autres* (*J.O.F.R.*, Lois et décrets, 28 juillet 2013, n°22)

[2] *Ibid.*, consid. 5.

[3] V. Isabel Odoul-Asorey, *Négociation collective et droit constitutionnel*, *op. cit.*, p. 102.

[4] V. Valérie Bernaud, « La participation saisie par le droit constitutionnel : entre faux espoirs et vraies déceptions », art. cit. p. 965.

d'interpréter les principes libéraux énoncés dans la Déclaration des droits de l'homme et du citoyen. Pourtant, ces principes ne sont pas plus clairs en eux-mêmes que les principes sociaux du Préambule de la Constitution de 1946. Un bon exemple est fourni par la décision du 16 janvier 1982[1], où le juge constitutionnel se livre à une interprétation volontariste du droit de propriété, qu'il considère, au terme d'une lecture téléologique et donc rétrospectivement construite, comme « l'un des buts de la société politique »[2]. Le juge constitutionnel s'adonne donc bien plus facilement à l'interprétation des principes libéraux qu'à l'interprétation des principes sociaux.

Le principe de participation des travailleurs à la gestion des entreprises suppose un droit à l'information des salariés *via* leurs instances représentatives. Mais le flou qui entoure ce droit doit nous conduire à en relativiser la portée. Il en va de même concernant la détermination du corps électoral pour l'élection des représentants des salariés aux organes de direction des sociétés.

Le principe de participation à la gestion implique que les représentants des salariés bénéficient d'un droit à l'information, afin qu'ils puissent formuler les avis qu'ils sont susceptibles de rendre dans le cadre de leurs fonctions. C'est ce qu'il ressort de la décision du 16 décembre 1993[3], dans laquelle était contestée la constitutionnalité d'une disposition législative prévoyant que le chef d'entreprise devait remettre annuellement un rapport d'activité au comité d'entreprise. Pour les sénateurs requérants, la disposition méconnaissait le huitième alinéa du Préambule de la Constitution de 1946 dans la mesure où elle se contentait de définir les domaines sur lesquels devait porter ce rapport, sans en préciser le contenu. Mais le Conseil constitutionnel s'est borné à effectuer un contrôle de surface. Il a en effet estimé, au terme d'un considérant laconique, que pour assurer la participation à la gestion les représentants des salariés devaient bénéficier des « informations nécessaires »[4], sans donner davantage de précisions sur la nature des informations à communiquer au comité d'entreprise.

---

[1] CC, déc. n°81-132 DC, 16 janvier 1982, *Loi de nationalisation* (*J.O.F.R.*, Lois et décrets, 17 janvier 1982, p. 299).

[2] *Ibid.*, consid. 16.

[3] CC, déc. n°93-328 DC, 16 décembre 1993, précitée.

[4] *Ibid.*, consid. 10.

Le juge se montre attentif quant à la détermination du corps électoral au sein de l'entreprise, en maintenant une distinction entre les institutions représentatives du personnel et les organes de direction[1]. On se souvient que dans sa décision du 26 juillet 2013[2], le Conseil constitutionnel était amené à examiner la constitutionnalité d'une disposition législative excluant du corps électoral pour l'élection des représentants des salariés au conseil d'administration, les salariés mis à disposition. Le Conseil constitutionnel juge la disposition conforme à la Constitution, mais au terme d'une motivation qui laisse perplexe. Il rappelle que le huitième alinéa du Préambule de 1946 couvre « la totalité des travailleurs employés à un moment donné dans une entreprise, du moins tous ceux qui sont intégrés de façon étroite et permanente à la communauté de travail qu'elle constitue, même s'ils n'en sont pas les salariés »[3]. Puis il affirme « que, si le législateur a entendu, par les dispositions contestées, permettre que la participation des travailleurs à la gestion des entreprises soit renforcée, il ne résulte pas du huitième alinéa du Préambule de 1946 que cette participation doit être mise en oeuvre dans les mêmes conditions selon qu'elle s'applique aux organes dirigeants de l'entreprise ou aux institutions représentatives du personnel »[4]. En ce sens, les salariés mis à disposition font partie intégrante de la « communauté de travail » lorsqu'il s'agit de participer à l'élection des institutions représentatives du personnel, mais en sont exclus lorsqu'il est question de la participation à l'élection des représentants salariés aux organes de direction. Il y a une contradiction manifeste entre la définition posée de la « communauté de travail » et son application à géométrie variable en fonction du type d'élection, d'autant que le Conseil constitutionnel est avare de précisions sur les raisons qui justifient cette différence de traitement, se contentant d'affirmer qu'« eu égard aux attributions du conseil d'administration, le législateur pouvait, sans méconnaître les exigences constitutionnelles précitées, limiter le corps électoral pour l'élection des salariés à ce conseil aux seuls salariés de la société »[5].

---

[1] V. Valérie Bernaud, « La participation saisie par le droit constitutionnel : entre faux espoirs et vraies déceptions », art. cit., p. 966.
[2] Déc. n°2013-333 QPC, 26 juillet 2013, précitée.
[3] *Ibid.*, consid. 5.
[4] *Ibid.*, consid. 7.
[5] *Ibid.*, consid. 7.

Le raisonnement du juge constitutionnel est également étonnant, car il avait jugé, dans une décision du 6 mai 2011[1], que le législateur ne pouvait pas instaurer une différence de traitement au sein du corps électoral. Le Conseil constitutionnel était alors appelé à se prononcer sur la constitutionnalité d'une disposition législative instituant une différence de traitement entre les personnels de l'Agence France-Presse (AFP) selon leur nationalité française ou étrangère. Cette différence de traitement, en fonction de la nationalité, est censurée par le Conseil constitutionnel sur le fondement du principe d'égalité. Il affirme que les « élections prévues pour la désignation de représentants du personnel au conseil d'administration de l'Agence France-Presse ont pour objet de mettre en œuvre le principe de participation à la détermination des conditions de travail et à la gestion des entreprises posé par le huitième alinéa du Préambule de 1946 ; qu'eu égard à l'objet de ce scrutin, le législateur ne pouvait, sans méconnaître le principe d'égalité, instituer une différence de traitement entre les personnels de l'agence selon qu'ils sont ou non de nationalité française »[2].

Au regard de cette jurisprudence, il était légitime de s'attendre à ce que le Conseil constitutionnel censure, sur le fondement du principe d'égalité, la disposition excluant du corps électoral les salariés mis à disposition. Mais il choisit ici de légitimer une différence de traitement sans autre motif que celui selon lequel ces salariés « ne sont pas concernés au même titre par les compétences purement économiques du conseil d'administration, alors même qu'ils font partie de la communauté de travail »[3]. L'argument pourrait s'entendre, mais pourquoi mobiliser la notion de « communauté de travail » suggérant l'idée de « collaboration » entre les travailleurs et les propriétaires des moyens de production, sinon pour masquer le fait que la participation des salariés aux conseils d'administration est à l'entière disposition du législateur, sur lequel ne pèse aucune obligation constitutionnelle ?

---

[1] CC, déc. n°2011-128 QPC, 6 mai 2011, *Syndicat SUD AFP* (*J.O.F.R.*, Lois et décrets, 7 mai 2011, n°78).

[2] *Ibid.*, consid. 5.

[3] Selon le commentaire autorisé de la décision du 26 juillet 2013 [En ligne : https://www.conseilconstitutionnel.fr/sites/default/files/as/root/bank_mm/decisions/2013333qpc/ccc_333qpc.pdf].

Chapitre 2.
La dépendance de la démocratie sociale à l'égard de la démocratie politique

À l'illusion d'une délégation de pouvoir conférée par le principe de participation des travailleurs s'ajoute un paradoxe : la démocratie sociale est simultanément présentée comme un remède aux insuffisances de la démocratie politique jugée « trop formelle et abstraite »[1], tout en étant pensée à l'aune de ses concepts classiques. La tentative d'explicitation de la notion de « démocratie sociale » effectuée par une note du Centre d'analyse stratégique (ex-commissariat au Plan devenu France Stratégie) dans le contexte de la préparation de la loi du 20 août 2008 portant rénovation de la démocratie sociale[2] est révélatrice de cette approche. Les concepts classiques de la démocratie politique sont abondamment mobilisés : légitimité, élection, représentation, citoyenneté, référendum, financement public et transparent des organisations syndicales[3]. Cette tendance à penser la démocratie sociale sur le modèle de la démocratie politique représentative est interprétée comme « un gage de consolidation et de maturité de la démocratie sociale représentative »[4]. L'identification de ce paradoxe conduit mécaniquement à d'autres réflexions, rarement envisagées : la démocratie sociale est-elle radicalement *différente* de la démocratie politique ou, au contraire, démocratie politique et démocratie sociale sont-elles deux notions *complémentaires* dont la conjugaison est la condition de réalisation de la démocratie, appréhendée comme une forme de gouvernement impliquant que tous les citoyens participent directement à l'élaboration de la volonté générale et aux décisions des

---

[1] Alain Bockel, *La participation des syndicats ouvriers aux fonctions économiques et sociales de l'État*, *op. cit.*, p. 173.
[2] Loi n° 2008-789 du 20 août 2008 portant rénovation de la démocratie sociale et réforme du temps de travail (*J.O.F.R.*, Lois et décrets, 21 août 2008, n° 0194).
[3] V. Jérôme Tournadre-Plancq, Benoît Verrier, « La démocratie politique représentative comme modèle pour la démocratie sociale ? », *La note de veille*, 16 mai 2008, n° 99, p. 1.
[4] Selon les mots de Jérôme Tournadre-Plancq et Benoît Verrier (*ibid.*, p. 1).

gouvernants ? Si la démocratie sociale est censée renvoyer à autre chose qu'à la démocratie politique, pourquoi envisager la première sur le modèle de la seconde ? Et si la démocratie sociale est complémentaire à la démocratie politique, pourquoi ne pas tout simplement parler de « démocratie » et renoncer à morceler le concept en y annexant arbitrairement des adjectifs dont la liste semble infinie ? Pour apporter une réponse à ces questions, nous devons nous intéresser, dans un premier temps, à certaines techniques mobilisées par les discours sur la démocratie sociale, notamment à celle de l'élection (Section 1), en raison de l'importance prise par celle-ci dans le domaine des relations collectives de travail. La proximité ou la différence entre démocratie sociale et démocratie politique sera également appréciée, dans un second temps, à l'aune des actes juridiques utilisés (Section 2).

Section 1. Une dépendance par les techniques : la transposition du mécanisme de l'élection dans le domaine des relations collectives de travail.

Originairement, comme on a pu le voir, la légitimité syndicale se définit en opposition à la légitimité politique : la première, de type sociologique, se structure autour d'une communauté d'intérêts socio-économiques, là où la seconde obéit à la logique du suffrage. Tout oppose, comme l'écrit Pierre Rosanvallon, « syndicalisme » et « démocratisme », car « la démocratie est une incitation à la démission, appelant l'individu à déléguer ses affaires à des tiers, tandis que le syndicalisme, n'existant que par l'implication de ses membres, est une école d'énergie sociale »[1]. De ce point de vue, le mandat représentatif conféré par l'élection est une toujours une trahison, car il suppose une certaine autonomie des représentants vis-à-vis de la volonté des représentés, ce qui incite le syndicalisme révolutionnaire à lui préférer le mandat impératif contre les principes du gouvernement représentatif[2].

Mais l'« essentialisme » (Rosanvallon) caractéristique de la légitimité syndicale s'est aujourd'hui dissous dans une conception « électoraliste ». La loi du 20 août 2008 portant rénovation de la démocratie sociale représente de ce point de vue une évolution majeure,

---

[1] Pierre Rosanvallon, *La question syndicale*, *op. cit.*, p. 207.

[2] V. les pages très critiques consacrées aux délégués ouvriers par Simone Weil, *La condition ouvrière*, Paris, Gallimard, 1951, p. 271-274.

puisqu'elle fait de l'audience électorale aux élections professionnelles un critère majeur d'appréciation de la représentativité des organisations syndicales. Jusqu'alors, la représentativité de certaines organisations syndicales était présumée sur le fondement de l'arrêté du 31 mars 1966[1] qui, modifiant un précédent arrêté du 8 avril 1948[2], déterminait la liste des organisations représentatives au niveau national et interprofessionnel[3]. La loi du 13 juillet 1971[4] a ensuite indiqué que tout syndicat affilié à l'une de ces organisations représentatives au niveau national était présumé représentatif au niveau de l'entreprise ; et la Cour de cassation a déclaré que cette présomption était irréfragable[5]. La présomption irréfragable de représentativité au bénéfice de certaines organisations syndicales avait un effet majeur, puisque seules celles-ci étaient habilitées à négocier et signer des conventions et accords collectifs de travail, indépendamment du nombre de leurs adhérents. Désormais, sans être un critère exclusif[6], l'audience électorale aux

---

[1] *J.O.R.F.*, Lois et décret, 2 avril 1966, p. 2675.

[2] Décision interministérielle du 8 avril 1948 relative à la détermination des organisations appelées à la discussion et à la négociation des conventions collectives de travail (*J.O.R.F.*, Lois et décrets, 9 avril 1948, p. 3541).

[3] Les cinq confédérations syndicales bénéficiant d'une présomption irréfragable de représentativité au niveau national et interprofessionnel étaient la CFDT, la CGT, la CFTC, FO et la CGPME. Précisons qu'avant la loi du 20 août 2008, les organisations syndicales n'étant pas rattachées à l'une de ces confédérations représentatives pouvaient néanmoins tenter de démontrer leur représentativité sur la base du faisceau d'indices suivant : les effectifs, l'indépendance, les cotisations, l'expérience, l'ancienneté, l'attitude patriotique pendant l'Occupation (v. art. L. 2121-1 du Code du travail dans sa rédaction antérieure à la loi du 20 août 2008).

[4] Loi n° 71-561 du 13 juillet 1971 modifiant certaines dispositions du chapitre IV-bis du titre II du livre I du code du travail relatives aux conventions collectives de travail (*J.O.R.F.*, Lois et décrets, 14 juillet 1971, p. 6939).

[5] V. Cass. Soc., 5 juillet 1977, *Syndicat national des pilotes de ligne c/ Helm*, *Bull. civ.*, n° 457 ; Cass. Soc., 16 mars 1978, *Crédit Mutuel d'Alsace et de Lorraine c/ Dame Lucas et autre*, *Bull. civ.*, n° 211 ; Cass. Soc. 7 juillet 1983, *Union départementale C.G.T. et autres c/ Syndicat autonome des Établissements Vincent Gosme et autre*, *Bull. civ.*, n° 431.

[6] L'article L. 2121-1 du Code du travail pose sept critères cumulatifs pour apprécier la représentativité d'une organisation syndicale : le respect des valeurs républicaines ; l'indépendance ; la transparence financière ; une ancienneté minimale de deux ans dans le champ professionnel et géographique couvrant le niveau de négociation ; l'audience établie selon les niveaux de négociations ; l'influence, prioritairement caractérisée par l'activité et l'expérience ; les effectifs d'adhérents et les cotisations.

élections professionnelles tient une place décisive dans l'appréciation de la représentativité des organisations syndicales[1].

Les seuils d'audience varient selon les niveaux. Ainsi, *au niveau de l'entreprise et de l'établissement* sont reconnues représentatives les organisations syndicales ayant recueilli au moins 10 % des suffrages valablement exprimés au premier tour des dernières élections professionnelles[2]. Ce seuil d'audience, déclaré d'ordre public absolu[3], est abaissé à 8 % au niveau des *branches*[4] et au niveau *national et interprofessionnel*[5]. Au-delà de son aspect purement technique représentant un intérêt certain en matière de contentieux des relations collectives de travail, du point de vue de la théorie du droit public le problème qui nous intéresse est le suivant : quelles sont les raisons ayant conduit à indexer la représentativité syndicale sur l'audience électorale ? Pour apporter une réponse, il nous faut dans un premier temps revenir sur la notion d'« élection » et, plus particulièrement, nous interroger sur la question de ses rapports supposés avec les notions connexes de « représentation » et de « légitimité » (§ 1). Cela nous permettra, dans un second temps, de questionner la pertinence de l'introduction du mécanisme électoral dans le domaine des relations collectives de travail pour apprécier la représentativité des organisations syndicales (§ 2).

§ 1. L'élection est-elle le critère de la représentation et de la légitimité démocratique ?

Si l'on prend comme point de départ l'acception communément admise de la notion de « démocratie » en droit constitutionnel, le lien entre légitimité du pouvoir et élection relève presque de la tautologie : en démocratie, la source de la légitimité du pouvoir des gouvernants est censée dériver entièrement de leur élection. S'agissant de la mise en œuvre de cette légitimité, elle est réputée être assurée par la notion de « représentation », indiquant que « le gouvernant a pour mission de

---

[1] Le critère de l'audience électorale est en effet considéré par Cour de cassation comme un « élément déterminant » de la représentativité syndicale. V. Cass. Soc., 31 janvier 2012, *Bull. civ.*, n° 42.

[2] Art. L. 2122-1 C. trav.

[3] V. Cass, Soc., 18 mai 2011, n°10-60.406, *Bull. civ.* 2011, V, n° 116.

[4] Art. L. 2122-5 C. trav.

[5] Art. L. 2122-9 C. trav.

rendre présent le gouverné dans l'exercice du pouvoir politique »[1]. De ce point de vue, il est possible de considérer que l'élection entretient un lien étroit avec la notion de « démocratie représentative ». Toutefois, il faut au préalable revenir sur certaines critiques remettant vigoureusement en cause le discours liant indissolublement « élection », « représentation » et « légitimité démocratique ». Certains constitutionnalistes considèrent en effet que l'élection n'est qu'une simple technique de désignation des gouvernants. L'examen successif de ces deux conceptions antagonistes nous permettra d'apprécier l'opportunité de l'élection comme mécanisme destiné à fonder la légitimité des représentants, qu'ils soient politiques ou syndicaux.

La thèse selon laquelle l'élection est une simple technique de désignation des gouvernants découplée d'autres notions qui lui sont spontanément associées (« légitimité », « représentation » et « démocratie ») est puissamment soutenue par le constitutionnaliste Bruno Daugeron dans un ouvrage important issu d'une thèse de doctorat[2]. Sa démonstration se fonde sur le postulat selon lequel, sur le plan juridique, les notions de « légitimité » et de « légalité » sont assimilables. En effet, selon lui, le seul moment « où se pose la question de la légitimité distincte de la légalité est l'acte constituant fondateur, acte de souveraineté premier, *après quoi la légitimité se confond une fois pour toutes, avec la légalité : une fois la question du fondement du pouvoir posée et tranchée en faveur de son référent populaire, celle de sa légitimité ne devrait plus intervenir* [...]. La légitimité d'une institution ne se dessine nullement dans le procédé de désignation de ses membres, qui ne peut être envisagé comme une modalité d'expression de volonté souveraine. Est ainsi légitime ce qui est prévu par la norme dans laquelle est déjà censée reposer toute la volonté populaire qui n'a besoin d'aucun autre fondement ou consentement pour être ce qu'elle est : le consentement commun est déjà censé être dans la règle de droit. La légitimité démocratique est donc déjà dans la volonté générale qui est elle-même déjà dans la légalité »[3]. Selon ce point de vue, une fois la Constitution adoptée, la question du fondement du pouvoir est définitivement réglée : il repose entre les mains d'autorités identifiées par le texte constitutionnel, expression de l'acte

[1] Denis Baranger, *Le droit constitutionnel*, *op. cit.*, p. 84.
[2] V. Bruno Daugeron, *La notion d'élection en droit constitutionnel*, *op. cit.*
[3] *Ibid.*, p. 985 (nous soulignons).

constituant fondateur, mais en aucun cas l'élection ne permet de fonder la légitimité du pouvoir, sinon par une confusion regrettable entre son acception juridique et sa signification politique[1]. La légitimité, autrement dit, n'a pas à être « démocratique », c'est-à-dire élective ; il lui suffit d'être légale. L'élection est donc réduite à une procédure destinée à désigner des individus auxquels la Constitution confère la qualité de représentants, c'est-à-dire la fonction de « vouloir pour la nation » par l'exercice de la fonction législative.

Cette conception a ses lettres de noblesse. Elle s'exprime dans le cadre de l'important débat du 10 août 1791, dont l'objet porte sur la question de savoir ce qui fonde la qualité de représentant. Deux positions s'affrontent alors. D'un côté, Robespierre et Roederer, dans la lignée de Sieyès[2], considèrent qu'il n'y a pas de représentation sans élection et que, de ce point de vue, un roi héréditaire ne peut être qualifié de représentant. « L'essence de la représentation, expose Roederer, est que chaque individu représenté vive, délibère dans son représentant ; qu'il ait confondu, par une confiance libre, sa volonté individuelle, dans la volonté de celui-ci. Ainsi, sans élection, point de représentation ; ainsi les idées d'hérédité et de représentation se repoussent l'une l'autre ; ainsi un roi héréditaire n'est point représentant »[3]. De l'autre côté, Barnave soutient une thèse très différente : la qualité de représentant n'est pas liée à l'élection, mais à l'habilitation constitutionnelle qui confère au représentant le soin de « vouloir » pour la nation. Dès lors, le roi peut être considéré comme un représentant. Barnave développe une argumentation serrée : « La représentation constitutionnelle consiste à représenter la nation ; or, dans l'ordre et dans les limites des fonctions constitutionnelles, ce qui distingue le représentant de celui qui n'est que simple fonctionnaire, c'est qu'il est chargé dans certains cas de *vouloir pour la nation*, tandis que le simple fonctionnaire public n'est jamais chargé que d'agir pour elle. Le Corps législatif est le représentant de la nation parce qu'il veut pour elle : 1°

[1] V. *Ibid.*, p. 919-1176 (« Troisième partie : Les solides apparences d'une fondation de pouvoir »).

[2] Sur la théorie constitutionnelle de Sieyès : v. Pasquale Pasquino, *Sieyès et l'invention de la constitution moderne*, Paris, Odile Jacob, 1998.

[3] *Archives parlementaires de la Révolution française*, Tome XXIX, p. 323, cité in Bruno Daugeron, *La notion d'élection en droit constitutionnel*, *op. cit.*, p. 61. Sur Roederer : v. Jean Roels, *La notion de représentation chez Roederer*, Études présentées à la Commission internationale pour l'histoire des Assemblées d'Etats, Heule, UGA, 1968.

en faisant ses lois ; 2° en ratifiant les traités avec les puissances étrangères lorsqu'ils ont été commencés et convenus par le roi ; le roi est représentant constitutionnel de la nation : 1° en ce qu'il consent et veut pour elle que les nouvelles lois du Corps législatif soient immédiatement exécutées ou qu'elles soient sujettes à une suspension ; 2° en ce qu'il stipule pour la nation, en ce qu'il prépare et fait en son nom les traités avec les nations étrangères, qui sont de véritables actes de volonté, qui sont de véritables lois, qui lient réciproquement une autre nation avec nous, tandis que les lois intérieures, les lois qui nous sont propres, émanent du Corps législatif »[1]. La conception « barnavienne » de la représentation envisage donc la représentation à travers sa finalité normative, comme le processus de constitution de la volonté générale par l'exercice de la fonction législative des représentants. Le rôle de ces derniers est donc « de vouloir directement et d'une façon initiale »[2] pour le peuple ou la nation, afin d'en constituer l'unité politique par la confection de la loi. Selon cette conception, les notions d'« élection » et de « représentation » ne sont pas consubstantielles[3]. Dès lors, comme l'écrit Michel Troper, « la légitimité ne vient pas de la manière dont les gouvernants ont été désignés, mais de ce qu'ils sont censés exprimer une volonté qui n'est pas la leur. Autrement dit, quelle que soit la manière dont ils ont été choisis, chacune de leur décision est justifiée parce qu'elle n'est pas leur décision, mais celle du titulaire véritable du pouvoir qu'ils représentent »[4]. Ainsi, le sens de l'élection, pour l'élu, c'est d'être *désigné* par l'électeur pour participer à l'élaboration de la volonté étatique.

Cette conception qui indexe la légitimité sur l'habilitation constitutionnelle à vouloir pour la nation s'imposera dans la théorie constitutionnelle au courant des premières décennies du XIXe siècle, à la faveur de l'instauration de la monarchie constitutionnelle, et déterminera durablement la signification des notions d'« élection » et de « représentation »[5]. Toutefois, nous venons de voir qu'une autre conception, portée par Robespierre et Roederer, concurrence la

[1] *Archives parlementaires de la Révolution française*, Tome XXIX, p. 331.

[2] Raymond Carré de Malberg, *Contribution à la théorie générale de l'État spécialement d'après les données fournies par le droit constitutionnel français*, tome II, *op. cit.*, p. 369.

[3] V. Bruno Daugeron, *La notion d'élection en droit constitutionnel*, *op. cit.*, p. 59.

[4] Michel Troper, *Droit constitutionnel*, 29ème éd., Paris, LGDJ, 2005, p. 177.

[5] V. Bruno Daugeron, *La notion d'élection en droit constitutionnel*, *op. cit.*, p. 73.

conception « barnavienne ». Dès lors, sauf à observer une attitude essentialiste vis-à-vis de l'élection et entrer dans une démarche prescriptive, on peut considérer qu'il existe un lien entre cette notion et celle de « représentation ». Du moins, il n'est pas excessif de considérer que si ces deux notions ne sont pas nécessairement symbiotiques, il n'y a pas de raison d'affirmer qu'elles s'excluent rigoureusement. Il faut donc approfondir la question de la proximité entre l'élection et la représentation.

Le fait que, dans le discours juridique contemporain, l'élection constitue le point nodal autour duquel se construit la notion de « démocratie représentative », n'est pas tant le signe d'un « dévoiement » de la notion d' « élection » que celui du retour à une conception formulée au moment révolutionnaire, bien que supplantée par sa concurrente « barnavienne ». Selon cette conception, représenter c'est être élu ou, ce qui revient au même, être élu confère *ipso facto* la qualité de représentant. Dès lors, la source de la légitimité des représentants n'est plus à chercher dans le texte constitutionnel habilitant ces derniers à participer à l'élaboration de la volonté générale par la confection de la loi, mais dans l'élection perçue comme le vecteur d'une fondation de pouvoir nécessaire à la concrétisation de l'idéal démocratique[1]. « L'élection permet de donner une légitimité aux gouvernants et aux pouvoirs constitués »[2], peut-on lire. La signification de l'élection n'est plus la désignation, mais elle devient le canal par lequel les électeurs transfèrent leur volonté subjective aux élus. Si certains dénoncent là un dévoiement de la notion d'« élection » en droit constitutionnel, le discours faisant de l'élection le critère de la légitimité est suffisamment puissant pour structurer le rapport contemporain du droit public à la notion de « démocratie »[3]. Tout le

---

[1] V. André Cabanis et Michel-Louis Martin, « La pérennisation du Chef de l'État : l'enjeu actuel pour les constitutions d'Afrique francophone », in *Démocratie et liberté : tension, dialogue, confrontation. Mélanges en l'honneur de Slobodan Milacic*, Bruxelles, Bruylant, 2008, p. 351-352 ; Babacar Guèye, « La démocratie en Afrique : succès et résistances », *Pouvoirs*, 2009, n° 129, p. 22.

[2] Bertrand Mathieu, Michel Verpeaux, *Droit constitutionnel*, Paris, PUF, 2004, coll. « Classiques », p. 316.

[3] Comme l'observe Laurent Fonbaustier (v° « Election », in Denis Alland, Stéphane Rials (dir.), *Dictionnaire de la culture juridique*, *op. cit.*, p. 605), dans « la sphère du droit public, l'élection est tellement attachée à la démocratie que les Constitutions modernes lui consacrent souvent des dispositions […]. Par-delà le droit interne, la

problème consiste alors à nous interroger sur les raisons amenant une large part de la doctrine constitutionnelle à indexer la légitimité sur l'élection, au détriment de sa signification supposée « originelle » visant à désigner des représentants. On peut avancer deux raisons d'ordre théorique : la première tient à la conception du droit constitutionnel comme droit politique, qui fait de la « reconnaissance » une notion cardinale ; la seconde tient à la place centrale occupée par la notion de « confiance », logée au cœur du geste électoral.

La thèse selon laquelle l'élection n'est pas la source de la légitimité ou de la suprématie politique est sous-tendue par un choix méthodologique consistant à confondre légalité et légitimité. Le droit constitutionnel est alors appréhendé comme « un ensemble de normes édictées par des organes habilités à cet effet par la constitution »[1]. Mais il est également possible de concevoir le droit constitutionnel comme un droit politique, c'est-à-dire un droit dont la juridicité découle de sa *reconnaissance* par les sujets qu'il a vocation à régir[2]. Selon cette perspective, le droit ne saurait être défini comme un simple commandement édicté unilatéralement par le souverain, mais il est pensé comme un *rapport social* entre le souverain et l'ensemble des sujets. En ce sens, « on pourrait dire qu'il n'existe jamais de droit objectif, qui vaudrait en soi : le droit est toujours *collectif,* puisqu'il n'a pas d'existence en dehors des consciences de ceux qu'il régit. Le droit, considéré dans la relation que les organes politiques entretiennent avec l'ensemble des sujets : telle pourrait être la définition d'un droit politique [...] »[3]. Si l'on tire les conséquences de cette conception pour le droit constitutionnel, alors il faut admettre que « la constitution n'a par elle-même aucune valeur, si le principe d'un gouvernement par la

---

communauté internationale, qui dépêche souvent à ce titre d'importantes missions d'observation, voit dans l'élection, lorsqu'elle n'est pas qu'une simple vitrine, un indice fort autant qu'un gage du caractère démocratique d'un État, ainsi qu'une condition indispensable de reconnaissance officielle ».

[1] Alain Laquièze, « Élection des gouvernants et légitimité démocratique », *Cités*, 2018, n° 76, p. 135.

[2] V. Carlos-Miguel Pimentel, « Reconnaissance et désaveu : contribution à une théorie du droit politique », *Jus politicum*, décembre 2008, n° 1 [en ligne : http://juspoliticum.com/article/Reconnaissance-et-desaveu-contribution-a-une-theorie-du-droit-politique-9.html]. La règle de la reconnaissance est exposée par Herbert Hart, *Le concept de droit* (1976), 2ème éd., trad. fr. Michel Van De Kerchove, Bruxelles, Presses de l'Université Saint-Louis, 2005, p. 80-110.

[3] Carlos-Miguel Pimentel, « Reconnaissance et désaveu : contribution à une théorie du droit politique », art. cit [En ligne].

constitution n'est pas lui-même reconnu par les sujets »[1]. On peut donc obéir à une autorité désignée par la Constitution, sans pour autant la reconnaître comme légitime. Dès lors, l'élection peut être considérée comme le vecteur par lequel s'effectue la reconnaissance des représentants. Laurent Fonbaustier rappelle en ce sens que « pendant très longtemps, le geste électoral, teinté d'organicisme, fut indissociable de l'idée d'un peuple comme corps social, et la désignation par un agrégat d'individus est apparue récemment. Lorsqu'existait l'élection des rois ou des évêques, elle était un acte de reconnaissance (du meilleur, du plus sage) [...] »[2]. L'élection a donc une fonction légitimante, dans la mesure où elle sanctionne la reconnaissance de l'électeur envers l'élu.

L'affirmation de la fonction légitimante de l'élection n'est pas neuve dans la théorie du droit public. Elle est présente dès 1789[3] et on a vu qu'à la faveur de la question du statut du roi dans la Constitution de 1791 deux conceptions de l'élection et de la représentation s'opposaient : d'une part, la conception « barnavienne » centrée sur la fonction normative de la représentation, l'élection n'étant dans ce cadre qu'un moyen de désigner les représentants chargés de vouloir pour la nation, c'est-à-dire constituer l'unité politique du peuple par l'exercice de la fonction législative ; d'autre part, la conception développée notamment par Roederer faisant de l'élection le critère de la représentation. On parle alors de « doctrine démocratique » de l'élection, ayant pour fonction d'identifier représentés et représentants[4]. Dans ce cadre, la notion centrale est celle de « confiance » qui doit exister entre le représentant et le représenté, et que seule l'élection permet de garantir. On s'en souvient, pour Roederer, « l'essence de la représentation est que chaque individu représenté vive, délibère dans son représentant ; qu'il ait confondu, par une *confiance libre*, sa volonté individuelle, dans la volonté de celui-ci »[5]. Ainsi, l'élection est réputée réaliser le gouvernement du peuple par lui-même, car elle lui permet de s'assurer être gouverné par des hommes en lesquels il a placé sa

[1] *Ibid.*
[2] V° « Election », art. cit., p. 606.
[3] V. Patrice Gueniffey, « La difficile invention du vote », in Patrice Gueniffey, *Histoires de la Révolution et de l'Empire*, *op. cit.*, p. 76.
[4] *Ibid.*, p. 84.
[5] *Archives parlementaires de la Révolution française*, Tome XXIX, p. 323, nous soulignons.

confiance[1]. Le statut de l'élection sous la Révolution n'a donc rien d'univoque, car il n'a jamais cessé de coexister deux conceptions de la légitimité : une « légitimité source (ou légitimité élective) » et une « légitimité objet (ou légitimité légalité) »[2].

On notera que la distinction entre « légitimité-source » et « légitimité-objet » se trouve sous une autre forme dans la pensée du constitutionnaliste allemand Ernst-Wolfgang Böckenförde. Ce dernier distingue deux types de légitimation : d'une part, la « légitimation démocratique fonctionnelle et institutionnelle »[3] ; d'autre part, la « légitimation démocratique organisationnelle-personnelle » et la « légitimation démocratique objective-matérielle »[4]. Le premier type renvoie aux différentes autorités constitutionnellement habilitées à exercer le pouvoir d'État. De ce point de vue, donc, la légitimité se confond avec la légalité. Le second type de légitimation se divise en deux sous-catégories. D'une part, la « légitimation démocratique organisationnelle-personnelle » renvoie à la désignation des gouvernants notamment par la voie de l'élection ; d'autre part, la « légitimation démocratique objective-matérielle » renvoie au contrôle politique de l'action des gouvernants.

À rebours de la conception « barnavienne » de l'élection selon laquelle celle-ci n'est qu'une désignation en vue de l'exercice d'une fonction, on insiste ici sur la dimension « contractuelle » de l'élection, au centre de laquelle la confiance constitue – ou construit – le lien représentatif. Lucien Jaume rappelle en ce sens que la « notion de confiance [...] évoque une sorte de contrat passé entre l'élu et l'électeur, ce qu'indique, chez les Latins, le rapprochement sémantique entre *fides* (la bonne foi) et *foedus* (le pacte). À la fois fort et fragile, à la fois raisonné et affectif, le contrat représentatif est révisable lorsque la confiance décroît. Si les classiques ont parfois évoqué la dimension ''aristocratique'', puisqu'élitiste, de la représentation, il reste que c'est sur les services rendus (les liens de patronage de l'aristocratie terrienne en Angleterre), sur la compétence présumée, sur la ''force de crédit'', comme disait Necker, qu'ils insistent. À l'origine, donc, le choix

---

[1] V. Patrice Gueniffey, *Le Nombre et la Raison : la Révolution française et les élections*, Paris, EHESS, 1993, p. 120.

[2] Selon la distinction établie par Alain Laquièze, « Élection des gouvernants et légitimité démocratique », art. cit., p. 138.

[3] Ernst-Wolfgang Böckenförde, *Le Droit, l'État et la Constitution démocratique*, trad. Olivier Jouanjan, Paris, LGDJ/Bruylant, 2000, p. 280.

[4] *Ibid.*, p. 280.

électoral ne consiste pas à arbitrer entre des options en compétition, mais à sélectionner les individus dignes de confiance [...] »[1]. Les racines lockiennes de la notion de « confiance » ressurgissent ici. Locke propose en effet la notion de « *trust* », exprimant un triptyque : elle est à la fois une délégation, une mission et un acte de confiance[2]. Dès lors, pour l'électeur, la confiance inspirée par les candidats est un principe de choix[3] ; et l'élection, parce qu'elle véhicule cette confiance, est considérée comme une des pièces maîtresses de la légitimité démocratique[4], même si elle peut être jugée insuffisante à elle seule[5].

§ 2. La centralité de l'élection dans le domaine des relations collectives de travail.

L'élection est devenue une technique essentielle pour apprécier la représentativité des organisations syndicales. Corrélativement, l'exigence majoritaire a acquis une place centrale dans le domaine des accords collectifs de travail.

Certains publicistes, soucieux de revenir à la conception « barnavienne » de l'élection, dénoncent le dévoiement de ce concept en droit public et insistent sur l'inopportunité de sa transposition en droit des relations collectives de travail. On fustige, par exemple, une « la rhétorique démocratico-élective »[6] consistant à indexer la représentativité syndicale sur l'audience électorale, avec le risque de faire des syndicats de simples porte-parole de leurs électeurs, au

---

[1] Lucien Jaume, « La représentation : une fiction malmenée », *Pouvoirs*, 2006, n° 120, p. 7-8. Du même auteur : v. « La démocratie et le déclin de la confiance, une rupture dans la culture politique », in Pascal Perrineau (dir.) *Le désenchantement démocratique*, Éditions de l'Aube, Paris, 2003, p. 67-87.

[2] V. Lucien Jaume, « La représentation : une fiction malmenée », art. cit., p. 8. Sur la notion de « *trust* » et sa pertinence maintenue depuis les origines du gouvernement représentatif : John Dunn, « The concept of ''trust'' in the politics of John Locke », in Richard Rorty, J.B. Schneewind, Quentin Skinner (dir.), *Philosophy in History : essays on the historiography of philosophy*, Cambridge, Cambridge University Press, 1984, p. 279-301.

[3] V. Bernard Manin, *Principes du gouvernement représentatif*, Paris, Flammarion, 2012, coll. « Champs essais », p. 283.

[4] V. Alain Laquièze, « La démocratie sociale à la française : quelle autonomie par rapport à la démocratie politique ? », *Cités*, 2019, n° 77, p. 128.

[5] V. Yves-Charles Zarka, « La légitimité démocratique en question », in Yves-Charles Zarka, (dir.), *Repenser la démocratie*, *op. cit.*, p. 73-88.

[6] Valérie Bernaud, « Est-il pertinent de penser la représentation syndicale en fonction des critères relatifs à la représentation politique ? », *Droit social*, 2013, n° 6, p. 500.

détriment de la défense des intérêts collectifs des travailleurs. On peut ainsi lire : « Tout comme la mauvaise perception du phénomène électoral en droit constitutionnel a fait passer le Parlement d'organe exprimant la volonté générale à travers la loi à organe représentant la volonté des électeurs sans support normatif, les syndicats ne vont-ils pas devenir de banals porte-parole de leurs propres électeurs au détriment de solidarités plus larges qu'ils avaient l'habitude de défendre ? »[1]. Il est vrai que la consécration du critère de l'audience électorale par la loi du 20 août 2008 pour apprécier la représentativité des organisations syndicales oblige celles-ci à modifier leur stratégie[2], puisqu'il n'existe désormais plus de représentativité présumée réservée à certaines organisations. Le dispositif de la présomption irréfragable de représentativité préservait l'action syndicale de « la menace constante d'un procès en représentativité »[3], mais ce dispositif présentait également de graves inconvénients dus aux très faibles effectifs enregistrés par les syndicats français[4]. En effet, le système de la représentativité présumée permettait à tout syndicat affilié à une confédération représentative au niveau national et interprofessionnel de négocier et de signer des conventions collectives, même s'il n'avait qu'un « unique militant dans l'entreprise »[5].

Or, sauf à réviser la Constitution, il n'est pas juridiquement possible de pallier la faiblesse du taux de syndicalisation en obligeant les salariés à s'affilier à un syndicat. Il existe en effet une face « négative » de la liberté syndicale, c'est-à-dire la possibilité de ne pas adhérer à un syndicat. En ce sens, le Conseil constitutionnel a censuré une disposition législative contraignant les salariés à s'affilier à une organisation syndicale, car une telle obligation viole le principe de la liberté syndicale consacré au sixième alinéa du Préambule de la Constitution de 1946[6]. Dans la même perspective, la Cour européenne

---

[1] *Ibid.*, p. 500.

[2] Comme le souligne Alain Laquièze, « La démocratie sociale à la française : quelle autonomie par rapport à la démocratie politique ? », art. cit., p. 127.

[3] Elsa Peskine, Cyril Wolmart, *Droit du travail*, 13ème éd., Paris, Dalloz, 2019, coll. « Hypercours », p. 555.

[4] La France affiche un des taux de syndicalisation parmi les plus faibles au monde, avec environ 10% de syndiqués (Cyril Cosme, « Une perspective mondiale sur la démocratie sociale », in Guy Groux, Richard Robert, Martial Foucault (dir.), *op. cit.*, p. 75)

[5] Elsa Peskine et Cyril Wolmart dans leur ouvrage : *Droit du travail*, *op. cit.*, p. 555.

[6] CC, déc. n° 83-162 DC, 20 juillet 1983, *Loi relative à la démocratisation du secteur public*, consid. 85 (*J.O.F.R.*, Lois et décrets, 22 juillet 1983, p. 2267.

des droits de l'homme estime que l'adhésion obligatoire à un syndicat comme condition préalable d'embauche viole l'article 11 de la CEDH garantissant le droit de toute personne de s'affilier à des syndicats pour la défense de ses intérêts. La responsabilité de l'État peut alors être engagée si celui-ci ne garantit pas, à travers son droit interne, la jouissance d'un « droit d'association négatif »[1].

À partir du moment où il n'est guère possible d'obliger les travailleurs à s'affilier à une organisation syndicale, la transposition de mécanismes de la démocratie politique, notamment celui de l'élection, au domaine des relations collectives de travail apparaît nécessaire pour assurer la légitimité des organisations syndicales ayant vocation à représenter les travailleurs et à siéger à la table des négociations[2]. De plus, si l'on applique la distinction böckenfördienne entre « légitimation démocratique organisationnelle-personnelle » et « légitimation démocratique objective-matérielle » on peut considérer que la légitimité des organisations syndicales tient à la fois à leur mode d'accès à la représentativité, mais également à leur responsabilité face aux électeurs qui ont placé leur confiance dans certaines organisations afin qu'elles défendent les intérêts des travailleurs. La démocratie, écrit en ce sens Olivier Beaud, « suppose non pas que les gouvernés gouvernent, mais qu'ils soient en mesure de contrôler les gouvernants et de les remplacer »[3]. Dans ce cadre, l'élection joue un rôle majeur, car la légitimité des organisations syndicales tient à leur responsabilité sanctionnée par des élections professionnelles périodiques, décrites par certains spécialistes de droit du travail comme un véritable « référendum social quadriennal »[4]. C'est à cette condition que la démocratie cesse d'être « formelle » pour devenir une « expérience »[5] réelle.

---

[1] CEDH, Grande Chambre, 11 janvier 2006, *Sorensen et Rasmussen c/ Danemark*, req. n°52562/99 et 52620/99, consid. 54.

[2] V. Alain Laquièze, « La démocratie sociale à la française : quelle autonomie par rapport à la démocratie politique ? », art. cit., p. 127-128.

[3] Olivier Beaud, « Le principe majoritaire dans la théorie constitutionnelle des formes politiques », *Jus politicum*, janvier 2016, n° 15 [En ligne : http://juspoliticum.com/article/Le-principe-majoritaire-dans-la-theorie-constitutionnelle-des-formes-politiques-1071.html].

[4] Jean-Emmanuel Ray, *Droit du travail : droit vivant*, 25ème éd., Paris, Wolters Kluwer France, 2017, p. 433.

[5] Jean-Marie Denquin, « Recherches sur la notion de majorité sous la Ve République », *RDP*, 1993, n° 4, p. 958.

L'indexation de la représentativité syndicale sur le critère décisif de l'audience électorale aux élections professionnelles confère aux organisations syndicales représentatives d'importantes prérogatives juridiques, notamment la possibilité de conclure des conventions collectives de travail. Mais ces dernières ne sont valables qu'à la condition de satisfaire à l'exigence majoritaire[1]. Avant la loi du 20 août 2008 relative à la démocratie sociale, la règle dite de l'« unicité de signature » prévalait : elle permettait à un seul syndicat présumé représentatif, quel que soit son poids réel – il pouvait donc être minoritaire –, de conclure une convention collective. La loi du 20 août 2008 a substitué l'exigence majoritaire à la règle de l'unicité de signature. Ainsi, au niveau interprofessionnel, un accord collectif ne peut être valablement conclu que par les organisations syndicales ayant obtenu au moins 30% des suffrages exprimés lors des élections professionnelles, et ne pourra s'appliquer que s'il n'y a pas d'opposition émanant d'organisations syndicales ayant recueilli plus de 50% des suffrages exprimés lors de ces élections[2]. La loi dite « travail » du 8 août 2016[3] et l'ordonnance du 22 septembre 2017[4] durcissent la règle de l'exigence majoritaire, puisqu'au niveau de l'entreprise, pour être valable, un accord collectif doit être signé par des organisations représentatives ayant recueilli plus de 50% des suffrages exprimés au premier tour des dernières élections professionnelles[5]. En droit de la fonction publique, la loi du 5 juillet 2010[6] indexe également la validité des accords collectifs sur la règle majoritaire, puisque ceux-ci ne sont considérés valides qu'à la condition d'être signés par une ou plusieurs organisations syndicales de fonctionnaires ayant recueilli au moins 50%

---

[1] On peut donc dire, à la suite d'autres auteurs, qu'« exigences majoritaires et de représentativité structurent le modèle légal de l'accord collectif de travail » (Ylias Ferkane, *L'accord collectif de travail : étude sur la diffusion d'un modèle*, Paris, Dalloz, 2017, coll. « Nouvelle bibliothèque de thèses », p. 415).

[2] V. Art. L. 2232-2 C. trav.

[3] Loi n°2016-1088 du 8 août 2016 relative au travail, à la modernisation du dialogue social et à la sécurisation des parcours professionnels (*J.O.F.R.*, Lois et décrets, 9 août 2016, n°3).

[4] Ordonnance n° 2017-1386 du 22 septembre 2017 relative à la nouvelle organisation du dialogue social et économique dans l'entreprise et favorisant l'exercice et la valorisation des responsabilités syndicales (*J.O.F.R*, Lois et décrets, 23 septembre 2017, n°31).

[5] V. Art. L. 2232-12 C. trav.

[6] Loi n° 2010-751 du 5 juillet 2010 relative à la rénovation du dialogue social et comportant diverses dispositions relatives à la fonction publique (*J.O.F.R.*, Lois et décrets, 6 juillet 2010, n°2).

du nombre de voix lors des dernières élections professionnelles organisées au niveau auquel l'accord a été négocié[1].

Bien que l'attention portée à l'exigence majoritaire dans le domaine des accords collectifs de travail soit ancienne[2], elle a désormais acquis un rôle central au point que la Cour de cassation considère qu'un accord collectif ne peut « subordonner sa validité à des conditions de majorité différentes de celles prévues par la loi », au motif que les conditions de validité d'un tel accord « sont d'ordre public »[3]. Dès lors, on peut se poser les questions suivantes : pourquoi l'exigence majoritaire a-t-elle acquis une place centrale dans le domaine des accords collectifs de travail ? En quoi est-elle « le reflet d'un modèle démocratique de production normative »[4] et donc un des marqueurs décisifs de la notion de « démocratie sociale » ? Pour répondre à ces questions, il convient de revenir sur la signification juridique de l'exigence majoritaire et sur les liens qu'elle est réputée entretenir avec la notion de « démocratie ».

Du point de vue de la théorie du droit public et, plus particulièrement, de la théorie constitutionnelle, l'exigence majoritaire est porteuse d'une ambiguïté, car elle est à la fois une technique de décision prise au sein d'organes collectifs, largement indépendante du type de régime politique, et un élément essentiel à la compréhension de la démocratie[5]. En tant que technique de décision, la majorité est une fiction juridique par laquelle on impute à un organe collectif l'ensemble des décisions réputées exprimer la volonté de tous. Le droit « apporte donc une signification spéciale à la décision majoritaire : celle d'avoir le sens d'une décision de la communauté politique appréhendée comme un tout »[6]. Sur le plan du droit corporatif, l'analyse est parfaitement

---

[1] V. Nicolas Font, « Le droit à la participation des fonctionnaires », art. cit., p. 967 et s. ; Emmanuelle Marc, Yves Struillou, « La loi du 5 juillet 2010 relative à la rénovation du dialogue social dans la fonction publique : une mutation inachevée du système de relations professionnelles », *Droit administratif*, novembre 2010, n°11, p. 7-17 ; Fabrice Melleray, « La loi relative à la rénovation du dialogue social dans la fonction publique. Première étape d'une réforme profonde », *AJDA*, novembre 2010, n°36, p. 2045-2049.

[2] V. Gaëtan Pirou, *Les conceptions juridiques successives de la convention collective en France*, thèse de doctorat en droit, Rennes, 1909.

[3] Cass. Soc., 4 février 2012, *Bull. civ.*, n° 47.

[4] Ylias Ferkane, *L'accord collectif de travail : étude sur la diffusion d'un modèle*, *op. cit.*, p. 414.

[5] Comme le souligne Olivier Beaud, « Le principe majoritaire dans la théorie constitutionnelle des formes politiques », art. cit. [En ligne].

[6] Denis Baranger, « Théorie et pratique du principe de majorité dans les droits constitutionnels européens », *Jus politicum*, 2016, n° 15 [En ligne :

transposable, puisque la décision majoritaire prise au sein d'organes délibérants équivaut juridiquement à « l'expression univoque de la volonté corporative »[1]. L'idée est notamment exprimée par Gierke dans un texte sur l'histoire du principe de majorité : « Ce n'est que là où la loi réunit la multitude en une *universitas* qu'elle fait valoir la majorité pour le tout tandis que, partout où une multitude équivaut à une somme d'individus, l'opposition d'un seul l'emporte sur la volonté unanime des autres. C'est pourquoi l'on reconnaît dans la prééminence de la volonté majoritaire un principe spécifiquement corporatif »[2]. En tant que technique de décision procédurale, l'exigence majoritaire signale donc l'existence d'une fiction juridique permettant de séparer la personnalité morale des personnes physiques qui la composent. Elle permet, autrement dit, de distinguer « l'unité collective du groupe des quelques dizaines ou des quelques centaines de personnes visibles qu'en sont les membres »[3], par l'imputation des suffrages de la majorité des représentants de la personne morale à la personne morale elle-même.

À ce stade, une difficulté survient : en tant que technique de décision, la majorité est politiquement et axiologiquement neutre. Il est en effet possible d'en faire de multiples usages et, dès lors, de s'en servir pour justifier tout type de régime. Donc comment justifier l'idée selon laquelle l'exigence majoritaire est également un « principe » fondamental de la notion de « démocratie » ? On peut répondre à cette question en insistant sur le rôle joué par la notion de « consentement » intrinsèquement supposée par l'exigence majoritaire. En démocratie, la légitimité du pouvoir ne dérive ni de la force ni d'un fondement transcendant, mais du consentement des citoyens au pouvoir, au cœur duquel on retrouve la notion de « confiance ». L'exigence majoritaire devient alors un véritable « principe » concrétisant l'idée du consentement des citoyens[4].

---

http://juspoliticum.com/article/Theorie-et-pratique-du-principe-de-majorite-dans-les-droits-constitutionnels-europeens-1054.html].

[1] Selon l'expression d'Olivier Beaud, « Le principe majoritaire dans la théorie constitutionnelle des formes politiques », art. cit. [En ligne].

[2] Otto von Gierke, « Über dies Geschichte des Majoritätsprinzips », cité in Paul Vinogradoff, *Essays on legal history*, Oxford University Press, 1913, p. 321.

[3] Ladislas Konopczynski, *Le* Liberum Veto. *Étude sur le développement du principe majoritaire*, Paris, Honoré Champion/Bebethner et Wolff, 1930, p. 12.

[4] Olivier Beaud, « Le principe majoritaire dans la théorie constitutionnelle des formes politiques », art. cit. [En ligne].

Mais il faut alors surmonter une nouvelle difficulté, déjà pointée par Rousseau : comment faire en sorte que le citoyen consente « à toutes les lois, même à celles qu'on passe malgré lui »[1] ? Le problème se transpose dans le domaine des relations collectives de travail. Les actes collectifs présentent en effet un point commun avec les lois, puisqu'ils produisent des effets juridiques *erga omnes* et excèdent, par conséquent, le cercle des personnes engagées par un contrat classique. Autrement dit, l'acte collectif n'entre pas dans le champ de l'article 1103 du Code civil disposant que « les contrats légalement formés tiennent lieu de loi à ceux qui les ont faits ». Le problème vient de ce que l'on présuppose que la minorité qui s'incline le fait sur la base d'un consentement, ce qui prête à discussion. La question est donc de savoir comment justifier l'idée selon laquelle la décision majoritaire vaut pour le tout. Pour répondre, il faut se souvenir que l'idée démocratique moderne est fondamentalement travaillée par le souci de subordonner le multiple à l'autorité souveraine de l'Un, c'est-à-dire de fonder une communauté politique malgré la présence d'intérêts multiples et parfois antagonistes composant le « social ». Or, l'institution d'une communauté requiert, comme condition *a priori*, la fiction juridique de la règle majoritaire, car l'unanimité est impossible à pratiquer au sein d'une multitude aux intérêts contradictoires. C'est le sens de la théorie du consentement proposée par Locke dans le *Deuxième Traité du gouvernement civil*, qui déclare : « Quand les hommes en nombre quelconque, grâce au consentement individuel de chacun instituent une *communauté*, ils donnent à cette *communauté*, par là même, les caractères d'un corps unique, et le pouvoir d'agir comme un corps unique ; c'est-à-dire seulement comme la *majorité* le veut et décide. La force qui meut une association, c'est toujours le consentement des individus qui le composent ; et comme tout objet qui forme un seul corps doit se mouvoir dans une seule direction, il va forcément dans le sens où l'entraîne la force la plus considérable, c'est-à-dire la *volonté de la majorité* ; sinon, il ne pourrait pas agir, ni subsister, comme un corps unique, comme une *seule communauté*, ce qui méconnaîtrait la décision volontaire de tous les individus qui s'y sont associés ; cette même décision oblige donc chacun à se soumettre aux décisions de la *majorité* »[2]. Il est dès lors possible de voir dans la

---

[1] Jean-Jacques Rousseau, *Du contrat social* (IV, 2), *op. cit.*, p. 128.
[2] John Locke, *Deuxième Traité du gouvernement civil* (II, § 96), trad. Bernard Gilson, Paris, Vrin, 1967.

généralisation de l'exigence majoritaire en droit des relations collectives de travail une volonté de conférer une légitimité accrue aux actes collectifs, dont les effets juridiques sont susceptibles d'affecter les droits des salariés. De ce point de vue, il n'est pas incohérent que ces actes recueillent l'assentiment majoritaire de ceux qui sont soumis à leur empire. On justifiera plus aisément, autrement dit, l'entorse à l'article 1103 du Code civil, « si l'on perçoit dans l'acte collectif le fruit d'une volonté collective et majoritaire » s'exprimant « essentiellement sous forme de vote »[1].

Section 2. La prépondérance de la « démocratie par la loi ».

La transposition systématique des concepts associés à la démocratie politique pour envisager la démocratie sociale devrait nous interroger sur l'opportunité d'utiliser une expression dont on voit mal ce qui la distingue de la démocratie tout simplement. Outre l'utilisation de techniques similaires, la dépendance de la démocratie sociale à l'égard de la démocratie politique se manifeste également au niveau des actes juridiques. On se souvient que René Capitant définit la démocratie sociale comme une forme de démocratie dont l'instrument privilégié est le contrat. Fondé sur le consentement unanime des parties, le contrat est présenté par Capitant comme la manifestation par excellence de l'autonomie juridique des individus, à l'inverse de la loi qui au contraire est présentée comme la figure juridique de l'hétéronomie. Or, on peut constater que la norme législative reste prépondérante, ce qui fait dire à certains constitutionnalistes, que la « démocratie par la loi » encadre de manière stricte la « démocratie par le contrat »[2]. Ce constat se vérifie tout particulièrement dans deux domaines : celui de la protection des droits des salariés (§ 1), et celui de la confection de la loi, où la participation des partenaires sociaux est facultative (§ 2).

§ 1. La place prépondérante de la loi dans le domaine de la protection des droits des salariés.

Depuis les réformes menées au début des années 1980 par Jean Auroux, alors ministre du travail, une place croissante est donnée à la

[1] Ylias Ferkane, *L'accord collectif de travail : étude sur la diffusion d'un modèle*, *op. cit.*, p. 413.

[2] Alain Laquièze, « La démocratie sociale, la Constitution et la loi », in Guy Groux, Richard Robert, Martial Foucault (dir.), *Le Social et le Politique*, *op. cit.*, p. 175.

négociation collective dans l'adoption de règles relatives relative au droit du travail, au nom de la volonté d'instaurer dans l'entreprise une forme de démocratie pensée sur le modèle de la démocratie politique[1]. La loi dite « travail » du 8 août 2016 et les ordonnances « Macron » du 22 septembre 2017 s'inscrivent dans ce mouvement désireux de placer la négociation collective au plus près des salariés, en renforçant la place de la convention d'entreprise notamment au détriment de la convention de branche. Mais certains juristes spécialistes de droit du travail voient également dans cette sacralisation de la négociation collective d'entreprise un discrédit jeté sur la loi, de plus en plus considérée comme une norme supplétive[2]. Pourtant, malgré la possibilité accrue des conventions collectives de déroger à la loi, celle-ci demeure la norme prépondérante pour la protection des droits des salariés. Plusieurs éléments viennent étayer ce constat. D'abord, la notion d'« ordre public absolu » au sens de l'article 6 du Code civil[3] s'applique aux relations de travail : lorsqu'une loi contient des disposition d'ordre public absolu, il est impossible pour les accords ou conventions d'y déroger, même dans un sens plus favorables aux salariés. Ensuite, la loi détermine l'ordre public social, en vertu duquel les conventions collectives peuvent déroger à la loi dans un sens plus favorable aux salariés[4]. Il est vrai que, dans de plus en plus de cas, des normes conventionnelles peuvent déroger défavorablement à la norme législative. Mais il n'en demeure pas moins que c'est bien la loi qui autorise une telle dérogation et qui l'encadre strictement. Enfin – et surtout – les prérogatives du législateur sont largement défendues par le juge constitutionnel, qui veille à protéger le domaine de la loi[5] au détriment du pouvoir réglementaire et des organisations syndicales. C'est ainsi que le Conseil constitutionnel fait dépendre le « principe de

---

[1] V. Jean Auroux, *Les droits des travailleurs*, rapport au Président de la République et au Premier ministre, 15 septembre 1981, en ligne : https://www.vie-publique.fr/sites/default/files/rapport/pdf/271626.pdf, p. 7-8).

[2] À propos des réformes évoquées, Elsa Peskine et Cyril Wolmart considèrent, dans leur manuel de *Droit du travail* (*op. cit.*, p. 637), « que l'autorité et la place de la loi en sortent, symboliquement, affaiblies et réduites ». V. Également Elsa Peskine, « La célébration de l'accord collectif d'entreprise », *Droit social*, mai 2014, n° 5, p. 438-445.

[3] Art. 6 C. civ.

[4] Art. L. 2251-1 C. trav.

[5] V. Xavier Prétot, « Les sources du droit du travail au regard du droit public », art. cit., p. 150-193.

faveur » de la compétence exclusive du législateur et refuse d'en faire un principe fondamental reconnu par les lois de la République.

D'origine doctrinale[1], l'expression « principe de faveur » renvoie à une règle selon laquelle « la norme supérieure peut être écartée par une norme ''inférieure'' (de moins grande généralité d'application) plus favorable aux salariés »[2]. Selon ce « principe », les conventions collectives peuvent donc déroger à la loi dans un plus favorable aux salariés. Il joue même au bénéfice des contrats individuels de travail, dont les clauses peuvent être plus favorables que les dispositions législatives, réglementaires et conventionnelles. Comme l'écrit Alain Supiot, ce principe « imprime nécessairement un tour particulier à la notion d'ordre public », dans la mesure où il offre une « possibilité de dérogations unilatérale au profit des salariés »[3]. Mais le « principe de faveur » recèle un certain nombre d'incertitudes quant à sa véritable teneur et à sa place dans la hiérarchie des normes. S'agit-il véritablement d'un « principe », au sens d'une « règle juridique établie par un texte en termes assez généraux destinée à inspirer diverses applications et s'imposant avec une autorité supérieure »[4] ? Autrement dit, le « principe de faveur » est-il opposable au législateur ? La réponse à cette question suppose d'établir clairement la place du « principe de faveur » dans la hiérarchie des normes, ce qui est loin d'être évident. Nous interrogerons dans un premier temps la notion de « principe fondamental de droit du travail », avant d'examiner celle de principe général du droit.

La qualification de la règle de « faveur » en tant que principe fondamental du droit du travail au sens de l'article 34 de la Constitution

---

[1] V. Antoine Jeammaud, « Les principes dits ''de faveur'' ont-ils vécu ? », *RDT*, 2018, n° 3, p. 177.

[2] Elsa Peskine, Cyril Wolmart, *Droit du travail*, *op cit.*, p. 70.

[3] Alain Supiot, *Critique du droit du travail*, *op. cit.*, p. 139. Certains auteurs considèrent le « principe de faveur » comme « l'âme du droit du travail » (Yves Chalaron, « L'application de la disposition la plus favorable », in *Études offertes à Gérard Lyon-Caen. Les transformations du droit du travail*, Paris, Dalloz, 1989, p. 243), ou encore son « ADN » (Michèle Bonnechère, « Les normes du droit du travail, l'ordre public social et le ''principe de faveur'' », Silomag n° 4, septembre 2017, en ligne : http://silogora.org/ordre-public-social-et-le-principe-de-faveur).

[4] V° « Principe », in Gérard Cornu, *Vocabulaire juridique*, *op. cit.*, p. 804.

est effectuée pour la première fois par une décision du 12 juillet 1967[1]. Appelé à se prononcer sur la nature juridique d'une disposition du Code du travail maritime visant les conventions collectives de travail, le Conseil constitutionnel considère qu'elle relève de la compétence du pouvoir législatif, dans la mesure où elle « est une explicitation du principe énoncé à l'article 31 a, 2e alinéa, du Code du travail et selon lequel la convention collective de travail ''peut mentionner des dispositions plus favorables aux travailleurs que celles des lois et règlements en vigueur'' »[2]. Il poursuit en affirmant que « ce principe doit être rangé au nombre des principes fondamentaux du droit du travail placés dans le domaine de la loi par l'article 34 de la Constitution »[3].

Le Conseil constitutionnel reprend cette qualification dans sa décision du 25 juillet 1989[4]. Le Conseil constitutionnel est amené à se prononcer sur la constitutionnalité de dispositions législatives renvoyant à la négociation collective d'entreprise la mise en place de mesures destinées à favoriser l'adaptation de certaines catégories de salariés aux évolutions de l'emploi dans l'entreprise. Les sénateurs requérants invoquent une atteinte au principe d'égalité, car il existe selon eux un flou juridique concernant la définition des catégories de salariés entrant dans le champ d'application de la loi. Le Conseil constitutionnel rejette le moyen en précisant deux choses : d'une part, qu'il est de la compétence du législateur de laisser aux employeurs et aux salariés, ou à leurs organisations représentatives, le soin de préciser après une concertation appropriée, les modalités concrètes de mise en œuvre des normes qu'il édicte ; d'autre part, que le principe selon lequel une convention collective de travail peut contenir des dispositions plus favorables aux travailleurs que celles des lois et règlements est un principe fondamental du droit du travail[5].

À la lecture de ces deux décisions, les choses paraissent clairement établies : il existe un principe de faveur, érigé au rang de principe fondamental de droit du travail, en vertu duquel les normes conventionnelles peuvent déroger *in melius* à la norme législative.

---

[1] CC, déc. n° 67-46 L, 12 juillet 1967, *Nature juridique de certaines dispositions des articles 25 et 26 de la loi du 13 décembre 1926 portant Code du travail maritime, telles qu'elles résultent de l'ordonnance n° 58-1358 du 27 décembre 1958*, *Rec.*, p. 31.
[2] *Ibid.*, consid. 6.
[3] *Ibid.*, consid. 6.
[4] CC, déc. n° 89-257 DC, 25 juillet 1989, précitée.
[5] *Ibid.*, consid. 11.

Mais, à y regarder de plus près, les choses sont moins simples. En effet, le principe fondamental de droit du travail dont il est question concerne une compétence accordée au seul législateur, dont le Conseil constitutionnel considère qu'il lui revient d'habiliter les organisations syndicales à insérer des clauses plus favorables dans les conventions et accords collectifs[1]. Dès lors, le choix du juge constitutionnel d'utiliser l'expression de « principe fondamental » est « notoirement équivoque »[2], car il laisse entendre qu'il s'agit d'une norme générale s'imposant avec une la force d'une autorité supérieure, alors qu'il ne s'agit que d'une règle qu'il appartient au législateur, en vertu des compétences qui lui sont accordées par l'article 34 de la Constitution, de mettre en œuvre.

On retrouve cette ambiguïté sur la valeur juridique du « principe de faveur » dans un célèbre avis du Conseil d'État du 22 mars 1973[3]. Saisi par le ministre des Affaires sociales, le Conseil d'État est appelé à se prononcer sur la légalité d'un arrêté d'extension des stipulations d'une convention collective dérogeant, dans un sens plus favorable aux salariés, au régime légal du droit syndical dans l'entreprise et aux dispositions sur les institutions représentatives du personnel. Après avoir rappelé la lettre de l'article L. 132-4 du Code du travail[4], le juge considère qu'il « résulte des termes mêmes de cet article que, *conformément d'ailleurs aux principes généraux du droit du travail*, les dispositions législatives et réglementaires prises dans le domaine de ce droit présentent un caractère d'ordre public en tant qu'elles garantissent aux travailleurs des avantages minimaux, lesquels ne peuvent, en aucun cas, être supprimés ou réduits, mais ne font pas obstacle à ce que ces garanties ou avantages soient accrus ou à ce que des garanties ou avantages non prévus par les dispositions législatives ou réglementaires soient institués par voie conventionnelle ». L'avis est ainsi connu pour avoir dégagé un principe général du droit (PGD) selon lequel il est possible pour les normes conventionnelles d'accroître les garanties

---

[1] Ce point est souligné par Antoine Jeammaud, « Les principes dits ''de faveur'' ont-ils vécu ? », art. cit., p. 180.

[2] *Ibid.*, p. 179.

[3] CE, avis Ass., 22 mars 1973, in Yves Gaudemet, Bernard Stirn, Thierry Dal Farra, Frédéric Rollin (dir.), *GACE*, 3ème éd., Paris, Dalloz, 2008, n° 6, commentaire par Gérard Couturier.

[4] Devenu art. L. 2251-1 C. trav.

minimales accordées par la norme législative en droit du travail[1]. Mais la formulation de ce considérant ne lasse pas d'interroger.

On remarquera tout d'abord que, rigoureusement parlant, le Conseil d'État ne qualifie pas la règle de l'article L. 132-4 du Code du travail de PGD. Il évoque simplement la « conformité » de cette règle aux principes généraux du droit du travail, comme si celle-ci n'était que l'expression normative d'un principe préexistant qu'il peut d'ailleurs se dispenser d'identifier clairement[2]. La même ambiguïté se trouve dans un arrêt d'Assemblée du 8 juillet 1994[3], où le Conseil d'État est amené à se prononcer sur un recours pour excès de pouvoir introduit par la CGT, contre les dispositions d'un décret autorisant une convention collective à être moins favorable que des dispositions réglementaires. En l'espèce, le décret autorisait des accords d'entreprises ou d'établissement à allonger la périodicité des examens médicaux. Dans la lignée de l'avis de 1973 précité, le Conseil d'État évoque, à propos de l'article L. 132-4 du Code du travail, un « principe général du droit du travail *dont s'inspirent ces dispositions législatives* ». Cette technique, très commode pour corriger les lacunes du droit écrit au hasard des espèces et des circonstances, est source d'une grande incertitude sur la teneur de la règle ainsi « consacrée », dont on ignore si c'est elle qui accède au rang de PGD où s'il elle n'est que la traduction juridique d'un principe antérieur et de portée plus large. Le Conseil d'État ne consacre donc pas de façon évidente un PGD.

À propos du « principe de faveur » dégagé par l'avis de 1973, Gérard Couturier écrit par exemple qu'il « surplombe »[4] les textes légaux, et effectue le rapprochement avec la décision précitée du Conseil constitutionnel du 25 juillet 1989[5], qui évoquait un « principe *fondamental* du droit du travail ». Mais en faisant comme si « principe fondamental » et « principe général » étaient deux expressions substituables, ce type de raisonnement est erroné, car il laisse entendre que le qualificatif de « fondamental » renvoie à une règle d'une

[1] V. par exemple Michèle Bonnechère, *Le droit du travail*, Paris, La Découverte, 2008, coll. « Repères », p. 25.

[2] Ce point est souligné par Sylvaine Laulome et Nathalie Merley, « La fabrication du principe de faveur », *RDT*, avril 2009, n° 4, p. 221.

[3] CE, Ass., 8 juillet 1994, *Confédération générale du travail*, *Rec.*, p. 356.

[4] Gérard Couturier, observations sous l'avis du Conseil d'État 22 mars 1973, in Yves Gaudemet, Bernard Stirn, Thierry Dal Farra, Frédéric Rollin (dir.), *GACE*, *op. cit.*, p. 112.

[5] *Ibid.*, p. 111.

importance particulière, de nature constitutionnelle ou supra-constitutionnelle.

Une telle rhétorique permet de « justifier l'éminence d'une règle »[1], dont la prééminence s'imposerait naturellement, au détriment d'une réflexion sur son contenu et sa véritable place dans la hiérarchie normative. Le « principe de faveur » n'a en réalité qu'une portée juridique très réduite, et la « fondamentalité » qu'on lui prête ne se justifie que si l'on considère le langage sous l'angle performatif : une règle ou un principe *est* ce que l'on veut qu'il soit, à partir du moment où il est *nommé* comme tel. Or, le « principe de faveur » n'est ni « principe fondamental » ni un PGD, mais une règle qu'il incombe au législateur de mettre en œuvre, car elle entre dans le champ d'application des compétences qui lui sont garanties par l'article 34 de la Constitution. Ceci explique pourquoi le Conseil constitutionnel n'a jamais utilisé la catégorie des Principes fondamentaux reconnus par les lois de la République pour reconnaître une valeur constitutionnelle au « principe » de faveur.

À supposer que les contours du « principe de faveur » soient clairement tracés, sa reconnaissance constitutionnelle *via* la catégorie des PFRLR aurait permis aux partenaires sociaux de l'opposer au législateur. D'autant que l'utilisation d'expressions équivoques comme « principe fondamental » ou « principe général » pour qualifier ledit « principe » militait en faveur d'une reconnaissance constitutionnelle. Le Conseil constitutionnel est cependant venu clore le débat, en protégeant le domaine du législateur. Le juge s'est d'abord abstenu de se prononcer sur la valeur constitutionnelle du « principe de faveur », avant d'exclure formellement son inscription au rang des PFRLR.

Dans sa décision du 6 novembre 1996[2], le Conseil constitutionnel est à nouveau amené à se prononcer sur la valeur juridique du « principe de faveur ». D'une manière générale, les députés et sénateurs requérants estiment que la loi déférée porte atteinte au « principe de faveur » en permettant à des conventions collectives de contenir des dispositions moins favorables que la loi. Pour les députés requérants, le « principe de faveur » se confond avec L. 132-4 du Code du travail disposant que

[1] Sylvaine Laulome et Nathalie Merley, « La fabrication du principe de faveur », art. cit., p. 221.

[2] CC, déc. n° 96-383 DC, 6 novembre 1996, précitée.

« la convention et l'accord collectif peuvent comporter des dispositions plus favorables aux salariés que celles des lois et règlements en vigueur », et constitue un des « principes véritablement fondateurs de la démocratie sociale »[1] avec le principe de représentativité. Pour souligner l'importance de ce « principe », les députés s'appuient notamment sur l'avis du Conseil d'État du 22 mars 1973 précité, en ce qu'il est réputé avoir dégagé un PGD[2], et sur la décision du Conseil constitutionnel du 25 juillet 1989[3] censée avoir fait du « principe de faveur » un principe fondamental du droit du travail.

Cette confusion entre « principe général » et « principe fondamental » doit être lue à l'aune de ce que nous avons décrit précédemment. En effet, à partir d'une ambiguïté savamment entretenue entre ces qualifications, les requérants tentent de faire admettre la valeur constitutionnelle du « principe de faveur ». La saisine des sénateurs en est une bonne illustration. En s'appuyant sur la décision 8 juillet 1994 par laquelle le Conseil d'État évoque un « principe général du droit du travail *dont s'inspirent ces dispositions législatives* »[4], les sénateurs déduisent deux choses contradictoires : d'une part, que le « principe de faveur » est un PGD, et, d'autre part, qu'il s'agit d'un principe qui préexisterait à sa consécration législative. Or, s'il s'agit d'un PGD, le « principe de faveur » a une valeur infra-législative, ce qui annule l'idée selon laquelle il serait un principe préexistant au droit positif. Il faut donc choisir : soit il s'agit d'un PGD, soit d'un principe supra-législatif. Mais la rhétorique déployée ne semble pas s'embarrasser du principe de non-contradiction : au terme d'un glissement sémantique, le « principe de faveur » est réputé être à ce point « fondamental »[5] qu'il relèverait d'un PFRLR.

---

[1] Saisine des 60 députés [En ligne : https://www.conseil-constitutionnel.fr/les-decisions/decision-n-96-383-dc-du-6-novembre-1996-saisine-par-60-deputes].

[2] *Ibid.*

[3] *Ibid.*

[4] CE, Ass., 8 juillet 1994, *Confédération générale du travail*, précitée.

[5] V. la saisine des 60 sénateurs : « Récemment encore, la haute juridiction administrative, statuant cette fois au contentieux, a considéré que l'article L 132-4 du code du travail, lequel reprend le principe de faveur, renvoie à un principe général du droit ''dont s'inspirent ces dispositions législatives'' (CE 8 juillet 1994, CGT, req. n° 105471). *Il est ici particulièrement remarquable que le Conseil d'État ait précisé outre l'existence d'un principe général du droit du travail, le fait que celui-ci inspire le législateur. C'est dire sans doute sa valeur fondamentale* » [En ligne : https://www.conseil-constitutionnel.fr/les-decisions/decision-n-96-383-dc-du-6-novembre-1996-saisine-par-60-senateurs, nous soulignons].

Malgré cette rhétorique et l'indétermination sur la place du « principe de faveur » dans la hiérarchie des normes, le Conseil constitutionnel ne se prononce pas. Il se contente d'affirmer que « la méconnaissance du principe dit ''de faveur'' invoqué par les requérants manque en fait », dans la mesure où « les dispositions contestées n'ont pas pour objet de modifier les règles de fond relatives à la conclusion de conventions ou d'accords collectifs dérogatoires moins favorables aux salariés que des dispositions législatives et réglementaires ou des accords en vigueur »[1]. L'examen de la loi de 1997 instaurant les plans d'épargne retraite fournit au Conseil constitutionnel une nouvelle occasion de se prononcer sur la valeur du « principe de faveur »[2]. Les sénateurs requérants font grief à l'alinéa 2 de l'article 4 de la loi de permettre de faire prévaloir entre les différents accords collectifs en matière d'épargne retraite, celui dont les dispositions seraient moins favorables. Ils estiment, plus précisément, à partir de la loi du 24 juin 1936, que la disposition déférée est contraire au « principe, en droit du travail, selon lequel, en cas de conflit de normes, c'est la plus favorable qui doit recevoir application », et que ce principe doit être « qualifié de principe fondamental reconnu par les lois de la République auquel le législateur ne peut déroger »[3]. À nouveau, le juge constitutionnel choisit de ne se prononcer pas sur la valeur du « principe de faveur », tout en se référant, de manière très ambiguë, à la loi de 1936 pour en définir la portée. Il considère que le grief des sénateurs est inopérant, en rappelant que « la seule disposition, introduite par la loi du 24 juin 1936 sous la forme d'un article 31vc du Code du travail, selon laquelle ''les conventions collectives ne doivent pas contenir de dispositions contraires aux lois et règlements en vigueur, mais peuvent stipuler des dispositions plus favorables'' a trait uniquement à la faculté ouverte à des accords collectifs de comporter des stipulations plus favorables que les lois et règlements en vigueur »[4]. En refusant de se prononcer, le Conseil constitutionnel laisse ouverte la question de la valeur constitutionnelle du « principe de faveur ».

---

[1] CC, déc. n° 96-383 DC, 6 novembre 1996, précitée, consid. 10.
[2] CC, déc. n° 97-388 DC, 20 mars 1997, *Loi créant les plans d'épargne retraite* (*J.O.F.R.*, Lois et décrets, 26 mars 1997, p. 4661).
[3] V. la saisine des 60 sénateurs [En ligne : https://www.conseil-constitutionnel.fr/les-decisions/decision-n-97-388-dc-du-20-mars-1997-saisine-par-60-senateurs].
[4] CC, déc. n° 97-388 DC précitée, consid. 45.

La décision du 13 janvier 2003[1] constitue une étape décisive. Les députés requérants faisaient grief à certaines dispositions de la loi relative aux salaires, au temps de travail et à l'emploi, de permettre de valider des accords collectifs moins favorables aux salariés. Les requérants invoquent une contrariété avec le principe de faveur, lequel « apparaît bien comme un principe fondamental reconnu par les lois de la République posé par le législateur républicain, car, touchant à l'exercice des droits et libertés, et ayant reçu une application constante et suffisante dans la législation antérieure à 1946 »[2]. Selon cette position, l'accès du « principe de faveur » à la dignité constitutionnelle ne saurait être que le résultat d'une *reconnaissance*, et non d'une *déclaration* ou d'une *consécration*, car le principe est réputé préexister à toute catégorisation juridique.

Contrairement aux décisions précédentes, le Conseil constitutionnel se prononce ici explicitement sur la valeur constitutionnelle du « principe de faveur ». Il le définit en effet comme un principe « en vertu duquel la loi ne pourrait permettre aux accords collectifs de travail de déroger aux lois et règlements ou aux conventions de portée plus large que dans un sens plus favorable aux salariés »[3]. Au terme d'un considérant laconique, le juge écarte la qualification de PFRLR : « le principe ainsi invoqué ne résulte d'aucune disposition législative antérieure à la Constitution de 1946, et notamment pas de la loi du 24 juin 1936 susvisée ; que, dès lors, il ne saurait être regardé comme un principe fondamental reconnu par les lois de la République au sens du Préambule de la Constitution de 1946 »[4]. Dès lors, les choses sont claires : le « principe de faveur », entendu comme la possibilité pour une convention collective de déroger à la loi dans un sens plus favorable aux salariés, n'a pas valeur constitutionnelle. Il n'est donc pas opposable au législateur. Cette position est confirmée par une décision du 29 avril 2004, où le Conseil constitutionnel exclut la qualification de PFRLR et réaffirme la valeur strictement législative du « principe »[5].

---

[1] CC, déc. n° 2002-465 DC, 13 janvier 2003, *Loi relative aux salaires, au temps de travail et au développement de l'emploi* (*J.O.F.R.*, Lois et décrets, 18 janvier 2003, p. 1084).

[2] V. la saisine des 60 députés [En ligne : https://www.conseil-constitutionnel.fr/les-decisions/decision-n-2002-465-dc-du-13-janvier-2003-saisine-par-60-deputes].

[3] CC, déc. n° 2002-465 DC, 13 janvier 2003, précitée, consid. 12.

[4] *Ibid.*, consid. 13.

[5] CC, déc. n° 2004-494 DC, 19 avril 2004, *Loi relative à la formation professionnelle tout au long de la vie et au dialogue social*, consid. 9 (*J.O.F.R.*, Lois et décrets, 5 mai 2004, n°2).

Dès lors, le « principe de faveur » n'entre pas dans le champ d'application des droits et libertés garantis invocables à l'appui d'une question prioritaire de constitutionnalité (QPC)[1]. Il n'y a donc pas, à proprement parler, de « principe » de faveur qui s'imposerait avec une autorité supérieure au législateur et qui l'empêcherait de permettre aux conventions collectives de déroger aux lois dans un sens moins favorable aux salariés. Les ordonnances « Macron » du 22 septembre 2017 s'inscrivent en ce sens dans un mouvement ancien[2] qui accroît la possibilité pour les conventions d'entreprises, dans des domaines de plus en plus larges, de déroger aux conventions de branches dans un sens défavorable aux salariés[3].

Le juge constitutionnel a ainsi élaboré une jurisprudence assurant la souveraineté de l'État par la préservation du domaine de la loi. La norme législative demeure la référence pour déterminer les principes, le domaine et les modalités d'intervention de la négociation collective. Les récentes réformes du droit du travail n'entament pas ce paradigme. Déjà en 2015, le rapport Combrexelle soulignait que si la France partageait avec d'autres pays européens comme l'Allemagne, la Belgique ou l'Italie, le « caractère multiniveaux » des négociations collectives, elle s'en distinguait par la place relativement modeste des partenaires sociaux dans la coordination et l'harmonisation du contenu des accords collectifs, qui reste déterminée par la législation[4]. Ajoutons que lorsque le législateur autorise un accord collectif à déroger à une règle qu'il a lui-même édictée, le juge constitutionnel subordonne la validité d'un tel dispositif à une exigence de précision, laissant peu de

[1] La Cour de cassation a ainsi déclaré irrecevable une QPC transmise par le conseil de prud'hommes de Creil sur la conformité aux droits et libertés garantis par l'article 61-1 de la Constitution d'une disposition de la loi n° 2008-596 du 25 juin 2008 portant modernisation du marché du travail, fixant les durées de la période d'essai (Cass. Soc., 29 janvier 2014, *Bull.*, n° 41).

[2] V. Bernard Teyssié, « Les ordonnances du 22 septembre 2017 ou la tentation des cathédrales », *La Semaine juridique – édition sociale*, 26 septembre 2017, n° 38, p. 15.

[3] V. Gilles Auzero, « Conventions d'entreprise et conventions de branche », *Droit social*, décembre 2017, n° 12, p. 1018- 1023 ; Paul-Henri Antonmattéi, « L'irrésistible ascension de l'accord d'entreprise », *Droit social*, décembre 2017, n° 12, p. 1027-1032 ; Valérie Bernaud, « La négociation d'entreprise en marche ! », *Droit social*, février 2018, n° 2, p. 196-201.

[4] C'est le cas, par exemple, pour ce qui est de la détermination du SMIC ou de la durée légale du travail. V. Jean-Denis Combrexelle, *La négociation collective, le travail et l'emploi*, rapport au Premier ministre, septembre 2015, p. 43.

marge de manœuvre aux partenaires sociaux[1]. Cette place secondaire des partenaires sociaux est également manifeste lorsqu'on examine la question de leur participation à la confection de la loi.

§ 2. La participation facultative des partenaires sociaux à la confection de la loi.

Dès le XVIe siècle, dans sa version bodinienne, la théorie constitutionnelle identifie la puissance de faire les lois comme une marque par excellence de la souveraineté[2]. L'énoncé de l'article 3 de la Constitution française de 1958, reprenant certains principes énoncés dans la Déclaration des droits de l'homme de 1789, désigne le titulaire de la souveraineté, donc l'auteur de la loi : il s'agit du peuple agissant soit directement à travers la procédure référendaire, soit indirectement par le biais de la représentation parlementaire. La Constitution de 1958 n'assigne aucun rôle aux partenaires sociaux dans l'initiative, l'élaboration ou le vote de la loi. L'article 39 de la Constitution dispose en effet que l'initiative des lois « appartient concurremment au Premier ministre et aux membres du Parlement ». Dès lors, la question de la participation des partenaires sociaux à sa confection est décisive, car elle touche au problème de l'articulation entre démocratie sociale et démocratie politique. Jusqu'à quel point est-il possible d'associer les partenaires sociaux à l'élaboration de la loi, sans pour autant réduire la compétence du Gouvernement et du Parlement, et parvenir à une fragmentation de l'intérêt général, sacrifié sur l'autel des intérêts corporatistes ? La difficulté, autrement dit, est de savoir quelle portée juridique donner à la notion d'« autonomie collective », entendue comme la capacité des partenaires sociaux de constituer un ordre juridique et de posséder un pouvoir normatif[3]. Quelle doit être l'amplitude de ce pouvoir normatif, son champ d'intervention : s'agit-il de concéder une partie du pouvoir normatif aux partenaires sociaux ou de leur reconnaître une aptitude originaire et souveraine de production

---

[1] CC, déc. n° 2006-545 DC, 28 décembre 2006, *Loi pour le développement de la participation et de l'actionnariat salarié et portant diverses dispositions d'ordre économique et social*, consid. 5 (*J.O.F.R.*, Lois et décrets, 31 décembre 2006, n°4).
[2] V. Jean Bodin, *République*, I, 8, *op. cit.*, p. 204.
[3] V. Stamatina Yannakourou, *L'État, l'autonomie collective et le travailleur. Étude comparée du droit italien et du droit français de la représentativité syndicale*, Paris, LGDJ, 1995, coll. « Bibliothèque de droit privé », p. 71.

normative ? Cette apparente « tension dialectique »[1] entre démocratie politique et démocratie sociale, sous-tendue par une concurrence des légitimités entre celle, institutionnelle, détenue par le Parlement, et une autre, socio-professionnelle, détenue par les « acteurs sociaux », est résolue par le droit positif en faveur de la démocratie politique. Il existe en effet deux dispositifs permettant d'associer les partenaires sociaux à la confection de la loi, qui ont tous deux donné lieu à des projets de révision constitutionnelle, mais dont le point commun est d'être facultatif : d'une part, celui de la loi négociée, et d'autre part celui permettant à la « société civile » de participer à l'élaboration de la loi.

Le recours au procédé de la loi négociée – ou de la « négociation légiférante »[2] – est une pratique bien établie en droit du travail où, sans y être radicalement cantonnée, elle y trouve un champ de prédilection[3]. Elle se traduit par la négociation, entre les organisations syndicales, d'accords nationaux interprofessionnels (ANI) destinés à être transposés dans une loi ultérieure[4]. Par exemple, la loi du 12 novembre 1996 relative à l'information et à la consultation des salariés[5], ainsi que celle du 4 mai 2004 sur la formation professionnelle et la formation tout au long de la vie[6], avaient toutes deux pour origine des dispositions préalablement adoptées par les partenaires sociaux dans le cadre d'un accord national interprofessionnel[7]. Il en va de même en droit de la fonction publique où, pour ne citer qu'un exemple, le protocole d'accord du 10 juillet 2000 relatif à la résorption de l'emploi précaire et sur une meilleure gestion de l'emploi public a été transposé par la loi du 3

---

[1] Alain Laquièze, « La démocratie sociale, la Constitution et la loi », art. cit., p. 177.
[2] Jean-Emmanuel Ray, *Droit du travail : droit vivant*, *op. cit.*, p. 580.
[3] V. Conseil d'État, *Le contrat, mode d'action publique et de production de normes*, rapport public, Paris, La documentation française, 2008, en particulier p. 41-57 (« Le contrat en droit social »). Plus récemment : Conseil d'État, *L'accord, mode de régulation du social*, Paris, La documentation française, 2016.
[4] V. Alain Supiot, « Un faux dilemme : la loi ou le contrat ? », *Droit social*, 2003, n°1. p. 59-71.
[5] *J.O.F.R.*, Lois et décrets, 13 novembre 1996, n°264.
[6] *J.O.F.R.*, Lois et décrets, 5 mai 2004, n°105.
[7] Respectivement l'ANI du 31 octobre 1995 sur la conclusion d'accords dans les entreprises dépourvues de délégués syndicaux et l'ANI du 20 septembre 2003 relatif à l'accès des salariés à la formation tout au long de la vie professionnelle.

janvier 2001[1]. Cette pratique est également institutionnalisée en droit de l'Union européenne, où il pèse sur la Commission une obligation de consulter les partenaires sociaux européens avant la présentation de propositions dans le domaine de la politique sociale[2]. Les partenaires sociaux peuvent alors signifier leur volonté d'engager des négociations et, s'ils optent pour ce choix, leur action se substitue à celle du Parlement et du Conseil. Les partenaires sociaux « se voient ainsi déléguer, en droit, le pouvoir d'édicter des règles »[3]. Tirant les conséquences de cette longue expérience, la loi dite « Larcher » du 31 janvier 2007 relative à la modernisation du dialogue social insère trois articles en tête du Code du travail (articles L. 1 à L.3), consacrant le dispositif de la loi négociée. Le très symbolique article L.1 du Code du travail pose un principe de concertation préalable entre le Gouvernement et les partenaires sociaux pour tout projet de loi portant sur les relations individuelles et collectives de travail[4]. La loi confère ainsi la possibilité aux organisations syndicales de salariés et d'employeurs représentatives de négocier les termes des projets de réformes législatives et réglementaires en droit du travail, à condition que ceux-ci entrent dans le champ de la négociation collective nationale et interprofessionnelle. Toute la question est alors celle de la portée juridique ou de la « force normative »[5] de ce dispositif. Est-ce une pure déclaration d'intention ou une véritable obligation pesant sur le Gouvernement ? Le Conseil constitutionnel est intervenu sur cette question, en déniant au dispositif de la loi négociée tout effet contraignant. La position du juge constitutionnel est ancienne, et n'est pas remise en cause par le dispositif prévu par la loi Larcher, qui est optionnel. Ce double constat nous amène à relativiser la notion d'autonomie collective des partenaires sociaux.

Dans une décision du 10 juin 1998[6], le Conseil constitutionnel est amené à se prononcer sur la question de savoir si le Gouvernement doit

[1] Loi n° 2001-2 du 3 janvier 2001 relative à la résorption de l'emploi précaire et à la modernisation du recrutement dans la fonction publique ainsi qu'au temps de travail dans la fonction publique territoriale (*J.O.F.R.*, Lois et décrets, 4 janvier 2001, p. 96).
[2] Art. 154 TFUE.
[3] Yann Leroy, « Accord national interprofessionnel : de la loi négociée à la loi contestée », *Civitas Europa*, 2014, n° 33, p. 72.
[4] Art. L. 1 du C. trav.
[5] Sur cette notion : Catherine Thibierge (dir.), *La force normative. Naissance d'un concept*, Paris, LGDJ, 2009.
[6] CC, déc. n° 98-401 DC, 10 juin 1998, *Loi d'orientation et d'incitation relative à la réduction du temps de travail* (*J.O.F.R.*, Lois et décrets, 14 juin 1998, p. 9033).

obligatoirement consulter les partenaires sociaux préalablement à la présentation d'un projet de loi. Les députés requérants contestaient en effet la procédure d'élaboration de la loi d'orientation et d'incitation relative à la réduction du temps de travail, qui n'avait pas été précédée d'une concertation avec les partenaires sociaux. Les requérants invoquaient ainsi la violation du droit constitutionnel à la participation, tel qu'il découle du huitième alinéa du Préambule de la Constitution de 1946. Le juge rejette l'argument et affirme, sans ambiguïtés, que « ni les dispositions du huitième alinéa du Préambule de la Constitution de 1946 ainsi invoqué par les requérants ni aucune autre règle de valeur constitutionnelle n'obligent le Gouvernement à faire précéder la présentation au Parlement d'un projet de loi comportant des dispositions touchant aux principes fondamentaux du droit du travail d'une négociation entre les partenaires sociaux »[1]. En ce sens, si rien n'interdit au gouvernement de faire précéder le dépôt d'un projet de loi d'une concertation entre partenaires sociaux[2], rien ne l'y oblige. C'est une procédure purement facultative qui n'est pas un motif d'inconstitutionnalité. Le Conseil d'État est intervenu dans le même sens.

Dans une décision du 20 juin 2012[3], le Conseil d'État devait se prononcer sur la transmission au Conseil constitutionnel d'une QPC visant l'article 105 de la loi de finances du 28 décembre 2011 relatif au jour de carence des agents de la fonction publique. À l'appui de leur QPC, les requérants soutenaient que les dispositions de l'article 105, faute d'avoir été soumises par le Gouvernement à la consultation préalable des représentants syndicaux des fonctionnaires alors qu'elles étaient relatives à leurs conditions de travail, « ont été adoptées en méconnaissance des principes de liberté syndicale et de participation des travailleurs »[4]. Mais le Conseil d'État a considéré que les dispositions du huitième alinéa n'obligeaient pas le Gouvernement à faire précéder la présentation au Parlement d'un projet de loi touchant à la détermination des conditions de travail des agents publics d'une consultation préalable de leurs représentants syndicaux.

---

[1] *Ibid.*, consid. 6.

[2] V. les observations de Bertrand Mathieu et Verpeaux, Michel, « [Note sous décision n° 98-401 DC] », *LPA*, 2 décembre 1998, n° 144, p. 18-22.

[3] CE, 3/8e SSR, 20 juin 2012, *Fédération générale des fonctionnaires Force Ouvrière,* n° 358830.

[4] *Ibid.*, consid. 4.

Le juge constitutionnel considère que le dispositif de la loi négociée, tel qu'énoncé aux articles L. 1 à L. 3 du Code du travail, a une valeur simplement législative et ne fait par conséquent peser aucune obligation procédurale sur le Premier ministre. C'est le sens de la décision du 29 décembre 2013[1], où le Conseil constitutionnel répond aux sénateurs requérants qui contestaient la procédure d'adoption d'une disposition législative[2], en affirmant « que les dispositions de l'article L. 2 du Code du travail ont valeur législative ; que ni les dispositions du huitième alinéa du Préambule de la Constitution de 1946 ni aucune autre règle de valeur constitutionnelle, et notamment l'article 39 de la Constitution, n'obligent le Premier ministre à faire précéder d'une négociation entre les partenaires sociaux la présentation au Conseil d'État, au Conseil des ministres et au Parlement d'un projet de loi comportant des dispositions touchant aux principes fondamentaux du droit du travail »[3]. Cette position est réaffirmée dans une décision récente[4], où le juge de la rue de Montpensier rejette comme inopérant le moyen des députés requérants faisant grief à l'article 8 de la loi de financement de la sécurité sociale pour 2018 d'avoir été adopté sans avoir fait l'objet d'une concertation préalable avec les organisations syndicales de salariés et d'employeurs, en méconnaissance de l'article L. 1 du Code du travail. À la suite de sa décision de 2013, le juge constitutionnel affirme que les dispositions de l'article L. 1 du Code du travail « ne sont pas au nombre des exigences imposées par l'article 39 de la Constitution »[5]. Selon le juge constitutionnel, les dispositions prévues aux articles L. 1 et L. 2 du Code du travail ont une valeur purement législative. Dès lors, ces dispositions ne sauraient être interprétées comme constituant la source d'une obligation constitutionnelle[6] pesant sur le Premier ministre dans le cadre de la procédure d'initiative de la loi prévue à l'article 39 de la Constitution. Il est d'ailleurs significatif de constater que la loi dite « travail » du 8 août 2016, pourtant réputée promouvoir le dialogue social, a été adoptée sans négociation interprofessionnelle, et a fait l'objet de débats réduits à l'Assemblée nationale du fait de l'utilisation,

---

[1] CC, déc. n° 2013-684 DC, 29 décembre 2013, *Loi de finances rectificative pour 2013* (*J.O.F.R.*, 30 décembre 2013, n°7).

[2] *Ibid.*, consid. 19.

[3] *Ibid.*, consid. 20.

[4] CC, déc. n° 2017-756 DC, 21 décembre 2017, *Loi de financement de la sécurité sociale pour 2018* (*J.O.F.R.*, Lois et décrets, 31 décembre 2017, n°7).

[5] *Ibid.*, consid. 6.

à deux reprises au cours du mois de juillet 2016, de l'article 49 alinéa 3 de la Constitution.

En ce sens, seule la constitutionnalisation du dispositif de la loi négociée lierait le Gouvernement. C'est dans cette perspective que s'inscrivît le projet de loi constitutionnelle du 14 mars 2013 relatif à la démocratie sociale, qui envisageait d'insérer dans la Constitution un titre V bis relatif au « dialogue social préalable à la loi » inspiré du dispositif prévu à l'article L.1 du Code du travail. Précisions qu'à la différence de ce dispositif, le projet de loi constitutionnelle avait un champ d'application plus large, puisqu'il ne restreignait pas la procédure de négociation préalable aux seuls projets de loi, mais également aux propositions de loi et aux ordonnances. Il était également prévu que le non-respect de cette procédure devait être sanctionné par l'impossibilité de délibérer en Conseil des ministres ou d'inscrire à l'ordre du jour d'une des deux assemblées la proposition ou le projet de loi ou d'ordonnance qui n'aurait pas été précédé(e) d'une négociation avec les partenaires sociaux. Seule une situation d'urgence était de nature à justifier une dérogation à l'obligation de négociation pré-législative. Mais le projet a finalement été abandonné, faute d'une majorité suffisante au Congrès.

Quand bien même le dispositif de « négociation légiférante » serait constitutionnalisé et qu'il pèserait sur le législateur une obligation de consulter les partenaires sociaux préalablement à l'adoption d'une loi, la question resterait en suspens de savoir si le Gouvernement et le Parlement auraient vocation à être liés par le *contenu* des accords collectifs. Le législateur devrait-il reprendre fidèlement le texte issu de la négociation, ou aurait-il une marge d'appréciation afin de ne retenir que certains points du texte ? La jurisprudence du Conseil constitutionnel lors de l'examen de la loi du 19 janvier 2000 dite « Aubry II » intervient d'ailleurs dans le sens d'une marge d'appréciation du législateur. Pour bien comprendre, il faut un peu remonter le temps. Une première loi avait été adoptée le 13 juin 1998 (dite « Aubry I »), sur la base de laquelle les partenaires sociaux avaient conclu des accords qui avaient vocation à être repris par la seconde loi. Celle-ci enjoignait cependant les partenaires sociaux à renégocier les accords intervenus dans l'intervalle, dans un sens qui lui soit conforme. Autrement dit, comme le note Alain Supiot, la disposition déférée intimait littéralement aux partenaires sociaux l'ordre de renégocier le contenu de leurs accords[1]. Ainsi, à l'appui de leur saisine, les députés et sénateurs requérants faisaient grief à la disposition déférée de porter atteinte à la liberté contractuelle des partenaires sociaux en privant d'effets, à l'expiration d'un délai d'un an, sauf à être renégociés, les accords conclus en application de la loi du 13 juin 1998. Selon les requérants, les modifications apportées au Code du travail par la loi déférée faisaient en effet obstacle à l'application de nombreuses clauses de ces accords (régime des heures supplémentaires, annualisation de la durée de travail, temps de travail des cadres, formation et compensations salariales). Toute la question était alors de savoir si le législateur pouvait remettre en cause le contenu des normes contractuelles, au motif qu'elles n'étaient pas conformes à ses attentes[2] ? Dans sa décision du 13 janvier 2000[3], après avoir rappelé qu'il est toujours possible, pour le législateur, de « tirer les enseignements des accords collectifs conclus à son instigation »[4], le Conseil constitutionnel affirme qu'il ne pouvait pas remettre en cause le contenu des normes contractuelles, sauf pour un motif d'intérêt général suffisant, sous peine de violer deux principes à valeur constitutionnelle : le principe de liberté, d'une part, et le principe de participation des partenaires sociaux à la détermination collective des conditions de travail, d'autre part[5]. En ce sens, une la loi adoptée à la suite d'une négociation obligatoire, mais expurgée de son contenu frappe non seulement le procédé d'inutilité, mais expose également la norme ainsi adoptée à un procès en illégitimité. Ainsi, dans un jugement en date du 2 décembre 2009 rendu par le tribunal d'instance d'Annecy, on peut lire la formule suivante : « il convient de rappeler que l'article L.2143-3 du Code du travail est issu de négociations avec tous les

[1] Alain Supiot, « Un faux dilemme : la loi ou le contrat ? », art. cit. [En ligne, p. 8 du PDF].

[2] *Ibid.*

[3] CC, déc. n° 99-423 DC, 13 janvier 2000, *Loi relative à la réduction négociée du temps de travail* (*J.O.F.R.*, Lois et décrets, 20 janvier 2000, p. 992).

[4] *Ibid.*, consid. 42.

[5] *Ibid.*, consid. 42. Position clairement réaffirmée : CC, déc. n° 2007-556 DC, 16 juillet 2007, *Loi sur le dialogue social et la continuité du service public dans les transports terrestres réguliers de voyageurs* (*J.O.F.R.*, Lois et décrets, 22 août 2007, n°6).

partenaires sociaux qui ont donné une Position Commune et donc une certaine légitimité à la loi »[1].

Cette formule ne lasse pas d'interroger, car du point de vue du droit constitutionnel, la loi est légitime en ce qu'elle exprime la volonté générale, c'est-à-dire, d'abord, une volonté indépendante et souveraine, ensuite, générale en ce qu'elle ne dérive pas d'intérêts particuliers, mais de l'unité du peuple détenteur de la souveraineté. Organe constitutionnellement habilité à confectionner la loi, le Parlement est réputé incarner le peuple et la représentation de la volonté générale. Or, faire dériver la légitimité de la loi de la capacité du législateur à transcrire le contenu d'accords collectifs, c'est-à-dire d'intérêts particuliers, n'est-ce pas introduire une dualité des modalités d'expression de la souveraineté ? N'est-ce pas fragmenter la construction théorique de la souveraineté en instituant une concurrence entre « deux maîtres dans la même maison »[2] ? La capacité de délibération du législateur semble en effet réduite par cette approche de la légitimité de la loi. Ces interrogations qui suggèrent une concurrence entre démocratie politique et démocratie sociale débouchent sur une réponse nettement moins problématique dès lors que l'on considère la place réelle que la réforme constitutionnelle comptait accorder à l'autonomie collective des partenaires sociaux. L'exposé des motifs du projet de loi constitutionnelle du 14 mars 2013 relatif à la démocratie sociale s'empresse en effet de préciser que « le projet de loi constitutionnelle ne définit pas un domaine réservé aux partenaires sociaux pour élaborer directement la norme. Un tel changement, étranger à notre vision de la démocratie politique, n'était souhaité ni par les partenaires sociaux, ni par le Parlement, ni par le Gouvernement ». À cela s'ajoute que la condition d'urgence prévue par le dispositif, dans la mesure dont il n'en est pas précisé les modalités, peut permettre au gouvernement de neutraliser la procédure de négociation pré-législative. Autrement dit, que l'on s'en tienne à sa lettre ou à son esprit, la révision constitutionnelle de 2013 n'avait pas pour objet de lier le législateur et d'aménager un espace où pourrait se déployer pleinement l'autonomie collective des partenaires sociaux. Ceci traduit toute

---

[1] TI Annecy, 2 décembre 2009, *Semaine sociale Lamy*, n°1426-1427, 21 décembre 2009, p. 2, cité in Alain Supiot, « La loi Larcher ou les avatars de la démocratie représentative », art. cit., p. 530.

[2] Pour reprendre les mots suggestifs, appliqués à un autre contexte, de Raymond Carré de Malberg, « Considérations théoriques sur la question de la combinaison du référendum avec le parlementarisme », *RDP*, 1931, p. 227.

l'ambivalence de la notion de démocratie sociale dans le débat constitutionnel : d'une part, la perméabilité des pouvoirs publics au thème de la démocratie sociale *via* le thème de la « négociation légiférante », d'autre part la difficulté de son articulation avec la démocratie politique, à laquelle elle reste largement subordonnée.

Présentée par l'un de ses anciens présidents comme une véritable « assemblée constitutionnelle de la démocratie sociale »[1], le Conseil économique, social et environnemental (CESE), auquel la Constitution consacre son titre XI, accorde une place importante aux partenaires sociaux[2] et, plus largement, à ce qu'il est convenu d'appeler – selon une terminologie convenue – la « société civile organisée ». La promotion de cette expression, censée renvoyer au « pays réel » opposé au « pays légal », exprime une défiance grandissante envers la seule légitimité élective, concurrencée par d'autres segments de légitimité réputés être plus ancrés dans la substance sociale[3]. Dans ce contexte, l'association des « forces sociales » à l'« écriture pluraliste de la norme »[4] peut paraître nécessaire. Cependant, le choix a toujours été fait de cantonner les représentants de la « société civile » dans une institution consultative. Ce choix, qui exprime la subordination de la démocratie sociale à la démocratie politique, doit nous conduire à nous interroger sur les difficultés posées par l'idée de participation de la « société civile » à l'élaboration de la loi.

Sur le plan théorique, tout le problème consiste à penser la question des rapports entre la « société civile » et la société politique des citoyens. Jusqu'à quel point la première peut-elle ou doit-elle participer à la confection de la norme légale ? La question, on le sait, n'est pas nouvelle. La IVe République, par exemple, instaure une institution aux

---

[1] Jacques Dermagne, « La société civile : entre jacquerie et démocratie sociale », *RPP*, mai-juin 2001, n° 1012, p. 67-72.

[2] Depuis la loi organique n°2021-27 du 15 janvier 2021 portant réforme du Conseil économique, social et environnemental, le nombre de membres y siégeant est passé de 233 à 175. Parmi les 175 sièges, 52 sont dédiés aux représentants des salariés et 52 aux représentants des entreprises, exploitants agricoles, artisans, professions libérales, mutuelles et chambres consulaires.

[3] V. Stéphane Pinon, « La représentation parlementaire des groupes sociaux et des intérêts professionnels : une perspective à oublier ? », art. cit., p. 128-129.

[4] Selon l'expression de Stéphane Pinon, *ibid.*, p. 128.

attributions purement consultatives[1] auprès de l'Assemblée nationale et du Gouvernement. Ce Conseil économique n'est lui-même que le prolongement du CNE créé par le décret du 16 janvier 1925 et supprimé par le régime de Vichy. La seule différence notable réside dans l'accession du Conseil économique à la « dignité constitutionnelle »[2] là où l'autre ne dépassera pas le niveau législatif. La fonction exclusivement consultative du Conseil économique peut étonner, tant on insiste sur le caractère primordial de cet organe constitutionnel pour la réalisation d'une démocratie économique et sociale. Son rôle de « donneur d'avis »[3] auprès des pouvoirs exécutif et législatif contraste avec son statut supposé de « pièce maîtresse de la démocratie économique »[4] et d'organisme fondamental de l'État[5]. Mais l'étonnement se dissipe dès lors où l'on comprend que l'approche individualiste de la démocratie est toujours dominante dans la Constitution du 27 octobre 1946, et qu'il n'est pas question de déplacer le centre de gravité du pouvoir de décision ailleurs que dans une assemblée élue au suffrage universel direct représentant les citoyens. Au-delà des grandes déclarations de principes, la manière dont le rapporteur général de la commission de la Constitution, Paul Coste-Floret, décrit la procédure de consultation est révélatrice du rôle tout à fait mineur que les rédacteurs du projet de Constitution entendaient conférer au Conseil économique. S'il incombe *obligatoirement* à l'Assemblée nationale de soumettre les projets et propositions de loi au Conseil économique, ce dernier ne peut formuler qu'un simple avis qu'il est d'ailleurs possible d'ignorer au-delà de l'expiration d'un délai de dix jours[6]. Il en va de même pour sa fonction de conseil du Gouvernement, ce dernier n'étant pas lié par les avis rendus.

L'idée d'une institution représentant les « forces vives » de la nation est présente dans la pensée constitutionnelle du général de Gaulle, qui déclarait, lors du discours de Bayeux, le 16 juin 1946 : « Tout nous

---

[1] Le Conseil d'État dénie au Conseil économique la qualification d'assemblée parlementaire (CE, Sect., 17 mai 1957, *Simonet*, *Rec.*, p. 314.

[2] Jean Rivero, « Les institutions économiques et sociales de la Constitution : le Conseil économique », *Dr. Soc.*, 1947, p. 35.

[3] Jeannette Bougrab, *Aux origines de la Constitution de la IVe République*, *op. cit.*, p. 346.

[4] Selon les mots du député Jean Palewski (*J.O. déb. A.N.C*, 1ère séance du 19 avril 1946, p. 2039).

[5] V. Rapport de Paul Coste-Floret sur le projet de Constitution du 5 mai 1946, in *Pouvoirs*, janvier 1996, n° 76, p. 21.

[6] V. *J.O.F.R.*, Débats, A.N.C, séance du 20 août 1946, p. 3189.

conduit donc à instituer une deuxième Chambre dont, pour l'essentiel, nos Conseils généraux et municipaux éliront les membres. Cette Chambre complétera la première en l'amenant, s'il y a lieu, soit à réviser ses propres projets, soit à en examiner d'autres, et en faisant valoir dans la confection des lois ce facteur d'ordre administratif qu'un collège purement politique a forcément tendance à négliger. Il sera normal d'y introduire, d'autre part, des représentants, des organisations économiques, familiales, intellectuelles, pour que se fasse entendre, au-dedans même de l'État, la voix des grandes activités du pays »[1]. Si de Gaulle renonce, en 1958, à introduire ce projet dans la nouvelle Constitution, l'idée est reproposée en 1969 à la faveur d'une révision constitutionnelle. Mais, dans la droite ligne des projets précédents, il n'était pas question de conférer un quelconque pouvoir de décision, dans l'ordre législatif, à cette assemblée à la composition si hétérogène[2]. Son rôle devait donc être exclusivement consultatif, la loi étant votée par l'Assemblée nationale après *avis* du Sénat.

Très récemment, deux projets de loi constitutionnelle se situent dans le sillage de ces projets institutionnels qui ont toujours cantonné la « société civile » à un rôle secondaire en matière de participation à l'élaboration de la loi. En effet, la préoccupation d'associer plus étroitement la « société civile » à la décision politique était au cœur du projet de loi constitutionnelle n°911 du 9 mai 2018, dont l'article 14 proposait la transformation du CESE en une très significative « Chambre de la société civile », comme s'il s'agissait de transformer une institution purement administrative en véritable organe politique. Le nouvel article 71 de la Constitution prévoyait que la Chambre devait obligatoirement être consultée, avant l'examen du texte par le Conseil d'État et sa délibération en Conseil des ministres, sur les projets de loi ayant un objet économique, social et environnemental. La saisine gouvernementale était en revanche facultative concernant les projets de loi à incidences financières, tout comme la saisine parlementaire sur les propositions de loi. Elle pouvait également être consultée par le Gouvernement et le Parlement sur toute question à caractère économique, social ou environnemental.

Le texte, finalement retiré, a laissé place au projet de loi constitutionnelle n°2203 du 29 août 2019 prévoyant d'instituer un

[1] Disponible en ligne sur le site de l'université de Perpignan : https://mjp.univ-perp.fr/textes/degaulle16061946.htm.
[2] V. Bernard Tricot, « De Gaulle et l'esprit de participation », art. cit. [En ligne].

« Conseil de la participation citoyenne » en lieu et place du CESE. L'abandon du terme problématique de « Chambre » au profit de celui de « Conseil » est significatif, car il confirme la fonction purement consultative de l'institution : loin de légiférer, sa fonction, selon l'exposé des motifs du projet de loi, sera d'« éclairer les pouvoirs publics sur les enjeux, en particulier économiques, sociaux et environnementaux, et les conséquences à long terme de leurs décisions ». Le point commun entre le nouveau projet de révision constitutionnelle et l'ancien réside dans le caractère obligatoire de la saisine en matière de projet de loi, avant l'examen du texte par le Conseil d'État et sa délibération en Conseil des ministres. Le champ de la saisine facultative ne fait pas non plus l'objet de changements. En revanche, concernant la saisine obligatoire, il est ajouté une condition d'urgence offrant au Gouvernement la possibilité de passer outre la saisine du Conseil. De même que dans le dispositif prévu à l'article L. 1 du Code du travail, la condition d'urgence n'est pas définie. Dès lors, on ne peut manquer de se questionner sur la véritable utilité d'une révision constitutionnelle, car l'urgence sera aisément invocable par l'exécutif. Cela rejoint la question de la suite réservée aux avis, qui comporte un double risque : d'une part, celui que ceux-ci restent lettre morte dès lors qu'ils ne correspondent pas aux volontés des « porteurs de projet » et, d'autre part, celui de faire l'objet d'un usage légitimant et potentiellement abusif[1]. Ce projet de loi constitutionnelle n'a finalement pas été discuté. Une simple loi organique[2] est venue réformer le CESE, qui reste une institution purement consultative.

On peut regretter l'absence, parmi les institutions de la Ve République, d'une véritable « Assemblée sociale délibérative » qui participerait à l'élaboration des lois sur un pied d'égalité avec l'Assemblée nationale et le Sénat[3]. Cependant, on ne peut faire l'impasse sur les difficultés générées par une telle institution prétendant faire entendre la voix du « pays réel » d'ordinaire étouffée par celle du « pays légal ». La première difficulté tient au caractère équivoque de la

---

[1] V. Frédéric Rouvillois, « La constitution de Janus. Remarques sur le projet de loi constitutionnelle "pour une démocratie plus représentative, responsable et efficace" », texte publié en ligne sur le site de la Fondation du Pont-Neuf, juin 2018 : https://www.fondation-du-pont-neuf.fr/2018/09/18/la-constitution-de-janus/.

[2] Loi organique n°2021-27 du 15 janvier 2021 portant réforme du Conseil économique, social et environnemental.

[3] V. Dominique Rousseau, *Radicaliser la démocratie*, *op. cit.*, p. 139 et s.

notion de « société civile », qui représente pour certains constitutionnalistes « le ''passeur'' idéal d'une incrustation des intérêts dans les organes constitutionnels »[1]. Cependant, la notion n'est pas définie en droit interne, ni en droit de l'Union européenne[2], pourtant peu avare de ce type de formules. La notion est d'autant moins saisissable que son sens et son contenu varient en fonction des présupposés idéologiques de ceux qui la manient[3]. La Commission européenne s'est toutefois risquée à en préciser les contours dans le *Livre blanc* sur la gouvernance européenne : « La société civile regroupe notamment les organisations syndicales et patronales (les ''partenaires sociaux''), les organisations non gouvernementales, les associations professionnelles, les organisations caritatives, les organisations de base, les organisations qui impliquent les citoyens dans la vie locale et municipale, avec une contribution spécifique des églises et communautés religieuses »[4]. La difficulté inhérente à ce genre d'exercice définitionnel est double : soit la définition donnée est restrictive, et auquel cas elle ne peut éviter l'écueil de l'arbitraire ; soit elle est extensive et, dans ce cas, ses contours se dilatent. La « société civile », de l'aveu même de ses principaux promoteurs, est une expression « fourre-tout »[5] dont on voit mal où elle commence et où elle termine. « Dans un État laïc, écrit par exemple Stéphane Pinon, faut-il tenir les représentants des religions comme partie intégrante de la société civile ? »[6]. La reconnaissance de groupes sociaux réputés composer la « société civile » est en effet un processus sans fin, car il repose sur le postulat contestable d'un « social » clairement identifiable, supposé ontologiquement stable. Or, si l'on admet, selon notre postulat méthodologique, de quitter le monde platonicien des essences, il faut admettre qu'une telle conception engage une course sans fin à la représentativité, ce dernier concept étant entendu dans son sens

---

[1] Stéphane Pinon, « La représentation parlementaire des groupes sociaux et des intérêts professionnels : une perspective à oublier ? », art. cit., p. 125.

[2] Le deuxième alinéa de l'article 11 du Traité sur l'Union européenne (TUE) évoque la notion sans la définir.

[3] En ce sens, v. Danièle Lochak, « La société civile : du concept au gadget », in Jacques Chevallier (dir.), *La société civile*, Paris, PUF, 1986., p. 67.

[4] V. *Gouvernance européenne. Un livre blanc*, 25 juillet 2001, p. 17 [En ligne : http://ec.europa.eu/transparency/regdoc/rep/1/2001/FR/1-2001-428-FR-F1-1.Pdf].

[5] Stéphane Pinon, « La représentation parlementaire des groupes sociaux et des intérêts professionnels : une perspective à oublier ? », art. cit., p. 125.

[6] *Ibid.*, p. 118.

restitutif comme la volonté de traduire le plus exactement possible la bigarrure du « social » sur le plan institutionnel. Dès lors, il est difficile, voire impossible de « traduire en termes juridiques ce concept de société civile »[1] sinon par un nouvel arbitraire. Autrement dit, les règles juridiques de composition d'un Conseil chargé d'associer le « peuple réel » à la confection de la norme légale relèvent nécessairement d'un choix politique d'autant plus contestable que le « social » est en constante mutation et échappe à toute cristallisation. Il est donc illusoire, sur le plan juridique, de prétendre représenter le « peuple réel » dans la mesure où cette notion est elle-même parfaitement arbitraire.

On voit dès lors poindre une nouvelle difficulté : une institution aussi « politique » dans sa composition pourrait donner lieu à des « consultations aisément manipulables » en apportant « à des projets de lois gouvernementaux une caution aussi bienvenue que ''spontanée'' »[2]. Autrement dit, une institution comme le « Conseil de la participation citoyenne » pourrait être utilisée par le Gouvernement pour légitimer son action et imposer des transformations majeures à la société[3]. Au-delà même de l'utilisation purement opportuniste des avis, le Gouvernement est naturellement porté à ne suivre que ceux qui vont dans le sens de son action dans la mesure il doit agir avec une certaine célérité, alors qu'une institution consultative nécessite du temps pour rendre un travail utile[4]. Dans tous les cas, la fonction de contrôle du Parlement serait réduite dans la mesure où il serait « contraint » d'entériner des projets gouvernementaux bénéficiant d'une légitimité d'autant plus renforcée qu'ils seraient présentés comme le résultat d'une expertise réputée neutre et pragmatique. Cette dimension est visible concernant les réformes touchant les relations de travail, menées sur fond d'une critique du pouvoir législatif et réglementaire, auxquels il est reproché une inadaptation structurelle à « la réalité des entreprises, confrontées à la rapidité de la mouvance de leurs organisations productives, aux évolutions du travail accélérées par les transformations numériques, à la variété des configurations

---

[1] François Borella, « La situation actuelle du droit constitutionnel », *RFDC*, 2012, n° 89, p. 5.

[2] Frédéric Rouvillois, « La constitution de Janus », art. cit., [En ligne : p. 36 du PDF]

[3] *Ibid.*, p. 36-37.

[4] V. Jean-Pierre Beurier, « Le rôle du Conseil économique et social », art. cit., p. 1668.

juridiques »[1]. À cette inadaptation macro-juridique viendrait pallier l'intelligence naturelle et spontanée d'un « *topos* » micro-juridique, d'une proximité dite de « terrain »[2] faisant figure de nouvel impératif catégorique auquel il est conféré une portée juridique[3]. Comment, dans ces conditions, faire en sorte que la loi demeure l'expression de la volonté générale, et ne soit pas en proie aux intérêts particuliers ?

Dans ce cadre, la question de la place des lobbies est importante. Ces « minorités résolues et puissantes » [4] sont chaudement plébiscitées par la Commission européenne qui présente le lobbying comme une façon pour la démocratie de s'ouvrir à la « société civile organisée »[5]. Cet engouement fait écho à la conception nord-américaine de la société politique, fondée sur une conception utilitariste de l'intérêt public, présenté comme la synthèse d'intérêts particuliers[6]. Selon cette

---

[1] Étude d'impact du projet de loi d'habilitation à prendre par ordonnances les mesures pour le renforcement du dialogue social, 27 juin 2017, p. 5 [En ligne : http://www.assemblee-nationale.fr/dyn/15/textes/l15b0004_etude-impact.pdf].

[2] V° « Terrain (homme de) », in Jean-Marie Denquin, *Vocabulaire politique*, Paris, PUF, 1997, coll. « Que sais-je ? », p. 120.

[3] L'étude d'impact du 27 juin 2017 annexée au projet de loi d'habilitation à prendre par ordonnances les mesures pour le renforcement du dialogue social est explicite à cet égard : « La régulation des relations de travail, c'est-à-dire la fixation des règles dont les parties se dotent pour régir la relation contractuelle, les conditions du travail et les multiples événements qui émaillent au quotidien l'activité de travail et appellent des adaptations de l'organisation du travail, *a toutes les chances d'être appropriée et équitable si elle est décidée localement, au plus près du terrain, dans un cadre de concertation et de négociation propice et loyal* » (p. 5) [En ligne : http://www.assemblee-nationale.fr/dyn/15/textes/l15b0004_etude-impact.pdf].

[4] Selon l'expression d'André Mathiot, « Les ''Pressure Groups'' aux États-Unis », *RFSP*, 1952, n° 3, p. 454.

[5] V. par exemple : Hélène Michel, « La transparence dans l'Union européenne : réalisation de la bonne gouvernance et redéfinition de la démocratie », *RFAP*, 2018, n° 65, p. 109-126 ; Philippe Aldrin, « La ''société civile européenne'', entre idéal démocratique et contingences politiques. De Maastricht à Lisbonne, les mises à l'agenda parlementaire de l'ouverture aux lobbys et à la société civile », in Josiane Auvret (dir.), *Le Parlement européen après l'entrée en vigueur du traité de Lisbonne*, Paris, Larcier, 2013, p. 183-226.

[6] V. Pascal Dupeyrat, Grégory Houillon, *Lobbying : du déni au défi*, Saint-Estève, Les presses littéraires, 2017, p. 16-18 (« Contexte américain de sa naissance et modèle européen »).

perspective, les lobbies sont d'autant plus légitimes à contribuer à l'élaboration de la loi qu'ils sont réputés exprimer la quintessence de la « réalité du terrain » socio-économique[1]. Quelle différence, dès lors, entre l'expertise qui émane d'une institution consultative comme le CESE et celle fournie par les lobbies ? La différence se situe dans la nature ou le statut de l'information transmise aux pouvoirs publics : dans le premier cas, celle-ci résulte d'une expertise qui a passé l'épreuve de la discussion, si bien que l'avis rendu exprime une forme d'équilibre entre différents intérêts contradictoires[2]. Dans le second cas, en revanche, l'information transmise est partiale, non objective, car éminemment intéressée[3]. En ce sens, la pratique des lobbies est profondément étrangère à la conception de l'intérêt général qui agglomère, mais pour les transcender, les intérêts particuliers. Défendant chacun leurs intérêts sectoriels particuliers, les lobbies diffèrent également des partis politiques dans la mesure où ces derniers prennent en charge l'intérêt général et, par-là même, structurent la démocratie politique. Par conséquent, du point de vue constitutionnaliste, la pratique du lobbying heurte l'idée d'une loi expression de la volonté générale. Cette association entre également en contradiction avec prohibition du mandat impératif prévue à l'article 27 de la Constitution. Toute la question consiste donc à savoir s'il est possible de parvenir à un équilibre entre les intérêts catégoriels et l'intérêt général, car le risque est grand d'aboutir à ce que Marcel Gauchet appelle la « sécession identitaire », désignant par là un processus au terme duquel les groupes sociaux de toutes natures veulent bénéficier d'une reconnaissance publique, non pour prendre en charge la collectivité dans son ensemble à l'image de partis politiques qui structurent la démocratie, mais pour affirmer leur irréductible particularisme au sein de la société politique afin de « s'y voir expressément admis comme voix qualifiée »[4].

---

[1] V. Jean-Paul Charié, *Le lobbying*, Rapport d'information n° 613, AN, 16 janvier 2008, en ligne : http://www.assemblee-nationale.fr/13/pdf/rap-info/i0613.pdf, p. 7.

[2] V. Jean-Pierre Beurier, « Le rôle du Conseil économique et social », art. cit., p. 1670.

[3] V. Grégory Houillon, « Le lobbying en France : enjeux politiques et actualité », conférence filmée pour l'Université Réelle, Montpellier, juin 2018.

[4] Marcel Gauchet, *La religion dans la démocratie*, Paris, Gallimard, 1998, coll. « Folio essais », p. 136-137.

Chapitre 3.
Le mythe du paritarisme au sein des institutions de sécurité sociale

> « La mythologie dans une société joue le rôle de la perspective en peinture, elle procure une profondeur de champ, car il faut aux constructions normatives un lointain […] »
>
> Pierre Legendre, *Le désir politique de Dieu. Étude sur les montages de l'État et du droit*, Paris, Fayard, 2005, p. 154.

L'infléchissement « participatif » de la notion de « démocratie » – à rebours de sa conception révolutionnaire comme principe de souveraineté – conduit à associer la notion de « démocratie sociale » à l'idée d'une gestion de la Sécurité sociale par les intéressés (ou les assurés) eux-mêmes. Cette conception de la démocratie sociale est au cœur de l'ambition des « pères fondateurs » du système français de sécurité sociale. En effet, à la Libération, ceux-ci affichent l'intention d'instaurer un ordre social nouveau fondé sur la solidarité nationale[1], au sein duquel les travailleurs auraient « leurs pleines responsabilités »[2]. Pierre Laroque affirmera plus tard qu'il s'agissait alors d'instaurer une véritable « démocratie sociale » destinée à

[1] V. Marie-Claude Blais, « De la Solidarité à la Sécurité sociale : un projet politique pour la République », in Isabelle Daugareilh, Maryse Badel (dir.), *La Sécurité sociale. Universalité et modernité. Approche de droit comparé*, Paris, Pedone, 2019, p.37-48.

[2] En avril 1946, Pierre Laroque déclare : « les principes mêmes du plan de Sécurité sociale que nous voulons édifier, de même que les principes plus généreux de la politique sociale […] veulent que l'organisation de la Sécurité sociale soit confiée aux intéressés eux-mêmes. Cela précisément parce que le plan de Sécurité sociale ne tend pas uniquement à l'amélioration de la situation matérielle des travailleurs, mais surtout à la création d'un ordre social nouveau dans lequel les travailleurs aient leurs pleines responsabilités » (cité in Michel Borgetto, « Quelle démocratie sociale ? », art. cit., p. 196).

compléter la « démocratie politique »[1]. Selon cette conception, la notion de « démocratie sociale » engage deux idées : d'une part, celle d'une protection globale ayant vocation à couvrir l'ensemble de la population ; d'autre part, l'idée selon laquelle ceux qui financent la protection sociale doivent être associés à son mode de fonctionnement[2]. Dès lors, la question se pose des modalités juridiques par lesquelles les assurés sociaux sont appelés à exercer leurs responsabilités au sein des organismes de sécurité sociale. On voit ainsi apparaître la notion de « paritarisme », réputée exprimer l'idée d'une gestion par les intéressés. Or, la notion ne se distingue pas par sa clarté. Elle renvoie en effet à des pratiques hétérogènes (concertation, gestion, négociation collective, conciliation), et il est difficile d'en trouver une définition qui ne soit ni très générale[3], ni tautologique[4]. Cette indétermination juridique nourrit nécessairement une pluralité d'usages. On distingue ainsi schématiquement deux conceptions : d'une part, le paritarisme pourrait être synonyme de l'idée de « cogestion » – le terme n'étant lui-même pas dénué d'ambiguïtés – par les partenaires sociaux, quelle que soit la répartition de leurs pouvoirs au sein des organismes de sécurité sociale ; d'autre part, il pourrait s'entendre comme l'association, à parts égales, de leurs représentants dans les conseils d'administration[5]. Si l'on se fie à l'étymologie[6], « seule cette égalité correspond au paritarisme *stricto sensu* »[7]. Contradictoires entre elles, ces deux conceptions du paritarisme se rejoignent toutefois sur un point : l'absence de représentants de l'État dans la gestion des institutions de sécurité

[1] V Pierre Laroque, « Quarante ans de sécurité sociale », *RFAS*, juillet/septembre 1985, p. 12.

[2] V. Michel Borgetto, « Sécurité sociale et démocratie sociale : état des lieux », *RFFP*, 1998, n°64, p. 7-37.

[3] Selon certains spécialistes, le « paritarisme » désigne « la participation des organisations professionnelles à la gestion des institutions de l'État-providence et au fonctionnement d'instances diverses destinées à aider l'État dans sa tâche » (Bernard Bossu, François Dumont, Pierre-Yves Verkindt, *Droit du travail*, Paris, Montchrestien, 2011, coll. « Cours », p. 392).

[4] Par exemple, la définition donnée par Julien Darmon (« Le paritarisme : quelles partitions ? », *RDSS*, 2017, n°3, p. 527) : « Mais qu'est-ce donc que le paritarisme ? Il s'agit, en première instance, d'un régime d'organisation qui repose sur la parité ».

[5] Sur ces deux sens de la notion : v. Michel Borgetto, Robert Lafore, *Droit de la Sécurité sociale*, 19ème éd., Paris, Dalloz, coll. « Précis », p. 238-239.

[6] La mot « parité » est emprunté au latin *paritas*, signifiant « ressemblance, égalité » (V° « Parité », in Alain Rey, *Dictionnaire historique de la langue française*, tome I, *op. cit.*, p. 1631).

[7] Michel Borgetto, Robert Lafore, *Droit de la Sécurité sociale.*, *op. cit.*, p. 239.

sociale[1] et le rôle prépondérant des partenaires sociaux. En ce sens, le paritarisme s'opposerait à un autre modèle de « gouvernance », le tripartisme, impliquant la présence de représentants de l'État aux côtés des représentants syndicaux. Tout le problème est alors celui de la légitimité théorique du paritarisme. Problème d'autant plus important qu'il existe un « mythe du paritarisme »[2], au sens où le mythe permet la construction de catégories dogmatiques déterminant une certaine perception de la réalité[3] : le paritarisme, au sens d'une gestion conjointe par les intéressés des organismes de sécurité sociale, est présenté dans certains discours comme la réalisation de la démocratie sociale. Or, de la fin du XIXe siècle jusqu'à l'instauration de la Sécurité sociale, le paritarisme au sens d'une administration conjointe par un nombre égal de représentants des employeurs et des salariés est revendiqué par un patronat soucieux de maintenir l'autonomie et le contrôle de ses caisses de protection sociale complémentaire, par exemple en matière de retraite des cadres[4]. Ainsi, dans les années 1930, au moment de l'instauration des assurances sociales, les syndicats de salariés sont hostiles à l'introduction de la gestion paritaire dans le système de protection sociale obligatoire, car ils perçoivent dans cette forme institutionnelle une protection des intérêts patronaux et une atteinte au modèle de démocratie sociale correspondant selon eux à une gestion par les salariés[5]. De ce point de vue, la notion de « paritarisme » semble contraire à la notion de « gestion par les intéressés ». Toutefois, le terme est aujourd'hui utilisé par les partenaires sociaux, représentants de salariés et d'employeurs confondus, pour revendiquer une gestion conjointe de la protection sociale en dehors d'une tutelle étatique jugée illégitime. Le paritarisme serait, de ce point de vue, l'expression d'une « démocratie sociale » confiant aux partenaires sociaux la

[1] V. Gilles Pollet, Didier Renard, « Le paritarisme et la protection sociale. Origines et enjeux d'une réforme institutionnelle », *La Revue de l'IRES*, printemps-été 1997, n°24, p. 31.

[2] Julien Darmon, « Le paritarisme : quelles partitions ? », art. cit., p. 536.

[3] V. Massimo Luciani, « La transplantation du mythe : regard constitutionnel italien d'hier et d'aujourd'hui », in Emmanuel Cartier, Michel Verpeaux (dir.), *La Constitution du 27 octobre 1946*, *op. cit.*, p. 125.

[4] V. Gilles Pollet et Didier Renard : « Le paritarisme et la protection sociale. Origines et enjeux d'une réforme institutionnelle », art. cit., p. 61-80 ; « Genèses et usages de l'idée paritaire dans le système de protection sociale français : fin 19e – milieu du 20e siècle », *RFSP*, 1995, n°4, p. 545-569.

[5] V. Gilles Pollet, Didier Renard : « Le paritarisme et la protection sociale. Origines et enjeux d'une réforme institutionnelle », art. cit., p. 78.

responsabilité de la gestion des organismes de sécurité sociale. Cette inflexion dans l'usage du terme « paritarisme » et les incertitudes que celui-ci génère doit nous conduire à mener une réflexion sur la question de la légitimité théorique du paritarisme dans les institutions de sécurité sociale (Section 1), avant de l'envisager au regard des récentes évolutions du droit de la protection sociale, notamment la dissolution des assurances sociales dans la solidarité nationale (Section 2).

Section 1. La question de la légitimité théorique du paritarisme dans les institutions de sécurité sociale.

Cette question doit nous amener à conduire deux séries d'analyses. Les premières, tenant à l'histoire des institutions, auront pour objet de démontrer, contrairement à certaines idées reçues, que le paritarisme au sens d'une gestion conjointe des institutions de sécurité sociale par les syndicats de salariés et d'employeurs, est originellement très faible dans le système français (§ 1). Les secondes, d'ordre plus théorique, interrogeront la légitimité du paritarisme à la lumière de la notion de « cotisation sociale » (§ 2).

§ 1. La faiblesse originaire du paritarisme dans le système français de sécurité sociale : analyse de droit comparé.

Contrairement à une idée reçue, l'échec du paritarisme n'est nullement attribuable à une cause exogène, mais était inscrit dans les principes juridiques fondateurs de la Sécurité sociale. Pour bien comprendre les spécificités du système français du point de vue du rôle de l'État et des pouvoirs de gestion dévolus aux représentants syndicaux, un détour par le système allemand est instructif.

Le système de protection sociale est consubstantiel au « pacte fédéral » de l'État allemand[1], que l'article 20 de la Loi fondamentale de 1949 qualifie de « démocratique et social ». Dès 1871, l'Empire wilhelmien, dans sa tentative d'unification de territoires disparates, mais partageant une langue commune, cherche à légitimer son existence en établissant des assurances sociales[2]. Initialement, celles-ci devaient

---

[1] V. Arnaud Lechevallier, « La dynamique du pacte fédéral et social en Allemagne », *Sociétés contemporaines*, 2003, n°51, p. 33-56.

[2] *Ibid.*, p. 34.

être placées sous le contrôle étroit de l'État, pour finalement devenir des assurances placées sous le contrôle des intéressés.

Le processus d'industrialisation de l'Allemagne à partir des années 1850 va de pair avec la constitution de la classe ouvrière. L'objectif de la politique sociale du chancelier Otto von Bismarck, détenant l'essentiel du pouvoir exécutif, est alors d'intégrer les ouvriers à l'Empire et de les détourner de l'influence grandissante du SPD, le parti social-démocrate[1]. S'ajoute à cela une certaine théorie du droit de l'État, déterminée par la philosophie hégélienne et les idées de Lorenz von Stein, selon laquelle l'État doit « assumer la tâche de garantir les conditions réelles nécessaires à la réalisation de la liberté »[2]. Dans ce contexte, les projets initiaux du chancelier « étaient ceux d'assurances sociales étatisées, financées par de nouvelles ressources dévolues au Reich, et permettant parallèlement d'alléger les charges des communes »[3]. Ainsi Bismarck prévoyait-il la création d'un Office fédéral pour les accidents du travail, qui devait être partiellement financé par une subvention du *Reich*. Le projet adopté en 1884 est largement vidé de sa substance : la source de financement par le biais de la participation financière de l'État disparaît, et l'assurance existe dans le cadre « de coopératives organisées par branche industrielle sous la coupe des employeurs »[4]. Le chancelier présente également un projet de loi prévoyant la création d'un Office impérial d'assurance, devant être financé par des ressources fiscales procurées par le monopole d'État sur le tabac[5], qui n'aboutira pas non plus.

Bismarck semble s'être inspiré de la politique sociale de Louis-Napoléon Bonaparte, notamment de l'expérience de la Caisse nationale des retraites mise en œuvre en 1850, dont il retient l'idée qu'il faut faire

---

[1] V. Paul Durand, *La politique contemporaine de Sécurité sociale* [1953], Paris, Dalloz, 2005, p. 58.

[2] Ulrich Becker, « L'incarnation de l'idée de sécurité sociale dans le système allemand », in Isabelle Daugareilh, Maryse Badel (dir.), *La Sécurité sociale. Universalité et modernité*, *op. cit.*, p. 127.

[3] Arnaud Lechevallier, « La dynamique du pacte fédéral et social en Allemagne », art. cit., p. 39. V. également Michel Stolleis, « Historische Grundlagen. Sozialpolitik in Deutschland bis 1945 », in *Geschichte der Sozialpolitik in Deutschland seit 1945*, Bd.1, Baden-Baden, 2001, p. 199-332.

[4] Arnaud Lechevallier, « La dynamique du pacte fédéral et social en Allemagne », art. cit., p. 40.

[5] *Ibid.*, p. 40.

de l'État un « grand assureur »[1]. Le but de Louis-Napoléon Bonaparte est sensiblement le même que celui que s'assigne Bismarck : s'attirer les faveurs de la classe ouvrière. Le développement de ce que l'on appelle la « mutualité impériale » répond ainsi à une logique de neutralisation des revendications politiques de la classe ouvrière[2] au sein d'une société hantée par le « fantôme révolutionnaire »[3]. La loi du 15 juillet 1850 et le décret du 26 mars 1852 jettent les bases de la « mutualité impériale », en créant les « sociétés approuvées ». Le décret de 1852 assure à ces sociétés la personnalité civile, des subventions et une protection de l'État. Elles bénéficient de certains avantages, comme celui de placer leurs fonds à la Caisse des dépôts et consignations à un taux avantageux (4,5%)[4]. Mais en contrepartie ces textes exigent certaines modalités de constitution, de contrôle et de gestion. Premièrement, les « sociétés approuvées » devaient être constituées au niveau de la commune par le curé ou le maire, à la condition préalable d'avoir été reconnue d'utilité publique par le préfet. Deuxièmement, la nomination des présidents était effectuée par le chef de l'État. Troisièmement, le conseil d'administration était composé de membres honoraires qui, s'ils ne pouvaient bénéficier d'aucune prestation, étaient recrutés parmi les notables locaux. Quatrièmement, les sociétaires bénéficiaires *n'avaient aucune responsabilité de gestion*[5]. La mutualité impériale fut donc conçue « comme un instrument de contrôle social »[6], de même que les assurances sociales « bismarckiennes », entièrement soumises au contrôle étatique et excluant le principe d'une responsabilité de gestion par les intéressés.

Le projet bismarckien d'assurances sociales étatisées reste lettre morte, car il s'attire l'hostilité des adversaires de l'extension du pouvoir impérial, qui se refusent à lui procurer de nouvelles ressources fiscales. Mais le projet se heurte également aux forces industrielles, peu

---

[1] Arnaud Lechevallier, « Assurances sociales : pourquoi Bismarck ne fut jamais bismarckien », *Alternatives économiques*, 2009, n°285, p. 86.

[2] V. Jacques Le Goff, *Du silence à la parole*, *op.cit.*, p. 131.

[3] Selon l'expression de Félix Ponteil, *Les classes bourgeoises et l'avènement de la démocratie*, Paris, Albin Michel, 1968, p. 303. Du même auteur, v. *Les bourgeois et la démocratie sociale*, Paris, Albin Michel, 1971.

[4] V. Rémi Pellet, Arnaud Skzryerbak, *Droit de la protection sociale*, Paris, PUF, 2017, coll. « Thémis », p. 57.

[5] V. Gérard Aubin, Jacques Bouveresse, *Introduction historique au droit du travail*, Paris, PUF, 1995, coll. « Droit fondamental », p. 158-159.

[6] Rémi Pellet, « Finances sociales et citoyenneté », in Jean-François Boudet, Xavier Cabannes (dir.), *Finances publiques citoyennes*, Paris, LGDJ, 2017, p. 137.

disposées à l'égard du principe d'assurance obligatoire[1]. Cet échec institutionnel et politique conduit à l'adoption d'un modèle correspondant peu aux intentions initiales de Bismarck[2].

Mouvement rétrospectif du vrai aidant, on qualifie de « bismarckien » un modèle d'assurances sociales conçues comme des assurances de revenu professionnel placées sous le contrôle des intéressés[3]. C'est selon cette logique que sont instaurées l'assurance maladie (1883), l'assurance accidents du travail maladies professionnelles (1884) et l'assurance vieillesse et invalidité (1889). Il s'agit d'assurances obligatoires pour tous les ouvriers dont le salaire se trouve en deçà d'un certain plafond. Elles reposent sur un mécanisme de redistribution : en échange de cotisations sociales proportionnées aux salaires sont versées des allocations de remplacement dont la durée de bénéfice dépend de la durée préalable de cotisation et dont le montant est proportionnel au revenu perdu[4] en cas de survenue d'un « risque social ». La gestion des cotisations et prestations est effectuée par des organismes s'administrant de manière autonome, constituée par métier et au sein desquels siègent les représentants des professions concernées. Ces organismes sont néanmoins soumis à la *tutelle de l'État*, car si les représentants des différentes professions ont la responsabilité de prendre les décisions relatives au financement de certaines de ces assurances (respect de l'équilibre financier sans recours à l'emprunt), ce n'est que dans le cadre des limites fixées par l'État[5]. Mais malgré cette tutelle, l'auto-administration (*Selbstverwaltung*) des organismes est un élément puissant de légitimation d'un système ayant survécu aux deux conflits mondiaux[6].

L'assurance maladie allemande est fondée sur l'affiliation professionnelle et le paiement à parts égales entre salariés et employeurs de cotisations sociales, qui représentent environ 95% des

---

[1] Arnaud Lechevallier, « Assurances sociales : pourquoi Bismarck ne fut jamais bismarckien », art. cit., p. 86.

[2] V. Arnaud Lechevallier, « La dynamique du pacte fédéral et social en Allemagne », art. cit., p. 40.

[3] Rémi Pellet, « Finances sociales et citoyenneté », art. cit., p. 136.

[4] *Ibid.*, p. 136.

[5] Ces différents points sont rappelés par Rémi Pellet, « Finances sociales et citoyenneté », art. cit., p. 136.

[6] V. René Lasserre, « La réforme de l'État social en Allemagne », *Regards sur l'économie allemande*, mars 2011, n°100 [en ligne : https://doi.org/10.4000/rea.4227].

recettes du régime légal[1]. Les caisses de l'assurance maladie légale couvrent la plus importante partie de la population[2], soit environ 89% des assurés[3]. Il s'agit de personnes morales de droit public – et non d'organismes de droit privé comme en France – cofinancées et gérées de manière paritaire par les représentants des employeurs et des salariés[4]. Elles ont la possibilité de moduler, dans les limites fixées par la loi, les tarifs et les prestations[5]. Ceux-ci sont négociés chaque année avec les prestataires de soin, dans le cadre de « contrats sélectifs ». Avant 2007 ces caisses avaient également la possibilité de décider du taux des cotisations. Cette compétence a cependant été transférée au législateur fédéral par la loi relative au renforcement de la concurrence en assurance maladie du 26 mars 2007, qui créer un taux fédéral de cotisation en raison des déficits massifs connus par l'assurance maladie[6]. Mais les caisses disposent tout de même de la possibilité d'instaurer des cotisations salariales complémentaires – dans la limite de 1% des revenus de l'assuré[7] – pour satisfaire à l'obligation d'équilibre financier des comptes qui leur incombe[8].

Le rappel de certaines caractéristiques du système allemand de protection sociale nous a permis de mettre en lumière le fait que dès les premières assurances sociales à la fin du XIXe siècle jusqu'en 2007, les représentants syndicaux disposaient d'importants pouvoirs de gestion financière au sein des caisses, notamment celles de l'assurance maladie légale. Dans le système français de sécurité sociale, c'est le principe diamétralement opposé qui s'applique : les représentants des

---

[1] V. DG Trésor, *Comparaison France-Allemagne des systèmes de protection sociale*, documents de travail de la DG Trésor, août 2012, n°02, p. 35.

[2] V. Cour des Comptes, *La Sécurité sociale. Rapport sur l'application des lois de financement de la sécurité sociale*, « Chapitre XVI : Les systèmes d'assurance maladie en France et en Allemagne », septembre 2015, p. 603.

[3] V. DG Trésor, *Comparaison France-Allemagne des systèmes de protection sociale*, *op. cit.*, p. 35.

[4] V. Otto Kaufmann, « La coexistence de l'assurance sociale et de l'assurance maladie privée en Allemagne », *RDSS*, 2011, n°2, p. 224-236.

[5] V. Rémi Pellet et d'Arnaud Skzryerbak : *Droit de la protection sociale*, *op. cit.*, p. 328-330.

[6] V. Cour des Comptes dans le rapport précité, *La Sécurité sociale. Rapport sur l'application des lois de financement de la sécurité sociale*, *op. cit.*, p. 605.

[7] V. Rémi Pellet, Arnaud Skzryerbak, *Droit de la protection sociale*, *op. cit.*, p. 329.

[8] *Ibid.*, p. 328-329.

employeurs et des salariés n'ont jamais eu de pouvoirs et de responsabilités. Il existe pourtant un sérieux préjugé entretenu par certains partis politiques, syndicats et spécialistes de la protection sociale selon lequel l'État se serait progressivement accaparé des prérogatives originairement détenues par les partenaires sociaux. Autrement dit, selon ce point de vue, la démocratie sociale originaire aurait été lentement mais sûrement phagocytée par une démocratie politique illégitime à s'ingérer dans un domaine supposé réservé aux « intéressés ». Ainsi peut-on lire que le système français de protection sociale mis en place en 1945 partage « les caractéristiques des systèmes bismarckiens de protection sociale : *une faible pénétration de l'État dans les institutions de protection sociale*. Le fait même que les partenaires sociaux critiquent la mainmise de l'État sur le système de Sécurité sociale souligne que celui-ci ne relève pas et n'est pas censé relever d'une administration publique, comme c'est le cas en Grande-Bretagne ou dans les pays scandinaves »[1]. Et de conclure : « les réformes introduites au cours des dernières années cherchent à renforcer les responsabilités étatiques au sein du système français de protection sociale au détriment du rôle des partenaires sociaux »[2]. Or, ces derniers n'ont jamais bénéficié de responsabilités dans la gestion financière de la Sécurité sociale exceptée, contrairement à une idée reçue, dans la gestion financière de l'assurance maladie à la suite de la réforme de 1967.

Les auteurs du plan français de Sécurité sociale se prononcent très tôt en faveur d'une gestion de l'institution par les bénéficiaires. Cette vision est contraire à celle, beveridgienne, écartant la participation des intéressés au profit d'une gestion reposant exclusivement entre les mains de l'Administration[3], mais également à l'intention bismarckienne initiale d'assurances sociales étatisées. L'idée d'une gestion par les bénéficiaires est sous-tendue par une défiance envers le risque bureaucratique. Cette phobie bureaucratique, qui est également un thème classique de l'ordolibéralisme allemand[4], transparaît dans

[1] Bruno Palier, *Gouverner la Sécurité Sociale*, Paris, PUF, 2005, coll. « Quadrige », p. 105 (souligné par l'auteur).
[2] *Ibid.*, p. 387-388.
[3] V. Nicole Kerschen, « L'influence du rapport Beveridge sur le plan français de Sécurité sociale de 1945 », *RFSP*, 1995, n°4, p. 584.
[4] La critique formulée par Wilhelm Röpke du plan Beveridge insiste sur le risque de ce qu'il nomme la « bureaucratie sociale » (*Civitas Humana ou les Questions fondamentales de la Réforme économique et sociale : capitalisme, collectivisme,*

l'exposé des motifs du projet d'ordonnance portant organisation de la Sécurité sociale, déposé devant l'Assemblée constituante provisoire : « L'organisation nouvelle doit éviter le risque bureaucratique. Elle doit être faite d'institutions vivantes, se renouvelant par une création continue, par l'effort des intéressés eux-mêmes chargés par leurs représentants d'en assurer directement la gestion »[1]. Dans un discours prononcé le 23 mars 1945, Pierre Laroque abonde en ce sens : « L'organisation française de la sécurité sociale devra être conçue de manière à éviter ce risque de bureaucratie. Elle devra être faite d'institutions vivantes, se renouvelant par une création continue, par l'effort des intéressés eux-mêmes chargés par leurs représentants d'en assurer directement la gestion », car « la tradition française dans le domaine de la sécurité sociale n'est pas une tradition d'étatisme bureaucratique [...] ; c'est la tradition de la mutualité, c'est la tradition du syndicalisme, c'est la tradition du vieux socialisme français, du socialisme de Fourier, de Louis Blanc, de Proudhon [...] » [2]. On peut le constater : l'évocation du risque bureaucratique véhicule un certain « soupçon anti-étatique »[3]. Il n'est cependant pas possible d'évoquer à la fois Louis Blanc et Proudhon, deux auteurs que tout oppose, précisément, sur la question de l'État. Alors que le premier plaide en faveur d'un principe autoritaire d'organisation sociale, c'est-à-dire d'une organisation verticale du « social » par un État conçu comme une superstructure, le second envisage l'État comme l'expression de la nature organique de la sphère socio-économique. Or, les principes juridiques constitutifs de la Sécurité sociale correspondent plus à la logique développée par Louis Blanc qu'à celle de Proudhon. En effet, si la défiance à l'égard de l'étatisme bureaucratique peut se traduire juridiquement par la création de personnes morales de droit privé, c'est-à-dire de caisses distinctes de l'État et au sein desquelles siègent les représentants des partenaires sociaux, cela n'a pas pour corrélat que ces derniers bénéficient de responsabilités de gestion. Ainsi, malgré

---

humanisme économique, État, société, économie, trad. P. Bastier, Paris, Librairie de Médicis, 1946, p. 239)

[1] Cité in Jean-Marc Germain, Arnaud Richard (dir.) *Le paritarisme*, rapport d'information n°3829, AN, 8 juin 2016, p. 61.

[2] Discours de Pierre Laroque prononcé le 23 mars 1945 à l'École nationale d'organisation économique et sociale à l'occasion de l'inauguration de la section assurances sociales, cité in *RFAS*, 2008, n°1, p. 162.

[3] Selon l'expression de Michel Foucault, dans les pages qu'il consacre à la Sécurité sociale dans *Naissance de la biopolitique. Cours au collège de France 1978-1979*, Paris, Seuil/Gallimard, 2004, coll. « Hautes études », p. 194.

l'intention initiale d'une gestion par les représentants des bénéficiaires, ces derniers n'eurent jamais de réelles prérogatives dans le système de Sécurité sociale mis en place par l'ordonnance du 4 octobre 1945, qui se situe dans le prolongement les lois du 5 avril 1928 et du 30 avril 1930 sur les assurances sociales.

Bien que ces dernières fassent une large part à la représentation des partenaires sociaux au sein d'organismes de droit privé gestionnaires des cotisations et des prestations, seul le législateur est compétent pour fixer les règles relatives au financement des prestations, de leur nature et de leurs conditions d'attribution[1]. L'article 2 de la loi du 30 avril 1930 indique en ce sens que « les ressources des assurances sociales sont constituées, en dehors des contributions de l'État, par des versements pour moitié à la charge de l'assuré et retenu lors de sa paye au moins une fois par mois, et pour moitié à la charge de l'employeur »[2]. Le montant des prestations et le taux des cotisations des assurances sociales sont exclusivement fixés par la loi, qui précise simplement qu'aux « versements obligatoires, les salariés ou leurs employeurs peuvent ajouter, sans limitation de valeur, des versements facultatifs qui donnent droit à des avantages supplémentaires dans des conditions qui seront fixées par décret »[3]. En ce sens, si la notion de « démocratie sociale » exige que les « intéressés » disposent, par le biais de leurs représentants, d'un minimum de responsabilités, on ne peut guère affirmer qu'elle est réalisée au sein des caisses d'assurances sociales : le législateur détermine l'ensemble des règles de gestion financière, et le pouvoir réglementaire n'a pour fonction que de compléter les dispositions législatives. Les représentants des « intéressés » n'avaient donc en aucun cas la responsabilité de l'équilibre financier des assurances sociales.

Les ordonnances de 1945 instituant les principaux régimes sociaux s'inscrivent dans le prolongement des lois sur les assurances sociales du point de vue des prérogatives de l'État et des partenaires sociaux au sein des caisses de sécurité sociale. Le décret du 8 juin 1946 prévoit que les organismes de sécurité sociale sont administrés par un conseil d'administration qui « assure la gestion et le fonctionnement de la

---

[1] V. Rémi Pellet, « Trois erreurs juridiques à éviter pour continuer à réformer les finances sociales », art. cit., p. 64.

[2] *J.O.F.R*, Lois et décrets, 1er mai 1930, p. 4819.

[3] *Ibid.*, p. 4820.

caisse »[1]. Toutefois, les instances représentatives des assurés sociaux ne bénéficient d'aucun pouvoir de définition des règles relatives aux prestations servies et aux recettes qui leur sont affectées. Comme cela était le cas sous la IIIe République, seul le législateur est compétent pour déterminer ces règles. L'ordonnance du 4 octobre 1945 précise en ce sens que la couverture des charges de la Sécurité sociale est assurée par des cotisations[2] salariales et patronales[3] dont le taux est fixé par la loi. Celle-ci permet en outre aux ministres compétents de prendre des actes réglementaires par voie d'arrêtés ministériels. Ainsi le taux de cotisation des allocations familiales est fixé selon les modalités déterminées par un arrêté du ministre du travail et de la sécurité sociale et des ministres de l'économie nationale et des finances[4]. Dans le même sens, le taux des cotisations dues au titre des accidents du travail est déterminé annuellement pour chaque catégorie de risques par la caisse régionale de sécurité sociale, mais d'après les règles fixées par arrêté des ministres compétents précités[5]. Et s'il est possible pour la caisse régionale d'imposer des cotisations supplémentaires, ce n'est que selon un cadre défini par voie réglementaire[6]. C'est donc bien l'État qui assume entièrement et dès l'origine la responsabilité de déterminer l'équilibre financier des régimes de la Sécurité sociale[7].

Cette solution se situe dans la lignée du programme du Conseil national de la Résistance (CNR), pourtant réputé avoir posé les principes de la « démocratie sociale », au sens où les représentants des intéressés auraient l'entière responsabilité de gestion de l'institution. En réalité, le programme du CNR plaide pour une gestion conjointe des intéressés et de l'État, puisqu'il envisageait « au titre des mesures à appliquer à la libération du territoire [...] un plan français de sécurité sociale, visant à assurer à tous les citoyens des moyens d'existence, dans tous les cas où ils sont incapables de se les procurer par le travail, *avec gestion appartenant aux représentants des intéressés et de*

---

[1] Art. 8 du décret n°46-1378 du 8 juin 1946 portant règlement d'administration publique pour l'application de l'ordonnance du 6 octobre 1945 portant organisation de la Sécurité sociale (*J.O.F.R*, Lois et décrets, 9 juin 1946, p. 5106).

[2] Art. 30 de l'ordonnance n°45-2259 du 4 octobre 1945 portant organisation de la Sécurité sociale (*J.O.F.R*, Lois et décrets, 6 octobre 1945, p. 6283).

[3] *Ibid.*, art. 32, p. 6283.

[4] *Ibid.*, art. 34, p. 6283.

[5] *Ibid.*, art. 35, p. 6283.

[6] *Ibid.*, p. 6283.

[7] V. Rémi Pellet, « Fiscalité sociale : les contradictions des syndicats de salariés », *Dr. Soc.*, 2012, n°6, p. 572.

l'État »[1]. Ainsi, pas plus que l'ordonnance du 4 octobre 1945, le CNR n'a souhaité consacrer le principe d'une « démocratie sociale » réservant aux syndicats la responsabilité de gestion financière de la Sécurité sociale.

L'État étant seul responsable, depuis l'origine des assurances sociales, de la définition des règles relatives aux prestations servies et aux recettes qui leur sont affectées, la question de l'élection des administrateurs des caisses de sécurité sociale apparaît secondaire. En effet, l'élection ne se suffit pas à elle-même, mais ne prend son sens qu'à partir de sa finalité, consistant à conférer aux représentants « *un minimum de pouvoirs et de responsabilités* »[2]. Quand bien même les administrateurs seraient élus, l'absence de pouvoirs ayant pour corrélat une absence de responsabilités, ils ne seraient pas exposés à la sanction de leur non-réélection. C'est précisément ce qui fait dire à Paul Durand que les « conseils d'administration n'assurent aucune responsabilité réelle »[3] et que, dès lors, la « sanction de la non-réélection est assez négligeable »[4]. Ceci explique, poursuit-il, « l'importance que présente l'intervention des pouvoirs publics : la tutelle de l'État sur les caisses constitue la seule garantie réelle d'une bonne gestion »[5].

Afin d'apporter une réponse aux difficultés financières connues par le régime général, les ordonnances dites 1967 « Jeanneney » du 21 août 1967 créent quatre établissements publics administratifs (EPA) : les trois caisses nationales et l'agence centrale des organismes de Sécurité sociale (ACOSS). L'idée sous-jacente est que l'équilibre financier de chacune des branches (maladie, retraite, famille) doit faire l'objet d'une gestion séparée. Sur le plan de la représentation des partenaires sociaux au sein des conseils d'administration des caisses, *l'élection est remplacée par la désignation* et un *paritarisme strict* est instauré. Pour certains spécialistes de la protection sociale, ce passage du procédé de l'élection à celui de la désignation, ainsi que l'introduction d'un paritarisme strict est le signe d'une volonté des pouvoirs publics d'écarter les représentants des syndicats de la gestion des organismes

---

[1] Cité in Pierre Leclerc, Michel Lagrave (dir.), *La Sécurité sociale : son histoire à travers les textes*, tome II (1870-1945), Paris, Association pour l'étude de l'Histoire de la Sécurité sociale, 1996, p. 779.

[2] Michel Borgetto, « Quelle démocratie sociale ? », art. cit., p. 199 (nous soulignons).

[3] Paul Durand, *La participation des travailleurs à la vie économique et sociale en France*, *op. cit.*, p. 44.

[4] *Ibid.*, p. 44.

[5] *Ibid.*, p. 44.

de sécurité sociale, et donc de porter atteinte à la « démocratie sociale ». Elles sont en ce sens parfois présentées comme « le ''point de départ'' de la nationalisation, de la centralisation et du renforcement de l'État »[1]. Or, cette présentation repose sur une illusion rétrospective consistant à attribuer aux partenaires sociaux des pouvoirs de gestion financière qu'ils n'ont jamais possédés et qui ont toujours appartenu à l'État.

Mais outre l'erreur consistant à dénoncer une « étatisation », il faut surtout ajouter que ces ordonnances marquent à l'inverse une évolution favorable du point de vue des pouvoirs et des responsabilités accordés aux « intéressés », malgré le passage au procédé de la désignation et l'introduction d'un strict paritarisme. Il est en effet prévu que l'équilibre financier de la gestion de la branche maladie est assuré par la Caisse nationale d'assurance maladie[2]. Le conseil d'administration de cette dernière, au sein duquel sont représentées paritairement les organisations patronales et syndicales, prend les décisions nécessaires au maintien ou au rétablissement de l'équilibre financier de la branche maladie[3]. Mais il est précisé que lorsque ces décisions ont pour objet d'augmenter les cotisations, elles ne sont exécutoires qu'après avoir été approuvé par décret[4]. Le conseil d'administration peut donc décider librement d'une baisse des cotisations. En ce sens, bien que la responsabilité demeure modeste, les partenaires sociaux bénéficient pour la première fois d'un pouvoir de décision financière[5]. Juridiquement, il est donc inexact d'affirmer, comme un certain discours syndical s'en fait l'écho, que « depuis 1967, première étape significative marquant une empreinte plus grande de l'État sur la Sécurité sociale, les gestionnaires de la Sécurité sociale se sont vus dépossédés d'une part de leurs responsabilités au profit de l'État [...] »[6]. Au sein des institutions paritaires du régime général, la faiblesse de la « démocratie sociale » est originelle. Les instances représentatives des assurés sociaux au sein des organismes de sécurité sociale n'ont jamais disposé du pouvoir de définir les règles relatives aux prestations servies

[1] Louise Hervier, « Affaiblissement syndical dans l'assurance maladie : comparaison entre la France et l'Allemagne », *Informations sociales*, 2011, n°167, p. 41.

[2] V. Art. 16 de l'ordonnance n°67-706 du 21 août 1967 précitée.

[3] *Ibid.*, art. 18.

[4] *Ibid.*

[5] V. Rémi Pellet, « Trois erreurs juridiques à éviter pour continuer à réformer les finances sociales », art. cit., p. 64.

[6] Marc Blondel, « L'étatisation, antichambre de la privatisation », *Dr. Soc.*, 1996, n°3, p. 241.

et aux recettes qui leur sont affectées. Qu'il s'agisse de la modification du taux des cotisations, du montant des allocations, de la création de nouveaux régimes ou de nouvelles prestations, des conditions de l'équilibre financier des différents régimes, ces prérogatives appartiennent *exclusivement* et *originellement* à l'État[1].

§ 2. La question de la légitimité du paritarisme à la lumière de la notion de « cotisation sociale ».

Contrairement à une thèse qui a pu être soutenue – principalement du côté patronal – la représentation au sein des caisses n'est pas proportionnelle aux facultés contributives des représentés[2]. La représentation des partenaires sociaux au sein des caisses, perçue comme l'expression directe de solidarités organiques, dépend de la nature juridique de la notion de « cotisation sociale ». Bien qu'incertaine[3], c'est d'elle que dépend en grande partie la légitimité théorique du paritarisme, entendu comme une gestion conjointe des institutions de sécurité sociale par les « intéressés » : si, en effet, la notion de « cotisation sociale » est assimilée à un « salaire différé » prélevé sur les revenus professionnels des assurés sociaux, il paraît légitime que ces derniers participent par le biais de leurs représentants à la gestion des fonds collectés ; mais si l'on s'écarte de cette analyse et que l'on appréhende la notion de « cotisation sociale » comme une contribution de solidarité assimilable à l'impôt, cela conduit à légitimer le renforcement des prérogatives de l'État[4]. Cette ambivalence fondamentale de la notion de « cotisation sociale » nécessite que l'on revienne sur ces deux acceptions de la notion.

Pour les syndicats de salariés, le paritarisme au sens de « cogestion » des caisses de sécurité sociale suppose une représentation majoritaire

[1] V. Rémi Pellet, « Trois erreurs juridiques à éviter pour continuer à réformer les finances sociales », art. cit., p. 63-64.

[2] V. Michel Voirin, *Les organes des caisses de sécurité sociale et leurs pouvoirs*, Paris, LGDJ, 1961, coll. « Bibliothèque d'ouvrages de droit social », p. 64.

[3] Sur ce point : Xavier Prétot, « La notion de cotisation de Sécurité sociale », *Dr. Soc.*, 1993, n°6, p. 516-527 ; Patrick Hubert, « Sur la notion de cotisation sociale », *Dr. Soc.*, 1991, n°2, p. 140-147.

[4] Comme le soulignent Michel Borgetto et Robert Lafore, *Droit de la Sécurité sociale*, *op. cit.*, p. 240.

des salariés. Cette conception peut se justifier au regard de la nature des cotisations dites « salariales » qui se distinguent juridiquement des cotisations dites « patronales ».

Pour Paul Durand, le problème est d'importance : « Du point de vue juridique, écrit-il, une seule question se pose : déterminer si les cotisations de sécurité sociale répondent ou non à la définition dc l'impôt »[1]. On connaît la définition « classique » de l'impôt donnée par Georges Vedel – à partir d'une relecture de Gaston Jèze – dans son *Cours de législation financière* dispensé à la faculté de droit de Paris, impliquant notamment l'absence de contrepartie[2]. Or, le critère de la contrepartie est l'élément premier d'identification des cotisations sociales, car celles-ci créent des droits à des prestations. Autrement dit, la notion de « cotisation » repose sur un principe contributif, celui de « l'attribution de prestations conditionnelles qui sont la contrepartie de contributions versées par ou pour les intéressés »[3]. Cette définition, présente dès l'origine, est utilisée dans la jurisprudence du Conseil constitutionnel qui considère dans sa décision du 13 août 1993 que les cotisations versées aux régimes obligatoires de sécurité sociale « ouvrent vocation à des droits aux prestations et avantages servis par ces régimes »[4]. La définition, reprise par le Conseil d'État[5], exprime une logique « assurantielle » au fondement de la conception française de la Sécurité sociale par opposition à la conception britannique ou « beveridgienne », basée sur la notion de « solidarité ». En avril 1946, Pierre Laroque écrit en ce sens : « Nous rencontrons dans le monde à l'heure actuelle, deux conceptions de la Sécurité sociale. La conception britannique d'abord, tend à donner à tout le monde un minimum uniforme. C'est le régime du Plan Beveridge, comportant des cotisations comme des prestations uniformes et ne garantissant qu'un minimum vital. Une autre conception [...] tend au contraire à modeler les prestations de Sécurité sociale sur la situation des intéressés et à proportionner les prestations aux revenus perdus [...]. Nous croyons

---

[1] Paul Durand, *La politique contemporaine de Sécurité sociale*, *op. cit.*, p. 289.

[2] V. Georges Vedel, *Cours de législation financière 1952-1953*, Paris, Les Cours de droit, 1953, p. 326.

[3] Jean-Jacques Dupeyroux, « Quelques réflexions sur le droit à la sécurité sociale », *Dr. Soc.*, mai 1960, n°5, p. 299.

[4] CC, déc. n°93-325 DC, 13 août 1993, *Loi relative à la maîtrise de l'immigration et aux conditions d'entrée, d'accueil et de séjour des étrangers en France*, consid. 119 (*J.O.F.R.*, Lois et décrets, 18 août 1993, p. 11722).

[5] CE, 1/4e SSR, 6 octobre 1999, *Caisse nationale d'assurance maladie des professions indépendantes*, *Rec.*, p. 300.

[…] qu'il n'y a pas de sécurité véritable pour les travailleurs si les prestations ne sont pas dans une certaine mesure proportionnées aux revenus perdus. […] C'est pourquoi notre système repose sur l'idée de cotisations et de prestations proportionnelles au revenu […] »[1]. La sécurité sociale française est donc conçue comme une assurance du revenu professionnel, et en ce sens les cotisations sociales correspondent à un « salaire différé », dans la mesure où la réalisation d'un risque ouvre droit à une prestation compensatrice à la perte du salaire immédiatement disponible. Paul Durand exprime parfaitement cette idée : « Pour une partie de l'opinion, les cotisations de sécurité sociale constituent une forme particulière de salaire. Au lieu de payer au travailleur, en totalité, la rémunération, à laquelle celui-ci a droit, l'employeur en verse une partie aux institutions de sécurité sociale, pour assurer ultérieurement la subsistance du salarié, victime du risque. La cotisation de sécurité sociale représenterait un salaire ''différé'', parce qu'il n'est pas immédiatement versé au travailleur […]. Et l'on a opposé le *salaire d'activité*, correspondant à la prestation de travail, et le *salaire d'inactivité*, véritable salaire redistribué […]. Ceux qui soutiennent que les cotisations de sécurité sociale constituent un salaire différé restent fidèles à la tradition, qui voyait dans les prestations de sécurité sociale, et notamment dans les allocations familiales, un complément de salaire »[2]. C'est précisément ce mode de financement qui ouvre droit à une gestion par les salariés, car si les cotisations sociales correspondent à des prélèvements sur le salaire des assurés, destinées à assurer des prestations, alors les salariés doivent avoir une « maîtrise de principe sur cette fraction de leur *rémunération* »[3]. Dès lors que la cotisation est privilégiée pour financer les institutions de sécurité sociale, alors il « paraît naturel », écrit Paul Durand, que les assurés « participent au fonctionnement d'institutions dont ils retirent le bénéfice »[4]. Cette participation prend alors la forme d'un droit pour les assurés, c'est-à-dire les salariés, à être représenté dans les organismes de sécurité sociale. Selon Paul Durand toujours, « […] le fait de contribuer au financement de la sécurité sociale légitime la représentation des assurés dans les organismes de gestion. Les milieux ouvriers ont considéré que le versement de cotisations n'est pas

[1] Pierre Laroque, « Le plan français de Sécurité sociale », *Revue française du travail*, avril 1946, n° 1, p. 16.
[2] Paul Durand, *La politique contemporaine de Sécurité sociale*, *op. cit.*, p. 288.
[3] Michel Borgetto, Robert Lafore, *Droit de la Sécurité sociale*, *op. cit.*, p. 237.
[4] Paul Durand, *La politique contemporaine de Sécurité sociale*, *op. cit.*, p. 281.

seulement un devoir pour les assurés sociaux, mais qu'il est pour eux un droit, parce qu'il leur permet de participer à la gestion des institutions d'assurance »[1].

Mais si le droit à représentation est tributaire d'une participation financière par le biais de cotisations sociales, pourquoi l'idée ne se déclinerait-elle pas du côté des employeurs qui contribuent également au financement du système de sécurité sociale en versant des cotisations dites « patronales » ? Le versement de cotisations ne permet-il pas « aux chefs d'entreprises de revendiquer une part dans la gestion de la sécurité sociale, donc d'orienter un des aspects les plus importants de la politique sociale contemporaine »[2] ? Qu'est-ce qui justifie, autrement dit, de ne pas instaurer un paritarisme strict et de préférer une représentation majoritaire des salariés dans les organismes de sécurité sociale ?

Cela tient à la différence juridique entre les cotisations « salariales » et « patronales ». En effet, contrairement aux premières, les secondes n'ouvrent pas droit à une contrepartie au bénéfice des employeurs. Elles ne sont en aucun cas constitutives de droits individuels à des prestations[3]. En ce sens, les cotisations patronales représentent des charges pesant sur l'entreprise dont la fonction est de financer des prestations sans rapport de proportionnalité avec le revenu des bénéficiaires. C'est dans cette perspective que fut mise en place en 1930 une cotisation patronale spécifique affectée au financement des assurances maladie et vieillesse des salariés[4]. Cette différence de nature entre les cotisations patronales et les cotisations salariales explique que dès l'institution des assurances sociales en 1930, la rétention indue de précompte des cotisations salariales – c'est-à-dire le non-versement par l'employeur aux caisses d'assurances des cotisations prélevées sur le salaire des employés – est plus sévèrement punie que le non-paiement des cotisations patronales[5], car ces dernières n'ont pas d'effets sur les

[1] *Ibid.*, p. 281.
[2] *Ibid.*, p. 281.
[3] V. Rémi Pellet, « Trois erreurs juridiques à éviter pour continuer à réformer les finances sociales », art. cit, p. 70.
[4] Rémi Pellet, « Les assurances sociales sont-elles solubles dans la fiscalité ? Mise en perspective historique de la décision Cons. constit. n°2014-689 DC, 6 août 2014 », *JDASM*, 2015, n°1, p. 12.
[5] Rémi Pellet, « Les assurances sociales sont-elles solubles dans la fiscalité ? », art. cit., p. 13.

droits des assurés à bénéficier de leurs prestations[1]. Les cotisations patronales ne comptent donc pas dans le calcul des droits des salariés. C'est précisément la raison pour laquelle le Conseil constitutionnel a autorisé le dispositif législatif permettant de mettre en progressivité les cotisations patronales[2] et a en revanche censuré la mise en progressivité des cotisations salariales, qui aurait conduit à une rupture d'égalité entre assurés sociaux[3].

La notion de « cotisation patronale » est sous-tendue par l'idée selon laquelle les employeurs, « qui retirent un profit au travail d'autrui, doivent participer à la garantie des moyens d'existence que donne la sécurité sociale [...]. Cette obligation est d'autant plus impérieuse que les salaires sont souvent insuffisants pour permettre aux travailleurs d'organiser à eux seuls la couverture des risques sociaux »[4]. Cette différence juridique entre cotisations « salariales » et « patronales », assises sur la notion de « contrepartie », exclut l'idée d'un paritarisme strict et justifie une représentation majoritaire des salariés au sein des caisses de sécurité sociale, car les assurés « possèdent à la fois les deux qualités de cotisants et de bénéficiaires »[5]. Cette vision s'est traduite dans le droit positif, puisque de 1947 à 1967, les représentants des

---

[1] L'employeur qui procède à une rétention indue du précompte s'expose à des sanctions pénales (art. L. 244-6 CSS et R. 244-3 CSS). Le Conseil constitutionnel assimile cette rétention indue à un abus de confiance (CC, déc. n°2011-161 QPC, 9 septembre 2011, *Mme Catherine F., épouse L.*, *J.O.F.R.*, Lois et décrets, 10 septembre 2011, n°62).

[2] Le Conseil constitutionnel a en effet jugé conforme à la Constitution la réduction des cotisations patronales, dite « réduction Fillon », s'appliquant de façon dégressive entre 1 et 1,6 SMIC : v. CC, déc. n°2013-300 QPC, *Chambre de commerce et d'industrie de Brest* (*J.O.R.F.*, Lois et décrets, 7 avril 2013, n° 26).

[3] CC, n°2014-698 DC, 6 août 2014, *Loi de financement de la Sécurité sociale pour 2014*, consid. 13, *J.O.R.F.*, 9 août 2014, n° 6. Cette différence de traitement entre cotisation salariale et patronale provoque des désaccords complets entre juristes. Certains auteurs soulignent l'incohérence de la jurisprudence du Conseil constitutionnel : v. en ce sens Martin Collet, « Le Conseil constitutionnel et la distinction des impôts et des cotisations sociales », *Revue de droit fiscal*, 2 octobre 2014, n° 40, p. 8-14. D'autres, à l'inverse, plaident la cohérence en se fondant sur la distinction de nature entre les cotisations salariales et patronales : v. Rémi Pellet, « La fusion de l'impôt sur le revenu (IR) et de la contribution sociale généralisée (CSG). Brève synthèse de thèses opposées », *RFFP*, novembre 2016, p. 199-210.

[4] Paul Durand, *La politique contemporaine de Sécurité sociale*, *op. cit.*, p. 281.

[5] *Ibid.*, p. 359.

syndicats élus par les salariés siégeaient majoritairement au sein des conseils d'administration des caisses de sécurité sociale[1].

L'analyse que nous venons d'exposer doit cependant être discutée, car elle soulève certaines difficultés. Nous avons en effet défini la notion de « cotisation » à partir de la notion de « contrepartie directe », qui la distingue de l'impôt. Assise sur les revenus professionnels, la cotisation est constitutive de droits individuels, car son acquittement conditionne le versement de prestations[2]. Mais comme cela a pu être souligné[3], cette approche est en partie insatisfaisante, car elle fait l'impasse sur certaines situations : par exemple, depuis 1978, le bénéfice des prestations familiales est conditionné au seul critère de la résidence[4], non à l'activité professionnelle ou au paiement de cotisations[5]. Il est donc légitime de s'interroger sur la pertinence de la distinction entre la notion de « cotisation sociale » et celle de « contribution fiscale »[6], qui irrigue toujours la jurisprudence du Conseil constitutionnel.

Paul Durand identifie déjà en ce sens une « tendance » qui « voit dans les cotisations de sécurité sociale un véritable impôt, que des différences secondaires séparent des impôts d'État »[7]. Or, si ces deux notions peuvent être assimilées, ou s'il n'existe qu'entre elles des différences mineures, alors cela conduit à remettre en cause la légitimité des partenaires sociaux dans la gestion des caisses de sécurité sociale. Pour Paul Durand, les notions de « cotisation » et d'« impôts » ne présentent pas de différences de nature. Cette analyse se fonde sur le caractère obligatoire des cotisations dans le système des assurances sociales mis en place par les lois de 1928-1930 et reconduit lors de l'institution de la Sécurité sociale en 1945 : « L'assujettissement, écrit-il, est impérativement déterminé par la loi, sous peine de sanctions

[1] V. Art. 1er de la loi n°46-2425 du 30 octobre 1946 modifiant l'ordonnance du 4 octobre 1945 portant organisation de la Sécurité sociale (*J.O.F.R*, Lois et décrets, 31 octobre 1946, p. 9270).

[2] Patrick Hubert, « Sur la notion de cotisation sociale », art. cit., p. 140.

[3] V. Michel Borgetto, Robert Lafore, *Droit de la Sécurité sociale*, *op. cit.*, p. 870.

[4] Loi n°75-574 du 4 juillet 1975 tendant à la généralisation de la sécurité sociale (*J.O.F.R.*, Lois et décrets, 5 juillet 1975, p. 6811).

[5] Art. L. 512-1 CSS.

[6] En ce sens : Michel Borgetto, Robert Lafore, *Droit de la Sécurité sociale*, *op. cit.*, p. 867

[7] Paul Durand, *La politique contemporaine de Sécurité sociale*, *op. cit.*, p. 288.

civiles et même d'une répression pénale. La dette a un caractère obligatoire : le taux, l'assiette n'en sont pas laissés au libre choix des intéressés, ils sont fixés par l'autorité publique par voie générale. [...] La dette des cotisations de sécurité sociale ne repose plus sur une base contractuelle »[1]. De ce point de vue, la notion de « cotisation » partage avec celle d'« impôt » la dimension selon laquelle il s'agit dans les deux cas de prestations pécuniaires requises par voie d'autorité, c'est-à-dire unilatéralement par la loi. Dans le même temps, selon Durand, les cotisations se distinguent de l'impôt, car les elles ne sont pas soumises au principe budgétaire de non-affectation. Au contraire, le produit des cotisations est affecté au financement du service public des assurances sociales. Cela fait dire à Durand que les cotisations constituent un des éléments de la « parafiscalité »[2], et constituent en ce sens des « impôts affectés, ou *impôts à destination spéciale* »[3].

La jurisprudence écarte toutefois la qualification fiscale. En effet, le Conseil constitutionnel ne fait pas entrer les cotisations sociales dans la catégorie des « impositions de toute nature » visées à l'article 34 de la Constitution, comme c'est le cas de la CSG par exemple. Il subsume en revanche la notion de « cotisation sociale » sous la catégorie constitutionnelle des « ressources et charges publiques » au sens de l'article 40 de la Constitution, qui restreint le droit de proposition et d'amendement des membres du Parlement en matière financière[4]. Dès sa décision du 20 janvier 1961, le juge constitutionnel considère en effet « que l'expression ''charge publique'' doit être entendue comme englobant, outre les charges de l'État, toutes celles [...] des divers régimes d'assistance et de Sécurité sociale »[5]. Si donc la notion de « ressources et charges publiques » s'applique traditionnellement aux fonds des personnes morales de droit public – État, collectivités territoriales, établissements publics – elle ne s'y réduit pas, et s'applique également aux fonds affectés à des personnes morales de droit privé en charge de la gestion des régimes d'assistance et de

---

[1] *Ibid.*, p. 289.
[2] *Ibid.*, p. 290.
[3] *Ibid.*, p. 290 (souligné par l'auteur).
[4] Art. 40 C.
[5] CC, déc. n°60-11 DC, 20 janvier 1961, *Loi relative aux assurances maladie, invalidité et maternité des exploitants agricoles et des membres non-salariés de leur famille*, consid. 2 (*J.O.F.R.*, Lois et décrets, 24 janvier 1961, p. 982).

sécurité sociale[1]. Les cotisations sociales sont donc une modalité des « ressources et charges publiques »[2], de même que l'impôt.

Mais si les cotisations sociales sont bien des prélèvements obligatoires, ce ne sont pas des impositions, car il existe une contrepartie – en tout cas pour les cotisations « salariales » – aux versements effectués[3]. Ainsi, les cotisations sociales continuent d'incarner la nature « assurantielle » de la Sécurité sociale pour les assurés sociaux dans la mesure où leur « nature » est d'être constitutive de droits individuels[4] – ce qui justifie une représentation salariée au sein des caisses de sécurité sociale – mais, dans le même temps, leur intégration dans la catégorie juridique des « ressources et charges publiques » justifie la présence des représentants l'État dans les institutions de sécurité sociale. L'évolution du mode de financement de la protection sociale tend d'ailleurs à légitimer un renforcement de la tutelle étatique et à remettre en cause le principe même du paritarisme.

Section 2. Le paritarisme à l'épreuve de la dissolution des assurances sociales dans la solidarité nationale.

En plus de la remise en cause de la légitimité théorique du paritarisme par l'inclusion de la notion de « cotisation sociale » dans la catégorie juridique des « ressources et charges publiques », celle-ci est

---

[1] V. Rémi Pellet, « Les juridictions et la notion de ''ressources et charges publiques'' sociales », *Revue juridique des Barreaux*, juillet-septembre 1999, p. 31.

[2] V. Xavier Prétot, « La notion de cotisation de Sécurité sociale », art. cit.

[3] V. Xavier Cabannes, *Droit fiscal*, 16ème éd., Paris, Dalloz, 2020, p. 22.

[4] Le juge constitutionnel adopte en effet un langage que l'on qualifiera d'« essentialiste ». Dans une décision du 13 décembre 2012, le Conseil constitutionnel devait se prononcer sur la constitutionnalité de l'article 11 de la loi de financement de la Sécurité sociale pour 2013, qui supprimait le plafonnement des cotisations d'assurance maladie des travailleurs indépendants. Les députés saisissants faisaient valoir que les cotisations versées au-delà du plafond antérieur étaient des impositions de toutes natures et que le législateur aurait donc méconnu l'étendue de sa compétence en ne fixant pas lui-même le taux de ces cotisations. Le Conseil constitutionnel rejette le moyen en affirmant que « les cotisations d'assurance maladie à la charge des travailleurs indépendants non agricoles sont des *cotisations ouvrant des droits aux prestations* et avantages servis par le régime obligatoire de sécurité sociale des travailleurs indépendants ; qu'en faisant porter ces cotisations sur une assiette correspondant à l'ensemble des revenus des travailleurs indépendants les dispositions contestées n'ont pas modifié leur *nature de cotisations* » (CC, déc. n°2012-659 DC, 13 décembre 2012, *Loi de financement de la Sécurité sociale pour 2013*, consid. 12, *J.O.F.R.*, Lois et décrets, 18 décembre 2012, n° 4, nous soulignons).

également remise en cause par les processus conjugués de fiscalisation des ressources de la Sécurité sociale (§ 1) et d'universalisation (§ 2) de la protection sociale.

§ 1. Le paritarisme à l'épreuve de la fiscalisation des ressources de la Sécurité sociale.

Sous l'effet de l'amplification du chômage au début des années 1980, le lien entre statut professionnel et droit aux prestations est remis en cause[1], ce qui conduit à l'élargissement de l'assiette de financement de la protection sociale *via* un impôt : la Contribution sociale généralisée (CSG). Cette fiscalisation partielle des ressources de la Sécurité sociale contribue à établir la pleine légitimité de l'État dans la gestion des caisses et marque le déclin de la logique « assurantielle ».

Sous l'intitulé de « Contribution Sociale Généralisée » (CSG), la loi de finances pour 1991 créer trois impositions proportionnelles aux revenus imposés, destinées à élargir l'assiette du financement de la Sécurité sociale, afin que celui-ci ne repose pas exclusivement sur les revenus professionnels et donc sur les cotisations sociales. Cette fiscalisation partielle de la Sécurité sociale concentre les critiques en « étatisation » par les ardents thuriféraires d'une institution qui aurait vocation à être gérée exclusivement – voire « par nature » – par les partenaires sociaux. Autrement dit, l'« étatisation » supposée de la Sécurité sociale serait contraire à la « démocratie sociale », dans la mesure où elle remettrait en cause l'autonomie de l'institution à l'égard de l'État. On peut ainsi lire, sous la plume de certains auteurs, que la création de la CSG a eu pour conséquence d'accentuer « un mouvement déjà bien engagé concernant la gouvernance de la sécurité sociale : d'une gestion paritaire par les partenaires sociaux à une gestion plus étatique »[2]. Du côté syndical, à l'exception de la CFDT, l'écho est le

---

[1] V. Rémi Pellet, « Étatisation, privatisation et fiscalisation de la protection sociale » (seconde partie »), *Dr. Soc.*, 2020, n°9, p. 750-758.

[2] Jean-Philippe Lhernould, « Généralités. Origine et vue d'ensemble », *Jurisclasseur Protection sociale*, fasc. 200, décembre 2014, n°46. V. également : Bernard Friot, Christine Jakse, « Une autre histoire de la Sécurité sociale », *Le Monde diplomatique*, décembre 2015.

même[1]. Cette position n'est pas neuve, les syndicats français ayant toujours fait preuve d'une certaine hostilité à l'égard de l'impôt pour le financement de la protection sociale. En effet, à l'inverse de leurs homologues de Grande-Bretagne ou des pays scandinaves, où « l'impôt direct jouissait d'une grande légitimité »[2] pour financer les dépenses de protection sociale, les syndicats français – exception faite de la CFDT – considèrent traditionnellement la fiscalisation comme un synonyme d'« étatisation », c'est-à-dire comme un moyen de servir les intérêts de la classe bourgeoise[3]. Nous verrons toutefois que cet argument est mal fondé. La fiscalisation partielle des ressources sociales n'est en effet pas synonyme d'« étatisation » de la Sécurité sociale, mais correspond à un transfert de compétences interne à l'État.

L'argument de l'« étatisation » paraît mal fondé pour au moins trois raisons. En tout premier lieu parce que l'on voit mal comment il est possible de retirer aux partenaires sociaux une prérogative que ceux-ci n'ont jamais possédée. En effet, le pouvoir de décision financière, la responsabilité de déterminer l'équilibre financier des régimes de Sécurité sociale, a toujours appartenu à l'État. Dès lors, l'équation entre « fiscalisation » et « étatisation » repose sur une illusion rétrospective amenant à méconnaître les principes juridiques fondateurs de la Sécurité sociale. En deuxième lieu, il faut souligner que la fiscalisation n'a pas conduit à remettre en cause le principe d'affectation des recettes aux dépenses[4], qui est un principe d'origine assurantielle et une des marques de reconnaissance de la spécificité financière de la sphère sociale par rapport à la sphère des finances publiques[5]. Ainsi, le produit recouvré de la CSG par les organismes de sécurité sociale leur est directement affecté, et le produit de la CSG recouvré par les services de l'État est reversé à l'Agence centrale des organismes de sécurité sociale

---

[1] Du côté de la CGT, v. par exemple : Jean-Christophe Le Duigou, « Et la contribution sociale généralisée fût créée », *L'humanité*, 9 octobre 2020.

[2] Nicolas Delalande, *Les Batailles de l'impôt. Consentement et résistances de 1789 à nos jours*, Paris, Seuil, 2014, coll. « L'Univers Historique », p. 405.

[3] *Ibid.*, p. 405.

[4] Art. 253-1 CSS.

[5] V. Rémi Pellet, Arnaud Skzryerbak, *Droit de la protection sociale*, *op. cit.*, p. 74. Les principes des finances publiques – unité, spécialité, universalité, annualité – ne sont pas directement applicables aux finances sociales. Sur ce point : Benjamin Ferras, « Le financement de la Sécurité sociale et de la protection sociale : entre autonomie et indépendance, une gouvernance particulière, des innovations constantes », *Regards*, 2017, n°52, p. 59-75.

(ACOSS)[1], en charge de la gestion financière de chacune des branches du régime général[2]. En troisième lieu, le juge constitutionnel a intégré la CSG dans la catégorie juridique des « *''impositions de toutes natures''* visées à l'article 34 de la Constitution, dont il appartient au législateur de fixer les règles concernant l'assiette, le taux et *les modalités de recouvrement* » (nous soulignons)[3]. Or, en jugeant ce dispositif conforme à la Constitution, le juge constitutionnel admet que les caisses de sécurité sociale, au sein desquelles siègent les représentants des partenaires sociaux, peuvent disposer de prérogatives de puissance publique analogues à celles dont dispose l'État[4] dans le recouvrement de l'impôt[5]. Ainsi, comme le souligne Rémi Pellet, dans la mesure où les organismes de sécurité sociale sont chargés de recouvrer une partie de la fiscalité sociale, il est possible de considérer que la substitution partielle de la CSG aux cotisations sociales dans le financement de la Sécurité sociale a pour effet « d'étendre les prérogatives des caisses, plutôt que de leur en retirer »[6].

L'argument de l'« étatisation » est d'autant moins valide que les caisses bénéficient de la personnalité morale et disposent de circuits financiers autonomes de ceux de l'État[7]. Les fonds du Trésor public sont en effet déposés à la Banque de France[8], alors que l'ACOSS

---

[1] V. Rémi Pellet, Arnaud Skzryerbak, *Droit de la protection sociale*, *op. cit.*, p. 74.
[2] Art. L. 225-1 CSS.
[3] CC, déc. n° 90-285 DC, 28 janvier 1990, *Loi de finances pour 1991*, consid. 9 (*J.O.F.R.*, Lois et décrets, 30 décembre 1990, p. 16609). Décision confirmée par la suite : CC, déc. n°96-384 DC, 19 novembre 1996, *Loi de financement de la Sécurité sociale pour 1997*, consid. 8 (*J.O.F.R.*, Lois et décrets, 29 décembre 1996, p. 19380) ; CC, déc. n° 2000-437 DC, 19 décembre 2000, *Loi de financement de la Sécurité sociale pour 2001*, consid. 7 (*J.O.F.R*, Lois et décrets, 24 décembre 2000, p. 20576) ; Voir également : Xavier Prétot, « La conformité à la Constitution de la loi instituant la contribution sociale généralisée », *Dr. Soc.*, 1991, n°4, p. 338-344.
[4] Comme le souligne Rémi Pellet, « Fiscalité sociale : les contradictions des syndicats de salariés », art. cit., p. 572.
[5] Le Conseil constitutionnel rappelle que le recouvrement et l'encaissement de l'impôt est en principe une prérogative régalienne. Cf. CC, déc. n° 90-285 DC, 28 janvier 1990, précitée, consid. 45.
[6] Rémi Pellet, « Trois erreurs juridiques à éviter pour continuer à réformer les finances sociales », art. cit., p. 65. Du même auteur : v. *Les finances sociales : économie, droit et politique*, Paris, LGDJ, 2001, coll. « Systèmes Finances publiques », p. 112.
[7] V. Rémi Pellet, *Recherche sur la notion de finance sociale. L'intervention du droit financier public dans le régime général de la Sécurité sociale*, thèse de doctorat en droit, Université Montpellier I, 1991.
[8] V. Rémi Pellet, Arnaud Skzryerbak, *Droit de la protection sociale*, *op. cit.*, p. 206-208.

dispose d'un « compte unique de disponibilités courantes »[1] à la Caisse des dépôts et consignations (CDC). C'est par l'intermédiaire de ce compte que « s'effectuent l'encaissement des cotisations et contributions sociales et la mise à disposition des fonds aux caisses prestataires »[2]. Dès les premières lois sur les assurances sociales, la CDC est désignée comme le dépositaire des fonds sociaux, considérés comme des fonds privés en attente d'affectation sous forme de prestations, dont la sécurité doit être garantie par un établissement public *sui generis* placé sous la surveillance du Parlement[3], mais sans que les fonds déposés fussent confondus avec ceux de l'État[4].

La fiscalisation partielle des finances sociales par la création de la CSG a pour conséquence un transfert de compétences interne à l'État, du pouvoir exécutif au pouvoir législatif[5]. En effet, dans son interprétation des articles 34 et 37 de la Constitution, définissant respectivement le domaine de la loi et du règlement, le juge constitutionnel confie au pouvoir réglementaire la fixation du taux des *cotisations sociales* ou des exonérations, de même que le taux de la part revenant à l'employeur et au salarié[6]. Pour les *prélèvements de nature fiscale*, en revanche, le Parlement détient la compétence du vote de leur taux, de leur assiette et des modalités de recouvrement. Or, la CSG entre dans la catégorie juridique des « impositions de toute nature » au sens de l'article 34 de la Constitution. Le Parlement est donc compétent pour décider l'évolution des taux de la CSG, et les partenaires sociaux dépourvus de tout pouvoir de décision sur l'évolution des ressources sociales – impôts et cotisations –, ce qui a pour effet de rendre inopérant le principe même d'une gestion paritaire[7].

L'importance prise par la fiscalité au détriment des cotisations sociales dans le système de financement de la Sécurité sociale est considérable et ne fait que croître. Même si la part des cotisations

---

[1] Art. D. 253-37 CSS.

[2] Rémi Pellet, *Les finances sociales : économie, droit et politique*, *op. cit.*, p. 112-113.

[3] Art. L. 518-2 C. monét. fin. .

[4] V. Rémi Pellet, *Les finances sociales : économie, droit et politique*, *op. cit.*, p. 113.

[5] *Ibid.*, p. 113.

[6] CC, déc. n° 60-10 L, 20 décembre 1960, *Nature juridique de l'article 10 de l'ordonnance n° 58-1374 du 30 décembre 1958 portant loi de finances pour 1959 et de l'article 3 de l'ordonnance n° 59-246 du 4 février 1959 portant loi de finances rectificative pour 1959*, consid. 2 et 3 (*J.O.F.R.*, Lois et décrets, 31 décembre 1960, p. 12111).

[7] Ce point est déjà souligné par Michel Borgetto et Robert Lafore, « La protection sociale à la croisée des chemins ? », art. cit., p. 77.

sociales reste prépondérante, leur importance décroît fortement : en 1978, les cotisations représentent 78% des ressources des régimes de la Sécurité sociale, contre 60% en 2013. Quant à la CSG elle représente 13,5% des ressources sociales[1]. En 2017, cette part passe à 18,7%[2]. Les autres impôts et taxes affectées représentent quant à eux 13,6% de ces ressources[3]. Au total, les ressources fiscales représentent donc 32,3% des ressources de la Sécurité sociale. Quant aux cotisations, toujours pour l'année 2017, leur part est encore de 65%. Au regard de ces chiffres, on peut considérer qu'il est légitime que les représentants du peuple au Parlement décident, dans le cadre de débats contradictoires, de l'évolution des taux de la CSG.

La fiscalisation progressive et partielle des ressources de la Sécurité sociale à partir des années 1990 se traduit, selon les termes du juge constitutionnel, par un « système de financement mixte de la protection sociale »[4]. Depuis cette période, la politique suivie par les pouvoirs publics est donc fondée sur la distinction de deux catégories de prestations sociales : « d'une part, celles qui représentent toujours une forme de salaire différé et qui doivent rester financées par des cotisations sociales assises sur le revenu professionnel ; d'autre part, celles qui ont perdu cette nature pour devenir des prestations de solidarité et qui doivent, elles, être financées par des impôts frappant tous les revenus […] »[5]. Mais cette distinction, qui opérait au sein de toutes les branches de la sécurité sociale, est remise en cause par les réformes récentes de l'assurance maladie.

On sait que, contrairement à ce que l'expression « démocratie sociale » semble suggérer, les pouvoirs de partenaires sociaux dans la gouvernance de l'assurance maladie ont toujours été très faibles[6]. Ils n'ont en effet jamais détenu le pouvoir de modifier le taux des

---

[1] Cour des comptes, « Chapitre IV. Les cotisations sociales : une place prépondérante, mais en déclin dans le financement de la sécurité sociale, une cohérence et une lisibilité à rétablir », *Rapport sur la Sécurité sociale*, septembre 2015, p. 143-180.
[2] Ces chiffres pour 2017 sont donnés par Julien Damon et Benjamin Ferras : *La Sécurité sociale*, Paris, PUF, 2020, coll. « Que sais-je ? », p. 61.
[3] *Ibid.*, p. 61.
[4] CC, déc. n°2019-806 QPC, 4 octobre 2019, *M. Gilbert A.*, consid. 10.
[5] Rémi Pellet, « La fusion de l'impôt sur le revenu (IR) et de la contribution sociale généralisée (CSG). Brève synthèse de thèses opposées », art. cit., p. 206.
[6] V. Michel Borgetto, « La représentativité des syndicats en droit de l'assurance maladie », *Les Tribunes de la santé*, 2008, n°18, p. 39-45.

cotisations, le montant des allocations ni le celui de créer de nouveaux régimes ou de nouvelles prestations, le législateur étant seul compétent pour intervenir en ces domaines. Malgré une responsabilité naissante, à la suite des ordonnances « Jeanneney » de 1967, leur conférant la responsabilité de maintenir l'équilibre financier de la branche, les prérogatives du législateur n'ont cessé de s'accroître, notamment par le biais de la création des lois de financement de la Sécurité sociale (LFSS) permettant au Parlement de contrôler l'action du Gouvernement, ce dernier devant expliquer devant la représentation nationale comment sont fixés les objectifs de dépenses et les raisons pour lesquelles ceux-ci ne sont éventuellement pas respectés.

À l'origine, l'assurance maladie répond à une logique « bismarckienne ». Elle est une assurance du revenu professionnel[1] : financée par des cotisations sociales proportionnelles assises sur les salaires, sa fonction est de fournir à l'assuré un revenu de remplacement en cas de perte momentanée de son revenu. Plus précisément, les cotisations prélevées sur les salaires servaient à financer les « indemnités journalières » (IJ), c'est-à-dire les prestations en espèces. L'assurance maladie visait donc prioritairement les travailleurs. Mais du fait de l'augmentation du chômage, les pouvoirs publics décident de dissocier le droit aux prestations de l'activité professionnelle[2], et l'assurance maladie est progressivement fiscalisée pour étendre l'assiette de son financement au-delà des seuls revenus professionnels. Ainsi, à partir de 1983, les pouvoirs publics affectent le produit des taxes dites « comportementales » (sur l'alcool, le tabac et les contrats d'assurance automobile) à l'assurance maladie. Surtout, la LFSS pour 1998 supprime la quasi-totalité des points de cotisation salariale d'assurance maladie (ramenées de 5,5% à 0,75%) pour leur substituer des points de CSG qui pèsent sur les revenus du travail, du capital et de remplacement. Dès lors s'opère une distinction, au sein de l'assurance maladie, entre la fonction « assurantielle » et la fonction de

[1] V. Michel Borgetto, « La Sécurité sociale à l'épreuve du principe d'universalité », *RDSS*, 2016, n°3, p. 11-23.

[2] Ainsi l'article 2 de la loi du 2 janvier 1978 n°78-2 du 2 janvier 1978 relative à la généralisation de la sécurité sociale (*J.O.R.F.*, Lois et décrets, 3 janvier 1978, p. 145) dispose que toute personne résidant en France et n'ayant pas droit à un titre quelconque aux prestations en nature d'un régime obligatoire d'assurance maladie et maternité relève du régime de l'assurance personnelle facultative.

« solidarité »[1]. Malgré la place croissante prise par l'impôt et l'abandon du critère socio-professionnel – culminant avec la création par la LFSS de 2016[2] de la « Protection Universelle Maladie » (PUMa)[3] – la logique assurantielle subsistait[4], même si ce n'était qu'à la marge. En effet, dans le dispositif PUMa, les IJ restaient financés par des cotisations salariales, fixées à un taux de 0,75%. Partant, les IJ ne bénéficiaient qu'aux seules personnes pouvant se prévaloir d'une activité professionnelle.

Mais la LFSS pour 2018 a supprimé les cotisations salariales d'assurance maladie affectées au financement des IJ, en les remplaçant par le produit d'une part de la CSG[5]. En ce sens, le législateur rompt avec la logique assurantielle, puisqu'il permet qu'une imposition frappant tous les revenus – y compris ceux des retraités – finance des prestations réservées aux seuls salariés et qui sont proportionnées aux revenus qu'elles remplacent[6]. Par ailleurs, les cotisations patronales ont également été supprimées sur les bas salaires (inférieurs à 1,6 fois le SMIC)[7], remplacées par des dotations budgétaires de l'État. On voit donc que la fiscalisation entraîne une remise en cause de la logique « assurancielle » qui justifiait la présence des partenaires sociaux dans les organismes de sécurité sociale. Pour le dire autrement, le rôle accru réservé à l'État remet en cause la légitimité même d'une gestion conjointe avec les représentants des salariés et des employeurs. Le

---

[1] V. Rémi Pellet, « Les réformes du financement de l'assurance maladie et de la fiscalité : une conception doublement critiquable de la solidarité », *JDASM*, 2018, n°20, p. 90.

[2] Loi n° 2015-1702 du 21 décembre 2015 de financement de la sécurité sociale pour 2016 (*J.O.F.R*, Lois et décrets, 22 décembre 2015, n°1).

[3] Poursuivant le processus amorcé par la « Couverture Maladie Universelle » (CMU), la LFSS pour 2016 affirme le principe que seul le critère de la résidence stable et régulière sur le territoire français est nécessaire pour bénéficier d'une prise en charge des frais de santé. V. Art. L. 160-1 CSS.

[4] V. Michel Borgetto, « La Sécurité sociale à l'épreuve du principe d'universalité », art. cit., p. 17-19.

[5] Art. 8 de la loi 2017-1836 du 30 décembre 2017 de financement de la sécurité sociale pour 2018 (*J.O.F.R.*, Lois et décrets, 31 décembre 2017, n°1).

[6] V. les critiques de Rémi Pellet, « Assurance et redistribution au sein de la protection sociale », art. cit., p. 32.

[7] V. Décret n° 2020-1719 du 28 décembre 2020 relatif à la réduction générale des cotisations et contributions sociales à la charge des employeurs (*J.O.F.R.*, Lois et décrets, 29 décembre 2020, n°38).

processus d'« universalisation » de la Sécurité sociale ne fait qu'accentuer cet aspect.

§ 2. Le paritarisme à l'épreuve de l'universalité.

L'universalité est une notion centrale de la conception beveridgienne de la protection sociale. Il faut donc en premier lieu revenir sur ce point afin de porter à incandescence ses implications juridiques et les mettre en perspective avec la conception française de la notion d'« universalité », qui s'accommode mal de la logique paritaire.

Dans son acception beveridgienne, l'universalité prend la forme d'un véritable principe impliquant la reconnaissance et la garantie de droits sociaux à chaque individu durant toute la durée de son existence. Cette approche a été systématisée par un sociologue, T.H. Marshall, à travers la notion de « citoyenneté sociale ». La conséquence de cette approche est la non-association des partenaires sociaux à la gestion des organismes de sécurité sociale.

L'universalité fait partie, aux côtés de l'unité et l'uniformité, des trois grands principes du « rapport Beveridge » – dont le titre véritable est « *Social insurance and allied service* » – et constitue « la contribution essentielle de Beveridge à la conception moderne de la sécurité sociale »[1]. À la suite des travaux du groupe d'experts chargés par le Ministre du travail, en juin 1941, d'étudier les différents systèmes de protection sociale afin de proposer des réformes pour l'après-guerre, le rapport est rendu public en novembre 1942. Sa principale finalité est de mettre l'individu à l'abri du besoin en lui garantissant une sécurité sociale tout au long de son existence. Contrairement au système bismarckien dont la fonction est d'assurer une protection sociale au travailleur en lui assurant un « salaire différé » financé par des cotisations, le plan de sécurité sociale proposé par le « rapport Beveridge » présente la caractéristique de couvrir toute la population, sans condition de ressources ni de cotisation préalable, mais en considération de leurs modes de vie[2]. Cela implique de distinguer, au sein de la population, différentes catégories ou « classes » aux besoins

---

[1] Guy Perrin, « Le plan Beveridge : ses grands principes », *RISS*, 1992, n°1-2, p. 48.
[2] V. William Beveridge, *Social insurance and allied service*, London, H.M. Stationery Office, 1942, p. 9 : « The plan covers all citizens whitout upper income limit, but has regard to their different ways of life ».

et risques spécifiques[1]. L'universalité signifie donc que chaque individu bénéficie de droits subjectifs, attachés à sa personne. Chaque individu s'acquitte d'une contribution obligatoire, uniforme et forfaitaire, dont le montant varie seulement en fonction de l'étendue de la protection garantie[2]. Les prestations sont également identiques et forfaitaires. Ce système de protection sociale prend la forme d'une protection de base publique, organisée et garantie par l'État, et principalement financée par l'impôt.

La notion de « citoyenneté sociale » proposée par le sociologue T.H. Marshall rend compte, sur le plan de la théorie politique, de l'approche consistant à envisager un système de sécurité sociale à l'aune du principe d'universalité. À travers la notion de « citoyenneté sociale », Marshall entend justifier et légitimer la supériorité démocratique d'un modèle garantissant un statut uniforme de citoyen au sein d'un « *Welfare state* » basé sur l'égalité. Le sociologue définit la citoyenneté comme « un statut accordé à ceux qui sont des membres à part entière d'une communauté. Tous ceux qui jouissent de ce statut sont égaux en regard des droits et des devoirs dont un tel statut est doté »[3]. Cette définition doit être entendue sous un angle dynamique. En effet, si la citoyenneté est un statut, elle est surtout un processus, un mouvement d'extension historique continu. La « citoyenneté sociale », de ce point de vue, serait une déclinaison particulière du concept de « citoyenneté » appelé à s'étendre à tous les aspects de la société. Après « l'élément civil » de la citoyenneté – propre aux XVIIIe siècle anglais – composé « des droits nécessaires à la liberté individuelle »[4], « l'élément politique » – propre au XIXe – incluant « le droit de participer à l'exercice du pouvoir politique »[5], Marshall repère l'émergence d'un « élément social » correspondant au « droit à une parcelle de bien-être

---

[1] Le rapport Beverigde (*ibid.*, p. 10) distingue six « classes » : I. Les salariés liés par un contrat de travail ; II. Les autres personnes exerçant une activité rémunérée (les fonctionnaires, mais aussi les professions indépendantes) ; III. Les femmes au foyer, c'est-à-dire les femmes mariées en âge de travailler ; IV. Les autres personnes en âge de travailler, qui n'exercent pas d'activité rémunérée ; V. Les personnes qui ne sont pas encore en âge de travailler (les moins de 15 ans) ; VI Les personnes qui ne sont plus en âge de travailler, c'est-à-dire les personnes de plus de 65 ans.

[2] V. Nicole Kerschen, « Universalité et citoyenneté sociale », in Isabelle Daugareilh et Maryse Badel (dir.), *La Sécurité sociale*, *op. cit.*, p. 453.

[3] Thomas Humphrey Marshall, *Citizenship and social class*, Cambridge, Cambridge University Press, 1950, p. 28.

[4] *Ibid.*, p. 10.

[5] *Ibid.*, p. 11.

et de sécurité économiques jusqu'au droit à partager entièrement l'héritage social et à vivre la vie d'une existence civilisée selon les standards régnant dans la société »[1]. Cette conception téléologique de la notion de « citoyenneté », centrée sur l'acquisition progressive de droits individuels propres, suppose une critique du modèle bismarckien des assurances sociales qui ne reconnaît pas de « citoyenneté sociale » : ce dernier étant basé sur l'activité professionnelle, c'est le travailleur et sa famille, non l'individu-citoyen, qui bénéficient de droits sociaux.

Le principe d'universalité et la citoyenneté sociale qui en découle constituent les caractéristiques essentielles du « modèle du *Welfare State* nordique »[2], que Gosta Esping-Andersen qualifie, selon sa célèbre typologie, de « social-démocrate », par opposition au modèle bismarckien, renvoyé dans la catégorie peu flatteuse du « corporatisme conservateur »[3] au sein de laquelle figurent la France et l'Allemagne[4]. Dans le modèle « social-démocrate », l'activité professionnelle ne joue aucun rôle dans l'ouverture des droits de base. Au contraire, au sein du « *Welfare State* », les droits sociaux sont considérés comme universels dans la mesure où ils sont déconnectés de l'activité professionnelle. Dans ce cadre, les systèmes des pays du nord de l'Europe (Danemark, Islande, Finlande, Norvège, Suède) font figure de paradigme, puisque ceux-ci utilisent l'impôt pour financer des droits sociaux élevés, en contrepartie d'un niveau élevé de prélèvements obligatoires[5]. Or, dans la mesure où le financement de la protection sociale dépend principalement de ressources fiscales et que les prestations relèvent de la solidarité nationale, les partenaires sociaux ne sont pas associés à la gestion des organismes en charge de la couverture des risques[6].

Bien que le rapport Beveridge ait influencé le plan français de sécurité sociale mis en place à la Libération[7], la notion d'« universalité » est employée dans le vocabulaire français de protection sociale avec des significations plus ou moins floues. Selon

---

[1] *Ibid.*, p. 11.

[2] Nicole Kerschen, « Universalité et citoyenneté sociale », art. cit., p. 454.

[3] V. Gosta Esping-Andersen, *The three worlds of Welfare capitalism*, Cambridge, Polity Press, 1990.

[4] Association fallacieuse, car elle fait l'impasse sur les différences fondamentales de ces deux systèmes concernant le rôle de l'État et celui des partenaires sociaux dans la gestion du système de sécurité sociale.

[5] Rémi Pellet, Arnaud Skzryerbak, *Droit de la protection sociale*, *op. cit.*, p. 151.

[6] *Ibid.*, p. 53.

[7] V. Nicole Kerschen, « L'influence du rapport Beveridge sur le plan français de Sécurité sociale de 1945 », art. cit., p. 570-595.

une acception courante, elle est entendue comme un synonyme de « généralisation » et désigne en ce sens le processus d'extension de la protection sociale à des catégories nouvelles et à des risques sociaux nouveaux[1]. Dans une acception plus technique, elle renvoie à la nature juridique des prestations, considérées comme « universelles » dès lors que leur bénéfice est ouvert à chaque individu sans condition de ressources[2]. À l'origine du système de sécurité sociale, c'est plutôt la notion de « généralisation » qui est présente. En effet, l'article 1er de l'ordonnance du 4 octobre 1945 dispose qu'il « est institué une organisation de la sécurité sociale *destinée à garantir les travailleurs et leurs familles* contre les risques de toute nature susceptibles de réduire ou de supprimer leur capacité de gain », avec la possibilité « *d'étendre le champ d'application à des catégories nouvelles de bénéficiaires* et à des risques ou prestations non prévus par les textes en vigueur ». Ainsi, c'est bien la notion de « généralisation » qui caractérise le système français de sécurité sociale : reposant sur une base professionnelle, il prévoyait la possibilité d'être étendu progressivement à d'autres catégories sociales[3]. La notion de « citoyenneté sociale », désignant l'individu titulaire de droits sociaux propres, est absente de la logique française.

L'universalité n'est cependant pas totalement absente, mais elle fait figure d'objectif à atteindre, d'idéal régulateur vers lequel il faut tendre. Il ne s'agit pas d'un principe, au sens fort du terme, « qui servirait de base au changement de paradigme sur lequel repose le modèle français de Sécurité sociale »[4]. Si l'on admet toutefois que l'universalité désigne le processus d'extension de la protection sociale à des catégories nouvelles et à des risques sociaux nouveaux, force est de constater que cette « universalité » s'accommode mal de la logique socio-professionnelle dans laquelle s'inscrit le paritarisme[5] : en ne faisant intervenir que des représentants syndicaux et patronaux, le paritarisme entre en tension avec l'extension progressive de la protection sociale à des catégories sociales autres que celle des travailleurs. La fiscalisation progressive des ressources de la protection sociale a pour effet de transformer la nature des prestations : de « salaire différé » elles

---

[1] V. Michel Borgetto, « La Sécurité sociale à l'épreuve du principe d'universalité », *RDSS*, 2016, n°3, p. 11, n. 4.

[2] *Ibid.*, p. 11.

[3] V. Nicole Kerschen, « Universalité et citoyenneté sociale », art. cit., p. 457.

[4] *Ibid.*, p. 461.

[5] V. Jean-Jacques Dupeyroux, « Le plan Juppé », *Dr. Soc.*, 1996, n°9-10, p. 756.

deviennent des prestations de solidarité, c'est-à-dire des prestations universelles financées par l'impôt[1]. Or, si l'on admet que l'association des intéressés à la gestion de la Sécurité sociale est conditionnée par la participation à son financement par le biais de cotisations, la place croissante occupée par l'impôt a pour conséquence de rendre illégitime la présence des partenaires sociaux. En effet, « le principe d'une gestion par les intéressés se révèle infiniment plus légitime lorsque le système de protection est fondé sur le travail et se trouve alimenté par des cotisations d'origine professionnelle que lorsqu'il est fondé sur l'universalité et l'uniformité et se trouve alimenté par la solidarité fiscalisée »[2]. Conjugué à la fiscalisation, le processus d'universalisation de la protection sociale a ainsi pour effet de remettre en question la légitimité même du paritarisme. À cet égard, l'exemple des évolutions récentes de l'assurance chômage est paradigmatique.

D'abord, on notera qu'il s'agit d'un régime d'assurance créé par voie conventionnelle – même si l'État a joué un rôle important[3] -, dont la gestion est confiée à une institution de droit privée, l'Unedic, administrée par un conseil strictement paritaire et présidé en alternance par un représentant de organisations de salariés ou par un représentant des organisations patronales. Ensuite, contrairement aux régimes de sécurité sociale précédemment évoqués, les partenaires sociaux ont la responsabilité de fixer le montant de l'allocation et celui des contributions avec pour seule exigence légale de « garantir l'équilibre financier du régime »[4]. Dès sa naissance en 1958, l'assurance chômage est conçue dans une logique « bismarckienne » : il s'agit d'une assurance du revenu professionnel financée par des cotisations sociales[5] proportionnelles assises sur les salaires, donnant droit à des prestations

---

[1] V. Anne-Claire Dufour, « La poursuite assumée de la fiscalisation de la Sécurité sociale », *RDSS*, décembre 2017, n°6, p. 987.

[2] Michel Borgetto, « Quelle démocratie sociale ? », art. cit., p. 206.

[3] Sur ce point historique : Rémi Pellet, « Les prérogatives de l'État dans l'organisation des régimes de protection contre le chômage », *RFFP*, 2002, n°78, p. 142

[4] L. 5422-12 C. trav.

[5] Les contributions au régime d'assurance chômage sont qualifiées de « cotisations sociales » par le Conseil Constitutionnel, en opposition aux « impositions de toute nature » (CC, déc. n°94-357 DC, 25 janvier 1995, *Loi portant diverses dispositions d'ordre social*, consid. 4, *J.O.F.R.*, Lois et décrets, 31 janvier 1995, p. 1651).

elles-mêmes proportionnelles en cas de perte momentanée du revenu professionnel.

Mais les récentes réformes remettent en cause ce modèle. Conformément au souhait de M. Emmanuel Macron, alors candidat à la présidence de la République, la réforme de l'assurance chômage est placée sous le signe de l'« universalisation »[1]. Dans cette perspective, l'article 51 de la loi n°2018-771 du 5 septembre 2018 pour la liberté de choisir son avenir professionnel a étendu le champ d'application de l'assurance chômage aux travailleurs indépendants. Corrélativement, son mode de financement a évolué. La LFSS pour 2018 a en effet supprimé les contributions salariales d'assurance chômage pour les remplacer par des ressources fiscales : désormais, la CSG a pour fonction à la fois de compenser cette suppression, mais également de financer l'allocation destinée aux indépendants[2].

Dans ce contexte, le bien-fondé du recours au paritarisme fait l'objet de légitimes interrogations. L'extension de l'assurance chômage aux travailleurs indépendants pose le problème de leur représentation au sein d'un organisme – l'Unedic – dont la fonction est de gérer le régime où siègent exclusivement les représentants *désignés* des organisations patronales et salariales. Ces dernières ont-elles vocation à représenter les intérêts des catégories autres que celles des salariés ? Plus largement, existe-t-il un intérêt collectif social que seules les organisations syndicales salariales et patronales seraient réputées incarner ? Ce problème a été identifié par le Conseil d'État qui, dans son avis concernant le projet de loi pour la liberté de choisir son avenir professionnel, énonce qu'« en confiant à la convention d'assurance chômage le soin de définir les mesures d'application du revenu de remplacement des travailleurs indépendants, le projet du Gouvernement implique que ces mesures soient négociées par les syndicats de salariés, qui ne sont pas représentatifs dans ce champ »[3]. Il n'est en effet pas

---

[1] Le programme du candidat affichait l'ambition de « créer une assurance chômage universelle » [En ligne : https://en-marche.fr/emmanuel-macron/le-programme/emploi-securites-professionnelles].

[2] L. 5424-28 C. trav.

[3] CE, Assemblée générale du 19 avril 2018 et du jeudi 26 avril 2018, avis sur un projet de loi pour la liberté de choisir son avenir professionnel, consid. 51 [En ligne : https://www.conseil-etat.fr/ressources/avis-aux-pouvoirs-publics/derniers-avis-publies/projet-de-loi-pour-la-liberte-de-choisir-son-avenir-professionnel].

certain que les travailleurs indépendants se sentent représentés[1] par des administrateurs qu'au demeurant ils n'élisent pas. Le paritarisme paraît en ce sens particulièrement mal adapté à l'élargissement du champ de l'assurance chômage à des catégories autres que celle des salariés[2]. Dès lors, qui doit être l'intermédiaire entre l'institution et ses bénéficiaires ?

Si l'on suit la logique exposée, on peut apporter la réponse suivante : à partir du moment où l'on admet un lien entre cotisations sociales et gestion paritaire, la suppression des cotisations de salariés au profit d'un impôt – la CSG – devrait avoir pour conséquence la remise en cause de ce mode de gestion. Pour le dire encore autrement, si l'allocation chômage versée aux travailleurs indépendants n'est la contrepartie d'aucune cotisation salariale, alors elle change de nature et devient une « allocation de solidarité »[3] qui, parce qu'elle est financée par l'impôt, suppose le renforcement des prérogatives de l'État dans la gestion d'un régime qui perd son caractère assurantiel[4]. Ainsi, c'est bien l'État qui serait le plus à même de représenter les catégories dépourvues de représentation spécifique, au détriment des partenaires sociaux, dont le rôle est inévitablement appelé à décliner.

Ce déclin des partenaires sociaux au profit d'un renforcement des prérogatives de l'État dans le pilotage financier du régime est confirmé par l'existence d'une procédure nouvelle, au terme de laquelle le Premier ministre remet un « document de cadrage » aux organisations syndicales de salariés et aux organisations d'employeurs représentatives au niveau national et interprofessionnel préalablement à la tenue des négociations. Ce document, transmis concomitamment au Parlement, précise « les objectifs de la négociation en ce qui concerne la trajectoire financière, le délai dans lequel cette négociation doit aboutir et, le cas échéant, les objectifs d'évolution des règles du

[1] V. Jean-Pierre Chauchard, « Représentation collective et protection sociale », *RDSS*, 2004, n°1, p. 161-177.

[2] V. Ylias Ferkane, « Le paritarisme à l'épreuve de l'universalisation de la protection sociale », *RFAS*, 2018, n°4, p. 110-112.

[3] C'est la conséquence à laquelle était parvenu le Conseil d'État, dans son avis d'avril cité *supra* sur le projet de loi pour la liberté de choisir son avenir professionnel, lorsqu'il estimait « que l'allocation créée par le projet de loi, qui n'est la contrepartie d'aucune cotisation sociale, est versée sous conditions de ressources et dont le montant et la durée d'attribution sont forfaitaires, ne présente pas les caractéristiques d'une allocation d'assurance, mais celles d'une prestation non contributive » (consid. 51 et 52).

[4] V. Jean-Yves Kerbouc'h : « Indemnisation du chômage et déclin de la logique assurantielle », *Dr. Soc.*, 2018, n°7-8, p. 607-613.

régime d'assurance chômage [et] détaille les hypothèses macroéconomiques sur lesquelles se fonde la trajectoire financière, ainsi que le montant prévisionnel, pour les trois exercices à venir, du produit des impositions de toute nature »[1]. Il est précisé que, pour être agréés par le ministre chargé de l'emploi, les accords négociés par les partenaires sociaux doivent « être compatibles avec la trajectoire financière et, le cas échéant, les objectifs d'évolution des règles du régime d'assurance-chômage définies dans le document de cadrage mentionné à l'article L. 5422-20-1 »[2]. Enfin, « en l'absence d'accord ou d'agrément de celui-ci [le ministre], les mesures d'application sont déterminées par décret en Conseil d'État »[3].

Les prérogatives de l'État dans le domaine de l'assurance chômage ne sont certes pas nouvelles : la loi n'a jamais donné de « blanc-seing »[4] à la négociation collective. Les partenaires sociaux sont privés de longue date[5] de la possibilité de déroger aux dispositions légales fixant les principes relatifs aux conditions d'attribution, aux modalités de calcul de l'allocation, à son financement et au recouvrement des contributions. En outre, le ministre en charge de l'emploi dispose d'un pouvoir d'appréciation et peut refuser de délivrer l'agrément sollicité pour des « motifs d'intérêt général tirés notamment de la nécessité de garantir l'équilibre financier du régime ou de la protection des droits des travailleurs privés d'emploi »[6]. Cependant, en conditionnant la délivrance de l'agrément ministériel au respect de la « trajectoire financière » et des « objectifs d'évolution des règles du régime d'assurance chômage » définies dans le document de cadrage, le législateur renforce l'emprise du pouvoir exécutif sur les partenaires sociaux[7]. Cette emprise se traduit par un encadrement strict des négociations avec les partenaires sociaux, auxquels le Gouvernement impose une certaine analyse du contexte macro-économique[8]. Le

---

[1] Art. L. 5422-20-1 C. trav.

[2] Art. L. 5422-22 C. trav.

[3] Art. L. 5422-20 C. trav.

[4] Selon l'expression de Rémi Pellet et d'Arnaud Skzryerbak, *op. cit.*, p. 483

[5] V. Ordonnance n°84-198 du 21 mars 1984 relative au revenu de remplacement des travailleurs involontairement privés d'emploi et portant modification du Code du travail (*J.O.F.R.*, Lois et décrets, 22 mars 1984, p. 896).

[6] CE, 1/2e SSR, 11 juillet 2001, *Medef et CGPME*, *RDSS*, 2001, n°4, p. 867.

[7] Frédéric Guiomard, « Le rôle des partenaires sociaux en question. Quelques enseignements de la loi pour la liberté de choisir son avenir professionnel », *RDT*, 2018, n°9, p. 591.

[8] *Ibid.*, p. 591.

Premier ministre devient alors le « grand ordonnateur des négociations »[1], et il est légitime d'être sceptique quant au degré d'autonomie des partenaires sociaux, sur lesquels pèse une pression politique et économique. « Peut-on sérieusement croire, écrivent certains auteurs, qu'il [le Premier ministre] refusera d'agréer, au nom de la protection des demandeurs d'emploi, un accord conforme à la trajectoire financière qu'il aura lui-même fixée ? L'intérêt général ne risque-t-il pas d'être assimilé au document de cadrage élaboré par ses services, en amont de la négociation ? »[2]. Il apparaît donc que l'association des représentants des employeurs et des salariés à l'élaboration des textes en matière d'assurance chômage revêt une dimension de légitimation de l'action du pouvoir exécutif[3]. Il est ainsi possible de conclure que l'universalisation et la fiscalisation de l'assurance chômage ont pour effet de légitimer le renforcement des prérogatives de l'État dans la « gouvernance » du régime[4] et d'affaiblir considérablement la légitimité des représentants syndicaux. Ces évolutions, écrit-on en ce sens, « posent profondément la question du devenir de la démocratie sociale et de la place qui peut être donnée aux partenaires sociaux dans la détermination des protections applicables aux travailleurs et leur mise en œuvre. La volonté de procurer aux travailleurs indépendants des droits équivalents à ceux des travailleurs salariés et la mutation profonde des modes de financement qui s'ensuivent conduisent presque inévitablement à amoindrir le rôle reconnu aux partenaires sociaux »[5].

Les réflexions qui précèdent montrent le domaine de la démocratie sociale a toujours été soumis à la tutelle de la démocratie politique, c'est-à-dire à la loi. L'évolution du financement de la Sécurité sociale par la fiscalisation progressive de ses ressources, conjuguée à son

---

[1] Isabelle Vacarie, « Le sens du paritarisme en matière d'assurance chômage », *Semaine sociale Lamy*, 2018, n°1813, p.5.

[2] *Ibid.*, p. 5.

[3] V. Frédéric Guiomard, « Le rôle des partenaires sociaux en question. Quelques enseignements de la loi pour la liberté de choisir son avenir professionnel », art. cit., p. 592.

[4] V. Rémi Pellet, « Étatisation, privatisation et fiscalisation de la protection sociale. Bilan pour contribuer à une ''refondation radicale'' » (première partie), *Dr. Soc.*, 2020, n°7-8, p. 660. V. également : Laurène Joly, « L'élargissement de l'assurance chômage aux travailleurs indépendants », *Dr. Soc.*, 2018, n°7-8, p. 606.

[5] Frédéric Guiomard, « Le rôle des partenaires sociaux en question. Quelques enseignements de la loi pour la liberté de choisir son avenir professionnel », art. cit., p. 593.

universalisation sur le modèle beveridgien, ne fait qu'accentuer ce phénomène en renforçant la légitimité de l'État, et contribue à mettre en question le principe même du paritarisme, c'est-à-dire la présence même de représentants des partenaires sociaux au sein des organismes. Mais le modèle français de sécurité sociale change alors progressivement de nature : sa logique assurantielle originelle laisse graduellement place à une logique de solidarité, c'est-à-dire à un modèle « beveridgien »[1] au sein duquel la protection sociale est organisée et gérée exclusivement par l'État et principalement financée par l'impôt, avec l'avènement d'une « citoyenneté sociale » ardemment plébiscitée par les thuriféraires du modèle « social-démocrate » (Esping-Andersen). La démocratie sociale semble alors définitivement phagocytée par la démocratie politique.

---

[1] V. Laurène Joly, « L'élargissement de l'assurance chômage aux travailleurs indépendants », art. cit., p. 606.

CONCLUSION

« La révolution était possible ; la révolution n'a pas eu lieu »[1]. Cette réflexion de Jean Rivero, prononcée dans un autre contexte, s'applique parfaitement à la démocratie sociale. Au terme de ces pages, il apparaît que malgré les potentialités théoriques de la notion, celle-ci est largement mobilisée, au sein des discours, pour *prescrire* et légitimer un rapport de subordination : il n'est à aucun moment question de déplacer le centre de gravité du pouvoir au sein de la société auto-organisée affranchie de la figure tutélaire et transcendante de l'État. Réputée décrire une délégation de pouvoir au bénéfice d'« intéressés » eux-mêmes présentés comme exprimant un peuple « social » – travailleurs, assurés sociaux, société civile « organisée » – distinct du peuple « politique », la notion de « démocratie sociale » se distingue par son ineffectivité, car force est de constater qu'elle n'a jamais existé au sein des institutions et pratiques qu'elle est censée structurer. Fondamentalement, la dépendance de la démocratie sociale envers la démocratie politique traduit une profonde méfiance du droit public envers le « social »[2], lieu du commerce et des intérêts privés. La démocratie sociale est ainsi conçue sur le mode du *devoir-être*, « comme un complément et non comme un substitut de la démocratie politique »[3]. La grande majorité des discours sur la notion sont ainsi profondément marqués par une conception *réformiste* de la démocratie, dont la méfiance envers la multitude diversifiée composant le « social » constitue la basse continue. La notion de « démocratie », pour le dire autrement, est toujours envisagée spontanément à partir de la subordination de la multitude à l'autorité souveraine de l'Un. Comment, dès lors, s'affranchir de la tutelle de la démocratie politique ? Autrement dit, quelles seraient les conditions de réalisation d'une

---

[1] Jean Rivero, « Rapport de synthèse », in Louis Favoreu (dir.), *Le domaine de la loi et du règlement*, 2ème éd., Paris, Economica, 1981, coll. « Droit public positif », p. 263.

[2] Méfiance du droit public envers le « social » qui n'est que le reflet du mépris de certains théoriciens de l'autonomie du « social » (Auguste Comte) envers le droit public et le droit constitutionnel en particulier. Sur ce point : v. Raymond Aron, « Les sociologues et les institutions représentatives », *European Journal of Sociology / Archives Européennes De Sociologie / Europäisches Archiv Für Soziologie*, 1960, n°1, P. 142-157.

[3] Michel Borgetto, « Quelle démocratie sociale ? », art. cit., p. 214.

démocratie dite « sociale » ? Pour Georges Burdeau, la chose était entendue : « si on entend promouvoir la démocratie sociale, écrivait-il, il est indispensable de créer un Pouvoir dans lequel puissent s'installer les volontés populaires. Or, ce pouvoir ne peut être institué que par [...] la subversion de l'ordre économique et social existant »[1]. C'est la raison pour laquelle Burdeau opposait la « démocratie sociale (démocratie bien-être) » qui peut « s'accomoder des structures sociales existantes quitte à leur apporter des corrections progressives », à la « démocratie sociale (démocratie-direction) » qui, elle, « postule une révolution »[2]. Affecté d'un indice négatif en raison des expériences des « démocraties socialistes » du XXe siècle, le terme « révolution » est d'emblée disqualifié. On peut ainsi lire que « dans une société fondée sur la liberté et l'égalité, la démocratie sociale doit toujours être conçue comme un complément et non comme un substitut de la démocratie politique. De là la nécessité impérieuse de *réformer* et non [...] de *révolutionner* »[3].

Mais le verbe « révolutionner » est équivoque, car s'il renvoie à la rupture brutale et violente avec un ordre établi, il désigne également une perspective heureuse, celle d'un processus pavé d'incessantes innovations. De ce point de vue, la partie n'est pas jouée : la pensée proudhonienne a ouvert un segment intellectuel où la multitude diversifiée des forces « sociales » peut se déployer, concrétiser ses actions dans des institutions, dans la perspective d'une communauté désidentifiée de la figure de l'Un. L'épuisement de la conception « unitaire » de la démocratie, fondée sur l'identification d'un *demos* homogène titulaire du pouvoir, ne signifie donc certainement pas que la notion de « démocratie » est frappée de caducité. Au contraire, nous avons affaire à l'émergence d'une nouvelle forme de démocratie impliquant une « nouvelle ontologie des possibles »[4]. Celle-ci consiste précisément dans le retour des « virtualités singulières de la multitude »[5], c'est-à-dire d'une multitude qui créera ses propres possibilités irréductibles, pour autant qu'elle saura s'affranchir du

[1] Georges Burdeau, *Traité de science politique*, tome VII, *op. cit.*, p. 495.
[2] *Ibid.*, p. 463.
[3] Michel Borgetto, « Quelle démocratie sociale ? », art. cit., p. 214.
[4] Pour reprendre l'heureuse expression de Bertrand Binoche, « Évolution/Révolution : une antinomie constitutive du concept moderne d'histoire », 1er février 2008, étude publiée en ligne : https://revolution-francaise.net/2008/02/01/200-evolution-revolution-concept-histoire.
[5] *Ibid.*

pouvoir central. Une démocratie « sociale » ne saurait donc exister qu'au prix d'une réappropriation par la multitude de l'espace politique saturé par la force paralysante de l'Un, celui-ci n'étant finalement pas autre chose qu'une négation des forces qui lui préexistent. C'est à cette réappropriation qu'invitait René Capitant, lorsqu'il déclarait en 1952 devant les militants du RPF : « Les privilèges n'ont jamais été abolis que par la révolte de leurs victimes. La victime du capitalisme, c'est la classe des salariés [...]. Il faut donc que les salariés s'affranchissent eux-mêmes du contrat de travail. Ni la démocratie politique, ni la démocratie sociale ne seront octroyées. Et si elles devaient l'être, elles seraient condamnées dès leur naissance. Le rôle du RPF apparaît alors clairement : il est d'organiser cette double conquête, ouvrière et populaire ; de grouper et d'entraîner la classe ouvrière sur la voie qui doit la conduire du salariat à l'association ; et simultanément de faire naître et éclore en chaque électeur la conscience et la revendication de leur pleine citoyenneté »[1]. Voici donc comment il est possible de redevenir (sérieusement) révolutionnaire.

[1] René Capitant, « Le changement de régime. Rapport présenté aux Assises Nationales du RPF à Paris les 9-10-11 novembre 1952 », in *Écrits constitutionnels*, *op. cit.*, p. 347.

Sources imprimees

I. - Ouvrages

AGAPITIDES, Sotiris, *Le corporatisme en Italie*, Paris, Lipschutz, 1935.

ANTONELLI, Étienne, *La démocratie sociale devant les idées présentes*, Paris, Rivière, 1911.

BARTHELEMY, Joseph, *Traité de droit constitutionnel*, 2ème éd., Paris, Dalloz, 1933.

BARTHELEMY, Joseph, *Précis de droit constitutionnel*, Paris, Dalloz, 1932.

BATBIE, Anselme, *Traité théorique et pratique de droit public et administratif*, 2ème éd., Paris, Larose et Forcel, 1885.

BERTH, Édouard, *Les méfaits des intellectuels*, 2ème éd., Paris, Rivière, 1926.

BLANC, Louis, *Histoire de la Révolution de 1848*, tome II, Paris, Marpon et Flammarion, 1880.

BLANC, Louis, *La Révolution de février au Luxembourg*, Paris, Lévy, 1849.

BLANC, Louis, *Organisation du travail*, 5ème éd., Paris, Bureau de la société de l'industrie fraternelle, 1847.

BLOCH, Marc, *Apologie pour l'histoire ou Métier d'historien*, Paris, Armand Colin, 1949.

BENOIST, Charles, *La crise de l'État moderne. Réflexions pour conduire à une conclusion*, Paris, Plon, 1936.

BENOIST, Charles, *L'Organisation de la démocratie*, Paris, Perrin, 1900.

BENOIST, Charles, *De l'organisation du suffrage universel. La crise de l'État moderne*, Paris, Didot, 1895.

BERGSON, Henri, *La pensée et le mouvant* (1934), 15ème éd., Paris, PUF, 2006, coll. « Quadrige ».

BLUNTSHLI, Johann Kaspar, *La politique*, Paris, Guillaumin et Cie, 1883.

BONNARD, Roger, *Syndicalisme, corporatisme et État corporatif*, Paris, LGDJ, 1937.

BOUGLE, Célestin, *Socialismes français. Du "Socialisme utopique" à la "Démocratie industrielle"*, 2ème éd., Paris, Armand Colin, 1933.

BOUGLE, Célestin, *Proudhon*, Paris, Alcan, 1930.
BOUGLE, Célestin, *Le Solidarisme*, Paris, V. Giard & E. Brière, 1907, coll. « Doctrines politiques ».
BOURGEOIS, Léon, CROISET, Albert, *Essai d'une philosophie de la solidarité*, Paris, Félix Alcan, 1907.
BOURGEOIS, Léon, *Solidarité*, Paris, Armand Colin & Cie, 1896.
BUCHEZ, Philippe-Joseph-Benjamin, ROUX, P.-C., *Histoire parlementaire de la Révolution française, ou Journal des assemblées nationales depuis 1789 jusqu'en 1815,* tome X, Paris, Paulin, 1834-1838.
BURDEAU, Georges, *Traité de science politique*, 3ème éd., tome V, Paris, LGDJ, 1985.
BURDEAU, Georges, *Traité de science politique*, 2ème éd., tome VII, Paris, LGDJ, 1973.
BURDEAU, Georges, *La démocratie*, Paris, Seuil, 1966.
BURDEAU, Georges, *Traité de science politique*, tome III, Paris, LGDJ, 1950.
BURDEAU, Georges, *Le régime parlementaire dans les Constitutions européennes d'après-guerre*, Paris, Les Editions internationales, 1932.
BURKE, Edmund, *Appel des Whigs modernes aux Whigs anciens*, trad. Mme de Rivarol, Londres, 1791.
BURKE, Edmund, *Réflexions sur la révolution en France* (1790), trad. Pierre Andler, Paris, Les Belles Lettres, 2016, coll. « Le goût des idées – hors-série ».
BRUNET, René, *La Constitution allemande du 11 août 1919*, Paris, Payot, 1921.
CABET, Étienne, *État de la question sociale en Angleterre, en Écosse, en Irlande et en France*, Paris, 1843.
CARRE DE MALBERG, Raymond, *La loi, expression de la volonté générale : étude sur le concept de la loi dans la constitution de 1875*, Paris, Sirey, 1931.
CARRE DE MALBERG, Raymond, *Contribution à la théorie générale de l'État spécialement d'après les données fournies par le droit constitutionnel français*, 2 tomes, Paris, Sirey, 1920-1922.
CONSIDÉRANT, Victor, *La solution, ou le gouvernement direct du peuple*, Paris, Librairie Phalanstérienne, 1850.
CRUET, Jean, *La vie du droit et l'impuissance des lois*, Paris, Flammarion, 1908.

DE BONALD, Louis, *Théorie du pouvoir politique et religieux dans la société civile* (1796), I, Paris, A. Le Clère, 1843.
DE BONALD, Louis, *Démonstration philosophique du principe constitutif de la société*, Paris, A. Le Clère, 1830.
DE LA TOUR DU PIN, François-René, *Vers un ordre social chrétien : jalons de route, 1882-1907*, Paris, Nouvelle librairie nationale, 1907.
DELPECH, Joseph, LAFERRIERE, Julien, *Les constitutions modernes*, Paris, Sirey, 1932.
DE LA TOUR DU PIN, René, *Aphorismes de politique sociale*, 3ème éd., Paris, Beauchesne, 1930.
DE MAISTRE, Joseph, *Essai sur le principe générateur des constitutions politiques* (1814), in *Œuvres complètes de J. De Maistre*, I, Lyon, Vitte & Perrussel, 1884.
DE MAISTRE, Joseph, *Considérations sur la France* (1797), in *Œuvres complètes de J. De Maistre*, I, Lyon, Vitte & Perrussel, 1884.
DE MAISTRE, Joseph, *Étude sur la souveraineté* (1794), *Œuvres complètes de J. De Maistre*, I, Lyon, Vitte & Perrussel, 1884.
DE MUN, Albert, *La question sociale, sa solution corporative*, Reims, 1914.
DENDIAS, Michel, *Le problème de la Chambre haute et la représentation des intérêts. À propos de l'organisation du Sénat grec*, Paris, Boccard, 1929.
DUTHOIT, Eugène, *Vers l'organisation professionnelle*, Reims, Action populaire, 1910.
DUGUIT, Léon, *L'État, le droit objectif et la loi positive*, Paris, Sirey, 1930.
DUGUIT, Léon, *Traité de droit constitutionnel*, 3ème éd., tome II, Paris, Boccard, 1928.
DUGUIT, Léon, *Leçons de droit public général*, Paris, Boccard, 1926.
DUGUIT, Léon, *Traité de droit constitutionnel*, 3ème éd., tome III, Paris, Boccard, 1923.
DUGUIT, Léon, *Manuel de droit constitutionnel* (1923), Paris, Éditions Panthéon-Assas, 2007, coll. « Les introuvables ».
DUGUIT, Léon, Souveraineté et liberté, Paris, Alcan, 1922.
DUGUIT, Léon, *Les transformations du droit public*, Paris, A. Colin, 1913.
DUGUIT, Léon, *Le droit social, le droit individuel et la transformation de l'État,* 2ème éd., Paris, Alcan, 1911.

DURAND, Paul, *La participation des travailleurs à la vie économique et sociale en France*, Luxembourg, Services des publications des communautés européennes, 1962.
DURAND, Paul, *La politique contemporaine de sécurité sociale*, Paris, Dalloz, 1953.
DURAND, Paul, VITU, André, *Traité du droit du travail*, tome 2, Paris, Dalloz, 1950.
DURAND, Paul, *Traité de droit du travail*, tome 1, Paris, Dalloz, 1947.
DURKHEIM, Émile, *De la division du travail social*, 2ème édition, Paris, PUF, 1991, coll. « Quadrige ».
DROUET DE MONTGERMONT, Jean, *De la participation des ouvriers à la gestion de l'entreprise*, thèse de doctorat en droit, Université de Paris, 1921.
FOUILLEE, Alfred, *La démocratie politique et sociale en France*, Paris, Alcan, 1910.
FOUILLEE, Alfred, *La science sociale contemporaine*, 2ème éd., Paris, Librairie Hachette, 1885.
FOURNIERE, Eugène, *La sociocratie. Essai de politique positive*, Paris, Giard et Brière, 1910.
FRELECHOUX, Maurice, *Le contrôle ouvrier dans l'industrie*, thèse de doctorat en droit, Université de Dijon, 1923.
FRESNEAU, Armand-Félix, *Le droit au travail à l'Assemblée nationale, recueil complet de tous les discours prononcés dans cette mémorable discussion*, Paris, Guillaumin, 1848.
GAYRAUD, *Les démocrates-chrétiens*, Paris, Lecoffre, 1899.
GIERKE, Otto von, *Deutsches Privatrecht*, Leipzig, Duncker & Humbolt, 1895.
GIERKE, Otto von, *Johannes Althusius und die Entwicklung der naturrechtlichen Staatstheorien* (1880), Aalen, Scienta-Verlag, 1958.
GORDON, Ezékiel, *Les nouvelles constitutions européennes et le rôle du chef de l'État*, Paris, Sirey, 1931.
GOYAU, Georges, *Autour du catholicisme social*, tome 3, Paris, Perrin et Cie, 1909.
GUIZOT, *Histoire des origines du gouvernement représentatif en Europe*, tome II, Paris, Didier, 1856.
GURVITCH, Georges, *La Déclaration des droits sociaux* (1946), Paris, Dalloz, 2009.
GURVITCH, Georges, *Le temps présent et l'idée de droit social*, Paris, Vrin, 1931.

GUY-GRAND, Georges, *La démocratie et l'après-guerre*, Paris, Garnier, 1922, coll. « Bibliothèque d'Information Sociale ».
HAURIOU, Maurice, *Précis élémentaire de droit administratif*, 5ème éd., Paris, Sirey, 1943.
HAURIOU, Maurice, *Précis de droit constitutionnel*, 2ème éd., Paris, Sirey, 1929.
HAURIOU, Maurice, *Principes de droit public* (1910), Paris, Dalloz, 2010, coll. « Bibliothèque Dalloz ».
HAURIOU, Maurice, *L'institution et le droit statutaire*, Toulouse, Privat, 1906.
HAURIOU, Maurice, *Leçons sur le mouvement social*, Paris, Larose, 1899.
HAURIOU, Maurice, *Cours de science sociale. La science sociale traditionnelle*, Paris, Larose, 1896.
HAURIOU, Maurice, *Précis de droit administratif*, Paris, Larose & Forcel, 1892.
HELLER, Hermann, *Gesammelte Schriften*, 3 vol., Leiden, A.W. Sijthoff, 1971.
HOBBES, Thomas, *Du citoyen* (1647), trad. Philippe Crignon, Paris, Garnier-Flammarion, 2010.
HURET, Jules, *Les grèves*, Paris, La revue blanche, 1902
KELSEN, Hans, *La démocratie : sa nature, sa valeur* (1932), Paris, Dalloz, 2004.
LABOULAYE, Charles, *Organisation du travail. De la démocratie industrielle*, Paris, Librairie scientifique-industrielle, 1848.
LABOULAYE, Édouard, *Questions constitutionnelles*, Paris, Charpentier, 1872.
LABOULAYE, Édouard, *Lettres politiques. Esquisse d'une Constitution républicaine suivie d'un projet de Constitution*, Paris Charpentier, 1872.
LABOULAYE, Édouard, *Considérations sur la Constitution*, Paris, Durand, 1848.
LABOULAYE, Édouard, *Essai sur la vie et la doctrine de Frédéric Charles de Savigny*, Paris, Durand, 1842.
LABOULAYE, Édouard, *Histoire du droit de propriété foncière en Occident*, Paris, Durand, 1839.

LAFERRIERE, Julien, *Manuel de droit constitutionnel*, 2ème éd., Paris, Domat/Montchrestien, 1947

LAVERGNE, Bernard, *Suffrage universel et autorité de l'État. Leur conciliation effective par le pluralisme électoral*, Paris, PUF, 1949.
LAVERGNE, Bernard, *Le gouvernement des démocraties modernes*, 2 vol., Paris, Alcan, 1933.
LECOCQ, André, *La question sociale au XVIIIème siècle*, Paris, Bloud, 1909.
LEROY, Maxime, *Les transformations du pouvoir et de la liberté*, Paris, Sirey, 1937.
LEROY, Maxime, *Les techniques nouvelles du syndicalisme*, Paris, Garnier, 1921.
LEROY, Maxime, *Pour gouverner*, Paris, Grasset, 1918.
LEROY, Maxime, *La coutume ouvrière*, tome I, Paris, Giard & Brière,1913.
LEROY, Maxime, *Syndicats et services publics*, Paris, Armand Colin, 1909.
LEROY, Maxime, *La loi. Essai sur la théorie de l'autorité dans la démocratie*, Paris, Giard & Brière, 1908.
LORIN, Henri, *L'idée individualiste et l'idée chrétienne : étude sur le fondement du droit chrétien*, Paris, Bloud, 1910.
LORIN, Henri, *L'organisation professionnelle et le Code du travail*, Paris, Bloud, 1907.
MARSHALL, Thomas Humphrey, *Citizenship and social class*, Cambridge, Cambridge University Press, 1950.
MARX, Karl, ENGELS, Friedrich, *Die deutsche Ideologie* (1845-1846), in *Marx-Engels Werke*, band 3, Dietz Verlag, Berlin, 1978.
MARX, Karl, *Critique du programme de Gotha*, Paris, Editions sociales, 1950.
MIRKINE-GUETZEVITCH, Boris, *Les constitutions de l'Europe nouvelle*, Paris, Delagrave, 1928.
MOREAU, Félix, *Précis élémentaire de droit constitutionnel*, 9ème éd., Paris, Sirey, 1921.
MOREAU, Félix, *Pour le régime parlementaire*, Fontemoing, Paris, 1903.
NAPHTALI, Franz, *Wirtschaftsdemokratie. Ihr Wesen, Weg und Ziel*, Berlin, Verlagsgesellschaft des Allgemeinen Deutschen Gewerkschaftsbundes, 1928.
PHILIP, André, *La démocratie industrielle*, Paris, PUF, 1955.
PICARD, Roger *Le contrôle ouvrier*, Paris, Rivière, 1922.
POUGET, Émile, *La confédération générale du travail*, Paris, Marcel Rivière, 1908.

PRELOT, Marcel, *Institutions politiques et droit constitutionnel*, 5ème éd., Paris, Dalloz, 1972, coll. « Précis Dalloz ».
PRELOT, Marcel, LAURENT, Raymond, *Manuel politique*, Paris, Spes, 1928.
PRELOT, Marcel, *La représentation professionnelle dans la Constitution de Weimar*, Paris, Spes, 1924.
PROUDHON, Pierre-Joseph, *La Pornocratie ou les femmes dans les temps modernes*, Paris, Lacroix, 1875.
PROUDHON, Pierre-Joseph, *La guerre et la paix. Recherche sur le principe et la constitution du droit des gens*, tome I, Paris, Lacroix, 1869.
PROUDHON, Pierre-Joseph, *De la capacité politique des classes ouvrières*, Paris, Dentu, 1865.
PROUDHON, Pierre-Joseph, *Du principe fédératif*, Paris, Dentu, 1863.
PROUDHON, Pierre-Joseph, *L'idée de justice dans la révolution et dans l'Église*, tome II, Paris, Garnier, 1858.
PROUDHON, Pierre-Joseph, *La Révolution sociale démontrée par le coup d'État du 2 décembre*, 2ème éd., Paris, Garnier, 1852.
PROUDHON, Pierre-Joseph *Idée générale de la révolution au XIXe siècle*, Paris, Garnier Frères, 1851.
PROUDHON, Pierre-Joseph *Les confessions d'un révolutionnaire. Pour servir à l'histoire de la révolution de février*, Paris, 1849.
PUECH, Jules-Louis, *Le Proudhonisme dans l'Association internationale des travailleurs*, Paris, Alcan, 1907.
RENARD, Georges, *La Théorie de l'Institution. Essai d'ontologie juridique*, Paris, Sirey, 1930.
RITTINGHAUSEN, Moritz, *La législation directe par le peuple ou la véritable démocratie*, Paris, Librairie Phalanstérienne, 1850.
ROUSSEAU, Dominique, *Radicaliser la démocratie. Propositions pour une refondation*, Paris, Seuil, 2015.
ROUSSEAU, Jean-Jacques, *Du contrat social ou principes du droit politique*, Paris, Livre de poche, 1996, coll. « Classiques de la philosophie ».
ROUSSEAU, Jean-Jacques, *Ecrits politiques*, Paris, Livre de Poche, 1992, coll. « Classiques de la philosophie ».

RUFFO DE BONNEVAL, Sixte-Louis-Constant, *Lettres de M. l'abbé de Bonneval, député du clergé de Paris, à ses commettants*, Paris, Guerbart, 1790.

SAINT-SIMON, Claude-Henri de, *Œuvres complètes*, 4 vol., Paris, PUF, 2019.
SAVIGNY, Friedrich Carl von, *Traité de droit romain* (1840), tome I, trad. Charles Guénoux, Paris, Firmin Didot, 1855.
SAVIGNY, Friedrich Carl von, *De la vocation de notre temps pour la législation et la science du droit* (1814), trad. Alfred Dufour, Paris, PUF, 2006, coll. « Léviathan ».
SCELLE, Georges, *Le droit ouvrier*, Paris, Armand Colin, 1929.
SCHMITT, Carl, *Théorie de la Constitution*, trad. Lilyane Deroche, 2ème éd., Paris, PUF, 2013, coll. « Quadrige ».
SINZHEIMER, Hugo, *Ein Arbeitstarifgesetz. Die Idee der sozialen Selbstbestimmung im Recht*, Berlin, Duncker & Humblot, 1916.
TÖNNIES, Ferdinand, *Communauté et société* (1887), trad. Niall Bond, Sylvie Mesure, Paris, PUF, 2010, coll. « Le lien social ».
VILLEY, Edmond, *La question des salaires ou la question sociale*, Paris, Larose et Forcel, 1887.
VILLEY, Edmond, *Législation électorale comparée des principaux pays d'Europe*, Paris, Larose et Pedone, 1900.
VILLEY, Edmond, *L'État et le progrès social*, Paris, PUF, 1923.
WALINE, Marcel, *L'individualisme et le droit* (1949), 2ème éd., Paris, Dalloz, 2007.
WEBB, Beatrice, Sidney, *Industrial Democracy*, London, Longmans, Green and Co., 1897.
WEBER, Max, *Essais sur la théorie de la science*, Paris, Pocket, 1992.

II. – Articles

BERTH, Édouard, « Révolution sociale ou évolution juridique ? », *Le mouvement socialiste*, 15 novembre 1904, p. 121-139.
BLANC, Louis, « L'État dans une démocratie », in Louis Blanc, *Questions d'aujourd'hui et de demain*, tome III, Paris, Dentu, 1880, p. 143-163.
BLANC, Louis, « Du gouvernement du peuple par lui-même », in Louis Blanc, *Questions d'aujourd'hui et de demain*, I, Paris, Dentu, 1873, p. 45-200.
BOUGLE, Célestin, « Bilan du fouriérisme », *Archives de philosophie du droit et de sociologie juridique*, 1931, n°3-4, p. 341-360.
BOUGLE, Célestin, « Proudhon fédéraliste », in Célestin Bouglé (dir.), *Proudhon et notre temps*, Paris, Chiron, 1920, p. 239-255.

BOURGEOIS, Léon, « La démocratie », *Revue politique et parlementaire*, décembre 1904, p. 429-437.
BRETHE DE LA GRESSAYE, Jean, « La corporation et l'État », *Archives de philosophie du droit et de sociologie juridique*, 1938, n°1-2, p. 78-118.
DE LA GRASSERIE, Raoul, « De la représentation professionnelle », *Revue politique et parlementaire*, août 1895, n°11, p. 252-278.
DESLANDRES, Maurice, « L'autorité dans l'État. Le pouvoir central et ses organes », *Semaines Sociales de France*, Lyon, XVIIe session, 1925.
DURKHEIM, Émile, « La sociologia e il suo domino scientifico », *Revista italiana di sociologia*, 1900, n°4, pp. 127-148.
DUGUIT, Léon, « La représentation syndicale au Parlement », *Revue politique et parlementaire*, 10 juillet 1911, p. 28-45.
DUGUIT, Léon, « L'élection des sénateurs », *Revue politique et parlementaire*, septembre 1895, n°12, p. 453-475.
DUGUIT, Léon, « Le droit constitutionnel et la sociologie », *Revue internationale de l'enseignement*, 15 novembre 1889, p. 3-24.
DURAND, Paul, « La notion juridique d'entreprise », in *Travaux de l'association Henri Capitant*, 1948, p. 45-60.
ESMEIN, Adhémar, « Deux formes de gouvernement », *Revue du droit public*, janvier 1894, p. 15-41.
GRIFFUELHES, Victor, « Les caractères du syndicalisme français », *Syndicalisme & socialisme*, Paris, Rivière, 1908, p. 55-58.
GRIFFUELHES, Victor, « Le syndicalisme révolutionnaire », *Le mouvementent socialiste*, 1er janvier 1905.
GURVITCH, Georges, « Le principe démocratique et la démocratie future », *Revue de métaphysique et de morale*, 1929, n°3, p. 403-431.
GUY-GRAND, Georges, « La démocratie est-elle dépassée ? », *Archives de philosophie du droit et de sociologie juridique*, 1933, n°1-2, p. 37-59.
GUY-GRAND, Georges, « L'ère Proudhon », in Célestin Bouglé (dir.) *Proudhon et notre temps*, Paris, Étienne Chiron, 1920, p. 1-31.
HARMEL, Maurice, « Proudhon et le mouvement ouvrier », in Célestin Bouglé (dir.) *Proudhon et notre temps*, Paris, Étienne Chiron, 1920, p. 33-51.
HELLER, Hermann, « Forme et liberté dans la constitution du Reich », discours prononcé à l'occasion de la Fête de la Constitution, organisée par l'Association allemande des étudiants en août 1930, trad. G.

Marmasse, in Carlos-Miguel Herrera (dir.), *Les juristes de gauche sous la République de Weimar*, Paris, Kimé, 2002, p. 95-102.

HELLER, Hermann, « Rechtsstaat oder Diktatur ? » (1930), in *Gesammelte Schriften*, tome II, Leiden, A.W. Sijthoff, 1971, p. 443-462.

HELLER, Hermann, « Der Begriff des Gesetzes in der Reichsverfassung » (1928), in *Gesammelte Schriften*, tome II, Leiden, A.W. Sijthoff, 1971, p. 203-247.

HELLER, Hermann, « Grundrechte und Grundplfichten » (1924), in *Gesammelte Schriften*, tome II, Leiden, A.W. Sijthoff, 1971, p. 282-317.

LAGARDELLE, Hubert, « Le Syndicalisme et le Socialisme en France », *Syndicalisme & Socialisme*, Paris, Rivière, 1908, p. 35-54.

LAGARDELLE, Hubert, « Démocratie politique et organisation économique », *Le Mouvement Socialiste*, 31 mai 1902, n°94, p. 1009-1016.

LAGARDELLE, Hubert, « Démocratie politique et organisation économique », *Le Mouvement Socialiste*, 7 juin 1902, n°95, p. 1081-1088.

LARNAUDE, Ferdinand, « Analyses et comptes rendus. La théorie de la personnalité morale et son application au droit français, par Léon Michoud », *Revue du droit public*, 1906, n°28, p. 576-583.

LAVERGNE, Bernard, « Suffrage universel et suffrage collectif ou la représentation au Parlement des corps sociaux », *L'année politique française et étrangère*, 1925, p. 353-426.

LE FUR, Louis, « Droit individuel et droit social. Coordination, subordination ou intégration », *Archives de philosophie du droit et de sociologie juridique*, 1934, n°3-4, p. 279-309.

LEROUX, Pierre, « De l'individualisme et du socialisme » (1834), in Pierre Leroux, *Œuvres (1825-1850)*, Genève, Slatkine, 1978, p. 365-380.

LEROY, Maxime, « Le Conseil national économique de France », *Les Annales de l'économie collective*, 1925, n°187-189, p. 4-10.

LEROY, Maxime, « Citoyen ou Producteur ? », *Revue de métaphysique et de morale*, septembre-octobre 1919, n°5, p. 669-684.

MILLERAND, Alexandre, « En attendant une Constitution », *La revue de Paris*, septembre-octobre 1930, p. 721-739.

MILLERAND, Alexandre, « La politique sociale sous la troisième République », *Revue politique et parlementaire*, avril 1906, n°142, p. 5-27.

MIRKINE-GUETZEVITCH, Boris, « Le néo-absolutisme corporatif (Autriche et Portugal) », *L'Année politique française et étrangère*, 1934, p. 251-272.
MIRKINE-GUETZEVITCH, Boris, « Les nouvelles tendances du droit constitutionnel », *Revue du droit public*, 1928, n°1, p. 5-53.
PELLOUTIER, Fernand, « L'anarchisme et les syndicats ouvriers » *Les temps nouveaux*, 2-8 novembre 1895.
PELLOUX, Robert, « Le Préambule de la Constitution du 27 octobre 1946 », *Revue du droit public*, janvier-mars 1947, p. 347-398.
RENARD, Georges, « Les constitutions de la nouvelle Europe », *Revue politique et parlementaire*, 1930, n°423, p. 270-281.
RIVERO, Jean, « Les ''principes fondamentaux reconnus par les lois de la République'' : une nouvelle catégorie constitutionnelle ? », in *Recueil Dalloz Sirey*, Chron., 1972, p. 265-268.
RIVERO, Jean, « La convention collective et le droit public français », *Revue économique*, 1951, n°1, p. 15-24.
RIVERO, Jean, VEDEL, Georges « Les principes économiques et sociaux de la Constitution : le Préambule », in André de Laubadère et *alii*, *Pages de doctrine*, vol. 1, Paris, LGDJ, 1980, p. 93-145.
ROMANO, Santi, « L'État moderne et sa crise » (1910), trad. David Soldini, in *Jus politicum*, n°14, juin 2014.
ROSS, Alf, « Qu'est-ce que la démocratie ? », *Revue du droit public*, janvier-mars 1950, n°1, p. 29-42.
SCELLE, Georges, « Le problème ouvrier » (1924), *Revue française d'histoire des idées politiques*, 2005, n°21, p. 167-191.
SCELLE, Georges, « Chronique constitutionnelle de France. A propos de la crise actuelle de la représentation politique », *Revue du droit public*, 1911, n°28, p. 525-557.
SINZHEIMER, Hugo, « La théorie des sources du droit et le droit ouvrier », *Annuaire de l'Institut International de Philosophie du Droit et de Sociologie Juridique*, 1934, p. 73-79.
SINZHEIMER, Hugo, « Eine Theorie des sozialen Rechts » (1936), in Otto Kahn-Freund et Thilo Ramm (Hrsg.), *Arbeitsrecht und Rechtssoziologie. Gesammelte Aufsätze und Rede*, tome 2, Francfort, Europäische Verlaganstalt, 1976, p. 164-187.
VEDEL, Georges, « Existe-t-il deux conceptions de la démocratie ? », in André de Laubadère et *alii*, *Pages de doctrine*, vol. 1, Paris, LGDJ, 1980, p. 191-212
VILLEY, Edmond, « La représentation des intérêts dans le Parlement », *Revue d'économie politique*, 1889, p. 702-709.

WALINE, Marcel, « Le Parlement, le pouvoir exécutif, et les partis politiques en fonction de la démocratie », *Revue internationale de droit comparé*, avril-juin 1955, n°2, p. 391-399.

BIBLIOGRAPHIE

I. - OUVRAGES

AMADIEU, Jean-François, BOISSARD, Denis, *La démocratie sociale en danger. Laissons vivre les partenaires sociaux*, Paris, Liaisons, 2001.
ANDOLFATTO, Dominique (dir.), *Les syndicats en France*, Paris, La Documentation française, 2007.
ANSART, Pierre, *Naissance de l'anarchisme : esquisse d'une explication sociologique du proudhonisme*, Paris, PUF, 1970.
ARSEGUEL, Albert, *La notion d'organisations syndicales les plus représentatives*, thèse de doctorat en droit, Université de Toulouse Capitole, 1976.
AUBIN, Gérard, BOUVERESSE, Jacques, *Introduction historique au droit du travail*, Paris, PUF, 1995, coll. « Droit fondamental ».
BARANGER, Denis, *Penser la loi. Essai sur le législateur des temps modernes*, Paris, Gallimard, 2018, coll. « L'esprit de la cité ».
BARANGER, Denis, *Parlementarisme des origines. Essai sur les conditions de formation d'un exécutif responsable en Angleterre des années 1740 au début de l'âge victorien*, Paris, PUF, 1999, coll. « Léviathan »
BEC, Colette, *La sécurité sociale : une institution de la démocratie*, Paris, Gallimard, 2014, coll. « Bibliothèque des sciences humaines ».
BERNARD, Guillaume, DESCHODT, Jean-Pierre (dir.), *Les forces syndicales françaises*, Paris, PUF, 2010, coll. « Major ».
BERGOUGNIOUX, Alain, MANIN, Bernard, *Le régime social-démocrate*, Paris, PUF, 1989, coll. « Recherches politiques ».
BERTRAND, Chloé, BRETT, Raphaël, PULLIERO, Flore, WAGENER, Noé, (dir.), *Droit et anarchie*, Paris, L'Harmattan, 2013
BLAIS, Marie-Claude, *La solidarité. Histoire d'une idée*, Paris, Gallimard, 2007, coll. « Bibliothèque des idées ».
BOBBIO, Norberto, *Le futur de la démocratie*, Paris, Seuil, 2007, coll. « La couleur des idées ».
BÖCKENFÖRDE, Ernst-Wolfgang, *Le Droit, l'État et la Constitution démocratique*, trad. Olivier Jouanjan, Paris, LGDJ/Bruylant, 2000.

BOCKEL, Alain, *La participation des syndicats ouvriers aux fonctions économiques et sociales de l'État*, Paris, LGDJ,1965, coll. « Bibliothèque constitutionnelle et de science politique ».

BONNARD-PLANCKE, Lætitia, *Droit et démocratie sociale : contribution à l'étude des rapports entre démocratie sociale et organisation syndicale*, thèse de doctorat en droit, Lille II, 2004.

BONNECASE, Julien, *La pensée juridique française de 1804 à l'heure présente. Ses variations et ses traits essentiels*, Bordeaux, Delmas, 1933.

BORGETTO, Michel, LAFORE, Robert, *Droit de la Sécurité sociale*, 19ème éd., Paris, Dalloz, coll. « Précis ».

BORGETTO, Michel, LAFORE, Robert, *La République sociale. Contribution à l'étude de la question démocratique en France*, Paris, PUF, 2000, coll. « La politique éclatée »

BOUGRAB, Jeannette, *Aux origines de la Constitution de la IVe République*, Paris, Dalloz, 2002, coll. « Nouvelle bibliothèque de thèses ».

BORGETTO, Michel, *La notion de fraternité en droit public français. Le passé, le présent et l'avenir de la solidarité*, Paris, LGDJ, 1993, coll. « Bibliothèque de droit public ».

BOUGLE, Célestin, *Socialismes français : du "Socialisme utopique" à la "Démocratie industrielle"* », 2ème éd., Paris, Armand Colin, 1933.

BOY, Laurence, *L'intérêt collectif en droit français*, thèse de doctorat en droit, Université de Nice, 1979.

BOYER, Robert, *La flexicurité danoise. Quels enseignements pour la France ?*, Paris, Éditions Rue d'Ulm, Presses de l'École normale supérieure, 2006.

BRUNET, Pierre, *Vouloir pour la Nation : le concept de représentation dans la théorie de l'État*, Paris, LGDJ, 2004, coll. « La pensée juridique ».

CAPITANT, René, *Écrits constitutionnels*, Paris, éditions du CNRS, 2007.

CAPITANT, René, *Écrits politiques*, Paris, Flammarion, 1971.

CALLON, Jean-Éric (dir.), *Les projets constitutionnels de la Résistance*, Paris, La Documentation française, 1998.

CANFORA, Luciano, *La démocratie. Histoire d'une idéologie*, trad. Anna Colao et Paule Itoli, Paris, Seuil, 2006, coll. « Faire l'Europe ».

CARTIER, Emmanuel, VERPEAUX, Michel, *La Constitution du 27 octobre 1946. Nouveaux regards sur les mythes d'une constitution « mal-aimée »*, Paris, Mare & Martin, 2017, coll. « Droit public ».

CATALA, Nicole, *L'entreprise*, Paris, Dalloz, 1980.

CHAMBOST, Anne-Sophie, *Proudhon et la norme. Pensée juridique d'un anarchiste*, Rennes, Presses universitaires de Rennes, 2004, coll. « L'univers des normes ».

CHARRUAUD, Benoît, *Louis Blanc, la République au service du socialisme. Droit au travail et perception démocratique de l'État*, thèse de doctorat en droit, Université Strasbourg III, 2008.

CHATRIOT, Alain, *La démocratie sociale à la française : l'expérience du Conseil national économique 1924-1940*, Paris, La Découverte, 2005, coll. « L'Espace de l'histoire ».

CHEVALLIER, Jacques, *La contractualisation de la production normative*, Paris, Dalloz, 2008, coll. « Thèmes et commentaires ».

CLAPIE, Michel, *De la consécration des principes politiques, économiques et sociaux particulièrement nécessaires à notre temps : étude de droit public*, thèse de doctorat en droit, Montpellier I, 1992.

CLERGET, Michel, *La participation des travailleurs aux profits de l'entreprise*, 2 vol., thèse de doctorat en droit, Paris II, 1973.

CHOVELON, Julien, *L'État et la représentation socio-professionnelle*, thèse de doctorat en droit, Université d'Aix-Marseille, 2009.

COUTANT, Arnaud, *1848, Quand la République combattait la démocratie*, Paris, Mare & Martin, 2009, coll. « Droit & Science politique ».

DARDALHON, Laurence, *Conventions collectives à l'épreuve du contentieux constitutionnel en droit français*, thèse de doctorat en droit, Université d'Aix-Marseille, 2004.

DAUGERON, Bruno, *La notion d'élection en droit constitutionnel. Contribution à une théorie juridique de l'élection à partir du droit public français*, Paris, Dalloz, 2011, coll. « Nouvelle bibliothèque de thèses ».

DENQUIN, Jean-Marie, *Penser le droit constitutionnel*, Paris, Dalloz, 2019, « coll. Droit politique ».

DENQUIN, Jean-Marie, *Vocabulaire politique*, Paris, PUF, 1997, coll. « Que sais-je ? ».

DESLANDRES, Maurice, *Histoire constitutionnelle de la France de 1789 à 1870*, tome 1, Paris, Duchemin, 1932.

DEWERPE, Alain, *Le monde du travail en France (1800-1950)*, coll. « Cursus », Paris, Armand Colin, 1998.

DIDRY, Claude, *Naissance de la convention collective. Débats juridiques et luttes sociales en France au début du XXème siècle*, Paris, EHESS, 2002.
DOCKES, Emmanuel, *Les valeurs de la démocratie*, Paris, Dalloz, 2004, coll. « Méthodes du droit ».
DONZELOT, Jacques, *L'invention du social. Essai sur le déclin des passions politiques*, Paris, Fayard, 1984, coll. « L'espace du politique ».
DUBOIS, Jean, *Le vocabulaire politique et social en France de 1869 à 1872*, Paris, Larousse, 1962.
DUBREUIL, Hyacinthe, *Employeurs et salariés en France*, Paris, Alcan, 1934.
DUCLOS, Laurent, GROUX, Guy, MERIAUX, Olivier (sous la direction de), *Les nouvelles dimensions du politique : relations professionnelles et régulations sociales*, Paris, LGDJ, coll. « Droit et société », 2009.
DUFOUR, Anne-Claire, *Les pouvoirs du Parlement sur les finances de la Sécurité sociale. Etudes des lois de financement de la Sécurité sociale*, Paris, Dalloz, 2012, coll. « Bibliothèque parlementaire et constitutionnelle ».
DURNER, Wolfgang, *Antiparlementarismus in Deutschland*, Würzburg, Verlag Königshausen & Neumann, 1997.
DUSSARD, Marie-Laure, *Constitution et économie*, Paris, Dalloz, 2015, coll. « Nouvelle bibliothèque de thèses ».
EMERAS, Marion, *La démocratie sociale dans l'entreprise après 2008*, Paris, Mare et Martin, 2015, coll. « Bibliothèque des thèses ».
ESMEIN, Adhémar, *Éléments de droit constitutionnel français et comparé*, 6ème éd., Paris, Sirey, 1914.
EVGUENI, Pasukanis, *La théorie générale du droit et le marxisme*, E.D.I, 1970.
FERKANE, Ylias, *L'accord collectif de travail : étude sur la diffusion d'un modèle*, Paris, Dalloz, 2017, coll. « Nouvelle bibliothèque de thèses ».
FERRACCI, Marc, GUYOT, Florian, *Dialogue social et performance économique*, Les Presses de Sciences Po, 2015, coll. « Sécuriser l'emploi ».
FERRATON, Cyrille, *L'idée d'association (1830-1928)*, thèse de doctorat en droit, Université Lumière Lyon 2, 2002.
FILLOUX, Jean-Claude, *Durkheim et le socialisme*, Genève, Droz, 1977, coll. « Travaux de Sciences Sociales ».

FIORENTINO, Karen, *La seconde Chambre en France dans l'histoire des institutions et des idées politiques (1789-1940)*, Paris, Dalloz, 2008, coll. « Bibliothèque parlementaire et constitutionnelle ».
FOUCAULT, Michel, *Naissance de la biopolitique. Cours au collège de France (1978-1979)*, Paris, Seuil/Gallimard, 2004, coll. « Hautes études ».
FOUCAULT, Michel, *L'archéologie du savoir*, Paris, Gallimard, 1969.
FOURCADE, Cécile, *L'autonomie collective des partenaires sociaux. Essai sur les rapports entre démocratie politique et démocratie sociale*, Paris, LGDJ, 2006, coll. « Bibliothèque de droit social ».
FRAPET, David, *Le socialisme selon Léon Blum*, s. l., Créer, 2003.
GAILLARD, François, *Le Conseil économique et social*, thèse de doctorat en droit, Université Paris XIII, 1975.
GAILLET, Aurore, *L'individu contre l'État. Essai sur l'évolution des recours de droit public dans l'Allemagne du XIXe siècle*, Paris, Dalloz, 2012.
GAIRE-SIMONNEAU, Dorothée, *Les mutations du droit contemporain des relations collectives de travail. Pour une lecture habermassienne du droit du travail*, LGDJ, 2016, coll. « Bibliothèque de droit social ».
GAZIER, Bernard, *Vers un nouveau modèle social,* Paris, Flammarion, 2005
GERARD, Philippe, OST, François, VAN DE KERCHOVE, Michel (dir.), *Droit négocié, droit imposé* ?, Bruxelles, Publications des facultés universitaires Saint-Louis, 1996.
GIRAUDET, Carole, *Théorie de l'institution et droit du travail*, thèse de doctorat en droit, UPOND, 2014.
GODECHOT, Jacques, *La contre-révolution*, Paris, PUF, 1984, coll. « Quadrige ».
GOULEMOT, Jean-Marie, *Discours, révolutions et histoire (représentations de l'histoire et discours sur les révolutions de l'Age classique aux Lumières*), Paris, UGE, 1975, coll. « 10 x 18 ».
GUARDELLI, Laurent, *La négociation collective d'entreprise en droit français et anglais comparés*, thèse de doctorat en droit, Université Paris II Panthéon-Assas, 1999.
GUSY, Christoph, *100 Jahre Weimarer Verfassung. Eine gute Verfassung in schlechter Zeit*, Tübingen, Mohr Siebeck, 2018.
HALPERIN, Jean-Louis, *Histoire de l'état des juristes. Allemagne, XIXe-XXe siècles*, Paris, Classiques Garnier, 2015, coll. « Histoire du droit ».

HAYAT, Samuel, *1848. Quand la République était révolutionnaire*, Paris, Seuil, 2014.
HAYEK, Friedrich, *Droit, législation et liberté*, PUF, 2007.
HERVIER, Louise, *La peau de chagrin ? Affaiblissement syndical dans les assurances sociales en France et en Allemagne*, thèse de doctorat en science politique, Sciences Po Paris, 2012.
HOSTACHE, René, *Le Conseil National de la Résistance. Les institutions de la clandestinité*, Paris, PUF, 1958.
HOUILLON, Grégory, *Le lobbying en droit public*, Bruxelles, Bruylant, 2012.
HUMMEL, Jacky, *Essai sur la destinée de l'art constitutionnel*, Paris, Michel Houdiard, 2010.
JABBARI, Éric, *Pierre Laroque and the Welfare State in Postwar France*, Oxford, Oxford University Press, 2012.
JARLOT, Georges, *Le régime corporatif et les catholiques sociaux. Histoire d'une doctrine*, Saint-Dizier, Flammarion, 1938.
JOUANJAN, Olivier, *Une histoire de la pensée juridique en Allemagne (1800-1918*), Paris, PUF, 2005, coll. « Léviathan ».
JOUANJAN, Olivier (dir.), *Figures de l'État de droit,* Strasbourg, PUS, 2001.
JULLIARD, Jacques, *Les gauches françaises. 1762-2012 : Histoire, politique et imaginaire*, Paris, Flammarion, 2012.
KESSLER, Francis, *Le droit des conventions collectives en République fédérale d'Allemagne*, Francfort sur Mayenne, Peter Lang, 1988.
KONOPCZYNSKI, Ladislas, *Le* Liberum Veto. *Étude sur le développement du principe majoritaire*, Paris, Honoré Champion/Bebethner et Wolff, 1930.
KREBS, Gilbert, SCHNEILIN, Gérard, *Weimar ou de la démocratie en Allemagne*, Paris, Presse Sorbonne Nouvelle, 1994, coll. « Monde germanophone ».
LACROIX, Bernard, *Durkheim et le politique*, Paris, Presses de la Fondation Nationale des Sciences Politiques, Presses de l'Université de Montréal, 1981.
LACROUTS, Jérôme, *De la caisse des dépôts et consignations au groupe Caisse des dépôts*, thèse de doctorat en droit, Université Paris II Panthéon-Assas, 2005.
LE CANNU, Paul, *La société anonyme à directoire*, Paris, LGDJ, 2013, coll. « Anthologie du droit ».

LECLERC, Pierre, LAGRAVE, Michel (dir.), *La Sécurité sociale : son histoire à travers les textes*, tome II (1870-1945), Paris, Association pour l'étude de l'Histoire de la Sécurité sociale, 1996.

LECLERC, Olivier, LYON-CAEN, Antoine (dir.), *L'essor du vote dans les relations professionnelles. Actualités françaises et expériences européennes*, Paris, Dalloz, 2011, coll. « Thèmes et commentaires ».

LE CROM, Jean-Pierre (dir.), *L'introuvable démocratie salariale*, Paris, Syllepse, 2003.

LEFRANC, Georges, *Le mouvement syndical, de la libération aux événements de mai-juin 1968*, Paris, Payot, 1969.

LE GOFF, Jacques, *Droit du travail et société 2. Les relations collectives de travail*, Rennes, PUR, 2002.

LEGUICHEUX, Manuela, *La loi négociée en droit du travail*, thèse de doctorat en droit, Université Lumière Lyon II, 2018.

LEKEAL, Farid, *Syndicalisme juridique, personnalisme et fédéralisme intégral. Une contribution originale à la théorie juridique du fédéralisme*, thèse de doctorat en droit, Université de Lille, 1989.

LOCHAK, Danièle, *Le droit et les paradoxes de l'universalité*, Paris, PUF, 2010, coll. « Les voies du droit ».

LUCHAIRE, François, *Naissance d'une constitution : 1848*, Paris, Fayard, 1998, coll. « Histoire des constitutions de la France ».

LYON-CAEN, Antoine, URBAN, Quentin (dir.), *La crise de l'entreprise et de sa représentation*, Paris, Dalloz, 2012, coll. « Thèmes et commentaires ».

MAISL, Herbert, *Recherches sur la notion de délégation de compétences en droit public*, thèse de doctorat en droit, Université Panthéon-Assas, 1972.

MANIN, Bernard, *Principes du gouvernement représentatif*, Paris, Flammarion, 2012, coll. « Champs essais ».

MARGUERITE, Magali, *Le droit à la représentation des salariés dans la négociation collective*, thèse de doctorat en droit, Université Paris II Panthéon-Assas, 2011.

MARTUCCI, Francesco, MONGOUACHON, Claire (dir.), *La Constitution économique. En hommage au Professeur Guy Carcassonne*, Paris, La mémoire du droit, 2015.

MONTUCLARD, Maurice, *Conscience religieuse et démocratie*, Paris, Le Seuil, 1965.

MORIN, Marie-Laure, *Le droit des salariés à la négociation collective : principe général du droit*, Paris, LGDJ, 1994, coll. « Bibliothèque de droit social ».

MUCCHIELLI, Laurent, *La découverte du social. Naissance de la sociologie en France (1870- 1914)*, Paris, La Découverte, 1998.
MUSSO, Pierre, *Saint-Simon et le saint-simonisme*, Paris, PUF, 1999, coll. « Que sais-je ? ».
NISBET, Robert, *La tradition sociologique*, Paris, PUF, 1993.
ODOUL-ASOREY, Isabel, *Négociation collective et droit constitutionnel. Contribution à l'étude de la constitutionnalisation des branches du droit*, LGDJ, 2013, coll. « Bibliothèque de droit social ».
OGIER-BERNAUD, Valérie, *Les droits constitutionnels des travailleurs*, Paris, Economica/PUAM, 2003.
O'GORMAN, Frank, *Edmund Burke, his political philosophy*, London, George Allen & Unwin, 1973.
OLSZAK, Norbert, *Histoire du droit du travail*, Paris, Economica, 2011, coll. « Corpus Histoire du Droit ».
PALIER, Bruno, *Gouverner la Sécurité Sociale*, Paris, PUF, 2005, coll. « Quadrige ».
PELLET, Rémi, SKZRYERBAK, Arnaud, *Droit de la protection sociale*, Paris, PUF, 2017, coll. « Thémis ».
PELLET, Rémi, *Les finances sociales : économie, droit et politique*, Paris, LGDJ, 2001, coll. « Systèmes Finances publiques ».
PELLET, Rémi, *Recherche sur la notion de finance sociale. L'intervention du droit financier public dans le régime général de la Sécurité sociale*, thèse de doctorat en droit, Université Montpellier I, 1991.
PESKINE, Elsa, WOLMART, Cyril, *Droit du travail*, 13ème éd., Paris, Dalloz, 2019, coll. « Hypercours ».
PINON, Stéphane, *Maurice Deslandres et le droit constitutionnel. Un itinéraire*, Dijon, Éditions Universitaires de Dijon, 2012, coll. « Institutions ».
POLAINA, Matthieu, *La notion de démocratie sociale*, thèse de doctorat en droit, Université de Bourgogne Franche-Comté, 2021.
POLIN, Raymond, *La République entre démocratie sociale et démocratie aristocratique*, Paris, PUF, 1997, coll. « Questions ».
PONTEIL, Félix, *Les bourgeois et la démocratie sociale 1914-1968*, Paris, Albin Michel, 1971, coll. « L'Evolution de l'humanité ».
PONTEIL, Félix, *Les classes bourgeoises et l'avènement de la démocratie*, Paris, Albin Michel, 1968, coll. « L'Evolution de l'humanité ».
RAY, Jean-Emmanuel, *Droit du travail : droit vivant*, 25ème éd., Paris, Wolters Kluwer France, 2017.

REDOR, Marie-Joëlle, *De l'État légal à l'État de droit. L'évolution des conceptions de la doctrine publiciste française (1870-1914)*, Paris, PUAM-Economica, 1992, 330 p.
REMY, Patrick, *Effet normatif des accords collectifs et représentation des salaires à la lumière des droits français et allemand de la négociation collective*, thèse de doctorat en droit, Université Paris X Nanterre, 1998.
RIALS, Stéphane, *La Déclaration des droits de l'homme et du citoyen*, Paris, Hachette, 1988, coll. « Pluriel ».
RÖPKE, Wilhelm, *Civitas Humana ou les Questions fondamentales de la Réforme économique et sociale : capitalisme, collectivisme, humanisme économique, État, société, économie*, trad. P. Bastier, Paris, Librairie de Médicis, 1946.
ROSANVALLON, Pierre, *L'État en France de 1789 à nos jours*, Paris, Seuil, 1990, coll. « Points histoire ».
ROSANVALLON, Pierre, *La question syndicale*, Paris, Calmann-Lévy, 1988.
SACQUIN, Michèle, *Entre Bossuet et Maurras : l'antiprotestantisme en France de 1814 à 1870*, Paris, École des Chartes, 1998.
SARTORI, Giovanni, *Théorie de la démocratie*, Paris, Armand Colin, 1973.
SCHLANGER, Judith, *Les métaphores de l'organisme*, Paris, L'Harmattan, 1971, coll. « Histoire des sciences humaines ».
SCHMIDT, Thomas Benedikt, *Das Günstigkeitsprinzip im Tarifvertrags- und Betriebsverfassungsrecht : zugleich ein Beitrag zum Verhältnis von Tarifvertrag und Betriebsvereinbarung*, Berlin, Duncker & Humblot, 1994.
SOLDINI, David, *Les fondements du pouvoir normatif des syndicats de travailleurs : étude comparée en droit français, italien et communautaire*, thèse de doctorat en droit, Université Paris I Panthéon-Sorbonne, 2009.
STOLLEIS, Michael, *Histoire du droit public en Allemagne. Droit public impérial et science de la police (1600-1800)*, trad. Michel Senellart, Paris, PUF, 1998, coll. « Fondements de la politique ».
SUPIOT, Alain, *Critique du droit du travail*, 3ème éd., Paris, PUF, 2015, coll. « Quadrige ».
THOEMMES, Jens, *La négociation du temps de travail. Une comparaison France-Allemagne*, Paris, LGDJ, 2010, coll. « Droit et société », 2010.

TROPER, Michel, *Terminer la révolution. La Constitution de 1795*, Paris, Fayard, 2006.
VEYNE, Paul, *Les Grecs ont-ils cru à leurs mythes ? Essai sur l'imagination constituante*, Paris, Seuil, 1983, coll. « Points ».
VOIRIN, Michel, *Les organes des caisses de sécurité sociale et leurs pouvoirs*, Paris, LGDJ, 1961, coll. « Bibliothèque d'ouvrages de droit social ».
YANNAKOUROU, Stamatina, *L'État, l'autonomie collective et le travailleur. Étude comparée du droit italien et du droit français de la représentativité syndicale*, Paris, LGDJ, 1995, coll. « Bibliothèque de droit privé ».

II. – ARTICLES ET CONTRIBUTIONS A DES OUVRAGES COLLECTIFS

ALDRIN, Philippe, « La ''société civile européenne'', entre idéal démocratique et contingences politiques. De Maastricht à Lisbonne, les mises à l'agenda parlementaire de l'ouverture aux lobbys et à la société civile », in Josiane Auvret (dir.), *Le Parlement européen après l'entrée en vigueur du traité de Lisbonne*, Paris, Larcier, 2013, p. 183-226.
AMIEL, Olivier, « Le solidarisme, une doctrine juridique et politique française de Léon Bourgeois à la Ve République », *Parlement[s]*, 2009, n°11, p. 149-160.
ANDOLFATTO, Dominique, « L'État, les relations industrielles et la démocratie sociale », *Civitas Europa*, 2014, n° 33, p. 33-42.
ANDOLFATTO, Dominique, « ''Rénover la démocratie sociale''. Genèse d'une réforme et premiers résultats », *Politiques de communication*, 2014, n°2, p. 13-50.
ANGAUT, Jean-Christophe, « Conflit, anarchie et démocratie : en repartant de Proudhon », *Astérion*, 2015, n°13.
ANTONMATTEI, Paul-Henri, « L'irrésistible ascension de l'accord d'entreprise », *Dr. Soc.*, 2017, n°12, p. 1027-1032.
ANSART, Pierre, « La présence du proudhonisme dans les sociologies contemporaines », *Mil neuf cent*, 1992, n°10, p. 94-110.
ARON, Raymond, « Les sociologues et les institutions représentatives », *European Journal of Sociology / Archives Européennes De Sociologie / Europäisches Archiv Für Soziologie*, 1960, n°1, p. 142-157.
AUZERO, Gilles, « Conventions d'entreprise et conventions de branche », *Droit social*, décembre 2017, n°12, p. 1018- 1023.

BABINET, François, « Dit et non-dit du texte : rapports sociaux et portée juridique de la loi du 21 mars 1884 », *Convergences. Etudes offertes à Marcel David*, Quimper, Calligrammes, 1991, p. 19-51.

BARANGER, Denis, « Théorie et pratique du principe de majorité dans les droits constitutionnels européens », *Jus politicum*, 2016, n°15.

BARASH, Jeffrey Andrew, « Hermann Heller critique de Carl Schmitt », *Cités*, 2001, n°6, p. 175-178.

BARBET, Denis, « Retour sur la loi de 1884. La production des frontières du syndical et du politique », *Genèses*, 1991, n°3, 1991, p. 5-30.

BARDA, Ernest, « Les principales réformes fascistes », *Bulletin mensuel de la Société de législation comparée*, juillet-septembre, 1928, n°7-8-9, p. 279-327.

BAUMERT, Renaud, « L'école historique d'Édouard Laboulaye », *Revue française d'histoire des idées politiques*, 2018, n°47, p. 97-118.

BAYON, Denis, FROBERT, Ludovic, « Lois ouvrières et réformisme social dans l'œuvre de Paul Pic (1862-1944), *Le Mouvement Social*, 2002, n°201, p. 53-80.

BEAUD, Olivier, « Le principe majoritaire dans la théorie constitutionnelle des formes politiques », *Jus politicum*, janvier 2016, n°15.

BELIN-CAPON, Marie-Hélène, « Althusius contre Bodin », *Commentaire*, 2015, n°150, p. 275-278.

BERNAUD, Valérie, « La négociation d'entreprise en marche ! », *Droit social*, 2018, n°2, p. 196-201.

BERNAUD, Valérie, « La participation saisie par le droit constitutionnel : entre faux espoirs et vraies déceptions », *Droit social*, 2015, n°12, p. 960-966.

BERNAUD, Valérie, « Est-il pertinent de penser la représentation syndicale en fonction des critères relatifs à la représentation politique ? », *Droit social*, 2013, n° 6, p. 496-501.

BERNAUD, Valérie, « Réforme du dialogue social : faut-il inviter le Conseil constitutionnel à la table des négociations ? », *Droit social*, 2007, n°2, p. 174-183.

BERNAUD, Valérie, « Le Conseil constitutionnel et l'embarrassant ''principe de faveur'' », *Revue française de droit constitutionnel*, 2003, n° 55, p. 567-573.

BEROUD, Sophie, « Perspectives critiques sur la participation dans le monde du travail : éléments de repérage et de discussion », *Participations*, 2013, n°5, p. 5-32.

BERTRAND, Jean-Marie, GRUENAIS, Max-Peter, « Quelques aspects de la métaphore organique dans le domaine politique », *Langage et société*, 1984, n°29, p. 39-57.
BEURIER, Jean-Pierre, « Le rôle du Conseil économique et social », *Revue du droit public*, 1982, p. 1627-1674.
BIDIMA, Jean-Godefroy, « L'idée de révolution chez Proudhon : genèses et limites », in Olivier Bloch (dir.), *L'idée de révolution : quelle place lui faire au XXIe siècle*, Paris, Éditions de la Sorbonne, 2009, coll. « Philosophie ».
BINAUT, Louis, « Joseph de Maistre : ce qu'il est et ce qu'il devient », *Revue des deux mondes*, 1858, tome 18, p. 610-645.
BINOCHE, Bertrand, « Évolution/Révolution : une antinomie constitutive du concept moderne d'histoire », 1er février 2008.
BONAFE-SCHMIDT, Jean-Pierre, « Pour une approche socio-juridique de la production des normes dans les relations de travail », *Droit et société*, 1994, n°27 p. 337-345.
BOND, Niall, « La ''société civile'' et ses expressions en Allemagne », in Jay Rowell, Anne-Marie Saint-Gille (dir.), *La société civile organisée aux XIXe et XXe siècles : perspectives allemandes et françaises*, Villeneuve d'Ascq, Presses Universitaires du Septentrion, 2010, p. 45-58.
BONNIN, Vincent, « La "démocratie sociale" constitutionnalisée ? », *Droit social*, 2014, n° 5, p. 428-437.
BORELLA, François, « La situation actuelle du droit constitutionnel », *Revue française de droit constitutionnel*, 2012, n°89, p. 3-10.
BORGETTO, Michel, « Fraternité et Solidarité : un couple indissociable ? », in Maryvonne Hecquard Théron (dir.), *Solidarité(s) : perspectives juridiques* Toulouse, PUT/LGDJ/Lextenso, 2009, p. 11-33.
BORGETTO, Michel, « La Sécurité sociale à l'épreuve du principe d'universalité », *Revue de droit de la sécurité sociale*, 2016, n°3, p. 11-23.
BORGETTO, Michel, « La représentativité des syndicats en droit de l'assurance maladie », *Les Tribunes de la santé*, 2008, n° 18, pp. 39-45.
BORGETTO, Michel, « La doctrine solidariste de Léon Bourgeois : une nouvelle définition des rapports entre le politique, le social et le droit », in Carlos-Miguel Herrera (dir.), *Les juristes face au politique. Le droit, la gauche, la doctrine sous la IIIe République*, tome I, Paris, Éditions Kimé, 2003, coll. « Philosophie politique », p. 35-56.

BORGETTO, Michel, LAFORE, Robert, « La protection sociale à la croisée des chemins ? », *L'économie politique*, 2002, n°13, p. 71-84.
BORGETTO, Michel, « Quelle Démocratie sociale ? », *Revue du droit public*, 2002, n°1-2, p. 194-214.
BORGETTO, Michel, LAFORE, Robert, « L'État-providence, le droit social et la responsabilité », *Lien social et politique*, 2001, n°46, p. 31-42.
BORGETTO, Michel, « Sécurité sociale et démocratie sociale : état des lieux », *Revue française des finances publiques*, 1998, n°64, pp. 7-37.
BORGETTO, Michel, « Protéger la démocratie sociale ou démocratiser la protection sociale ? », *Regards*, 2001, n° 19, p. 3-20.
BORENFREUND, Georges, « Négociation collective et représentativité syndicale », *Droit social*, 2013, n°4, p. 300-035.
BORENFREUND, Georges, « Le nouveau régime de la représentativité syndicale », *Revue de droit du travail*, 2008, n°12, p. 712-722.
BORENFREUND, Georges, « La représentation des salariés et l'idée de représentation », *Droit social*, 1991, n°9-10, p. 685-695.
BOUCOBZA, Isabelle « Démocratie, droits et constitution à l'aube des Républiques française et italienne d'après-guerre », in Véronique Champeil-Desplats, Jean-Marie Denquin (dir.), *Démocratie et constitutionnalisme : retours critiques*, Paris, Mare & Martin, 2018, p. 123-139.
BOURDIEU, Pierre, « La force du droit », Actes de la recherche en sciences sociales, septembre 1986, n°64, p. 3-19.
BRUNET, Pierre, « La démocratie entre essence et expérience. Réponse à Dominique Rousseau », *La vie des idées*, 9 octobre 2008.
CAILLOSSE, Jacques, « La sociologie politique du droit, le droit et les juristes », *Droit et société*, 2011, n°77, p. 187-206.
CAILLOSSE, Jacques, « Droit et politique : vieilles lunes, nouveaux champs », *Droit et société*, 1994, n°26, p. 127-154.
CAPITANT, René, « Fédéralisme et démocratie », *Jus politicum*, 2016, n°16, p. 209-240.
CAPORAL, Stéphane, « Souveraineté nationale et représentation », in *Nation et République : les éléments d'un débat*, PUAM, 1995, p. 299-311.
CASANOVA, Jean-Claude, « L'amendement Vallon », *Revue française de science politique*, 1967, n°1, p. 97-109.
CASTEL, Robert, « La citoyenneté sociale menacée », *Cités*, 2008, n°35, p. 133-141.

CASTLETON, Edward, « Aux origines de l'ontologie sociale proudhonienne : l'apport des manuscrits inédits », in Jean-Christophe Angaut, Daniel Colson, Mimmo Pucciarelli (dir.), *Philosophie de l'anarchie. Théories libertaires, pratiques quotidiennes et ontologie*, Lyon, Atelier de création libertaire, 2012, p. 103-129.

CATRICE-LOREY, Antoinette, « La sécurité sociale en France, une institution antiparitaire ? Un regard historique à long terme », *Revue de l'IRES*, n°24, 1997, p. 81-105.

CHAMBOST, Anne-Sophie, « Édouard Laboulaye. Portrait intellectuel », *Revue française d'histoire des idées politiques*, 2018, n°47, p. 9-32.

CHAMBOST, Anne-Sophie, « Le sens de l'ordre, dans la passion de la liberté. Maxime Leroy, juriste proudhonien (1873-1957) », conférence Jean Moulin - Lyon 3, publiée in *Mémoires de la Société pour l'Histoire du Droit*, tome 70, 2013, p. 353-371.

CHATRIOT, Alain, « Maxime Leroy, la réforme par le syndicalisme », *Mil neuf cent*, 2006, n°24, p. 73-94.

CHATRIOT, Alain, « Les apories de la représentation de la société civile », *Revue française de droit constitutionnel*, 2007, n°71, p. 535-555.

CHATRIOT, Alain, « Un débat politique incertain : le corporatisme dans la France des années 1930 », *Les Études sociales*, 2013, n°157-158, p. 231-244.

CHAUCHARD, Jean-Pierre, « Représentation collective et protection sociale », *Revue droit de la sécurité sociale*, 2004, n°1, p. 161-177.

CHEVALLIER, Jean-Jacques, compte-rendu de l'ouvrage d'Henri Michel et de Boris Mirkine-Guetzévitch, *Les idées politiques et sociales de la Résistance (Documents clandestins, 1940-1944)*, Paris, PUF, 1954, in *Revue internationale de droit comparé*, octobre-décembre 1954, n°4, p. 864-867.

CLAPIE, Michel, « Le Conseil d'État et le Préambule de la Constitution de 1946 », *Revue administrative*, juin 1997, n°297, p. 278-289.

COHENDET, Marie-Anne, « Une crise de la représentation politique ? », *Cités*, 2004, n°18, p. 41-61.

COLLET, Martin, « Le Conseil constitutionnel et la distinction des impôts et des cotisations sociales », *Revue de droit fiscal*, 2 octobre 2014, n° 40, p. 8-14.

COMMAILLE, Jacques, v° « Droit et politique », in Denis Alland, Stéphane Rials (dir.), *Dictionnaire de la culture juridique*, Paris, Lamy/PUF, 2003, 477-481.

COMBREXELLE, Jean-Denis, « Démocratie sociale : les enjeux du futur », in Guy Groux, Richard Robert, Martial Foucault (dir.), *Le Social et le Politique*, Paris, CNRS Editions, 2020, p. 186-195.
COSME, Cyril, « Une perspective mondiale sur la démocratie sociale », in Guy Groux, Richard Robert, Martial Foucault (dir.), *Le Social et le Politique*, Paris, CNRS, 2020, p. 71-80.
DAHRENDORF, Ralf, WILLENER, Alfred, « Politique syndicale et structure des entreprises en Allemagne », *Sociologie du travail*, 1962, n°2, p. 159-173.
DAMAMME, Dominique, JOBERT, Bruno, « Les paritarismes contre la démocratie sociale », *Pouvoirs*, n°94, 2000, p. 87-102.
DAUGERON, Bruno, « Définir la démocratie grâce au droit ? Regards de théorie constitutionnelle », in Véronique Champeil-Desplats, Jean-Marie Denquin (dir.), *Démocratie et constitutionnalisme. Retours critiques*, Paris, Mare & Martin, 2018, p. 141-158.
DAUGERON, Bruno, « De la démocratie aux droits fondamentaux : transition ou substitution ? », *Politeia*, 2016, n°30, p. 227-251.
DAUGERON, Bruno, « La démocratie administrative dans la théorie du droit public : retour sur la naissance d'un concept », *Revue française d'administration publique*, 2011, n°137-138, p. 21-37.
DELCAMP, Alain, « L'affirmation du Sénat », in *AFDC 1958-2008, Cinquantième anniversaire de la Constitution française*, Dalloz, 2008, p. 281-292.
DENQUIN, Jean-Marie, « Quelques observations sur les *Principes de droit public* de Maurice Hauriou », *Jus politicum*, 2011, n°6.
DENQUIN, Jean-Marie, « Pour en finir avec la crise de la représentation », *Jus politicum* 2010, n°4.
DENQUIN, Jean-Marie, « Que veut-on dire par "démocratie" ? L'essence, la démocratie et la justice constitutionnelle », in Jean-Marie Denquin, *Penser le droit constitutionnel*, Paris, Dalloz, 2019, coll. « Droit politique », p. 125-147.
DENQUIN, Jean-Marie, « Situation présente du constitutionnalisme. Quelques réflexions sur l'idée de démocratie par le droit », *Jus politicum*, 2008, n°1.
DENQUIN, Jean-Marie, « Éléments pour une théorie constitutionnelle », *Annales de la faculté de droit de Strasbourg*, 2006, n°8, p. 101-142.
DERDAELE, Elodie, RENAUDIE, Olivier, « L'État social à la croisée des chemins. Une introduction », *Civitas Europa,* 2014, n° 33, p. 5-9.

DERMAGNE Jacques, « La société civile entre jacquerie et démocratie sociale ? », *Revue politique et parlementaire*, mai-juin 2001, n°1012, p. 67-72.

DEROUSSIN, David, « L'idée corporative saisie par les juristes : de la corporation au pluralisme juridique ? », *Les Études sociales*, 2013, n°157-158, p. 147-185.

DESPAX, Michel, « La participation des salariés aux fruits de l'expansion des entreprises en France », *Les cahiers de droit*, septembre 1968, n°3, p. 367-390.

DUFOUR, Anne-Claire, « La poursuite assumée de la fiscalisation de la Sécurité sociale », *Revue de droit de la sécurité sociale*, décembre 2017, n°6, p. 983-992.

DUNN, John, « The concept of ''trust'' in the politics of John Locke », in Richard Rorty, J.B. Schneewind, Quentin Skinner (dir.), *Philosophy in History : essays on the historiography of philosophy*, Cambridge, Cambridge University Press, 1984, p. 279-301.

DUPEYROUX, Jean-Jacques, « Le plan Juppé », *Droit Social.*, 1996, n°9-10, p. 753-756.

DUPUY, René-Jean, « Regard d'Edmund Burke sur la Révolution française », *Etudes irlandaises*, 1998, n°23, p. 113-120.

DUTHEILLET DE LAMOTHE, « Les principes de la jurisprudence du Conseil constitutionnel en matière sociale », *Nouveaux cahiers du Conseil* constitutionnel, octobre 2014, n°45.

DIDRY, Claude, « Droit, démocratie et liberté au travail dans le système français de relations professionnelles », *Terrains et travaux*, 2008, n°14, p. 127-148.

DIDRY, Claude, « Dc l'État aux groupes professionnels. Les itinéraires croisés de Léon Duguit et d'Émile Durkheim au tournant du siècle (1880-1900) », *Genèses*, décembre 1990, n°2, p. 5-27.

ESCUDIER, Alexandre, « Démocratie représentative et démocratie sociale : d'un ''suprême paradoxe'' et de ses évolutions récentes », in Guy Groux, Richard Robert, Martial Foucault (dir.), *Le Social et le Politique*, Paris, CNRS Editions, 2020, p. 29-39.

ESCUDIER, Alexandre, « Tensions démocratiques : du gouvernement représentatif à la démocratie sociale post-représentative », *Cités*, 2019, n°77, p. 99-106.

FARVAQUE, Nicolas, « L'UNSA et la quête de la représentativité : s'implanter dans les entreprises, avant et après la loi du 20 août 2008 », *La Revue de l'Ires*, 2016, n°90, p. 3-45.

FAVENNEC-HERY, Françoise, « La représentativité syndicale », *Droit social*, 2009, n°6, p. 630-640.
FERKANE, Ylias, « Le paritarisme à l'épreuve de l'universalisation de la protection sociale », *Revue française des affaires sociales*, 2018, n°4, p. 105-118.
FERNEUIL, Théodore, « La crise de la souveraineté nationale et du suffrage universel », *Revue politique et parlementaire*, octobre-novembre-décembre1896, p. 489-511.
FERRAS, Benjamin, « Le financement de la Sécurité sociale et de la protection sociale : entre autonomie et indépendance, une gouvernance particulière, des innovations constantes », *Regards*, 2017, n°52, p. 59-75.
FONBAUSTIER, Laurent, v° « Élection », *Dictionnaire de la culture juridique*, in ALLAND, Denis, RIALS, Stéphane (dir.), Paris, Lamy/PUF, 2003, p. 604-607.
FONT, Nicolas, « Le droit à la participation des fonctionnaires », *Droit social*, 2015, n°12, p. 967-973.
FOULQUIER, Norbert, « Maurice Hauriou, constitutionnaliste (1856-1929) », *Jus* politicum, 2009, n°2.
FRICK, Jean-Paul, « L'utopie de Saint-Simon », *Revue française de science politique*, 1988, n°3, p. 387-401.
FRIOT, Bernard « Régime général et retraites complémentaires entre 1945 et 1967 : le paritarisme contre la démocratie sociale », *Revue de l'IRES*, 1997, n°24, p. 107-130.
GAGLIARDI, Alessio, « De la crise de l'État à l'État corporatif. Le corporatisme dans la réflexion des économistes et des juristes italiens », *Les Etudes sociales*, 2013, n°157-158, p. 187-209.
GAMET, Laurent, « L'Église catholique, le travail et les travailleurs », *Droit social*, 2018, n°3, p. 293-298.
GAMILLSCHEG, Franz, « La cogestion des travailleurs en droit allemand. Bilan à la lumière du jugement du Tribunal constitutionnel fédéral du 1er mars 1979 », *Revue internationale de droit comparé*, janvier-mars 1980, n°1, p. 57-74.
GANZIN, Michel, « La théorie de la représentation de la nation anglaise », in *Le concept de représentation dans la pensée politique*, Actes du colloque d'Aix-en-Provence (mai 2002), Aix-en-Provence, PUAM, 2003, coll. « Histoire des idées politiques », p. 193-204.
GEA, Frédéric, « Un changement de paradigme ? », *Droit social*, 2017, n°12, p. 997-1007.

GAUBARD, Clément, « René Capitant et la participation : l'échec d'une ambition sociale », *Jus politicum*, 2021, n°26, p. 199-222.

GENGEMBRE, Gérard, « Louis de Bonald et la France révolutionnée », *Romantisme*, 1976, n°12, p. 77-84.

GERVASONI, Marco, « L'invention du syndicalisme révolutionnaire en France (1903- 1907) », *Mil neuf cent*, 2006, n°24, p. 57-71.

GIBAUD, Bernard, « Paritarisme, démocratie sociale : aperçus historiques sur une liaison hasardeuse », *Mouvements*, 2001, n°14, p. 38-45.

GIERKE, Otto von, « Der germanische Staatsgedanke », Vortrag gehalten am 4. Mai 1919, in *Revue française d'histoire des idées politiques*, 2006, n°23, p. 172-191.

GODFRAIN, Jacques, « La participation : idée centrale de la pensée gaullienne », *Espoir*, 2000, n°125.

GODIN, Romaric, « La social-démocratie, un rêve bien français », *La Tribune*, 15 janvier 2014.

GREGOIRE, Mathieu, « Réforme de l'assurance chômage : vers la fin de la couverture assurancielle de la privation d'emploi », *Revue de droit du travail*, 2021, n°6, p. 364-375.

GREVY, Manuela, « La capacité d'intervention des syndicats face au nouveau régime de la représentativité », *Droit social*, 2013, n° 4, p. 311-315.

GREVY, Manuela, « Affiliation syndicale et démocratie sociale », *Revue de droit du travail*, 2011, n°9, p. 489-495.

GROUX, Guy, « Syndicalisme, légitimités et régulation conjointe. Aspects historiques et politiques », in ZARKA, Yves-Charles (dir.), *Repenser la démocratie*, Paris, Armand Colin, 2010, coll. « Emergences », p. 150-163.

GROUX, Guy, « De la démocratie sociale à la social-démocratie. Une gageure pour le pouvoir socialiste ? », Sciences Po Grenoble, working paper n°24.

GUENIFFEY, Patrice, « La difficile invention du vote », in Patrice Gueniffey, *Histoires de la Révolution et de l'Empire*, Paris, Perrin, 2011, coll. « Tempus », p. 65-88.

GUENIFFEY, Patrice, « Joseph de Maistre, la Révolution et la France », in Patrice Gueniffey, *Histoires de la Révolution et de l'Empire*, Paris, Perrin, 2011, coll. « Tempus », p. 377-439.

GUENIFFEY, Patrice, « Le moment du vote. Les systèmes électoraux de la période révolutionnaire », *Revue française de science politique*, 1993, n°1, p. 6-29.

GUGLIELMI, Gilles, « Débattre d'un...et écrire le...Préambule. », in Geneviève Koubi (dir.), *Le Préambule de la Constitution de 1946. Antinomies juridiques et contradictions politiques*, Paris, PUF, p. 1-13.
GUIOL, Patrick, « La place de la question sociale dans la pensée du général de Gaulle », in Robert Vandenbussche, Jean-François Sirinelli, Marc Sadoun (dir.), *La politique sociale du général de Gaulle*, Lille, Publications de l'Institut de recherches historiques du Septentrion, 1990.
GUIOMARD, Frédéric, « Le rôle des partenaires sociaux en question. Quelques enseignements de la loi pour la liberté de choisir son avenir professionnel », *Revue de droit du travail*, 2018, n°9, p. 589-593.
GUSY, Christoph, « Les idées démocratiques dans la République de Weimar », in Carlos-Miguel Herrera, in Carlos-Miguel Herrera (dir.), *Les juristes de gauche sous la République de Weimar*, Paris, Kimé, 2002, p. 13-26.
HAYAT, Samuel, in Édouard Jourdain (dir.), *Proudhon et l'anarchie*, Paris, Publications de la Société P.-J. Proudhon, 2012, p. 39-62.
HAYAT, Samuel, « Démocratie industrielle (démocratie ouvrière) », in Chantal Gaillard, Georges Navet (dir.), *Dictionnaire Proudhon*, Bruxelles, Aden, 2011, p. 138-153.
HAYAT, Samuel, « Pour le droit et contre la loi : les origines ouvrières de l'anarchisme proudhonien », in Anne-Sophie Chambost (dir.), *Proudhon : droit ou morale ?*, Courgenard, Publications de la Société P.-J. Proudhon, 2011, p. 148-163.
HEAS, Franck, « État des lieux de la représentativité patronale », *Droit social*, 2014, n°3, p. 198-203.
HEAS, Franck, « La représentativité des organisations salariées et patronales en droit français », *Revue de droit du travail*, 2011, n°2, p. 91-98.
HERRERA, Carlos-Miguel, « Constitutionnalisme social et populisme constitutionnel en Amérique latine », in Carlos-Miguel Herrera (dir.), *Le constitutionnalisme latino-américain aujourd'hui : entre renouveau juridique et essor démocratique ?*, Paris, Kimé, 2015, coll. « Nomos & Normes », p. 83-114.
HERRERA, Carlos-Miguel, « Weimar chez les juristes français contemporains », in Carlos-Miguel Herrera (dir.), *La constitution de Weimar et la pensée juridique française*, Paris, Kimé, 2011, coll. « Philosophie politique », p. 7-28.
HERRERA, Carlos-Miguel, « Comment le social vient au constitutionnalisme. Entre État et droits », in Carlos-Miguel Herrera

(dir.), *La constitution de Weimar et la pensée juridique française*, Paris, Kimé, 2011, coll. « Philosophie politique », p. 29-52.
HERRERA, Carlos-Miguel, « Être socialiste en Faculté de Droit. Quelques parcours sous la Troisième République », *Recherche socialiste*, 2010, n°50-51, p. 53-70.
HERRERA, Carlos-Miguel, « La pensée constitutionnelle du social », *Droits*, 2008, n°48, p.179-200.
HERRERA, Carlos-Miguel, « Un juriste aux prises du social. Sur le projet de Georges Scelle », *Revue française d'histoire des idées politiques*, 2005, n°21, p. 113-137.
HERRERA, Carlos-Miguel, « Constitution et social-démocratie à Weimar. Pour une périodisation », in Carlos-Miguel Herrera (dir.), *Les juristes de gauche sous la République de Weimar*, Paris, Kimé, 2002, p. 27-48.
HERRERA, Carlos-Miguel, « Hermann Heller, constitutionnaliste socialiste », in Carlos-Miguel Herrera (dir.), *Les juristes de gauche sous la République de Weimar*, Paris, Kimé, 2002, p.69-84.
HERVIER, Louise, « Affaiblissement syndical dans l'assurance maladie : comparaison entre la France et l'Allemagne », *Informations sociales*, 2011, n°167, p. 40-50.
HUMMEL, Jacky, « Histoire et temporalité constitutionnelles », in Carlos-Miguel Herrera, Arnaud Le Pillouer (dir.), *Comment écrit-on l'histoire constitutionnelle ?*, Paris, Kimé, 2012, coll. « Nomos & Normes », p. 144-172.
JARRIGE, François, « Le journal *L'Atelier* s'adresse aux ouvriers en Février 1848 », *Parlement[s], Revue d'histoire politique*, n°22, 2014, p. 65-73.
JAUME, Lucien, « La représentation : une fiction malmenée », *Pouvoirs*, 2006, n°120 p. 5-16.
JAUME, Lucien, v° « Représentation », in Stéphane Rials, Philippe Raynaud (dir.), *Dictionnaire de philosophie politique*, 2ème éd., Paris, PUF, 2003, coll. « Quadrige », p. 651-657.
JAUME, Lucien, « La démocratie et le déclin de la confiance, une rupture dans la culture politique », in Pascal Perrineau (dir.) *Le désenchantement démocratique*, Editions de l'Aube, Paris, 2003, p. 67-87.
JEAMMAUD, Antoine, « Les principes dits ''de faveur'' ont-ils vécu ? », *Revue de droit du travail*, 2018, n°3, p. 177-188.

JEAMMAUD, Antoine, FAVEREAU, Olivier, « Qu'est devenue l'idée démocratique en droit du travail ? », *Revue de droit du travail*, 2017, n°10, p. 576-584.
JEAMMAUD, Antoine, LE FRIANT, Martine, « Démocratie sociale, droit et représentation collective : enjeux théoriques », in MOREAU, Marie-Ange (dir.), *La représentation collective des travailleurs. Ses transformations à la lumière du droit comparé*, Paris, Dalloz, 2012, p. 15-28.
JESTAZ, Philippe, « ''Doctrine'' vs sociologie. Le refus des juristes », *Droit et société*, 2016, n°92, p. 139-157.
JOBERT, Annette, « Vers un renouveau du dialogue social en France ? », *Esprit*, 2009, n°1, janvier, p. 125-137.
JOLY, Laurène, « L'élargissement de l'assurance chômage aux travailleurs indépendants », *Droit social*, 2018, n°7-8, p. 598-606.
JOSSERAND, Louis, « Sur la reconstitution d'un droit de classe », *Dalloz hebdomadaire*, 1937, chronique, p. 1.
JOUANJAN, Olivier, « L'État de droit démocratique », *Jus politicum*, 2019, n°22, p. 5-21.
JOUANJAN, Olivier, « Théorie de l'État et droit constitutionnel chez Hermann Heller », colloque international « Hermann Heller, Franz L. Neumann, Otto Kirchheimer. Trois pensées réformatrices du droit », Institut Villey, Paris, 13 au 15 juin, 2018.
JOUANJAN, Olivier, « Hermann Heller : penser l'État de droit démocratique et social en situation de crise », *Civitas Europa*, 2016, n°37, p. 11-26.
JOUANJAN, Olivier, « De la vocation de notre temps pour la science du droit : modèles scientifiques et preuve de la validité des énoncés juridiques », *Revue européenne des sciences sociales*, 2003, n° 128.
JOUANJAN, Olivier, « D'un retour de l'acteur dans la théorie juridique », *Revue européenne des sciences sociales*, 2001, n°21, p. 55-64.
JOUIN, Céline, « ''Donner une forme sociale à l'État'' : Heller et Gierke », *Jus politicum*, n°23, décembre 2019, p. 89-108.
JOUIN, Céline, « Le concept de communauté : l'héritage de Tönnies et Weber », *Cahier de philosophie de l'université de Caen*, n°56, 2019.
KAUFMAN, Otto, « La coexistence de l'assurance sociale et de l'assurance maladie privée en Allemagne », *Revue de droit de la sécurité sociale*, 2011, n°2, p. 224-236.
KERBOUC'H, Jean-Yves : « Indemnisation du chômage et déclin de la logique assurantielle », *Droit social*, 2018, n°7-8, p. 607-613.

KERSCHEN, Nicole, « Universalité et citoyenneté sociale », in Isabelle Daugareilh et Maryse Badel (dir.), *La Sécurité sociale. Universalité et modernité. Approche de droit comparé*, Paris, Pedone, 2019, p. 457-461.
KERSCHEN, Nicole, « Universalité, Généralisation et lutte contre les exclusions. À propos des débats autour des allocations familiales et de la CMU », in *Mélanges en l'honneur de Jean-Maurice Verdier. Droit syndical et droits de l'homme à l'aube du XXI*[e] *siècle*, Paris, Dalloz, 2001, p. 383-408.
KERSCHEN, Nicole, « L'influence du rapport Beveridge sur le plan français de sécurité sociale de 1945 », *Revue française de science politique*, 1995, n°4, p. 570-595.
LACROIX, Bernard, « Régulation et anomie selon Durkheim », *Cahiers internationaux de sociologie, juillet-décembre*, 1973, n°55, pp. 265-292.
LAFORE, Robert, « Solidarité et doctrine publiciste. Le ''solidarisme juridique'' hier et aujourd'hui », in Maryvonne Hecquard-Théron (dir.), *Solidarité(s) : perspectives juridiques* Toulouse, PUT/LGDJ/Lextenso, 2009, p. 47-82.
LANGLOIS, Philippe, VERDIER, Jean-Maurice, « Aux confins de la théorie des sources du droit : une relation nouvelle entre la loi et l'accord collectif », *Recueil Dalloz Sirey*, 1972, 39e cahier, Chron. p. 253-260.
LAQUIEZE, Alain, « La démocratie sociale, la Constitution et la loi », in Guy Groux, Richard Robert, Martial Foucault (dir.), *Le Social et le Politique*, Paris, CNRS, 2020, p. 174-181.
LAQUIEZE, Alain, « La démocratie sociale à la française : quelle autonomie par rapport à la démocratie politique ? », *Cités*, 2019, n°77, p. 124-130.
LAQUIEZE, Alain, « Election des gouvernants et légitimité démocratique », *Cités*, 2018, n°76, p. 131-140.
LAROQUE, Michel, VALAT, Bruno, « La démocratie sociale dans la gestion de la sécurité sociale de 1945 à 1994 », *Vie sociale*, 2015, n° 10, p. 89-107.
LAROQUE, Pierre, « Des assurances sociales à la Sécurité sociale », *Force ouvrière informations*, juillet 1955, reproduit in *Bulletin d'histoire de la Sécurité sociale*, 2005/2006, n° spécial, p. 224-244.
LAROQUE, Pierre, « Contentieux social et juridiction sociale », *Droit social*, mai 1954, p. 271-280.

LASSERRE, René, « Weimar : une expérience de démocratie sociale », in Gilbert Krebs, Gérard Schneilin (dir.), *Weimar ou de la démocratie en Allemagne*, Paris, Presse Sorbonne Nouvelle, 1994, coll. « Monde germanophone », p. 173-181.
LAULOME, Sylvaine, MERLEY, Nathalie, « La fabrication du principe de faveur », *Revue de droit du travail*, 2009, n°4, p. 219-227.
LE BOUEDEC, Nathalie, « De l'État de droit libéral à l'État de droit social : critique et transformation de l'État de droit chez Hermann Heller », *Jus politicum*, 2019, n°23, p. 73-88.
LE CROM, Jean-Pierre, « Syndicats & comités d'entreprise : histoire d'un vieux couple instable », *Agone. Histoire, Politique et Sociologie*, 2005, n°33, p. 53-63.
LE CROM, Jean-Pierre, « La naissance des comités d'entreprise : une révolution par la loi ? », *Travail et Emploi*, 1995, n°2, p. 58-76.
LE FRIANT, Martine, « Démocratie sociale, entre formule et concept », *Regards*, 2001, n°19, p. 48-63.
LE GOFF, Jacques, « Juristes de gauche et droit social dans les années 1880-1920 », in Carlos-Miguel Herrera (dir.), *Les juristes face au politique*, Paris, Kimé, 2003, coll « Philosophie politique », p. 13-33.
LE GOFF, Jacques, « Les catholiques sociaux et le droit social : le cas français (1880-1930) », *Vie sociale*, novembre-décembre 1991, p. 33-53.
LE PILLOUER, Arnaud, « La théorie constitutionnelle d'Édouard Laboulaye », *Revue française d'histoire des idées politiques*, 2018, n°47, p. 119-140.
LE POURHIET, Anne-Marie, « Définir la démocratie », *Revue française de droit constitutionnel*, 2011, n° 87, p. 453-464.
LE VAN-LEMESLE, Lucette, « La participation dans l'entreprise : de la théorie à la pratique », in Robert Vandenbussche, Jean-François Sirinelli, Marc Sadoun (dir.), *La politique sociale du général de Gaulle*, Lille, Publications de l'Institut de recherches historiques du Septentrion, 1990.
LEROY, Yann, « Accord national interprofessionnel : de la loi négociée à la loi contestée », *Civitas Europa*, 2014, n° 33, p. 71-79.
LOCHAK, Danièle, « La société civile : du concept au gadget », in Jacques Chevallier (dir.), *La société civile*, Paris, PUF, 1986, p. 44-75.
LOCHAK, Danièle, « Droit, normalité et normalisation », in *Le droit en procès*, Paris, CURAPP-PUF, 1983, p. 51-77.

LOSURDO, Domenico, « La ''philosophie allemande'' entre les idéologies : 1789-1848 », *Genèses*, 1992, n°9, p. 60-89.
LUCIANI, Massimo, « La transplantation du mythe : regard constitutionnel italien d'hier et d'aujourd'hui », in Emmanuel Cartier, Michel Verpeaux (dir.), *La Constitution du 27 octobre 1946. Nouveaux regards sur les mythes d'une constitution « mal-aimée »*, Paris, Mare & Martin, 2017, coll. « Droit public », p. 123-138.
LYON-CAEN, Antoine, « Droit constitutionnel de participation et délimitation des collectivités de travail », *Revue de droit du travail*, 2007, n°2, p. 84-88.
LYON-CAEN, Gérard, « Divagations sur un adjectif qualificatif », in *Les orientations sociales du droit contemporain. Écrits en l'honneur du Professeur Jean Savatier*, Paris, PUF, 1992, p. 345-351.
MACHEREY, Pierre, « Aux sources des rapports sociaux : Bonald, Saint-Simon, Guizot », *Genèses*, 1992, n°9, p. 25-43.
MAGNON, Xavier, « Appréhender le droit constitutionnel jurisprudentiel sous un angle politique. D'une posture à la discussion de quelques orientations méthodologiques fondamentales », in Xavier Magnon, Pierre Esplugas, Wanda Mastor, Stéphane Mouton (dir.), *Question sur la question (QsQ3) : de nouveaux équilibres institutionnels ?*, Paris, LGDJ/Lextenso, 2014, coll. « Grands colloques », p. 3-14.
MARTIN, Xavier, « L'individualisme libéral en France autour de 1800 : essai de spectroscopie », *Revue d'histoire des facultés de droit*, 1987, n°4, p. 87-144.
MATHIOT, André, « Les ''Pressure Groups'' aux États-Unis », *Revue française de science politique*, 1952, n°3, p. 429-473.
MAYEUR, Jean-Marie, « Catholicisme intransigeant, catholicisme social, démocratie chrétienne », *Annales. Economies, sociétés, civilisations*, 1972, n°2, pp. 483-499.
MICHEL, Hélène, « La transparence dans l'Union européenne : réalisation de la bonne gouvernance et redéfinition de la démocratie », *Revue française d'administration publique*, 2018, n°65, p. 109-126.
MONGOUACHON, Claire, « Les débats sur la constitution économique en Allemagne », *Revue française de droit constitutionnel*, 2012, n° 90, p. 303-337.
MOREL, Franck, « Démocratie sociale : de l'utilité d'une révision constitutionnelle ? », *La Semaine juridique Social*, décembre 2013, n° 49, p. 7-14.

MORIN, Marie-Laure, « Les nouveaux critères de la représentativité syndical dans l'entreprise », *Droit social*, 2011, n°1, p. 62-72.

MORELOU, Jean-Pierre, « La participation démocratique », *Pouvoirs*, novembre 1978, n°7, p. 85-94.

MÜLLER, Christoph, « Hermann Heller : Leben, Werk, Wirkung », in Hermann Heller, *Gesammelte Schriften*, tome III, Tübingen, Mohr Siebeck, 1992, p. 429-476.

NÖRR Knut Wolfgang, « ''Economic Constitution'' : on the roots of a legal concept », *Journal of Law and Religion*, 1994-1995, n°1, p. 343-354.

PALAU, Yves, « Des catholiques et de la politique. Les transformations doctrinales du catholicisme social 1900-1930 », *Revenue française d'histoire des idées politiques*, 1996, n°4, p. 317-344.

PALIER, Bruno, « Du salaire différé aux charges sociales : les avatars du financement de la protection sociale », *Regards croisés sur l'économie*, 2007, n°1, p. 174-181.

PASQUIET-BRIAND, Tanguy, « La métaphore organique dans la réflexion politique du XIXe siècle : aux origines de la coutume constitutionnelle française », in Tristan Pouthier (dir.), *Le droit constitutionnel et les sciences de la nature, de Bacon à Kelsen*, Toulouse, Presses de l'Université Toulouse 1 Capitole, p. 49-87.

PASQUINO, Pasquale, « Sur la théorie constitutionnelle de la monarchie de Juillet », in Marina Valensise, *François Guizot et la culture politique de son temps. Colloque de la Fondation Guizot-Val Richer*, Paris, Gallimard, 1991, coll. « Le Seuil », p. 111-125.

PASQUINO, Pasquale, « Die Lehre vom ''pouvoir constituant'', bei Sieyès und Carl Schmitt », in Helmut Quaritsch (dir.), *Complexio oppositorum : über Carl Schmitt*, Berlin, Duncker & Humblot, 1988, p. 317-385.

PAVIA, Marie-Luce, « Éléments de réflexions sur la notion de droit fondamental », *Petites affiches*, 6 mai 1994, n° 54, p. 6-13.

PELLET, Rémi, « Étatisation, privatisation et fiscalisation de la protection sociale. Bilan pour contribuer à une ''refondation radicale'' » (première partie), *Droit social*, 2020, n°7-8, p. 658-665.

PELLET, Rémi, « Étatisation, privatisation et fiscalisation de la protection sociale. Bilan pour contribuer à une ''refondation radicale'' » (seconde partie), *Droit social*, 2020, n°9, p. 750-758.

PELLET, Rémi, « Finances sociales et citoyenneté », in Jean-François Boudet, Xavier Cabannes (dir.), *Finances publiques citoyennes*, Paris, LGDJ, 2017, p. 135-142.

PELLET, Rémi, « Trois erreurs juridiques à éviter pour continuer à réformer les finances sociales », in Michel Borgetto, Anne-Sophie Ginon, Frédéric Guiomar, Denis Piveteau (dir.), *Travail et protection sociale : de nouvelles articulations ?*, Paris, LGDJ, 2017, coll. « Grands colloques », p. 61-73.

PELLET, Rémi, « La fusion de l'impôt sur le revenu (IR) et de la contribution sociale généralisée (CSG). Brève synthèse de thèses opposées », *Revue française de finances publiques*, novembre 2016, p. 199-210.

PELLET, Rémi, « Les assurances sociales sont-elles solubles dans la fiscalité ? Mise en perspective historique de la décision Cons. constit. n°2014-689 DC, 6 août 2014 », *Journal du droit de la santé et de l'assurance maladie*, 2015, n°1, p. 9-24.

PELLET, Rémi, « Fiscalité sociale : les contradictions des syndicats de salariés », *Droit social*, 2012, n°6, p. 569-579.

PELLET, Rémi, « Les prérogatives de l'État dans l'organisation des régimes de protection contre le chômage », *Revue française de finances publiques*, 2002, n°78, p.139-169.

PELLET, Rémi, « Les juridictions et la notion de ''ressources et charges publiques'' sociales », *Revue juridique des Barreaux*, juillet-septembre 1999, p. 27-69.

PERRIN, Guy, « Le plan Beveridge : ses grands principes », *Revue internationale de sécurité sociale*, 1992, n°1-2, p. 39-52.

PERROUX, François, « Le syndicalisme fasciste », *Revue d'économie politique*, 1928, n°4, p. 1100-1113.

PESKINE, Elsa, « La célébration de l'accord collectif d'entreprise », *Droit social*, mai 2014, n° 5, p. 438-445.

PFERSMANN, Otto, « Normes juridiques et relativisme politique en démocratie », *Cités*, 2011, n°47-48, p. 275-281.

PHILIP, Loïc, « La valeur juridique du préambule de la Constitution du 27 octobre 1946 selon la jurisprudence du Conseil constitutionnel », in *Mélange dédiés à Robert Pelloux*, Paris, L'Hermès, 1980, p. 265-280.

PIERRÉ-CAPS, Stéphane, « Généalogie de la participation de tous aux affaires communes », *Revue du droit public*, 2009, n°1, p. 151-170.

PICHOT, Philippe, « Les théoriciens de la Restauration en France », *Aportes*, 2015, n°87, p. 35-45.

PINON, Stéphane, « La représentation parlementaire des groupes sociaux et des intérêts professionnels : une perspective à oublier ? », in Carlos-Miguel Herrera, Stéphane Pinon (dir.), *La démocratie, entre*

multiplication des droits et contre-pouvoirs sociaux, Paris, Kimé, 2012, coll. « Nomos & Normes », p. 115-133.
PINON, Stéphane, « Le positivisme sociologique : l'itinéraire de Léon Duguit », *Revue interdisciplinaire d'études juridiques*, 2011-2012, n°2, p. 69-93.
PINON, Stéphane, « La notion de démocratie dans la doctrine constitutionnelle française », *Politeia*, 2006, n°10, p. 407-468.
POCOCK, G.A., « Burke and the ancient constitution – a problem in the history of ideas », *The Historical Journal*, 1960, n°2, p. 125-143.
POIRMEUR, Yves, « La réception du préambule de la Constitution de 1946 par la doctrine juridique », in Geneviève Koubi (dir.), *Le Préambule de la Constitution de 1946. Antinomies juridiques et contradictions politiques*, Paris, PUF, 1996, p. 99-127.
POLLET, Gilles, RENARD, Didier, « Le paritarisme et la protection sociale. Origines et enjeux d'une réforme institutionnelle », *La Revue de l'IRES*, printemps-été 1997, n°24, p. 61-80.
POLLET, Gilles, RENARD, Didier, « Le paritarisme et la protection sociale, origine et enjeux d'une forme institutionnelle », *Revue de l'IRES*, 1997, n°24, p. 61.
POLLET, Gilles, RENARD, Didier, « Genèses et usages de l'idée paritaire dans le système de protection sociale français. Fin 19e – milieu du 20e siècle », *Revue française de science politique*, 1995, n°4, p. 545-569.
PRELOT, Pierre-Henri, « Weimar dans la pensée démocratique de Marcel Prélot. Étude d'après sa thèse de doctorat sur la représentation professionnelle », Carlos-Miguel Herrera (dir.), *La constitution de Weimar et la pensée juridique française*, Paris, Kimé, 2011, coll. « Philosophie politique », p. 53-91.
PRETOT, Xavier, « Les sources du droit du travail au regard du droit public », in Bernard Teyssié (dir.), *Les sources du droit du travail*, Paris, PUF, 1998, coll. « Droit, éthique, société », p. 150-193.
PRETOT, Xavier, « Le Parlement et le financement de la Sécurité sociale », *Droit social*, 1996, n°9-10, p. 762-768.
PRETOT, Xavier, « Le Conseil constitutionnel et la participation des travailleurs », *Droit social*, 1994, n°2, p. 139.
PRETOT, Xavier, « La notion de cotisation de Sécurité sociale », *Droit social*, 1993, n° 6, p. 516-527.
PRETOT, Xavier, « La conformité à la Constitution de la loi instituant la contribution sociale généralisée », *Droit social*, 1991, n°4, p. 338-344.

PROCHASSON, Christophe, « Les premiers socialismes », in Jean-Jacques Becker, Gilles Candar (dir.), *Histoire des gauches en France*, tome I, Paris, La Découverte, 2005, p. 405-425.
RABAULT, Hugues, « La Constitution économique de la France », *Revue française de droit constitutionnel*, 2000, n°44, p. 707-745.
RADE, Christophe, « La loi négociée : simple marketing politique ou véritable produit de la démocratie sociale ? », *Le Droit Ouvrier*, juin 2010, n°743, p. 319-323.
RADE, Christophe, « Le financement des syndicats à l'heure de la réforme de la démocratie sociale », *Droit social*, 2014, n°9, p. 697-704.
RADE, Christophe, « Les syndicats catégoriels et la réforme de la démocratie sociale », *Droit social*, 2010, n°7-8, p. 821-825.
RAEDER, Linda, « The Liberalism/Conservatism Of Edmund Burke and F. A. Hayek : À Critical Comparison », *Humanitas*, 1997, n°1.
RAY, Jean-Emmanuel, « Les sources de la loi du 31 janvier 2007 », *Droit social*, 2010, n°5, p.496-503.
RAY, Jean-Emmanuel, « Du tout-État au tout-contrat ? », *Droit social*, 2000, n°6, p. 574-579.
RENAUT, Alain, « Rationalisme et historicisme juridiques : la première réception de la Déclaration de 1789 en Allemagne », *Droits*, 1988, n°8, p. 143-149.
RIALS, Stéphane, « Constitutionnalisme, souveraineté et représentation. (La représentation : continuité ou nécessité ?) » Association française des constitutionnalistes, *La continuité constitutionnelle en France de 1789 à 1989 : journées d'études des 16-17 mars 1989*, Paris, PUAM-Economica, 1990, coll. « Droit public positif », p. 49-69.
RIEDEL, Manfred, « Gesellschaft, bürgerliche », in *Geschichtliche Grundbegriffe : historisches Lexikon zur politisch-sozialen Sprache in Deutschland*, Brunner Otto, Conze Werner, Koselleck Reinhart (dir.), tome 2, Stuttgart, Klett-Cotta, 1975, p. 719-795.
ROBERT, Jean-Louis, « "Le Manifeste des soixante", ou l'affirmation de la classe ouvrière, » *L'Humanité*, 14 février 2014.
ROCHE, Jean, « Une loi de finances sociales ? », *Droit social*, 1996, n°5, p. 466-469.
ROLLAND, Patrice, « Le catholicisme social et la politique. À propos de la correspondance de Maurice Deslandres avec Maurice Blondel », *Revue française d'histoire des idées politiques*, 2013, n°37, p. 133-157.
ROLLAND, Patrice, « Le retour à Proudhon, 1900-1920 », *Mil neuf cent*, 1992, n°10, p. 5-29.

ROLLAND, Patrice, « La référence proudhonienne chez Georges Sorel », *Mil neuf cent*, 1989, n°7, p. 127-161.
ROUSSEAU, Dominique, « L'ouverture du droit constitutionnel aux tiers pouvoirs », in *Ladémocratie, entre multiplication des droits et contre-pouvoirs sociaux*, in Carlos-Miguel Herrera, Stéphane Pinon (dir.), Paris, Kimé, 2012, pp. 159-164.
ROUVILLOIS, Frédéric, « La constitution de Janus. Remarques sur le projet de loi constitutionnelle ''pour une démocratie plus représentative, responsable et efficace'', Fondation du Pont-Neuf, juin 2018.
SACRISTE, Guillaume, « L'ontologie politique de Maurice Hauriou », *Droit et société*, 2011, n°78, p. 475-480.
SAGNOL, Marc, « Le statut de la sociologie chez Simmel et Durkheim », *Revue française de sociologie*, 1987, n°28, pp. 99-125.
SANCHEZ SALGADO, Rosa, « La société civile européenne : les usages d'une fiction », *Raisons politiques*, 2011, n°44, p. 201-226.
SIBERTIN-BLANC, Guillaume, « Révolution et contre-révolution : la temporalité dans l'analyse sous conjoncture », *Cahiers du GRM*, 2011, n°1.
SOLDINI, David, « Santi Romano, penseur pluraliste et étatiste », in *Jus politicum*, juin 2014, n°14.
SOUBIRAN-PAILLET, Francine, « De nouvelles règles du jeu ? Le décret d'Allarde (2-17 mars 1791) et la loi Le Chapelier (14-17 juin 1791) », in Jean-Pierre Le Crom (dir.), *Deux siècles de droit du travail. L'histoire par les lois*, Paris, Les Editions de l'Atelier/Editions Ouvrières, 1998, coll. « Points d'appui », p. 17-24.
SOUBIRAN-PAILLET, Francine, « Formes juridiques concurrentes et catégorisation : la création du syndicat français de 1884 », *Genèses*, 1997, n°27, pp. 30-48.
SPITZ, Jean-Fabien, « Louis Blanc : la république démocratique et sociale », in Louis Blanc, *Textes politiques*, textes réunis par Jean-Fabien Spitz, Lormont, Le bord de l'eau, 2011, coll. « Bibliothèque républicaine », p. 9-78.
SUPIOT, Alain, « La loi Larcher ou les avatars de la démocratie représentative », *Droit Social*, 2010, n°5, p. 525-532.
SUPIOT, Alain, « Un faux dilemme : la loi ou le contrat », *Droit Social*, 2003, n°1, p. 59-71.
SUPIOT, Alain, « Travail, droit et technique », *Droit Social*, 2002, n°1, p. 13-25.

SUPIOT, Alain, « La contractualisation de la société », *Courrier de l'environnement de l'I.N.R.* 2001, n°43, p. 51-58.
SUPIOT, Alain, « La loi dévorée par la convention ? », in Gérard Philippe, François Ost, Michel van der Kerchove (dir.), *Droit négocié, droit imposé ?*, Bruxelles, Presses de l'université Saint-Louis, 1996, p. 631-642.
SUPIOT, Alain, « À propos d'un centenaire : la dimension juridique de la doctrine sociale de l'Église », *Droit social*, 1991, n°12, p. 916-925.
SUPIOT, Alain, « Actualité de Durkheim. Notes sur le néo-corporatisme en France », *Droit et société*, 1987, n°9, p. 177-200.
TEYSSIE, Bernard, « Les ordonnances du 22 septembre 2017 ou la tentation des cathédrales », *La Semaine juridique – édition sociale*, 26 septembre 2017, n°38, p. 15-21.
TEYSSIE, Bernard, « À propos de la rénovation de la démocratie sociale », *Droit social*, 2009, n°6, p. 627-629.
TOURNADRE-PLANCQ, Jérôme, VERRIER, Benoît, « La démocratie politique représentative comme modèle pour la démocratie sociale ? », Centre d'analyse stratégique, *La note de veille*, n°99, mai 2008, p. 1-7.
TOUZEAU, Line, « Le CESE après la loi organique du 28 juin 2010 : une assemblée constitutionnelle mal identifiée », *Revue du droit public*, 2011, n°3, p.637-666.
TOUZEIL-DIVINA, Mathieu, « 1848 : la République et le(s) démocratie(s) », in Véronique Champeil-Desplats, Jean-Marie Denquin (dir.), *Démocratie et constitutionnalisme. Retours critiques*, Paris, Mare & Martin, 2018, p. 91-107.
TRICOT, Bernard, « De Gaulle et l'esprit de participation », *Espoir*, n°58, 1987.
TROPER, Michel, « Les concepts de l'histoire constitutionnelle », in Carlos-Miguel Herrera, Arnaud Le Pillouer (dir.), *Comment écrit-on l'histoire constitutionnelle ?*, Paris, Kimé, 2012, coll. « Nomos & Normes », p. 75-94.
VACARIE, Isabelle, « Le sens du paritarisme en matière d'assurance chômage », *Semaine sociale Lamy*, 2018, n°1813, p.1-5.
VAHLAS, Alexis, « Un État de droit pré-moderne ? Constitutionnalisme et théocentrisme dans la doctrine monarchomaque des *Vindiciae contra tyrannos* », *Annales de la faculté de droit de Strasbourg*, 2004, Nouvelle série n°7, p. 211-247.
VERKINDT, Pierre-Yves, « L'association des syndicats à l'élaboration de la loi », *Droit social*, 2015, n°12, p. 954-959.

VERKINDT, Pierre-Yves, « Maxime Leroy et la question syndicale », in *Analyse juridique et valeurs en droit social. Mélanges en l'honneur de Jean Pélissier,* Paris, Dalloz, 2004, p. 607-624.

VERKINDT, Pierre-Yves, « L'article L. 1 du Code du travail au miroir des exigences de la démocratie sociale », *Droit social*, 2010, n°5, p. 519-522.

WEISBEIN, Julien, « Sociogenèse de la ''société civile européenne'' », *Raisons politiques*, 2003, n°10, p. 125-137.

WROBLEWSKI, Jerzy, « Les langages juridiques : une typologie », *Droit et société*, 1988, n°8, p. 13-27.

XIFARAS, Mikhaïl, « Y a-t-il une théorie de la propriété chez Pierre-Joseph Proudhon ? », *Corpus*, n°47, 2004, p. 229-282.

ZACHERT, Ulrich, « Hugo Sinzheimer : juriste praticien et pionnier du droit moderne. Autonomie collective, liberté individuelle et démocratie sociale », in Carlos-Miguel Herrera (dir.), *Les juristes de gauche sous la République de Weimar*, Paris, Kimé, 2002, p. 49-67.

ZARKA, Yves-Charles, « Pourquoi repenser la démocratie ? », in Yves-Charles Zarka (dir.), *Repenser la démocratie*, Paris, Armand Colin, coll. « Emergences », p. 5-8.

ZARKA, Yves-Charles, « La légitimité démocratique en question », in Yves-Charles Zarka (dir.), *Repenser la démocratie*, Paris, Armand Colin, 2010, coll. « Emergences », p. 73-88.

ZEVOUNOU, Lionel, « Le concept de ''constitution économique''. Une analyse critique », *Jus politicum*, 2018, n°20-21, p. 445-482.

TABLE DES MATIÈRES

Structures éditoriales du groupe L'Harmattan

L'Harmattan Italie
Via degli Artisti, 15
10124 Torino
harmattan.italia@gmail.com

L'Harmattan Hongrie
Kossuth l. u. 14-16.
1053 Budapest
harmattan@harmattan.hu

L'Harmattan Sénégal
10 VDN en face Mermoz
BP 45034 Dakar-Fann
senharmattan@gmail.com

L'Harmattan Cameroun
TSINGA/FECAFOOT
BP 11486 Yaoundé
inkoukam@gmail.com

L'Harmattan Burkina Faso
Achille Somé – tengnule@hotmail.fr

L'Harmattan Guinée
Almamya, rue KA 028 OKB Agency
BP 3470 Conakry
harmattanguinee@yahoo.fr

L'Harmattan RDC
185, avenue Nyangwe
Commune de Lingwala – Kinshasa
matangilamusadila@yahoo.fr

L'Harmattan Congo
219, avenue Nelson Mandela
BP 2874 Brazzaville
harmattan.congo@yahoo.fr

L'Harmattan Mali
ACI 2000 - Immeuble Mgr Jean Marie Cisse
Bureau 10
BP 145 Bamako-Mali
mali@harmattan.fr

L'Harmattan Togo
Djidjole – Lomé
Maison Amela
face EPP BATOME
ddamela@aol.com

L'Harmattan Côte d'Ivoire
Résidence Karl – Cité des Arts
Abidjan-Cocody
03 BP 1588 Abidjan
espace_harmattan.ci@hotmail.fr

Nos librairies en France

Librairie internationale
16, rue des Écoles
75005 Paris
librairie.internationale@harmattan.fr
01 40 46 79 11
www.librairieharmattan.com

Librairie des savoirs
21, rue des Écoles
75005 Paris
librairie.sh@harmattan.fr
01 46 34 13 71
www.librairieharmattansh.com

Librairie Le Lucernaire
53, rue Notre-Dame-des-Champs
75006 Paris
librairie@lucernaire.fr
01 42 22 67 13

www.ingramcontent.com/pod-product-compliance
Lightning Source LLC
LaVergne TN
LVHW011435061026
849535LV00004BA/820
* 9 7 8 2 1 4 0 3 1 5 0 6 0 *